LA POLÍTICA HABITACIONAL PORTEÑA BAJO LA LUPA

LA POLÍTICA HABITACIONAL PORTEÑA BAJO LA LUPA

De los programas llave en mano a la autogestión del hábitat

María Cecilia Zapata

Zapata, María Cecilia

La política habitacional porteña bajo la lupa: de los programas llave en mano a la autogestión del hábitat / María Cecilia Zapata; editado por Tamara Mathov. – 1a ed . – Ciudad Autónoma de Buenos Aires: María Cecilia Zapata, 2017. 518 p. ; 20 x 13 cm.

ISBN 978-987-42-4214-3

1. Hábitat Urbano. 2. Viviendas de Interés Social . 3. Viviendas en Cooperativa . I.

Mathov, Tamara, ed. II. Título.

CDD 320.6

ISBN: 9789874242143

Compaginado desde TeseoPress (www.teseopress.com)

Índice

Agradecimientos

En primer lugar, quiero agradecer a Carla Rodríguez por la dedicación que me brindó durante tantos años como directora de mis tesis de maestría y doctorado y como consejera en mi formación en investigación y docencia. Mis conocimientos sobre políticas habitacionales y procesos socioterritoriales que intervienen en el desarrollo urbano se lo debo en gran parte a su generosidad en la trasmisión de conocimientos y herramientas para comprender los fenómenos sociales y urbanos.

Este libro es posible gracias al sustento institucional del Consejo Nacional de Investigaciones Científicas y Técnicas (CONICET), el Instituto de Investigaciones Gino Germani y la formación que me brindó la Universidad de Buenos Aires. Ante mi trayectoria educativa, no siento más que gratitud hacia la educación pública y gratuita, que espero poder devolver mediante un ejercicio de mi profesión orientado a la contribución de una mejora de la calidad de vida de los sectores populares.

No quiero dejar de expresar mis palabras de agradecimiento hacia las y los entrevistados de la investigación que presento en este libro: a las familias de cada complejo habitacional que me abrieron las puertas de su casa y me invitaron a meterme en sus modos de vida, con mis preguntas indiscretas y mi cámara de fotos, y a los funcionarios de gobierno, que, en la vorágine de la gestión, se hicieron tiempo para escuchar y responder mis inquietudes. De manera muy especial quiero agradecer también a las cooperativas de vivienda que creen que con mi trabajo puedo darles una mano en la realidad que están construyendo, difundiendo su causa.

Quiero, además, extender mi agradecimiento a mis compañeros del Área de Estudios Urbanos del Instituto de Investigaciones Gino Gernami y a mis compañeros del "mundillo" del urbanismo que con sus lecturas, intercambios y aportes enriquecieron mi trabajo. A Kaya Lazarini, con quien compartí largos días pateando calles en busca de complejos habitacionales para fotografiar, y a los compañeros investigadores de la Universidad Nacional de Pernambuco (Recife) que además de acogerme en sus hogares de manera muy amorosa en la última etapa de este trabajo, muy pacientemente escucharon mis presentaciones y sus aportes enriquecieron el contenido de este libro.

A mis amigas, amigos y familia, que sin entender mucho qué es lo que hago, siempre me apoyan incondicionalmente en mis proyectos y me ayudan a crecer. En especial a Jor, el gran amor de mi vida, que me estimuló a la escritura de estas páginas todos los días, me acompañó a lo largo del proyecto de formarme como investigadora y docente y, fundamentalmente, me esperó –en medio de esta vorágine– para concretar nuestros proyectos. Gracias por tanto amor, apoyo, comprensión, por cómo es nuestra vida juntos y por Ramiro, lo mejor que nos pasó.

Por último, dedico este libro a mi mamá, Delia, y a mi papá, Ricardo, que entre todo lo que me ensañaron también me inculcaron que el esfuerzo y el trabajo genuino siempre traen sus recompensas. Me lo mostraron día a día con la práctica cotidiana de verlos días y semanas enteras, sin descanso, trabajando en el taller artesanal de lámparas y pantallas para que a mí y a mis hermanos no nos faltara nada. En los momentos en los que me sentí vencida por este trabajo investigativo, recordé esas imágenes y sólo tengo palabras de agradecimiento profundo por todo lo que me enseñaron. Me siento terriblemente feliz de que justo ellos hayan sido mis padres. Les debo todo lo que soy y los adoro con toda mi alma, tanto, que no alcanzarían estas páginas para que puedan dimensionarlo.

¡Muchas gracias a todos ellos!

Prólogo

DRA. MARÍA CARLA RODRÍGUEZ[1]

Es un placer dibujar una puerta de entrada, un hilo de Ariadna, una serie de indicios para acercarse a los contenidos sustantivos de este libro. Trata sobre los resultados de la tesis presentada por la Magister María Cecilia Zapata para optar por el título de Doctora en la Facultad de Ciencias Sociales de la UBA. Se denomina *De los programas "llave en mano" a los programas por autogestión. Un análisis de los modos de producción de la vivienda social en la Ciudad de Buenos Aires* y tuve la oportunidad de acompañarla como directora.

Hay varios hilos de esa trama, que ligan con mayor o menor visibilidad esta publicación –que analiza los efectos y resultados de un ciclo de políticas públicas habitacionales de la ciudad– con otra que, hace una década, indagaba las

---

[1] Doctora en Ciencias Sociales (UBA). Investigadora Independiente del CONICET con sede en el Instituto de Investigaciones Gino Germani (UBA). Entre 2003 y 2005 coordinó el Área de Estudios Urbanos. Es Profesora Titular de la carrera de Sociología en la materia Procesos Sociales y Urbanos y del Taller de Tesis General del Doctorado en Ciencias Sociales y docente de la Maestría en Hábitat y Pobreza en América Latina (FADU/FSC-UBA). Entre los años 2010 y 2015, fue directora de la Maestría de Investigación en Ciencias Sociales (FSC-UBA). Desde 1991 se dedica a diversas tareas de vinculación tecnológica ligadas con el desarrollo de políticas de autogestión del hábitat y procesos socio-educativos orientados al fortalecimiento organizacional y en particular, el cooperativismo en Ciudad de Buenos Aires, Argentina y otros países de América Latina. Publicó diversos artículos en revistas especializadas y capítulos de libros referidos a políticas urbanas, hábitat, relación entre organizaciones sociales y estado en la formulación de políticas públicas, procesos de autogestión. E-mail: trebol1968@gmail.com

condiciones de gestación de esas mismas políticas, con la cual yo misma obtuve el título de Doctora[2], con la dirección de mi entrañable Maestra, Hilda María Herzer.

Quiero llamar la atención sobre algunas hebras de esa trama, donde los aspectos de continuidad no opacan la identidad y la originalidad de la presente y, por el contrario, evidencian la existencia de un sendero colectivo e intergeneracional en el cauce de la producción social del conocimiento, sosteniendo un aporte y una dirección.

El tema de esta investigación, tiene por trasfondo y sustrato la crisis habitacional en la Ciudad Autónoma de Buenos Aires (CABA). Una crisis que es estructural y tan vieja como la ciudad misma: la huelga de los inquilinos del año 1907, o huelga de escobas, donde las mujeres inmigrantes de una clase trabajadora que emergía junto con el siglo, sacaron sus escobas a la calle "para barrer las injusticias de este mundo", así lo atestigua.

Con la autora de este libro y otras jóvenes colegas, hemos sido parte de un diagnóstico elaborado por el Consejo Económico y Social de la Ciudad de Buenos Aires bajo la iniciativa de la Central de Trabajadores de la Argentina Autónoma, donde en el año 2013, pusimos escala, perfil social y territorialidad a esta penuria habitacional persistente. Cerca de 756.494 personas malhabitan en tipologías precarias y 1.202.051 inquilinos padecen algún tipo de problema o inseguridad en su situación habitacional. Las comunas del sur (8 y 4) y el área de mayor centralidad (Comuna 1) concentran los indicadores que exacerban la inequidad.

Pero no alcanza con configurar diagnósticos y estimados cuantitativos de las problemáticas. La Ciudad de Buenos Aires, a lo largo de diversas coyunturas transitadas a partir de la recuperación democrática de 1983, ha sido escenario y marco de oportunidades no sólo para la

---

[2] Rodríguez María Carla. *Autogestión, políticas del hábitat y transformación social.* 2009. Buenos Aires: Espacio Editorial.

denuncia y la resistencia sino también para la elaboración y desarrollo de propuestas de políticas del hábitat, ensayos laboriosos, tesoneros y desafiantes para trascender las distintas dimensiones naturalizadas de esta penuria inherente al orden social capitalista. Su implementación, logros y limitaciones se recuperan a través de este estudio.

El texto de la Constitución de la Ciudad Autónoma de Buenos Aires sancionada en 1996, la cual fue redactada de manera altamente participativa, dedicó capítulo al campo del hábitat en el que se plantean definiciones precisas acerca del derecho al hábitat digno:

ARTÍCULO 31.– La Ciudad reconoce el derecho a una vivienda digna y a un hábitat adecuado. Para ello:

1. Resuelve progresivamente el déficit habitacional, de infraestructura y con necesidades especiales de escasos recursos.

2. Auspicia la incorporación de los inmuebles ociosos, promueve los planes autogestionados, la integración urbanística y social de los pobladores marginados, la recuperación de las viviendas precarias y la regularización dominial y catastral, con criterios de radicación definitiva.

3. Regula los establecimientos que brindan alojamiento temporario, cuidando excluir los que encubran locaciones. (Constitución de la Ciudad Autónoma de Buenos Aires)

A partir de estas definiciones constitucionales y el trabajo de base realizado en el marco de una mesa multiactoral con funcionamiento en la Comisión de Vivienda de la Legislatura porteña, se sancionó en abril de 2000 la Ley 341, que dio origen al Programa de Autogestión para la Vivienda.

Un conjunto de organizaciones de base como el Movimiento de Ocupantes e Inquilinos (MOI) de la Central de Trabajadores Argentinos (CTA), la Mutual de Desalojados de La Boca, la Mesa de Delegados de la Traza de la ExAu3, el Comedor Los Pibes (CTEP) y otras organizaciones, como el Movimiento Territorial Liberación (MTL-CTA) impulsaron, redactaron y promovieron la sanción de esta Ley (que por aquellos años se constituían como actores sociales de peso en materia de hábitat en la ciudad). En la actualidad, muchas de estas organizaciones –tras casi dos décadas de cotidiana persistencia–, impulsan en el Congreso Nacional, la sanción de una Ley Nacional de Producción Social Autogestionaria del Hábitat Popular.

El eje vertebrador de la Ley 341 de la CABA consiste en la transferencia directa de recursos estatales a organizaciones sociales de base (agrupados bajo la forma de cooperativa, mutual u organización civil) para la resolución de manera autogestionaria de su problemática habitacional. Para esto, el programa financia tres variables necesarias para la materialización colectiva del hábitat: la compra de suelo urbano, la ejecución de las obras de vivienda y apoyatura profesional interdisciplinaria (cubriendo las áreas de arquitectura, social, legal y contable).

Los resultados de la comparación que presenta Cecilia entre la producción autogestionaria y la producción tradicional "llave en mano" permiten extraer una serie de conclusiones significativas para el diseño e implementación de políticas habitacionales locales y nacionales, dando cuenta del modo en que la producción autogestionaria del hábitat demostró, en primer lugar, capacidad para optimizar los recursos económicos, técnicos, logísticos, de suelo y edilicios disponibles en el Estado. En segundo lugar, habilitó condiciones materiales para la creación de fuentes de trabajo dignas, solidarias y bien remuneradas. Y, en tercer lugar, posibilitó procesos de apropiación que potencian las condiciones de un desarrollo integral (social y urbano) del habitar, a la vez que consolidó condiciones para el posterior cuidado y mantenimiento de los complejos de vivienda.

Todos ellos, elementos significativos en relación con el vigente desafío de construir voluntad, consenso y capacidades para dotar de escala y planificación la política habitacional, orientada a materializar el acceso universal a un hábitat de calidad en la ciudad y en el contexto país.

La obra realiza un aporte significativo al estudio de las políticas habitacionales de producción de "obra nueva" en la Ciudad de Buenos Aires, en el ciclo temporal que va desde la autonomización política de la ciudad hasta la actualidad. Para ello, incluye un original análisis comparativo de distintas modalidades de ejecución (producción empresarial "llave en mano" y producción autogestionaria del hábitat) y una indagación exhaustiva de sus efectos y relaciones con la etapa del habitar –un aspecto poco contemplado en la mayoría de los análisis– estableciendo centralidad en la perspectiva de los usuarios involucrados en estas operatorias. Los usuarios, vecinos, la gente, los que habitan con sus cuerpos, emociones y pensamientos ese territorio individual-familiar-barrial que llamamos "mi casa", el lugar donde se vive, aunque se viva más tiempo afuera, viajando o en el lugar de trabajo, y que, con sus condiciones concretas, tanto contribuye a la organización o desorganización de las vidas.

Para ello, Cecilia articuló un marco teórico conceptual que despliega una perspectiva de integralidad, abordando en profundidad la dimensión de la participación social –acerca de la cual elaboró una profunda revisión teórica que conjuga el campo de las políticas sociales con la mirada socio-territorial más propia de los estudios urbanos, desde donde construye el objeto de estudio. Este enfoque le permite observar con agudeza y sin mistificaciones el papel de la participación y sus variaciones durante las distintas etapas del ciclo de diseño e implementación de la política habitacional en los distintos modos de producción. Asimismo, da cuenta cabal de las variadas maneras en que se concatenan estas modalidades participativas, con sus efectos diferenciales sobre la cotidianeidad que se manifiestan en la etapa del habitar. Para esto, se consideran distintas escalas: las viviendas, los conjuntos, la relación barrial y la inserción urbana.

Desde el punto de vista metodológico, a partir de un enfoque cualitativo, en pos de contextualizar y problematizar el objeto de estudio, recurrió a la utilización exhaustiva de datos secundarios que lo trascienden (bibliografía temática, normativas, artículos periodísticos, informes institucionales y datos estadísticos) y permitieron tanto una reconstrucción longitudinal como una profunda caracterización de políticas y programas bajo estudio, la cual presenta en sí misma diversas aplicaciones útiles para la evaluación de su desempeño. Pero fundamentalmente, para responder a los objetivos de investigación, se construyeron datos primarios a partir de la realización de entrevistas abiertas a informantes claves, entrevistas en profundidad semi-estructuradas a residentes de viviendas construidas por los programas analizados y se realizaron observaciones no participantes en los complejos (que fueron registrados mediante notas de campo y un detallado registro fotográfico). Se destaca en este proceso, la delimitación rigurosa del universo bajo estudio, que le permitió la selección de la casuística con una rigurosa aplicación del muestreo teórico, que capta ampliamente la variabilidad del universo estudiado.

A su vez, los resultados que transitan estas páginas, ponen en relieve la significación de ciertos componentes que potencian y viabilizan los procesos de producción social autogestionarios del hábitat popular: la opción por la propiedad colectiva y el sistema de usuarios, la necesidad de crear un fondo específico de financiamiento de las PSAHP, la pertinencia de organizar centrales estatales de suministros para dotar de escala y abatir costos (materiales, máquinas y herramientas, producción industrializada de partes en escala), la necesidad de construir una institucionalidad pública con arreglos institucionales direccionados hacia la promoción de la producción autogestionaria del hábitat y, muy especialmente, el papel protagónico que debieran adquirir las políticas de formación y capacitación para cooperativistas, funcionarios y cuadros políticos estatales y profesionales de equipos técnicos interdisciplinarios.

Este recorrido habla de una producción original, creativa y socialmente relevante en términos de su aporte a los procesos de formulación e implementación de políticas del hábitat, otorgando centralidad desde un lugar de compromiso y cercanía con los sujetos habitantes y las condiciones cotidianas de vida de los sectores populares.

Por eso la autora, con su trabajo, también aporta resultados y honra esfuerzos en la materialización de una línea de política científica, formación de investigadores y asignación de recursos y esfuerzos de la universidad pública y los organismos científico-técnicos, orientada a ensanchar la comprensión, el debate público y el impulso de una inteligencia política amplia, destinada a erradicar los dolores y penurias de la vida cotidiana de nuestro pueblo y enriquecer esta democracia, que a treinta años, aún resulta frágil e insuficiente.

Una introducción a la temática estudiada

El libro que aquí se presenta recupera el trabajo de investigación de las tesis de maestría y de doctorado realizado por la autora en la Universidad de Buenos Aires. El mismo versa sobre los modos de intervención estatal en la producción de vivienda destinada a los sectores populares[3], específicamente haciendo foco en la modalidad de producción "llave en mano"[4] y la autogestionaria[5]; desde un enfoque de abordaje interdisciplinario, anclado en los estudios urbanos y las políticas sociales.

---

[3] Di Virgilio (2003) y Herzer et al. (2001; 2002) argumentaron que la pertenencia a un mismo sector social puede expresar situaciones e inserciones laborales, territoriales y de acceso a recursos disímiles. Por ello utilizan la categoría *sector popular* (que aquí se retoma) para identificar a un determinado grupo de la población que sobrepasa los límites de "clase". Se trata de grupos de bajos ingresos, trabajadores informales y formales de baja calificación y sus familias y, en general, a las fracciones excluidas del acceso a la vivienda a través del mercado.

[4] La producción llave en mano de vivienda administrada centralmente desde el Estado "persigue un fin de lucro, conlleva una lógica de desarrollo territorial donde los pasos para la concreción del emprendimiento habitacional suponen una inversión total sobre un suelo urbanizado (previamente o bien de manera simultánea con la ejecución del emprendimiento) y el ciclo productivo finaliza con la entrega [llave en mano] del producto/vivienda" (Rodríguez, y otros, 2007, pág. 13). Este modo de producción responde a una lógica mercantil –dominante–, donde la vivienda es concebida como mercancía y su valor de cambio prevalece por sobre su valor de uso por parte de los adjudicatarios, produciendo un impacto en la calidad del bien terminado.

[5] La *producción autogestionaria del hábitat* supone un proceso paulatino de inversión estatal mediante la transferencia de recursos a organizaciones sociales para la construcción de vivienda. Es el resultado de un proceso desarrollado bajo la promoción y el control directo de las organizaciones que operan sin fines de lucro y que participan en todas las etapas de la producción de la vivienda (el diseño, su construcción y el habitar) mediante estrategias basadas en la capacitación, el manejo de información, la participación en la toma de decisiones y la socialización de responsabilidades (Rodríguez, y otros, 2007; Arébalo, y otros, 2012), pero lo hacen desde una lógica que prioriza el valor de uso de la vivienda –desde un enfoque de integralidad (Barreto, 2008; De la Mora, 2002)– por sobre su valor de cambio en el mercado.

Históricamente el Estado implementó distintas estrategias orientadas a resolver el problema de la falta de vivienda, a través de las cuales pueden reconocerse determinadas disputas de intereses y poder entre actores sociales vinculados a la resolución del problema habitacional. Para explicar esto, Pelli (2010) habla de distintos tipos de acción emprendidos por el Estado en un contexto de economías de mercado, que se fueron alternando o solapando en función de la acción y la lucha de los distintos grupos sociales afectados a nivel sectorial: i) acciones estatales de facilitación del acceso al mercado, ii) gestión vertical, autoritaria o paternalista (los destinatarios acatan, reciban o no), iii) gestión participativa institucional (los habitantes son interpretados por sus representantes políticos), iv) gestión participativa directa (los usuarios intervienen directamente en la gestión), y v) acción de la asistencia estatal a la autogestión (los futuros habitantes están a cargo de la gestión). Cada una de las opciones que desplegó el Estado para resolver la falta de vivienda para los sectores populares generó prácticas diferentes de producción de la vivienda y de gestión de la política, correspondientes a diferentes patrones ideológicos de relación social y a diferentes proyectos de sociedad, con prácticas inductoras de diferentes pautas de relacionamiento entre los actores involucrados (en particular, entre los técnicos diseñadores de las viviendas y los habitantes). Por lo que la vivienda de interés social no sólo trata de diferentes modos de producción y de relación entre las necesidades de habitabilidad y lo físicamente construido, sino también de la relación entre el habitar y el hábitat como relación cultural (es decir, prácticas de producción de vivienda que ponen en juego ciertas producciones de sentido y ciertos valores y normas colectivamente reconocidos) (Giglia, 2012; Pelli V. S., 2010).

Con las distintas reestructuraciones que sufrió el Estado en su relación con la sociedad y el mercado[6] se modularon políticas urbanas (y de vivienda) distintas que priorizaron alguna de las opciones de acción estatal citadas (y que se fueron adicionando al sistema de vivienda); por lo que es posible identificar diferentes generaciones de políticas habitacionales.

Pero la actuación del Estado, a través de la formulación de políticas habitacionales, define (mediante distintas fases: diseño, implementación, seguimiento) diversas formas de intervención y relación entre ciertos actores, estableciendo mecanismos de gestión y actuación que estructuran roles y relaciones, formas de ejecución y pautas de localización en la producción del hábitat. Por lo que este proceso no está exento de consecuencias y produce efectos/impactos *políticos* (que tienen una expresión privilegiada en las dinámicas institucionales que asumen los ámbitos estatales), *económicos* (favoreciendo la estructuración de sub-mercados específicos), *sociales* (los modos de interpelación y relación que se establecen con los futuros habitantes, su tipificación desde las políticas, los roles concretos que les toca asumir a lo largo del proceso) y *territoriales* (ligados a las características del hábitat que se produce y los servicios socio-urbanos que se proveen) (Rodríguez, y otros, 2007, pág. 14).

Por lo tanto, este trabajo no pretende limitarse a analizar la etapa de formulación de la política, sino también avanzar en sus resultados tanto en términos sociales como territoriales. Se busca *problematizar*, de manera comparativa, a partir de los distintos modos de producción que el Estado promueve ("llave en mano" y autogestionario), de qué manera impactan las instancias de participación social de la implementación de la política pública en la etapa del

---

6   Este trabajo parte de tres transformaciones de la relación estado-sociedad-mercado: el Estado de Bienestar de los años '50 (Esping-Andersen, 1993; Offe, 1991; Polanyi, 1992), el neoliberalismo de los años '70 y '90 (Harvey, 2007) y la poscrisis 2001 (Grassi, 2012; Katz, 2010).

habitar de los destinatarios, en función de evaluar si la participación social tiene efectos en el uso cotidiano y la apropiación que los destinatarios realizan de la vivienda en términos de integración socio-urbana y como posibilitante del acceso al derecho al hábitat y a la ciudad. En este sentido, el objetivo general del trabajo es analizar, en clave comparativa, si la participación social en la toma de decisión de políticas habitacionales que promueven modos distintos de producción de vivienda (autogestionario/llave en mano) inciden: (i) sobre los modos de habitar, apropiación y usos cotidianos de sus moradores (en la etapa de implementación de la política y producción de las viviendas) y (ii) en términos de integración socio-urbana (o segregación) y en tanto políticas habilitantes (o no) del derecho al hábitat y a la ciudad (en la etapa del habitar de las viviendas por los destinatarios).

Este objetivo se estableció a partir de las experiencias concretas desplegadas en el marco de los programas "Programa de Recuperación de la Traza de la ExAu3" (PRTE-xAu3), el "Programa Rehabilitación del Hábitat del barrio de La Boca" (PRHLB) y el "Programa de Autogestión para la Vivienda" (PAV) que atienden a poblaciones con demandas concretas y el Programa "Viví en tu Casa" de demanda general, todos ejecutados en la Ciudad Autónoma de Buenos Aires (CABA) entre los años 2002/3 y 2013[7] y [8].

---

[7] El recorte temporal responde a la decisión metodológica de analizar los últimos diez años de gestión (años de pos-crisis en el país).

[8] El criterio de selección de los programas se basó en que todos se ejecutaron en un mismo período de tiempo a nivel local (entre 2002/3 y 2013), con al menos alguna obra finalizada en la CABA, con adjudicatarios en uso de las viviendas. A su vez, sus respectivos proyectos fueron construidos en la trama urbana consolidada de la ciudad y apuntan a un mismo grupo poblacional como destinatario: sectores de ingresos medios-bajos/bajos, sin capacidad de acceso a una vivienda propia a través del mercado formal, en situación de emergencia habitacional (la mayoría de ellos provenientes de tipologías de hábitat informal de la ciudad consolidada –hoteles-pensiones, inquilinatos y casas tomadas–) o inquilinos –formales e informales– amenazados por procesos de desalojos forzados. Esta decisión metodológica apuntó a dejar por fuera del análisis a las soluciones habitacionales brindadas a la

En cada uno de estos programas se buscó: (i) estudiar las características que asumieron durante los procesos de implementación y ejecución de las obras, evaluando la existencia o no de instancias de participación social y toma de decisiones por parte de los adjudicatarios (tanto en el diseño, ejecución y evaluación de la política como en la concepción, producción y asignación de las viviendas), y determinar en qué medida se respondió a sus necesidades habitacionales. (ii) Analizar los condicionantes e impactos territoriales y sociales que tuvieron ambos modos de producción (llave en mano y autogestionario) sobre las formas de habitar, la apropiación y los usos cotidianos que los usuarios hicieron de sus viviendas, de los complejos habitacionales y del barrio en el que insertaron. (iii) Evaluar ambos modos de producción de vivienda en términos de promotores o no de procesos de inclusión-integración y/o segregación-exclusión socio-urbana, es decir, si contribuyeron o no a una distribución y acceso equitativo a los bienes y servicios de la ciudad. (iv) Interpelar los modos de producción de vivienda que los programas sustentaron en base a la valorización de los usuarios en relación a sus viviendas, en términos de su capacidad para contribuir al ejercicio del derecho al hábitat y a la ciudad.

Pues como sostiene Oszlak (1991), las políticas de hábitat y vivienda presentan un conjunto de acciones y omisiones que manifiestan la intervención del Estado en relación con la distribución/localización de los diferentes sectores sociales en la ciudad y, consecuentemente, con la satisfacción diferencial de ciertas necesidades básicas que impactan en las condiciones de habitabilidad (Barreto, 2008; De la Mora, 2002) de las familias destinatarias de la política. Estas pueden habilitar –o no– el acceso tanto al derecho a la

---

población villera. Esta decisión se tomó por dos motivos. Primero, por las características intrínsecas de esta población, que desbordan el problema de investigación de este libro. Segundo, esta población no fue objeto de experiencias de producción autogestionaria de vivienda en la CABA, por lo que uno de los ejes comparativos de análisis no podría ser abordado.

vivienda y a la ciudad (Lefrebvre, 1968; 1972; Fernandes, 2006) como al desarrollo de una vida integrada socialmente (o, a la inversa, impulsar procesos de segregación social (Sabatini, Cáceres, & Cerda, 2001; Rodríguez & Arriagada, 2004; Carman, Vieira da Cunha, & Segura, 2013)).

En este sentido, la hipótesis que funcionó como guía para el proceso de investigación que orientó el trabajo fue que la integración socio-urbana (física, social, cultural y simbólica) (Castel, 1995; Enriquez, 2007; Carman, Vieira da Cunha, & Segura, 2013; Segura, 2014) y la posibilidad de ejercicio del derecho al hábitat y a la ciudad por parte de los usuarios de vivienda (Bordón, 2003; Rolnik, 2011; Fernandes, 2006) varió como efecto de las modalidades de implementación de los programas (estandarizados o no; con o sin participación social, etc.) y el modo de producción establecido para las viviendas. Pues cuando los adjudicatarios de las viviendas adquieren mayor participación y toman decisiones en la implementación del programa (y en la producción de las viviendas), mayor es la adaptación de lo físicamente construido a las necesidades cuantitativas y cualitativas de habitación de las familias usuarias; como así también la apropiación de la vivienda, del complejo habitacional y del entorno barrial y, por ende, se produce una mayor integración socio-urbana y crece el acceso al derecho al hábitat y a la ciudad. No obstante, factores que establecen diferencias entre los modos de producción de las viviendas (escalas de construcción, metodologías y diseños constructivos y localizaciones) tuvieron sus efectos en la etapa del habitar, ya que se presentaron como elementos que morigeran las diferencias entre los modos de producción estudiados en relación a su impacto territorial-barrial (con efectos integradores o, viceversa, segregadores).

Ahora bien, en paralelo a estas intervenciones estatales, desde el ámbito académico, surgió un fuerte debate en torno a las respuestas en materia habitacional brindadas a los sectores de menores ingresos desde el Estado. Por un lado, el enfoque denominado *alternativo*, promovido por John Turner (1977), reivindicó los aspectos positivos de la autoconstrucción de vivienda frente a los sistemas de producción administrados centralmente por el Estado, por considerarlos más aptos para satisfacer las auténticas necesidades habitacionales de sus usuarios. Por el otro, el enfoque *estructuralista,* defendido por Emilio Pradilla (1982; 1987) y Rod Burgess (1978), en respuesta a los postulados de Turner, consideró que la autoconstrucción profundizaba la problemática habitacional y cuestionó el rol del Estado por promover esta práctica entendida como instrumento ideológico y práctico de explotación capitalista, pero por sobre todo como una herramienta generadora de una auto-explotación del trabajador (Pradilla, Capital, Estado y Vivienda en América Latina., 1987, pág. 94). Con posterioridad, en los años '90, en pos de continuar con aquel debate, un nuevo enfoque, el *democrático-autonomista* impulsado por Hardoy y Satterthwaite (1987), retomó alguno de los postulados de la perspectiva turneriana aunque con un significativo desplazamiento de su abordaje desde la práctica de la autoconstrucción como proceso espontáneo, obligado y autónomo por parte de los sectores populares hacia otro que recupera la autoconstrucción como práctica productora de ciudades, considerando la urbanización popular como una de las principales modalidades de producción de ciudad de los países tercermundistas (como los latinoamericanos).

Ahora bien, la *autogestión del hábitat* se ha postulado como un cuarto núcleo problemático que interpela la relación entre el Estado y las capacidades de desarrollo organizativo en materia de producción de vivienda (Rodríguez, y otros, 2007). Debates pioneros del campo popular de los años '70 –fundamentalmente en México y Uruguay– y, a escala regional, la acumulación de antecedentes de políticas estatales de apoyo a la producción autogestionaria de los años '90 –con mayor fuerza en la última década[9]– han encabezado esta corriente. Este trabajo evalúa los alcances y límites de este modo de producción de vivienda (poniéndolo en comparación, a partir de Turner (1977), con el sistema de producción administrado centralmente por el Estado) en pos de consagrar a la *autogestión del hábitat* como una alternativa válida para el acceso a una vivienda digna para los sectores populares y actualizar dicho debate sectorial.

Algunas aclaraciones metodológicas

El propósito de este trabajo fue captar e interpretar la realidad tal como fue experimentada principalmente por los adjudicatarios de los programas habitacionales, y de todos los actores intervinientes, recuperando elementos de carácter descriptivo que permitan avanzar hacia una etapa de análisis e interpretación de tipo cualitativo (Denzin & Lincoln, 1994; Maxwell, 1996).

Con este tipo de metodología, se procuró profundizar en el efecto de los programas habitacionales que impulsaron distintos modos de producción de vivienda en la vida cotidiana de los sectores populares adjudicatarios. Para dar

---

[9] En México, entre 1976 y 1982, la "Cooperativa Palo Alto" se convirtió en referente para el diseño de varios instrumentos de política pública y programas que continúan vigentes como Fondo Nacional de Habitaciones Populares de México (FONHAPO) (aplicados en la reconstrucción de la ciudad central a raíz de los sismos del '85). Por su parte, en Uruguay, a partir de cuatro experiencias pilotos, se sancionó una ley nacional de vivienda que desarrolló un sistema de financiación a las cooperativas de alcance nacional, privilegiando la producción autogestionaria que en los años '70 posibilitó la emergencia de la FUCVAM. A partir de los '90, esta experiencia fue retomada para el desarrollo de otras, como los programas de mutirones de San Pablo, las cooperativas de autogestión en la Ciudad de Buenos Aires (que se enmarcaron en la Ley 341/00) y otras que se replican actualmente en Bolivia, Paraguay, Perú, Venezuela y Centroamérica.

cuenta de ello, y de la complejidad del problema de la vivienda, fue necesario diferenciar dos momentos analíticos de la política pública.

i) Uno que tiene que ver con la instancia de implementación de los programas y, por ende, de construcción de las viviendas. Este nivel de análisis parte de entender la política habitacional local como un conjunto de lineamientos, objetivos y fines que son producto de la interacción entre distintos agentes políticos, económicos y/o sociales. Los resultados de estas interacciones se plasman u operacionalizan en programas que definen un determinado marco normativo de actuación, que priorizan a unos actores sociales/mercantiles por sobre otros, que impulsan unos modos de producción de vivienda por sobre otros, una determinada organización administrativa-burocrática, un esquema de financiamiento específico, etc. Los modos en los que se expresan estas decisiones en lineamientos de política parecieran impactar en el resultado de la política. En el ámbito de la vivienda, ese resultado es ni más ni menos que la calidad de vida que van a tener las familias adjudicatarias. Este supuesto teórico obliga a analizar las características y lineamientos que asumen los programas bajo estudio en su etapa de implementación y los modos en los que se produce la vivienda, para luego poder evaluar si estos modos de implementación tienen algún efecto en los usos cotidianos que hacen los adjudicatarios de sus viviendas.

ii) Este primer nivel de análisis es la antesala del segundo nivel de análisis, que es, justamente, el resultado de la política habitacional: la etapa del habitar, la apropiación y el uso cotidiano del producto final de la política habitacional: *la vivienda*. Lo que interesa analizar en este momento analítico es el resultado de la política desde la perspectiva y punto de vista de sus usuarios, del uso que estos le dan a las viviendas y los condicionantes e impactos que el nuevo modo de habitar tuvo en la vida cotidiana de los mismos, pero prestando suma atención a los efectos socio-urbanos generados (si los tuvo) del modo de producción de la vivienda sobre la etapa del habitar (en términos de generadores de procesos de integración socio-urbana y acceso al derecho a una vivienda digna y a la ciudad para sus usuarios).

Sin embargo, reconocer la complejidad del problema habitacional requiere entonces aproximarse al objeto de estudio desde la complementación de distintas fuentes de información, miradas y discursos que tienen los diversos actores involucrados respecto a una misma "cosa", en la medida que cada una expresa una de las múltiples percepciones e interpretaciones posibles y algunos de los múltiples intereses en juego. Desde esta concepción, cobraron especial relevancia todos los relatos y/o discursos, ya sean institucionales, técnicos o de otra índole, y muy especialmente el de los destinatarios de las políticas habitacionales bajo estudio, pero también otras formas de aproximación al objeto, como la fotografía y la estadística, entre otros. En esta sintonía, los datos necesarios para el desarrollo del proyecto se obtuvieron de fuentes de información tanto secundarias como primarias. Se recurrió a la recolección y análisis de bibliografía de carácter académico sobre el tema, informes técnicos (diagnósticos institucionales, informes de gestión, memorias anuales de organismos públicos, etc.), documentos de políticas, programas y proyectos, informes sobre cobertura e impacto de programas, informes de auditorías y legislativos, versiones taquigráficas de reuniones celebradas en la Legislatura porteña, actas de reuniones celebradas en el Instituto de la Vivienda de la CABA, artículos periodísticos, información tomada de páginas de Internet (páginas institucionales de organismos públicos, organizaciones sociales, etc.), normativas (leyes, actas directorios, convenios etc.) de los programas, información estadística, presupuestaria, etc., casi toda de acceso público en bibliotecas físicas y virtuales y webs institucionales, aunque para acceder a algunos datos fue necesario recurrir a informantes claves. A su vez, la información secundaria fue complementada con testimonios provenientes de

47 entrevistas en profundidad –individuales y colectivas–
realizadas a actores gubernamentales y sociales entre enero
2010 y diciembre 2013.

Estas entrevistas fueron complementadas con observaciones tanto participantes como no participantes en reuniones inter e intra cooperativas y de estas con representantes
del Estado local; y con recorridas observacionales registra-
das de manera fotográfica en todos los complejos en obra y
finalizados por ambos modelos productivos en el marco de
los programas bajo estudio. Todas ella realizadas entre julio
2010 y diciembre 2013.

Ahora bien, a partir de la revisión bibliográfica realizada, se verificó cierta vacancia de la relación que existe entre
los distintos modos de producción de vivienda y el habitar de las mismas desde un abordaje que problematice las
posibilidades de participación social en la primera instancia
para analizar la apropiación existente en la segunda instancia, pues la bibliografía identificada no aborda ese "puente"
necesario entre un momento de la política (la implementación) y el habitar (el resultado). Además, todos los análisis
realizados se efectuaron desde una perspectiva técnica sin
tomar en consideración las opiniones –en primera persona– de los moradores de las viviendas, quienes en definitiva son los actores principales del sistema de vivienda.
Es por esto que este libro pretende realizar un aporte al
conocimiento de los estudios habitacionales de producción
de obra nueva, en un área de relativa vacancia como es el
impacto que tienen los modos de producción de vivienda
estatal en la vida de sus usuarios, pero estableciendo centralidad en la perspectiva de los usuarios involucrados en estas
operatorias (recuperando la voz de los actores principales
del sistema de vivienda).

Adicionalmente, los hallazgos de esta investigación
realizan un aporte teórico-conceptual al debate académico
de la problemática de la vivienda para los sectores populares, rescatando el potencial de la capacidad organizativa
popular y la participación social en los procesos autoges-

tionarios de hábitat, desde un posicionamiento que abona a una transformación cotidiana de las relaciones sociales vigentes en la región. Además, los resultados obtenidos en este libro se constituyen como socialmente relevantes en términos del aporte que realizan a los procesos de formulación e implementación de políticas del hábitat, por lo que los mismos pueden ser de interés a funcionarios públicos ejecutores de políticas y colectivos sociales vinculados a la temática que hoy hacen que los estados, en sus distintas jurisdicciones, oigan su voz en pos de una vivienda digna.

También, en términos metodológicos, una contribución de este libro consiste en revelar un dispositivo de abordaje empírico de modos de producción de vivienda que permite un acercamiento comparativo de casos para medir integración socio-urbana y posibilidades de acceso a un hábitat digno y a la ciudad. Pues su nivel de flexibilidad facilita abordar este "puente" objeto de análisis entre política y resultado y su aplicación en diversos casos locales, nacionales e incluso internacionales.

Por último, la investigación de este libro se presenta de la siguiente manera:

En el **capítulo uno** se ubica el problema de investigación en el neoliberalismo como etapa actual del capitalismo y se analiza la dinámica socio-urbana desencadenada a partir de su consolidación (tomando como analizadores los casos de estudio seleccionados).

En el **capítulo dos** se problematiza la cuestión del acceso a la vivienda para los sectores populares y el rol del Estado –y las políticas habitacionales–, el mercado y los propios pobladores frente a esta problemática. Para ello, se caracterizan los distintos modos de producción de vivienda teniendo en cuenta la diversidad de actores sociales que intervienen y sus intereses; y, en ese marco, se repasa la concepción de producción social del hábitat desde distintas posturas teóricas con el objetivo de fijar posición respecto a los conceptos de autogestión y autoconstrucción. Por último, a fines de actualizarlo, se retoman el debate teórico clásico de los años '70 sobre la producción de vivienda estatal basado en el binomio "planificación centralizada" versus "autoconstrucción" de Turner (1977), Pradilla (1982; 1987) y Burguess (1978), y el debate de los años '90 sobre autoconstrucción de autores como Hardoy & Satterthwaite (1987) y Pelli (1994).

En los **capítulos tres** y **cuatro** se reconstruyen las características y líneas generales que asumieron el Programa de Autogestión para la Vivienda reglamentado por las leyes 341/964 y los programas Programa de Recuperación de la Traza de la ExAu3 (PRTExAu3), Programa Rehabilitación del Hábitat del barrio de La Boca (PRHLB) y el Programa Viví en tu Casa a lo largo de sus ciclos de implementación, los cambios formales que se les introdujeron, las modalidades de implementación, un análisis presupuestario y el entramado de actores intervinientes en los procesos de implementación. Por último, se presenta el universo de proyectos/obras encarados por los programas, sus estados de avance y los casos seleccionados para el análisis.

En los **capítulos cinco** y **seis,** se analiza la etapa de implementación de la política y de producción de las obras de los programas seleccionados desde la construcción teórica y conceptual de una de las principales variables que se evalúa en los casos de estudio: la *participación social.* En el capítulo **cinco** se revisa la existencia o inexistencia de instancias de participación social y la incidencia de las mismas en la configuración de usuarios activos/pasivos de la vivienda en las distintas fases del ciclo de vida[10] de los programas bajo análisis. En el capítulo **seis** se corre el foco de análisis hacia el interior de los proyectos y se analizan los

---

10 El "ciclo de vida" de una política social se extiende desde su problematización social hasta su resolución –mediante el desarrollo de una política, por ejemplo–, en donde los actores afectados toman posición –muchas veces poco constante– modificando el mapa de relaciones sociales y el universo de problemas que son objeto de consideración en la arena política (O'Donnell & Oszlak, Estado y Políticas Estatales en América Latina: Hacia una estrategia de investigación., 1981).

modos de ejecución de las obras finalizadas "llave en mano" y autogestionario, indagando las instancias de participación y de toma de decisiones de sus adjudicatarios en las etapas de diseño y producción de las viviendas, y las modalidades de adjudicación/designación de las mismas.

En los capítulos **siete** y **ocho** se analiza la etapa del habitar por parte de sus moradores en tres escalas de análisis: la vivienda, el complejo habitacional y el entorno barrial de enclave. Para ello, en el capítulo **siete**, se define conceptual y teóricamente a la "vivienda digna" a partir de la identificación de condiciones de habitabilidad desde un enfoque de integralidad, y se descompone la variable "modos de habitar, apropiación y uso" para abordar los casos de estudio. Desde este marco teórico-conceptual, se analizan las viviendas producidas comparando las condiciones de habitabilidad de lo físicamente construido y la adaptación de estas a las necesidades de los usuarios, poniendo el foco en tres subsistemas de análisis: el habitacional, el cultural y el territorial/ambiental (Barreto, 2008). Por último, se analiza la consolidación del uso, goce y apropiación de los moradores a partir de la percepción que ellos tienen sobre un conjunto de variables seleccionadas. En el capítulo **ocho** se transita hacia la escala de análisis de los conjuntos habitacionales y el entorno barrial en el que se insertan las viviendas poniendo el acento en el subsistema cultural, el territorial/ambiental, el social y el económico (Barreto, 2008). Luego se estudian los entornos barriales a partir de la localización de emplazamiento y las estructuras de oportunidades asociadas a la vivienda, la percepción de distancias/proximidades a los servicios socio-urbanos, y la percepción de integración a la ciudad por parte de los usuarios de las mismas. Por último, se aborda el plano de las relaciones vecinales hacia el interior de los complejos y hacia afuera, el barrio.

Por último, el **capítulo nueve** condensa e integra los resultados de la investigación y concluye en una relectura de las hipótesis de investigación en clave interpretativa.

Adicionalmente, a modo de aporte teórico-conceptual se retoma el debate clásico de la provisión de vivienda de los años '70-'90 y se propone una actualización del mismo –con la intención de plantear un aporte superador– desde la práctica autogestionaria de producción de vivienda a partir de una perspectiva de integralidad cuestionadora de las relaciones sociales –y económicas– vigentes.

1

La ciudad neoliberal y sus impactos en el territorio

Este capítulo ubica el problema de investigación en la fase neoliberal –actual– del modelo de acumulación capitalista y analiza la dinámica socio-urbana desencadenada a partir de la configuración de ciudades neoliberales (Theodore, Peck, & Brenner, 2009; Harvey, 2004; Harvey, 2007; De Mattos, 2002). Las políticas y los programas estudiados fueron dirigidos a sectores sociales perdedores o desaventajados por el neoliberalismo y las transformaciones que trajo; por esta razón, los mismos se asumen como analizadores de las características que supuso esta relación social.

1.1 La ciudad neoliberal: Una nueva organización urbana

A partir de mediados de la década del 70, se produjeron aceleradas y profundas transformaciones espaciales, sociales y culturales que dieron cuenta de un nuevo tipo de organización territorial del poder económico: el orden neoliberal. El neoliberalismo sustenta la idea de que los mercados abiertos, competitivos y desregulados de la acción estatal y de cualquier colectivo social son el mecanismo óptimo para el desarrollo socioeconómico. Theodore, Peck y Brenner (2009) describen estos cambios a partir de la decreciente rentabilidad de las industrias de producción masiva y de la crisis del Estado de Bienestar. De Mattos (2010) agregó

que también dan cuenta, por un lado, de un nuevo sistema tecnológico articulado en torno a las tecnologías de la
información y las comunicaciones (TIC) y, por otro, a una
ampliada liberalización económica. Esta reestructuración
impactó, en términos territoriales, en la consolidación global de nuevos espacios transnacionales de actividad económica que modificaron las condiciones en las que tuvo lugar
la producción, el intercambio y el consumo de bienes y
servicios[11]. Varias ciudades neoliberales se convirtieron en
lugares idóneos para el desarrollo de estas transformaciones propias de la internacionalización de la economía[12] y, en
el marco de una mercantilización expandida de los bienes
y servicios, devinieron en objeto de negocio y especulación
a partir de procesos globales de "acumulación por desposesión" que tuvieron como objetivo restablecer el control
de clase (Harvey, 2004) mediante estrategias de disciplina-
miento de la clase trabajadora, tanto en el mundo del trabajo (Rifkin, 1985) como en la ciudad (Waqcuant, 2008)[13].

---

[11] Desde hace varios siglos ya se habla de una economía mundial. Nuestro país
operó específicamente, desde su inserción a la división internacional del
trabajo, como productor de materias primas. Pero tal como nota Sakia Sassen (1997), la situación actual es notablemente diferente.

[12] Fueron varios los autores que marcaron una distinción tajante entre ciudad
moderna y la actual: Amendola (2000), Ascher (2004); Bauman (2002; 2005);
Castells (2000); Donzelot (2004); Harvey (2004; 2007); Mongin (2006) y Sassen (1997; 2002), Theodore, Peck y Brenner (2009) –entre otros–. En su
afán por describir la ciudad actual, estos investigadores la definieron como:
ciudad posmoderna, global, informacional, neoliberal, pos-ciudad o pos-
metrópolis, metápolis, exópolis, pos-urbana y sobre-moderna (Lacarrieu,
2000). Más allá de las diferencias que existen entre estas definiciones, todas
marcaron el pasaje desde un tipo urbano propio del ciclo moderno/indus-
trial/fordista hacia un modelo más complejo, inédito y desconocido (el
actual).

[13] Pues la clase trabajadora debió ser desproletarizada, desorganizada, invisi-
bilizada y reconfigurada en la etapa inicial del neoliberalismo, mediante una
estrategia dictatorial (entre 1976-1983) que desplegó un accionar de alto
voltaje violento. Pero no sólo esto, hubo que desanclar el orden del trabajo
del territorio (Rodríguez M. C., 2014).

Estas transformaciones también dieron cuenta de un cambio en la presencia, injerencia y responsabilidad estatal (Brenner & Theodore, 2002; Harvey, 2007) mediante la destrucción, desarticulación y deslegitimación de artefactos, políticas e instituciones del Estado de Bienestar. A la par, supusieron la construcción y consolidación de nuevas institucionalidades estatales montadas para facilitar todo tipo de instrumentos privados con fines de negocios, como así también la privatización y desregulación de activos públicos destinados a constituir nuevas áreas de ganancias: empresas públicas, impuestos, reformas laborales, operaciones financieras, etc. En términos sectoriales, este fenómeno estuvo acompañado de un cambio en el modo de gestión urbana basado en una disminución de la intervención y la inversión público-estatal, que ubicó al capital privado en el centro del desarrollo y configuración urbana, al tiempo que estimuló el desarrollo de una dinámica neoliberal en la producción de la ciudad (De Mattos, 2002). El Estado dejó de actuar sobre el territorio para pasar a cumplir un rol subsidiario como acondicionador y promotor de las transformaciones del espacio urbano, el cual estuvo fundamentalmente controlado por estrategias empresariales con un fuerte sesgo privatizador (Ciccolella, 2011).

Estas dinámicas de cambio visibilizaron que la *ciudad* se convirtió en un eslabón decisivo para la reforma neoliberal. En ella se desplegaron estrategias de desmantelamiento de la estructura productiva del Estado de Bienestar[14] (y de la clase trabajadora) y resultó un espacio idóneo

---

14 Se considera importante señalar que tras un nuevo tipo histórico de capitalismo (la fase neoliberal) (Soldano & Andrenacci, 2006), el trabajo industrial asalariado pierde hegemonía y se estimula una nueva composición de la clase trabajadora. Por lo que el trabajador industrial asalariado fue el primer eslabón social a desarticular e invisibililizar. Esta invisibilización se expresó, de manera territorial, en la progresiva expulsión de estos sectores populares de la centralidad urbana.

para la innovación y el crecimiento económico orientado al mercado (y a las prácticas de consumo de las elites) de la fase neoliberal[15].

No obstante, no todas las ciudades fueron modificadas de la misma manera, sino que cada una se transformó preservando muchos de los rasgos consolidados a lo largo de su historia[16]. A contracara de la ideología neoliberal, cuyo supuesto principal es que las fuerzas del mercado operan de acuerdo con leyes inmutables independientemente del lugar donde se intervenga, Theodore, Peck y Brenner (2009), cuando hablan del "neoliberalismo realmente existente" a escala territorial, destacan la inserción contextual de los proyectos de reestructuración neoliberal y su dependencia de una trayectoria (institucional, política, regulatoria, de conflictos) heredada que limitó el alcance de la reforma. En su despliegue, el neoliberalismo fue produciendo fallas de mercado generalizadas que se expresaron en nuevas formas de polarización social, una agudización de las desigualdades en el territorio y diferentes crisis al interior de la gobernanza estatal. Esto puso de manifiesto lo que Harvey (2003) denominó *vulnerabilidad selectiva*: dejó expuestas a las poblaciones de manera desigual a los efectos del desempleo, la degradación de los niveles de vida y la pérdida de recursos, opciones y calidades ambientales, al tiempo que "concentr[ó] la riqueza y el poder y más oportunidades políticas y económicas en unas cuantas localizaciones selectivas y dentro de unos cuantos estratos restringidos de población" (Harvey, 2003, pág. 102). Con lo cual,

---

[15] Se trató de dos tipos históricos de capitalismo que garantizaran la continuidad necesaria para la acumulación y legitimación del capitalismo (Soldano & Andrenacci, 2006).

[16] Fueron permanencias vinculadas a la identidad histórica de cada ciudad, la idiosincrasia de sus habitantes, la morfología original del lugar de emplazamiento, las modalidades de la vida urbana cotidiana, identidades que permanecieron más allá de los impactos de la globalización (De Mattos, 2002).

la ciudad neoliberal no es sólo escenario, sino también, y sobre todo, medio privilegiado para la producción activa de la desigualdad.

En Argentina, las últimas décadas han dejado numerosos ejemplos: la expulsión de la población rural de sus tierras por el avance de cultivos de alta rentabilidad (como la soja) –con sus graves consecuencias ambientales–; la expulsión indirecta de la población urbana pobre a localizaciones aún más pobres por la ley de hierro de la liberalización del mercado del suelo urbano (se verá más adelante como las políticas habitacionales llave en mano fueron un medio para la relocalización de la población pobre), la especulación del mercado inmobiliario formal e informal y la falta de políticas estatales que pongan un límite a la mercantilización de ciertos bienes y servicios (como por ejemplo, el suelo urbano); entre otras.

1.1.1 La huella neoliberal en el territorio: transformaciones en la estructura social y urbana de la Ciudad de Buenos Aires

Las nuevas necesidades estructurales del capitalismo neoliberal configuraron renovadas tendencias de metropolización que transformaron las ciudades y, particularmente, la Ciudad de Buenos Aires, en términos estructurales, funcionales y territoriales. Ciccolela (2011) y De Mattos (2010) dieron cuenta del pasaje de un espacio metropolitano compacto que avanzaba en forma de "mancha de aceite" hacia el conurbano, con morfología y bordes bien definidos (un modelo europeo de centro/periferia), hacia una configuración de ciudad-región con bordes difusos, policéntrica, formando en algunos casos megalópolis o archipiélagos urbanos y caracterizado por un nuevo modelo de incorporación/exclusión de áreas (un crecimiento metropolitano en red).

En primer lugar, como consecuencia del declive de las relaciones productivas y la reestructuración de las lógicas de consumo y de servicios avanzados, la industria nacional debió asumir nuevas formas y configuraciones territoriales (Fritzsche & Vio, 2005). Como consecuencia de esto, comenzaron a aparecer en la ciudad nuevos tecnópolos, distritos industriales, áreas-sistema, parques científicos y tecnológicos, aglomeraciones industriales planificadas y *just in time*, *clusters*, etc. que fueron la expresión del cambio en las pautas de localización derivadas de las renovadas estrategias del capital industrial y de los sistemas productivos. En la Ciudad de Buenos Aires se definieron distritos tecnológicos en los barrios de Parque Patricios y Nueva Pompeya, el distrito audiovisual en los barrios de Palermo, Paternal, Chacarita, Villa Ortúzar y Colegiales, el de las artes en los barrios de La Boca, San Telmo y Barracas, el de diseño en el barrio de Barracas y el del deporte en la Comuna 8 de la ciudad[17]. Este fenómeno de desarrollo económico en la urbe fue acompañado por la instalación de hotelería internacional y restaurantes, que no sólo se emplazaron en las áreas centrales de la ciudad, sino que también en aquellas zonas periféricas privilegiadas donde se produjo una fuerte inversión de capital (por ejemplo, la zona de Pilar).

Adicionalmente, los procesos de privatización de los medios de transporte (subterráneos, autopistas y ferrocarriles –que en el interior del país se redujeron hasta casi desaparecer–), de comunicación, producción y distribución de energía (energía eléctrica, gas, petróleo), servicios de agua y cloacas, metalurgia, etc. también tuvieron significativos efectos en la reestructuración urbana de la ciudad. Por ejemplo, la remodelación y ampliación de autopistas ya existentes y la construcción de nuevas generaron dinámicas de urbanización y metropolización que cambiaron las condiciones de circulación y accesibilidad hacia las periferias y acentuaron el privilegio del uso de automóviles particulares

---

17   Para más información: http://www.buenosaires.gob.ar/distritos

por sobre el transporte público (a la par que generaron un incremento del parque automotriz). Estas obras fueron demandadas por nuevos espacios de producción y, también, por nuevas urbanizaciones cerradas/privadas suburbanas de residencia (barrios cerrados, *countries*, marinas, etc.) y consecuentes nuevos espacios de consumo. Esta nueva tipología de vivienda, propia de sectores de alto poder adquisitivo, se consolidó como residencia permanente y se localizó invariablemente a lo largo de estas autopistas y en zonas intersticiales próximas a ellas como Tigre, Tortuguitas, Pilar (al norte), Hudson, Quilmes (al sur), General Rodríguez, Moreno y Luján (al oeste) (dejando de lado los viejos patrones de localización cercanos a la red de ferrocarriles suburbanos). Sus viviendas suntuosas con parquizados cuidadosamente diseñados, sus grandes dimensiones y los dispositivos de seguridad (muros, vigilancia) que los separa físicamente del tejido urbano que los rodea (loteos económicos de los años '50 y '60, villas, asentamientos, viejos centros urbanos) alteraron el paisaje urbano periférico, ya que se crearon y consolidaron situaciones de enclave[18], pero también se originaron conflictos sociales y urbanos localizados de gran potencial.

Con relación a los nuevos espacios de consumo, las inversiones extranjeras también se orientaron hacia la construcción de grandes equipamientos comerciales, como los *shopping centers*, los centros comerciales y los hipermercados para el abastecimiento no sólo en el centro de la Ciudad de Buenos Aires sino también en cercanía a estas nuevas sur-urbanizaciones residenciales. Estas nuevas formas comerciales, al concentrar en un punto específico del espacio una gran cantidad de actividades dedicadas al consumo, provocaron una fuerte desestructuración (y en muchos de los casos, desaparición) de los antiguos patrones de localización y estructura comercial y de consumo barrial (que

---

18 Entendiendo por este concepto un territorio incluido en otro con diferentes características políticas, administrativas, geográficas, etc.

impactaron fuertemente en el comercio minorista y generaron situaciones como, por ejemplo, la casi desaparición del almacén de barrio). Además, trajeron consecuencias en relación con la variación de los valores del uso del suelo urbano de las zonas en que se emplazaron (Ciccolella, 2011; Trivelli Oyarzún, 2004) y con los patrones de tránsito de la zona[19] (Blanco & Macagno, 2014).

Las transformaciones en los modos de residencia vinculados con el despliegue del capital en el uso del espacio impactaron también en el centro de la CABA con la aparición de nuevos *countries* verticales: edificios y conjuntos residenciales con servicios e infraestructura de seguridad, deportiva y de confort, situados en barrios principalmente céntricos de la ciudad, de alto poder adquisitivo o que fueron objeto de procesos de renovación y gentrificación[20].

Estas nuevas modalidades de habitación, tanto en la ciudad como en sus áreas extendidas, generaron un fenómeno de auto-encapsulamiento de los sectores sociales altos y medianos (auto-segregación espacial) en función de las diversas ofertas de infraestructura y seguridad, aumentando la desigualdad social. Pues las características desiguales de acceso al empleo y los niveles de ingresos propios del nuevo modelo productivo develaron –en parte– las desigualdades de acceso al suelo y a la vivienda[21].

Este modelo de ciudad neoliberal se plasmó en la normativa mediante el nuevo Código de Planeamiento Urbano (Ley 449/00) y en el Plan Urbano Ambiental (PUA) (Ley

---

[19] También produjo una fractura en el mercado de trabajo ya que se crearon nuevas formas de empleo y se destruyó parte del tejido laboral y comercial preexistente, aumentando los niveles de desempleo y marginalidad.

[20] Para profundizar en estos conceptos ver Herzer (Acerca de la gentrificación, 2008; Con el corazón mirando al sur. Transformaciones en el sur de la ciudad de Buenos Aires, 2008).

[21] El informe publicado por Consejo Económico y Social de la Ciudad (2013), da cuenta de que mientras una persona pobre de la ciudad necesita 67 años de trabajo y ahorro para comprar un departamento de tres ambientes, a una persona rica de la ciudad (del último decil de ingreso) le son suficientes cuatro años y medio.

2930/08). El primero consagró, por ejemplo, a la zona sur de la ciudad como un "área de desarrollo primario" y se establecieron "áreas de renovación urbana". El PUA, por su parte, posicionó a la ciudad en la red de ciudades globales, a partir de la generación de condiciones de competitividad global.

Ahora bien, ante el marcado aumento de la pobreza durante esta etapa, las formas de habitación precaria e informal también se multiplicaron. Se intensificó el fenómeno de las villas, que, en la ciudad, entre 1991 y el 2001, duplicaron su población (pasaron de más de 52 mil personas a más de 107 mil) y entre 2001 y 2010 ascendieron a más de 163 mil personas –según datos censales–. Se agravó también, la situación de los pobladores de falsos hoteles, conventillos e inquilinatos que viven en situación de alta precariedad en las zonas centrales de la ciudad (estimulados por subsidios otorgados a partir de 1997 por la Secretaría de Desarrollo Social del Gobierno porteño), que involucró en 2010 a 103.963 personas en esta situación; y que a la vez son víctimas, en los últimos años, de desalojos forzosos impulsados tanto por el sector privado como por el propio Estado (estimulados por la presión de la especulación inmobiliaria en la ciudad y el proceso de renovación de ciertas áreas de la ciudad). Se estima que en los últimos cuatro años se desalojaron 20 mil familias, es decir, unas 80 mil personas que no logran resolver su problema habitacional en el mercado de vivienda actual (Ilari, 2003).

En las últimas décadas, también aumentó significativamente la cantidad de personas que viven en la calle, pues, según datos oficiales, hubo casi mil personas promedio por año entre 2007 y 2011, y, según organizaciones sociales[22], 17 mil personas promedio en el último año.

---

22 La brecha entre las fuentes de información radica en que el GCBA sólo cuenta personas adultas en situación de calle de forma transitoria o permanente; dejando por fuera de este conteo a jóvenes, niños, personas en paradores y *dormis*, lo que provoca una subestimación de este índice.

Además, se produjo una nueva serie de ocupaciones de tierras en la Ciudad de Buenos Aires (como el conflicto del Parque Indoamericano en diciembre de 2010 y el predio lindero a la Villa 20 en febrero de 2014 –barrio Papa Francisco–) que dieron cuenta de la gravedad de la situación habitacional existente, que no es nueva, sino un fenómeno histórico estructural y acumulativo en la urbe, pero que se intensificó con el modelo neoliberal de ciudad y las dificultades que existen para acceder a una vivienda por parte de los sectores populares.

En síntesis, el proceso de reconfiguración territorial de la CABA hacia su área metropolitana consolidó y profundizó las características del nuevo modelo de ciudad neoliberal implantado a escala mundial. Este modelo se desplegó en el territorio con una nula orientación público-estatal y profundizó dos tipos de dinámicas urbanas (Pírez, 2005, pág. 35): una mercantil, fuertemente planificada y destinada a grupos de ingresos medios-altos y altos; y otra predominantemente por fuera del mercado formal para la satisfacción directa –a través del esfuerzo individual y/o colectivo bajo formas organizadas– de la necesidad de la población de menores recursos. Esta nueva estructura urbana dio por resultado fuertes contrastes sociales plasmados a escala territorial en enclaves tanto de riqueza como de pobreza, con impactos en términos de desigualdades sociales y espaciales.

1.2 De la ciudad industrial a la cuidad neoliberal. Sus efectos socio-territoriales

Torres (2001) argumentaba que la inserción de nuevos tipos de sub-urbanización, como consecuencia de las renovadas tendencias de metropolización que se desplegaron con el neoliberalismo, marcaron cortes abruptos en la trama urbana, imponiendo una lógica de contrastes socio-espaciales marcados y de fragmentación urbana. Harvey expresaba algo similar en una nota periodística brindada durante la década del 90:

> La ciudad a través de los siglos siempre se ha ido fragmentando pero siempre hubo relaciones entre los fragmentos y en su mejor momento hubo una preocupación por reunirlos en algunas políticas urbanas. La fragmentación no es nueva. La diferencia ahora es que se han formado especies de islas, compartimentos estancos. No sólo se pierden los lazos entre los habitantes, sino además se pierde la posibilidad de que la ciudad sea un punto de integración y reunión de gente y de clases (Harvey, 1997).

Hacia finales de los años '80, desde la sociología norteamericana, se instaló con fuerte consenso una visión sobre este fenómeno y hoy aparece como una noción que resume el discurso dominante sobre las transformaciones que sufren las actuales ciudades neoliberales. Dorier-Apprill y Gervais-Lambony (2007), citados en Girola (2008), sistematizaron las principales dimensiones de la fragmentación en cuatro aspectos: el *económico*, el *espacial*, el *social* y el *político*. La fragmentación *económica* refiere a la cantidad cada vez mayor de trabajadores excluidos del mercado laboral y de la infraestructura urbana, lo cual genera la exclusión de barrios enteros –y consecuentemente de sus habitantes– del sistema económico metropolitano. La dimensión *espacial* alude a la desconexión física que existe en las ciudades actuales, en las que la discontinuidad aparece como resultado del establecimiento de barreras o fronteras materiales, cuyo propósito es separar territorios y grupos urbanos, (fundamentalmente a los incluidos de los excluidos). En la Ciudad de Buenos Aires, esto estuvo reforzado por un patrón sistemático de localización de vivienda estatal hacia el sur de la urbe. El aspecto *social* hace referencia al re-agrupamiento de la población –por afinidad– en espacios homogéneos desde el punto de vista socio-cultural, vale decir, a partir de la construcción de entornos con identidades fuertes y compactas. Y la fragmentación *política*, la cual remite a la división jurídica/institucional/fiscal de ciertos territorios, pero también al surgimiento de formas de solidaridad social expresadas en un cuestionamiento de los destinos de los aportes impositivos como medio para financiar la infraestructura pública en zonas más desfavorecidas. Todos estos tipos de fragmentación dieron cuenta entonces de una contraposición entre el patrón socio-espacial de la ciudad moderna –integrador, concéntrico y radial, basado en la distinción centro y periferia– y el patrón socio-espacial de la ciudad posmoderna –neoliberal– la cual se fue constituyendo como un archipiélago de islas, como una constelación discontinua de "retazos" urbanos. Según Borsdorf (2003) y Prévot-Schapira (2001), esta re-estructuración espacial de las ciudades latinoamericanas se desplazó desde la polarización de las ciudades fordistas de mitad de siglo hacia la fragmentación urbana de la actual ciudad neoliberal, que se expresó en un nuevo modo de separación de funciones y elementos socio-espaciales: se pasó de una fragmentación en escala ampliada (ciudad rica versus ciudad pobre, zona habitacional versus zona industrial) a una micro-fragmentación a una escala más diminuta, reforzando los patrones de segregación (Janoschka, 2002), que ya no sólo se expresan en una distribución espacial desigual de los grupos sociales, sino que se inscribe en el espacio a través de barreras físicas (Thuillier, 2005), de muros y cercos (Kozak, 2005) y muros sutiles, de naturaleza simbólicos (Marcuse, 2001). A la ampliación de la brecha entre ricos y pobres que se palpita en las últimas tres décadas en la Argentina, hay que adicionarle una mayor proximidad espacial, pero mediada por obstáculos, barreras y dispositivos de seguridad.

Castells (2000) y Sassen (1999) plantean que esta fragmentación socio-urbana de la ciudad adoptó la forma de la dualización, es decir, que está dividida en territorios perfectamente definidos. Por un lado, están los espacios estratégicos reestructurados por el accionar del mercado

y/o el Estado y son objeto de inversión en equipamiento e infraestructura –y son zonas habitadas y apropiadas
por sectores incluidos a la economía neoliberal– (como
por ejemplo, zona norte de la CABA); y por el otro, áreas
residuales degradadas conformadas por zonas industriales
y otros espacios olvidados conformadas por amplias áreas
remanentes libradas al abandono –reservada a los excluidos– (zona sur de la CABA). En consonancia con estos
planteos, Donzelot (1999; 2004), por su parte, argumenta
que la fragmentación de las ciudades actuales se expresó en
tres procesos urbanos simultáneos y actualmente en curso:
i) la *relegación* o devaluación/deterioro estructural (social y
edilicio) de las viviendas estatales que asumen la tipología
de grandes complejos habitacionales (en CABA fundamentalmente localizados en la zona sur); ii) la *periurbanización* o
crecimiento de la ciudad hacia suburbios residenciales con
seguridad, que poco a poco se fueron consolidado como
nuevas centralidades; y iii) la *rehabilitación/reconversión* de
los centros antiguos a partir del reciclaje de edificios históricos, muchas veces acompañado de procesos de gentrificación[23] de la clase trabajadora[24][25].

---

[23] Herzer (2008, pág. 19) identifica a la *gentrificación* con procesos que producen la sustitución de la clase trabajadora de los barrios centrales de la ciudad
por otros sectores y actividades destinados a clases medias y altas, lo cual
aumenta el valor de la propiedad, altera el ambiente construido y emerge un
nuevo estilo de la vida urbana. Esto genera fuertes resistencias y disputas
socio-territoriales.

[24] Los procesos de relegación y rehabilitación con gentrificación afectaron
directamente a los residentes de los complejos habitacionales bajo estudio.
En cambio, la noción de peri-urbanización no afectó directamente a los
residentes de estos complejos, por lo que cualquier mención a este concepto
será de carácter secundario.

[25] Vale aclarar, tal como también lo hace Donzelot (2004), que este esquema
teórico no agota la compleja realidad urbana, pues hay en la CABA viviendas
sociales que no se constituyeron en espacios de relegación, hay suburbios
que no son periurbanos (por ejemplo villa 31 y 31 bis), de la misma manera
que no todos los barrios del centro de la ciudad fueron intervenidos o gen-
trificados; pero el esquema conceptual es fructífero para dar cuenta de las
principales dinámicas urbanas de la ciudad actual.

Ahora bien, más allá de cómo se hayan fragmentado las ciudades en la etapa neoliberal, este fenómeno trajo imbricado un proceso de exclusión social de amplios sectores sociales como expresión de la nueva pobreza urbana. Lo Vuolo (1996, págs. 15) en (Enriquez, 2007, pág. 76) define a la exclusión *en* la sociedad (genéricamente "exclusión social") a partir de la noción de inclusión social, como "aquellas condiciones que permiten, facilitan o promueven que ciertos miembros de la sociedad sean apartados, rechazados o simplemente se les niegue la posibilidad de acceder a los beneficios institucionales". La exclusión, para el autor, no es un proceso extrínseco a la sociedad, no está fuera de la sociedad, sino que es parte de ella, es decir que son personas que no lograron acceder ni usufructuar los beneficios de las instituciones sociales ni adoptar el modo vida que ella instaura como dominante. No obstante, es difícil establecer una línea divisoria entre quiénes son incluidos y quiénes no lo son. En este sentido, Castel (1995) habla de tres zonas de cohesión social que permiten abordar a la exclusión como un proceso. Una de esas zonas refiere a la situación de *inclusión* de quienes están integrados al trabajo (es decir, que cuentan con los medios para reproducir su vida en el plano económico) y están, a la vez, contenidos en el medio socio-familiar o en el sistema relacional (es decir, que tienen los medios para reproducir su existencia en el plano socio-afectivo); el otro extremo de este proceso refiere a la *exclusión* de quienes carecen de trabajo y contención afectiva; y la zona de *vulnerabilidad* a una instancia intermedia entre la inclusión y la exclusión en la que se generan situaciones de precariedad, fragilidad y debilidad que impiden a un individuo o a un grupo lograr la satisfacción plena o parcial de una necesidad o el acceso a un bien social. La acumulación de "vulnerabilidades" podría arrastrar finalmente, dice el autor, a la "exclusión social".

Gráfico 1: Tres zonas de cohesión social

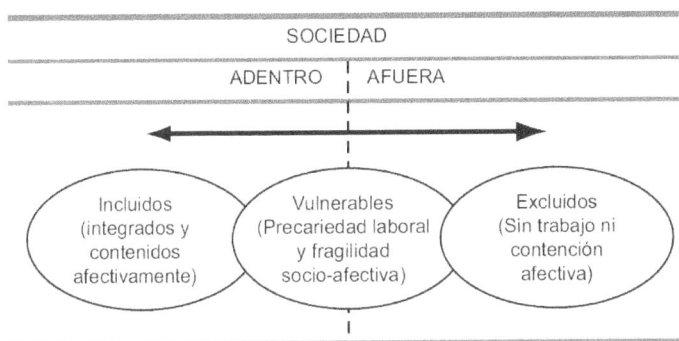

SOCIEDAD		
ADENTRO	AFUERA	
Incluidos (integrados y contenidos afectivamente)	Vulnerables (Precariedad laboral y fragilidad socio-afectiva)	Excluidos (Sin trabajo ni contención afectiva)

Fuente. Enriquez (2007, pág. 80) en base a (Castel, 1995).

Así, el desempleo, el bajo nivel educativo, la discriminación étnica y/o la segregación residencial dentro de las ciudades neoliberales debilitan el sentido de pertenencia a la sociedad. Entender la exclusión social como un proceso que puede ir desde la inclusión hasta la exclusión permite captar situaciones intermedias y procesos excluyentes atravesando poblaciones en condición de riesgo que ven restringido su acceso a los bienes materiales y simbólicos de una sociedad dada. Como se verá más adelante, estas situaciones intermedias se hicieron palpables en los casos de estudio, pues algunos adjudicatarios de programas de vivienda llave en mano, provenientes de situaciones de extrema exclusión social, evaluaron su nueva vivienda como satisfactoria (a pesar de prolongar situaciones de hacinamiento y cohabitación y segregación socio-urbana) por percibir una mejoría en su condición y calidad de vida que los posiciona de mejor manera para encarar el proceso de inclusión. Por lo que la exclusión no es un estado inalterable y sin matices, sino que es un proceso continuo de cambio que supone gradaciones y que puede moderarse o intensificarse conforme al grado de intervención que se haga sobre dicho proceso (Enriquez, 2007).

En este marco, el Estado –en lo estrictamente sectorial–, vía implementación de políticas habitacionales, adquiere suma importancia en la configuración diferencial del acceso a los bienes socio-urbanos de la ciudad y, en consecuencia, a las estructuras de oportunidad asociadas[26] a ella (Kaztman, 1999), configurando, reproduciendo o mitigando procesos de segregación y/o integración socio-urbana de los destinatarios de la política social.

La segregación urbana, en contraposición a la integración urbana, para Sabatini, Cáceres y Cerda (2001, pág. 27), es entendida como "el grado de proximidad espacial o de aglomeración territorial de las familias pertenecientes a un mismo grupo social, sea que este se defina en términos étnicos, etarios, de preferencias religiosas o socioeconómicos, entre otras posibilidades" concentrado en una zona específica de la ciudad, conformando áreas socialmente homogéneas (Clichevsky, 2000).

Ahora bien, ya es una evidencia incuestionable que en la ciudad el espacio no es homogéneo ni indiferenciado, tampoco las infraestructuras ni los servicios urbanos ni la manera de residir de sus habitantes, nada de todo ello se encuentra distribuido de manera uniforme en la ciudad neoliberal. Por lo que la proximidad o distancia de los grupos sociales en la ciudad neoliberal se configura, entonces, como un elemento sustancial en términos de mecanismos de (re)producción de las desigualdades sociales, generando procesos de segregación socio-espacial o, en su contracara, de integración social a la ciudad (Rodríguez Vignoli &

---

[26] "Estas oportunidades inciden sobre el bienestar de los hogares, ya sea porque permiten o facilitan a los miembros del hogar el uso de sus propios recursos o porque les proveen recursos nuevos. El término estructura alude al hecho que las rutas al bienestar están estrechamente vinculadas entre sí, de modo que el acceso a determinados bienes, servicios o actividades provee recursos que facilitan a su vez el acceso a otras oportunidades" (Kaztman, 1999).

Arriagada, 2004)[27]. Estos procesos segregatorios se vinculan con los efectos que la localización tiene sobre la vida cotidiana de las personas y el acceso a las estructuras de oportunidades asociadas a la vida en la ciudad de sus residentes. El acceso a dichas estructuras se relaciona con las características de acceso al suelo, con la tipología de hábitat y con el papel diferencial que juegan sus condiciones de localización modelando características barriales diferenciales en términos de patrones de segregación, condiciones de accesibilidad y movilidad de la población.

Según Sabatini (2003), los principales rasgos de la segregación residencial son: (i) la concentración espacial de los grupos de mayores ingresos en las áreas centrales y en una zona circunscripta de la periferia denominada como de alta renta. (ii) La conformación en la periferia más alejada y mal servida de áreas residenciales en las que se desarrollan las urbanizaciones populares y concentran a los sectores de menores ingresos y con mayores dificultades para acceder al hábitat a través de mecanismos propios del mercado formal de tierra y vivienda. (iii) Y la ocupación, también por parte de sectores de bajos ingresos, de algunas áreas deterioradas cercanas al centro. Así, dicen Rodríguez Vignoli y Arriagada (1984), quienes viven en un contexto cotidiano de pobreza y rodeados de pares pobres, estrechan sus horizontes de posibilidades, sus contactos y sus probabilidades de movilidad social ascendente, del mismo modo, reducen sus ámbitos de interacción con otros y con diferentes grupos socio-económicos, conformando barrios escépticos sobre la posibilidad de movilidad social mediante el trabajo. Con lo cual, estas distancias dan cuenta de las desiguales oportunidades de acceso a los bienes materiales ofrecidos por la ciudad, pero también de las desigualdades simbólicas que se gestan en su interior. En este sentido, retomando

---

27 Esto se verá en el capítulo 8 de este libro con el análisis de la localización de los proyectos analizados y las distancias/proximidades a áreas de servicio, infraestructura socio-urbana y esparcimiento.

a Lamont y Molnár (2002), citados en Carman, Vieira da Cunha y Segura (2013, pág. 17), es posible distinguir entre *fronteras o límites sociales* y *fronteras o límites simbólicos* para pensar la segregación socio-urbana: "mientras las fronteras sociales son formas de diferencias sociales que se manifiestan en un acceso y distribución desigual de recursos (materiales y no materiales) y oportunidades sociales, las fronteras simbólicas son distinciones conceptuales realizadas por los actores para categorizar objetos, gente, prácticas e incluso tiempo y espacio". La relación entre estos tipos de fronteras no es lineal, ni supone una correlación o adecuación absoluta; pues fronteras simbólicas pueden reforzar o cuestionar tanto fronteras sociales (por ejemplo, la disputa simbólica en relación a una villa o a un asentamiento, donde estas formas de habitar adquirieron diversas y contrastantes significaciones) como estigmas territoriales que marcan a los habitantes de determinadas zonas desfavorecidas en gran parte de sus interacciones cotidianas (en base a una supuesta relación directa entre espacio, residentes y cualidades morales). Con lo cual, la segregación residencial no se reduce a un fenómeno de desigual distribución espacial de bienes y servicios, sino que tales procesos están atravesados por imaginarios, clasificaciones sociales y límites sociales y simbólicos, que en muchos casos perduran a pesar de que se hayan abolido las fronteras sociales. Entonces, la segregación residencial da cuenta de un fenómeno que tiene características multidimensionales, pues es irreductible a aspectos residenciales y económicos, ya que involucra también otros ámbitos de actividad desarrollados por las personas (laborales, educativos, recreativos), las distancias, los medios y los tiempos insumidos en el desplazamiento cotidiano para desarrollar dichas actividades, y dimensiones culturales tales como los estigmas que también están presentes en los procesos de segregación y desigualdad (Jirón, Lange, & Bertrand, 2010; Segura, 2014).

En consecuencia, a contracara de la segregación socio-urbana, la *integración*[28] de una vivienda, de un barrio o de su población no parece depender únicamente de los aspectos económicos (aunque estos sean de suma importancia en un sistema como el actual y determinantes como dicen Rodríguez Vignoli y Arriagada (1984)) ni de la calidad y ubicación de la vivienda y el entorno urbano, sino también de la reproducción de las desigualdades, especialmente de las oportunidades relacionadas con el acceso a la educación, la salud, el trabajo y otras dimensiones de la vida. En este sentido, Kaztman (2001) considera que, además de la insuficiencia del salario, la segregación residencial combinada con la segmentación laboral y la estratificación educativa, operan como grandes condicionantes a la no integración, potenciándose mutuamente. Estos aspectos, en sus versiones negativas, aportan a la consolidación de una no integración de ciertos grupos en términos sociales.

Pero, además, dice el autor, la integración de un barrio o de una vivienda también puede ser abordada desde su integración física, tanto arquitectónica como de circulación. Desde la perspectiva arquitectónica, cierta área residencial tiene determinadas características y no otras, por lo que la instalación de un nuevo fragmento urbano –que podría ser un barrio popular o un gran complejo de viviendas o una villa– podría violentar el estilo y el paisaje de un barrio. Esta ruptura física con el barrio en el que se ensambla tendería a reforzar el nuevo fragmento urbano como *otro,* con una carga de estigmatización negativa importante. Desde la circulación, puede darse que el nuevo fragmento urbano se ubique en zonas aisladas por barreras físicas (como vías del ferrocarril, predios industriales, etc.) o directamente que se configure sobre sí mismo como una

---

[28] Resulta importante aclarar que no se hace referencia al término "integración" como sinónimo de homogeneización u homologación, sino en términos de incorporación a una totalidad ya dada (totalidad urbana, que puede ser la ciudad, por ejemplo).

barrera territorial por romper la trama de circulación del barrio en el que se inserta; con consecuencias similares a las anteriores.

Con lo cual, este libro se propone distinguir entre la *integración física* (arquitectónica y de circulación) y la *integración social/simbólica* (no sólo de ingreso, ocupación y educación, sino también desde la perspectiva de las percepciones de los actores involucrados).

Ahora bien, es imposible ignorar que muchos de los procesos de segregación socio-urbana (o, en su defecto, integración) desarrollados en las ciudades neoliberales latinoamericanas fueron promovidos por el Estado; un Estado que, como se vio, en el proceso de reestructuración económica propio del neoliberalismo se retiró como actor activo del modo de producción, pero no por ello se relegó a la sumisión, sino que desempeñó un rol obsecuente y subsidiario a la producción neoliberal de la ciudad y del hábitat popular.

En este marco, el Estado desplegó políticas de segregación invisible o "acalladas", que, si bien fueron presentadas en apariencia como medidas asistencialistas o políticas de integración, enmascararon procesos micro-segregatorios hacia los sectores más débiles de la ciudad. Ejemplo de ello fueron, por ejemplo, los programas habitacionales que, atendiendo tanto a la oferta como a la demanda, "reubicaron" a sectores sociales sin acceso a la vivienda a través del mercado en zonas de relegación urbana (como se verá en el caso del Programa Viví en tu Casa). Esto mismo sucede con las políticas de subsidio a hoteleros desalojados[29]; o las políticas de "olvido" o de abandono de zonas caracterizadas por la relegación urbana[30].

---

[29] Los cuales cobran un subsidio de un monto insignificante en relación a la magnitud de la problemática que enfrentan, que los obliga a migran a zonas de bajos precios inmobiliarios –la mayoría de las veces, en zonas periféricas–.

[30] Esta ausencia de políticas es la que se visualiza en algunas zonas de la CABA, por ejemplo, la Comuna 8 que involucra a los barrios de Villa Soldati, Villa Lugano y Villa Riachuelo, donde prácticamente –hasta la finalización de este trabajo– no se ejecutaron política de envergadura orientadas a la urbanización de la zona.

A partir de este marco se avanzará en el estudio de programas habitacionales desarrollados en la CABA entre el 2002/3 y la actualidad, indagando la relación entre efectos segregatorios y los procesos de integración física, social y simbólica de sus destinatarios.

1.3 De la ciudad industrial a la ciudad neoliberal. Sus resistencias: el derecho al hábitat y a la ciudad

Las profundas transformaciones analizadas también dieron nacimiento a resistencias que se expresaron en términos de disputas socio-territoriales –materiales y simbólicas– y de naturaleza política que, en el contexto de la recuperación democrática, se anclaron en el campo del derecho y fueron llevadas adelante por nuevos actores, organizaciones y movimientos sociales urbanos.

El *derecho a la vivienda* se expresó como un objetivo social, político y ético de justicia en función de una concepción de vivienda desde una perspectiva integral (en la que se profundizará en el capítulo 7). Borbón (2003) dio cuenta del carácter complejo de este derecho, planteando que el mismo involucra un conjunto de derechos civiles, económicos, culturales y políticos, incluyendo aspectos cualitativos de la vivienda que exceden su tenencia o no en propiedad. Alejándose de un enfoque "simplista o techista" del derecho a la vivienda, Borbón enfatiza la función social de la propiedad y de la ciudad en la que se inserta la vivienda, teniendo en cuenta otros aspectos vinculados con la calidad de vida que determinan si una vivienda es digna o no. En esta misma línea, Rolnik (2011) argumenta que el *derecho a la vivienda adecuada*, desde un abordaje multidimensional e integral, es un derecho que permite el acceso a estructuras de oportunidades –como se mencionaba más arriba en términos de

Kaztman (1999)– asociadas al barrio y la ciudad, y que convierte en dignas a las personas. Entre los aspectos innatos de este derecho, la autora recupera (2011, pág. 10):

i) la *seguridad jurídica de la tenencia*, la cual supone que todas las personas deben gozar de certeza en relación a seguridad de tenencia[31] de su vivienda, de manera tal que cuenten con una protección legal contra el desahucio, el hostigamiento u otras amenazas;

ii) la *disponibilidad de servicios, materiales, facilidades e infraestructura* para el goce de una buena salud, seguridad, comodidad y nutrición (como el acceso permanente a recursos naturales y comunes como agua potable, energía para la cocina, calefacción y alumbrado, instalaciones sanitarias y de aseo, almacenamiento de alimentos, eliminación de desechos, drenaje y servicios de emergencia);

iii) los *gastos soportables*, pues estos no deberían impedir ni comprometer el logro y la satisfacción del resto de las necesidades básicas;

iv) la *habitabilidad*, en sentido de gozar de espacio adecuado para todos sus usuarios y de protegerlos de las inclemencias del clima u otras amenazas para la salud, de riesgos estructurales y enfermedad, garantizando la seguridad física de los habitantes;

v) la *asequibilidad*, pues una vivienda debe ser asequible/alcanzable para la población desfavorecida[32];

---

[31] La autora entiende por *tenencia* una variedad de formas que pueden ir desde el alquiler –público y privado–, la vivienda en cooperativa, el arriendo, la ocupación por el propietario, la vivienda de emergencia y los asentamientos informales, incluida la ocupación de tierra o propiedad.

[32] Sectores desfavorecidos tales como personas con discapacidad, enfermedades, víctimas de desastres naturales o que viven en zonas aledañas a zonas en las que suelen producirse desastres, etc.

vi) la *localización,* en términos que sea accesible a las opciones de empleo, los servicios de atención de la salud, escuelas y otros servicios sociales[33] y distante de lugares contaminados o fuentes de contaminación que amenacen el derecho a la salud de los usuarios; y

vii) la *adecuación cultural* a la manera en que se construye la vivienda y los materiales utilizados, pues las políticas en que se apoyan deben permitir una adecuada expresión de la identidad cultural de sus usuarios y diversidad tipológica de vivienda.

(Todos estos aspectos son analizados en los casos de estudio del capítulo 5 al 8).

Ahora bien, con el carácter fragmentado que adquirieron las ciudades tras la reestructuración económica desplegada con el neoliberalismo, la vivienda dejó de ser un elemento suficiente para conseguir la integración o la igualdad social –como se la definió anteriormente–. Por lo que Sánchez (s/d) plantea que es necesario reivindicar un entorno más amplio que el de la vivienda (en términos de hábitat) y reclama igualdad de acceso a todas las estructuras de oportunidad que ofrece el entorno (localización, accesos a los equipamientos y servicios, acceso a movilidad, etc.) hasta alcanzar la escala de ciudad. Pues la conversión de la ciudad en una mercancía dio origen, en las últimas décadas, a debates, reivindicaciones y propuestas de diversos movimientos populares, sectores académicos y algunas experiencias de gobierno local y nacional, ancladas en el reclamo ya no sólo del derecho a la vivienda digna, sino también a la ciudad –aunque muy insuficiente en sus alcances efectivos–. Este derecho, según Rodríguez (2009), cuestiona la relación que existe entre el espacio público y privado e incita a desnaturalizar y relativizar las bondades del carácter jurídicamente irrestricto de la propiedad privada del suelo urbano

---

33 Particularmente en grandes ciudades y zonas rurales donde los costos temporales y financieros para llegar y volver a los lugares de trabajo puede imponer exigencias excesivas en los presupuestos de las familias pobres.

en las sociedades capitalistas; pues remite al pleno acceso por parte de los sectores populares a todos los flujos, redes, servicios y estructuras de oportunidades propias de la vida urbana, en un marco de universalización del acceso a la "centralidad" urbana.

Lefebvre (1997), quien acuñó esta categoría ya a fines de los '60, denunciaba el deterioro de la vida cotidiana de los habitantes de las ciudades de occidente, caracterizándolas como espacios exacerbados por una segregación socio-espacial que encuentran correlato en la fragmentación subjetiva de las personas que viven en ellas. Con esta crítica, el autor plantea una redefinición transformadora desde la práctica humana del "habitar" en la posibilidad de que sus habitantes vuelvan a ser dueños de la ciudad. Para este autor, el derecho a la ciudad es el derecho de toda persona a crear ciudades que respondan a las necesidades humanas, y no a las del capital. Esto implica pensar la ciudad no como mercancía, sino como lugar de goce pleno y efectivo de los derechos humanos, de encuentro y escenario para la construcción de la vida colectiva, rescatando el carácter social de la producción de la ciudad. Para Lefebvre, el derecho a la ciudad implica la práctica de restaurar el sentido de ciudad, instaurar la posibilidad del goce pleno para todos, y hacer de la ciudad un escenario de encuentro para la construcción de la vida colectiva, es decir, que supone un tipo de actuación socio-política para la recuperación social y colectiva de la ciudad.

Esta visión es complementada por Borja (2004), quien postula tres ejes centrales referidos al derecho a la ciudad: i) el eje físico, para remitir al derecho al lugar, a permanecer, a la movilidad; es el derecho a la centralidad accesible, al entorno bello y al espacio público significante, a la seguridad y a la convivencia pacífica; ii) el eje individual, que refiere al derecho a definir el proyecto de vida libremente, a no vivir alejado en espacios invisibles y sin cualidad; y, finalmente, iii) el eje colectivo, que refiere al derecho a la participación en los ámbitos reales de decisión y gestión de la ciudad.

Esta dimensión colectiva y participativa del derecho es clave en tanto posibilidad de usufrutuar equitativamente las ciudades. Fernandes (2006) reclama el rol activo y directo de los habitantes urbanos, incentiva hacer uso de todos los servicios y ventajas de la ciudad, pero también participar en la definición de los asuntos vinculados a ella. Por lo que esta introducción que hace el autor de la *participación* en el derecho no sólo remite a la obligación de incluir y tomar en cuenta a los habitantes en la discusión, gestión e implementación de políticas en la ciudad, sino también a la corresponsabilidad de los ciudadanos, de las colectividades y las organizaciones sociales de ser parte activa, de presionar e incidir en la producción de la ciudad. Esta participación se gesta, para el autor, en la idea de que la ciudad no es un bien dado a la sociedad, sino que se encuentra en permanente construcción colectiva a partir de la interacción social, y por ello en disputas por su apropiación. Lefebvre (1997) y Harvey (2012) ya advertían sobre esta cuestión al mencionar que la ciudad neoliberal es el marco privilegiado para el despliegue de conflictos y luchas de clases por la apropiación de bienes y servicios. Pues en la medida que el espacio se convirtió, con el neoliberalismo, en un elemento estratégico para la propia reproducción del capital, la dimensión subjetiva y/o simbólica de apropiación del espacio cede paso a una dimensión más objetiva de dominación del mismo. Por lo que los conflictos por la apropiación del espacio se tornan latentes, pero a partir de una lógica que activa la acción política por parte de los habitantes como estrategia de reapropiación. Es en estos conflictos por la reapropiación del espacio que emprenden los habitantes urbanos donde se recrea su derecho a la ciudad.

Estas concepciones se plasmaron en la Carta Mundial por el Derecho a la Ciudad[34] (Foro Social Mundial, 2005), la cual define a la ciudad como el ámbito colectivo de realización política, cultural, social y ecológica de todos sus habitantes e implica el "usufructo equitativo de las ciudades dentro de los principios de sustentabilidad, democracia, equidad y justicia social". La Carta establece el derecho a que los ciudadanos participen de forma directa y representativa en la elaboración, diseño, implementación y control de las políticas públicas de hábitat, así como también en la gestión del presupuesto de las ciudades, con el fin de garantizar y fortalecer la transparencia de los actos estatales, de eficientizar los resultados obtenidos de los programas de gobierno y la autonomía tanto de las administraciones públicas locales como de las organizaciones populares.

Estas prácticas de resistencias que se vivieron en las ciudades neoliberales –y específicamente las latinoamericanas–, pusieron en debate la posibilidad de re-apropiación del espacio político-urbano de los sectores populares excluidos. Los movimientos sociales urbanos que motorizaron la Carta Mundial por el Derecho a la Ciudad fueron expresión de ese tipo de resistencia. Una resistencia que superó la concepción del derecho en términos de

---

[34] La Carta Mundial por el Derecho a la Ciudad fue elaborada por diversas redes internacionales de hábitat y por un conjunto de movimientos populares, organizaciones no gubernamentales, asociaciones profesionales, académicos y activistas de varios países. Su objetivo fue "estimular un proceso amplio y democrático de debate y propuestas que señale los compromisos y medidas que deben ser asumidos por la sociedad civil, los gobiernos locales y nacionales, los parlamentarios y los organismos internacionales para que todas las personas vivan con dignidad en nuestras ciudades" (HIC-AL). Por lo que esta idea del derecho a la ciudad no encuentra sus orígenes en una invención academicista, sino que surgió de lo que sucedía en las calles, entre los movimientos sociales urbanos. Harvey (2012) explica que este reclamo surgió de la convivencia entre neoliberalización y democratización durante los años '90, que dieron lugar a consignas –y en muchos casos a reformas constitucionales y políticas– por el derecho a la ciudad: "nada [de esto] tiene que ver con el legado de Lefebvre y sí en cambio con las luchas que siguen desarrollándose sobre quienes deben configurar las cualidades de la vida urbana cotidiana" (Harvey, 2012, pág. 9).

ciudadanía y exige –retomando las ideas de Lefebvre– una reconversión global de procesos de socialización, de inculcación cultural y de los modelos de desarrollo, al tiempo que exigen transformaciones concretas e inmediatas.

En los capítulos siguientes, se verá cómo la Ley 341/00, que sanciona la creación del Programa de Autogestión de la Vivienda, y la Ley 324/99, con el Programa de Recuperación de la Traza de la ExAu3, surgieron de organizaciones sociales que reivindicaban en la calle el derecho a la vivienda y a la ciudad, haciendo uso y práctica de esta noción de la que se intenta dar cuenta: la resistencia re-democratizadora de carácter más integral sobre distintas esferas de la vida.

2

La problemática
de la vivienda popular cuestionada

En el presente capítulo se busca problematizar la cuestión del acceso a la vivienda para los sectores populares –que coincide con la población destinataria de los programas aquí analizados– y el rol que juegan el Estado, el mercado y los propios pobladores frente a esta problemática. Para ello se profundiza en las distintas lógicas/modos de producción de vivienda (y, por ende, de ciudad), prestando especial atención a las formas de intervención estatal frente al problema y a los modos de producción del hábitat popular. En este marco se analizan los actores que intervienen y los intereses que representan para profundizar en la concepción de Producción Social del Hábitat desde distintas posturas teóricas; a su vez, se definen las prácticas de autoconstrucción y autogestión como formas de producción, reproducción y supervivencia de los sectores populares en la ciudad neoliberal. Este análisis encuentra su pertinencia en el objeto de estudio de este libro en la medida que los distintos modos de producción del hábitat impulsados por el mercado y por los propios pobladores (autoconstrucción y autogestión) encontraron sus vías de canalización en el Estado a través de políticas habitacionales ejecutadas en la CABA. Además, estas políticas son objeto de análisis casuístico de este trabajo, puesto que las características que asumieron tuvieron impactos diferenciales en términos de calidad de vida en las familias destinatarias.

Por último, se retoma un debate teórico clásico (de los años '70-'80) sobre la producción del hábitat popular, el cual contrapone el binomio producción por "planificación centralizada" versus producción por "autoconstrucción", y se repasa el enfoque "democrático autonomista" surgido en la década de los '90, el cual recupera la autoconstrucción asistida como el mejor modo de resolver la falta de vivienda de los sectores populares. Este repaso se realiza, por un lado, para sentar las bases del estado actual del debate en materia de vivienda que está por detrás del objeto de estudio de esta investigación; y, por otro, como resultado de este libro y del análisis de los casos estudiados, plantear una actualización del mismo, postulando la práctica autogestionaria integral como una alternativa viable para la resolución del problema habitacional de los sectores populares.

2.1 La cuestión de la vivienda

En función de las teorías sustantivas sobre las que se sostiene este libro, el problema de la vivienda[35] debe ser abordado necesariamente en su relación con la lógica capitalista: "el sector vivienda debe ser analizado como parte del proceso de acumulación" (Yujnovsky, 1984, pág. 21). Según Castells (1970), la falta de vivienda en este tipo de sociedades es una manifestación estructural de las condiciones en las que se produce[36]. El déficit de vivienda no es el resultado de la urbanización en sí misma, sino que se debe, según el

---

[35] Se habla de acceso a la vivienda en términos de integralidad, tal como será definida más adelante. En este sentido, el acceso no remite sólo a un bien –la vivienda– sino también a una configuración compleja de bienes y servicios que posibilitan habitar la ciudad, en un marco de integración económica, social y política (Fernández Wagner, 2004).

[36] Desde esta perspectiva, se toma distancia aquí de aquellas líneas que definen el problema de la vivienda como un desajuste coyuntural para resaltar que este problema es un elemento estructural del sistema, es decir, condicionante a largo plazo del funcionamiento general del sistema.

autor, a una relación entre la oferta y la demanda que es determinada por las condiciones sociales de su producción, entendida esta como un objeto de mercado. La vivienda aún conserva su función original de satisfacer una necesidad biológica-cultural, pero relacionada ahora con una función económica. Se trata de un desajuste entre las necesidades socialmente definidas de la habitación y la producción de vivienda y equipamientos residenciales como valores de cambio. Pero, además, Topalov (1979) recupera una de las condiciones primordiales del proceso de producción de la vivienda: el suelo urbano, un insumo no reproducible que puede ser monopolizado. Al tratarse de un bien finito y agotable, una vez que el suelo alcanza su límite, se agota o necesita incorporar tierra nueva, el suelo rural lindero modifica sus usos. Este proceso, dice Jaramillo (1994), está estrechamente vinculado a prácticas especulativas, ligadas a la fuerte variación que existe entre el precio de la tierra rural y la urbana (a favor de esta última). El resultado de este proceso es la fijación de sobre-ganancias localizadas en forma de renta del suelo urbano, presente en el precio final de las viviendas.

Castells (1970) y Topalov (1979) argumentan que los objetos inmobiliarios (entre los que se encuentra la vivienda –y, por lo antedicho, el suelo urbano–), entendidos como mercancías, son poseedores de un valor de uso, pero también de un valor de cambio. Como todo valor de cambio, son producidos por el capital y circulan como capital en el mercado. Por lo que la vivienda cuenta con una doble función: ser una mercancía parte de un proceso de acumulación y representar una necesidad reproductiva de la fuerza de trabajo (el trabajador), es decir, un elemento sustancial para la reproducción del propio sistema social. El espacio construido destinado a la vivienda para los trabajadores, dice Jaramillo (1994), opera como soporte de la reproducción de vida de la fuerza de trabajo, actuando para el capital como un proceso de reproducción general del sistema.

Por lo tanto, el proceso de producción de la vivienda se desarrolla como cualquier otra mercancía. A partir del desembolso de dinero en medios de producción y fuerza de trabajo se construye un edificio y, posteriormente, a través de su venta en el mercado, se produce una ganancia y se recupera la inversión inicial. El predominio de esta *lógica mercantil* de producción de la vivienda (como también de cualquier otro bien urbano) supone la valorización del capital en la producción y circulación de los servicios subordinando la satisfacción de las necesidades a la obtención de ganancia (Pírez, 1995). Así, conceptualizado el proceso productivo, el sistema de vivienda está compuesto por ciertos actores específicos: por una *fracción del capital especializado en la construcción*, por la *fracción del capital inmobiliario* (con un interés en los mercados de subdivisión, la venta suburbana y el alquiler) y la *fracción del capital financiero* (bancos, sociedades de ahorro y préstamo, sociedades financieras) (Yujnovsky, 1984). A estos actores, Topalov (1979) adiciona la *fracción del capital de promoción*, la cual cumpliría dos funciones económicas: liberar terreno (es decir, construir suelo urbano mediante una modificación de su uso) y abonar a empresas constructoras –a medida que avanza la construcción– antes de que la mercancía esté disponible para la venta. El rol de esta última fracción es fundamental, pues si el tiempo que insume el proceso productivo resulta extenso, sin este capital de promoción, el inmenso volumen de capital invertido en la obra permanecería vulnerable a cualquier imprevisto económico. A este inconveniente hay que adicionarle la incapacidad que existe por parte de la mayoría de los compradores de pagar el total del precio de la mercancía vivienda de una sola vez, por lo que "la condición de liberación del capital de promoción, de su regreso a la forma dinero, es la existencia de créditos para los compradores de viviendas" (Topalov, 1979, págs. 113-114). El crédito privado aparece en este esquema, entonces, como un capital que posibilita la distribución de los pagos a lo largo de cierto período de tiempo (bajo la forma de alquiler o crédito hipotecario) (Clichevsky, 2000) para acceder a una vivienda. Pero aun así el mercado sólo provee de viviendas a aquellos sectores de la población económicamente solventes, es decir que la producción y adquisición de una vivienda depende de la disponibilidad de dinero suficiente para su consumo por parte de un trabajador.

De allí la necesidad de la integración de las personas en el mercado de trabajo y en el mercado de bienes urbanos. Pues para quienes no cuentan con los recursos monetarios suficientes para comprar una vivienda en el mercado, "no hay satisfacción mercantilizada posible" (Topalov, 1979). Esta forma de producción de la vivienda, de los bienes urbanos y, en última instancia, de la ciudad responde, para algunos autores (Pírez, 1995; Herzer & Pírez, 1994), a una *lógica mercantil* de producción. No obstante, en América Latina o en países subdesarrollados como Argentina, quedan por fuera de esta posibilidad de acceso a la vivienda mercantilizada amplios sectores de la población.

La tradición del estructuralismo marxista entiende el problema de la falta de vivienda a partir de la incongruencia que existe entre el salario y el precio de la misma, limitando esta problemática al obrero y la vivienda obrera, ignorando esta cuestión para los sectores populares marginales. Pero a partir de las características de exclusión masiva de la fase de desarrollo actual en los países subdesarrollados, Coraggio (1998; 1999) invita a abordar las lógicas no capitalistas de la vivienda, propias de estos países. Propone superar la versión estructural-marxista y avanzar hacia la idea de necesidad de reproducción total de la fuerza de trabajo como condición general para la reproducción del sistema, entendiendo la necesidad de vivienda como una necesidad más asociada a la reproducción de la vida (1998, págs. 64-65) y a la acumulación ampliada de la misma (1999)[37].

---

[37] Este concepto remite a que no hay un nivel básico dado de necesidades que agote la económica, sino que hay una búsqueda constante de mejoría de calidad de vida (Rodríguez, y otros, 2007).

A diferencia del tradicional ejército industrial de reserva, en la etapa neoliberal surgieron amplios sectores marginados de estas estructuras, constituidos en excedente de fuerza de trabajo que de ninguna manera lograría insertarse en el sistema productivo, y cuya acción está ligada intrínsecamente a la necesidad de satisfacer sus necesidades bilógico–reproductivas, sociales y culturales– más que a la acumulación de capital. Por lo que la dificultad para acceder a la vivienda se presentó, en la última mitad de siglo en los países subdesarrollados, como un "cuello de botella" persistente, que reclamó algún tipo de intervención por parte del Estado (Harvey, 2007). Tal cual afirma Yujnovsky:

> El mercado no puede suplir las insuficiencias de consumo de la población por el reducido poder adquisitivo de esta. De allí que se requiera una intervención extra económica para aumentar la demanda e incrementar el desempeño de la empresa privada. Por otra parte, en el caso de muchos bienes y servicios de consumo colectivo, la baja rentabilidad que obtendría la actividad privada exige que directamente sea el Estado el encargado de su provisión (Yujnovsky, 1984, pág. 22).

En este marco, el predominio de una *lógica política o pública* de producción de vivienda, implica la posibilidad de una cierta des-mercantilización de algunos de los bienes o servicios, donde se destaquen mecanismos de redistribución, operando en la producción y/o en el consumo de los mismos. Ahora bien, el Estado no es meramente voluntarista en la generación de valor de uso, sino que existe un cálculo de racionalidad económica en sus acciones, buscando un impacto que sea favorable a la acumulación de capital (O'Donnell (1977), Oszlak (1982) y Thwaites Rey (2005)). La política de vivienda, en este marco, se constituye en un tipo particular de política social, pues si bien se inscribe en este conjunto, el bien que produce (la vivienda), es un bien de uso individual, no es ni colectivo ni público; por esta razón requiere de una asignación "social" específica, y es el Estado mismo quien determina a quién se le asigna lo que produce. Por lo que a través de las políticas de vivienda, plantea Castel (1997), el Estado define las condiciones materiales y simbólicas que van asegurar la integración del destinatario al cuerpo social en su conjunto, o, en su detrimento, van a excluirlo (como se vio en el capítulo anterior). Asociar la acción pública al territorio cobra especial sentido cuando se habla de políticas de vivienda, pues las *políticas urbanas* tienen la capacidad de moldear las vidas cotidianas, sus formas de organización social y el territorio que habitan. Las marcas que producen las intervenciones estatales en materia de vivienda en las familias destinatarias contribuyen a configurar estructuras de oportunidades (Kaztman, 2001; 1999) para dar respuesta a los requerimientos de su vida cotidiana.

Sin embargo, no hay que perder de vista que una política social (inclusive la habitacional) forma parte de un conjunto de políticas de Estado coherentes entre sí que resultan de la disputa hegemónica mencionada anteriormente: "es imposible intentar conceptualizar el fenómeno de las políticas sociales desligado del tipo de Estado en que se producen (producían) y del modelo de crecimiento existente (adoptado) en una sociedad en un momento determinado" (Aguiló, 2005, pág. 5). Por lo que la intervención estatal mediante políticas sociales, como plantean Andrenacci, Falappa y Lvovich (2004), pauta los modos en los que se producen los procesos de integración social en la sociedad capitalista. En este sentido, la protección social que imparten las políticas sociales (incluidas las habitacionales) están destinadas a garantizar exclusivamente la reproducción social del modelo, a integrar –en su justa medida– al conjunto social y a mantener un cierto grado de cohesión social –a niveles tolerables– para la sociedad (Krmpotic, 2004).

Por ende, en un Estado capitalista, la política social (y específicamente la de vivienda) desarrolla un conjunto de medidas que, en general, poco tienen que ver con la búsqueda de un equilibrio social, sino que pretenden facilitar el proceso de acumulación a través de distintos *tipos históricos* de capitalismo (el estado liberal, el Estado de bienestar, el neoliberalismo) y distintos tipos de protección social, que garanticen la continuidad necesaria para la legitimación del modelo de acumulación (Soldano & Andrenacci, 2006). En este marco, las políticas habitacionales tienen un doble carácter social y económico. Como se verá en este libro, por un lado, la política habitacional desempeña un rol social al pretender la integración de aquellas familias de escasos recursos que no pueden acceder a una vivienda de manera privada. Pero también, por otro lado, la política habitacional desempeña un rol económico con un fuerte contenido de regulación económica y genera las condiciones de acumulación entre los distintos actores participantes en la producción de la ciudad (Rodríguez M. C., 1998). La persistente tensión entre estos dos planos la redefinen constantemente, asignándole mayor peso a uno o al otro en función de la pulseada entre los tres actores fundamentales del sistema de vivienda: el estado, el mercado y la sociedad[38].

Entonces, a partir de las normativas, el diseño y la implementación de políticas sociales el Estado resuelve o agudiza (O'Donnell & Oszlak, 1981) el problema de la falta de vivienda y/o del acceso a la ciudad de aquellos sectores que no pueden proveerse de estos servicios mediante el mercado. Cuando el Estado resuelve la problemática que originó el proceso de mercantilización, establece el modo en el que lo hace, la localización y los destinatarios de esos beneficios en un marco de interacción con otros actores sociales, con distintos niveles de fuerzas que inciden en la forma y el alcance de su resolución. La capacidad de influencia de los actores para orientar o reorientar las

---

[38] Vale aclarar que en este libro se prioriza el abordaje de la provisión de vivienda en sus implicaciones sociales, de alcance efectivo y de cobertura de los sectores sociales excluidos del mercado. El interés remite a aquellos procesos micro-sociológicos que se desarrollan en el marco de la implementación de las políticas habitacionales que afectan de modo directo a las condiciones de vida –y de reproducción de vida– de los sectores populares.

intervenciones estatales y la variabilidad de su curso, se verá claramente en los programas analizados en este trabajo. Pues así como algunos de ellos nacieron de reclamos y resistencias llevadas adelante por organizaciones socio-territoriales de base[39] en un determinado contexto histórico, pasado el mismo desencadenaron situaciones de cooptación por parte del estado o de resistencia. Otros programas nacieron en respuesta a intereses defendidos por grandes empresas constructoras (portadoras también de un importante poder político y económico de influencia) que en determinado momento histórico recuperaron fuerza en su capacidad de acción en el sistema de vivienda. Por lo que el contexto socio-político en el que se insertó una política social, y específicamente las de vivienda, impulsó o socavó determinados entramados de intereses en el desarrollo de la política, que habilitaron determinados tipos de programas habitacionales, que involucraron unos modos de producción de vivienda por sobre otros, que habilitaron –o impidieron– procesos de integración social (Sabatini, Cáceres, & Cerda, 2001; Rodríguez & Arriagada, 2004; Carman, Vieira da Cunha, & Segura, 2013; Segura, 2014) y promovieron –o socavaron– el acceso al derecho a la vivienda, al hábitat y a la ciudad (Lefrebvre, 1968; 1972; Fernandes, 2006; Rolnik, 2011) a los destinatarios de la política (la mayoría de las veces sectores populares).

Ahora bien, la *lógica mercantil y político-estatal*, en países de América Latina, y específicamente en Argentina, no fue suficiente para absorber e incluir a amplios segmentos de la población urbana; lo cual dio origen a procesos organizados por una *lógica social de necesidad* que llevó a la propia población a producir los bienes urbanos (y servicios) necesarios para la satisfacción de sus necesidades (Pírez, s/f). En su

---

[39] Se utiliza el término "socio-territorial" en referencia a la dimensión territorial que atraviesa a estas organizaciones. Siguiendo a Pírez (1995), en la dimensión local de lo territorial, es posible encontrar actores sociales que se definen por una pertenencia territorial intra-local.

lucha diaria por la subsistencia, algunos de los mecanismos clásicos que desplegaron los sujetos bajo esta lógica fueron las ocupaciones de hecho de inmuebles o tierras, privadas o públicas, vacantes o en desuso, la construcción individual o colectiva, organizada o no, etc. Se trató, en consecuencia, de dinámicas de producción popular del hábitat y/o de urbanización popular que supusieron un proceso de des-mercantilización en la medida que la producción y circulación de algunos bienes urbanos (como la vivienda o los servicios) se produjeron, al menos parcialmente, por fuera de la esfera mercantil, facilitando el acceso a esos bienes a aquellas familias que de otra manera no podrían hacerlo. Según Pírez (s/f, pág. 5), esta des-mercantilización social puede darse de dos maneras: *no redistributiva* o con algún componente de *redistribución*. La primera es la que se dio sin ningún aporte del Estado en recursos financieros (basada exclusivamente en el esfuerzo –trabajo y eventuales recursos económicos– de la población necesitada), mediante procesos de *consumo no mercantil* (cuando el acceso a los bienes urbanos se concretiza mediante vinculaciones clandestinas a las redes formales) y procesos de *producción no mercantil* (estrategias auto-constructivas con aportes predominantes de los pobladores y de su trabajo, en los que la organización y el control quedan bajo el dominio de la lógica de la necesidad –más allá que algunos insumos sean producidos por la lógica de la ganancia[40]–). En la segunda modalidad, la des-mercantilización se produce con algún componente *redistributivo*, es decir que, bajo la lógica de la necesidad, existe una articulación con la intervención estatal mediante la transferencia de recursos, que pueden ser financieros. En este caso, la redistribución se produce si la intervención

---

[40] Existen procesos organizados por fuera de la lógica de la ganancia pero que, sin estar totalmente excluidos de "interferencias" capitalistas, suelen participar de cierta articulación con procesos mercantiles, por ejemplo en la adquisición de materiales de construcción o en la compra de suelo de urbanizadores piratas.

estatal complementa la des-mercantilización social y permite evitar o debilitar las condiciones de expoliación urbana (Kowarick, 1991).

2.2 Los modos de intervención estatal

Efectivamente, el Estado comenzó a operar sobre la provisión de vivienda para abrir mercados entre sectores sociales ubicados por fuera de las demandas efectivas e incapaces de acceder a la vivienda por sí mismos. Pero según Topalov (1979), el rol del Estado respecto a la planificación urbana no remite a la de un actor racional que persigue la satisfacción de un interés general de la sociedad, sino que se trata de un conjunto de aparatos que realizan, mediante un proceso complejo y contradictorio, el interés de la clase dominante (como se vio con O'Donnell (1977), Oszlak (1982) y Thwaites Rey (2005)). Por lo que la política urbana no puede reducirse a una actividad de planificación, sino que se encuentra permeada por luchas de clase llevadas adelante por movimientos sociales urbanos (Castells, 1970; Harvey, 2007). Desde esta perspectiva, Castells invita a considerar la dimensión de la acción de los distintos grupos sociales como un elemento de peso en la configuración del espacio urbano, pues este fenómeno se encuentra permeado por las lógicas propias del Estado: la política, etc.

Ahora bien, la *vivienda social o de interés social* refiere a un capital socialmente asignado y protegido por la acción directa del Estado a partir de las reglas del mercado. Este dispositivo, producto de una política estatal, se propone afrontar el impedimento de la condición de mercancía de la vivienda y, en consecuencia, de las dificultades de abordar su precio en el mercado por parte de los sectores populares (Dunowicz, 2003; Giglia, 2001). Fernández Wagner (2004) plantea que el carácter "social" de estas viviendas nunca estuvo del todo abordado por las intervenciones estatales, pues la prioridad siempre fue financiar la oferta, es decir a los lobbies de las empresas constructoras[41], y contribuir a la reproducción política mediante prácticas clientelares. Con lo cual, el autor argumenta que en América Latina, si bien el término se utiliza, este no remite a los orígenes de su terminología por lo que no refiere a un mecanismo de distribución de la riqueza. Pues en un consolidado sistema de derechos que prioriza la propiedad privada, la vivienda social refiere a una mercancía –la vivienda– que en esencia está desvalorizada en sus atributos físico-espaciales y en su valor simbólico. Remite a un producto degradado que desconoce los valores urbanos y sociales primordiales desde una perspectiva de integralidad que se abordará más adelante. El autor asocia la noción de vivienda social al estigma existente de *"vivienda para pobres"*.

El análisis de las intervenciones estatales existentes en nuestro país[42] muestra que las políticas implementadas no hacen más que ensanchar la brecha social con propuestas poco redistributivas y con poca capacidad de resolución del problema. La actuación es mayoritariamente sectorial y no le otorga al bien vivienda el status de bien social, condicionando el acceso. Pues las intervenciones desarrolladas se ejecutaron guiadas prioritariamente por una lógica de desarrollo económico y no a partir de una lógica de desarrollo social (priorizando el perfil económico de las políticas habitacionales).

Ahora bien, el abordaje de estas intervenciones estatales puede realizarse desde distintos ángulos: como intervención *directa* o *indirecta*, sobre la *oferta* o la *demanda*, entre otras[43].

---

[41] Se verá cómo la producción autogestionaria de la vivienda no es impulsada por el estado local por no alimentar a los tradicionales lobbies de las empresas constructoras, configurándose en un campo de disputa.

[42] Para profundizar en este aspecto se puede revisar el texto de Ferme, Raspall y Zapata (2016).

[43] Yujnovsky (1984) teoriza sobre las distintas formas de intervención estatal en materia habitacional.

Las *intervenciones directas* remiten a aquellas acciones que suponen la construcción directa de nuevas viviendas (o la remodelación y/o mejoramiento de las ya existentes en el parque habitacional) por parte del Estado a través de empresas estatales o, preferentemente, mediante empresas constructoras privadas (nacionales e internacionales). Según Apaolaza (2009), estas viviendas nuevas, en general, se asientan en terrenos fiscales o privados adquiridos de manera exclusiva para un proyecto puntual y suelen localizarse en zonas periféricas, con deficiente accesibilidad y acceso a servicios públicos y baja densidad poblacional. En cuanto a las características constructivas, estas intervenciones priorizaron complejos habitacionales por sobre la vivienda unifamiliar, en barrios pensados como unidades funcionales autosuficientes[44]. Los proyectos son concebidos y diseñados por técnicos/funcionarios estatales sin consulta interactoral. Por ejemplo, el usuario es un receptor pasivo de la vivienda y no participa en la toma de decisiones vinculadas a ella; a su vez, se omite cualquier tipo de contemplación de las particularidades culturales de cada grupo. Las viviendas son producidas por grandes empresas constructoras a partir de procesos de licitación pública y entregadas *llave en mano* (es decir, una vivienda que ya está lista para ser habitada) a sus destinatarios, con muy bajo o sin recupero. La asignación de las viviendas se realiza, en general, por un listado que establece un orden entre la población destinataria en función de su nivel de precariedad y/o vulnerabilidad social y urbana. Yujnovsky (1984) por su parte argumenta que el predominio de la construcción de vivienda en grandes complejos habitacionales garantiza una gran movilidad de capital para las grandes empresas constructoras, que son las únicas capaces de cumplir los requerimientos para

---

[44] Un ejemplo recurrente en nuestro país de este tipo de intervenciones es la política de vivienda llevada adelante por el FONAVI (Fonda Nacional de Vivienda), que posibilita la expansión de este tipo de producción de vivienda hacia sectores económicamente insolventes.

emprendimientos semejantes, estimulando aún más concentración. La asignación de recursos estatales a otro tipo
de intervención (como podría ser el estímulo a la autoconstrucción o la autogestión), pondría en peligro esta exclu-
sividad. Este tipo de modalidad de vivienda fue en parte entendida por la bibliografía especializada (Borja, 1998;
Clichevsky, 2000; Rodríguez Vignoli & Arriagada, 2004),
como las causantes de algunas deficiencias significativas en
términos de condiciones de vida para sus usuarios[45].

Por otra parte, las *intervenciones indirectas* de carácter
estatal refieren, según Apaolaza (2009), a toda una serie de
acciones orientadas a modificar y corregir algunas o varias
de las deficiencias del sistema mercantil de provisión de
vivienda a través de intervenciones heterogéneas, facilitadoras del acceso a la vivienda, que fueron desde la organización de bancos de materiales hasta créditos; pudiendo
orientarse tanto hacia la intervención en la demanda como
hacia la oferta.

En relación a las acciones que intervienen sobre la
demanda, se pueden citar las diferentes formas de financiamiento de la vivienda a través de créditos y subsidios para
incrementar la solvencia de los sectores de menores ingresos, como así también aquellas medidas tendientes a incorporar dentro del salario formal el costo de la vivienda.

Dentro de las acciones estatales dirigidas hacia la
oferta, se pueden enunciar acciones montadas para facilitar
el acceso a la tierra (determinación de servicios mínimos,
expropiaciones, códigos de subdivisión, entre otros), el estímulo a la construcción privada mercantil de la vivienda
(beneficios impositivos, créditos, etc.), la implementación
de políticas de regulación de precios (control de alquileres,
control de precios de insumos, etc.) o el otorgamiento de

---

[45] Para profundizar este aspecto, se recomienda Dunowicz et al. (2000) y
Dunowicz y Boselli (2009).

subsidios (monetarios, de insumos o de asesoramiento) para el estímulo de la autoconstrucción y/o autogestión individual o colectiva.

En la práctica cotidiana de la gestión del Estado, todas estas modalidades de intervención están presentes en mayor o menor medida; a la vez que, en muchas ocasiones, aparecen combinadas entre sí y con otras lógicas.

Para explicar esto, Pelli (2010) construyó una clasificación de distintos tipos de intervención emprendidos por el Estado con economías del mercado para resolver la falta de vivienda:

Gráfico 2: Modos de producción de hábitat popular y tipos de intervención gestionados por el Estado

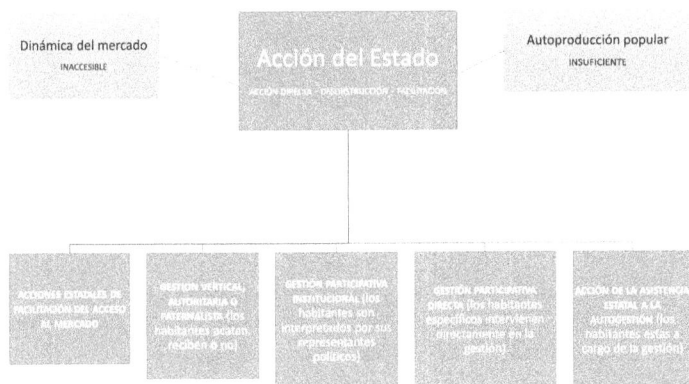

Fuente: Elaboración propia en base a Pelli (2010, pág. 48).

Pelli (2010) plantea que cada una de las opciones para resolver la falta de vivienda genera prácticas diferentes de producción y de gestión, correspondientes a diferentes patrones ideológicos de relación social y proyectos de sociedad. Estas prácticas pueden ir desde la imposición directa de un modo de resolución del hábitat popular (propio de las experiencias llave en mano) hasta un modo de resolución en el que impere una fuerte interacción entre los actores involucrados (técnicos y habitantes), en donde los futuros pobladores son quienes toman las decisiones del proceso productivo (asistencia estatal a la autogestión). En función del modo de producción que se emplee para resolver el problema del hábitat, se puede variar entre un modo de producción caracterizado por un tipo de gestión unidisciplinario o pluridisciplinario (y en sus versiones más evolucionadas, interdisciplinario y transdisciplinario) que se desarrollan en el nivel técnico profesional, hasta un tipo de producción plurisectorial –intersectorial o transectorial– que implica un trabajo conjunto a lo largo de todo el proceso productivo de todos los actores sociales e instituciones involucradas[46] (propias de una gestión participativa directa o de asistencia estatal a la autogestión). Entonces, según el modelo adoptado, la experiencia de producción del hábitat puede resultar en una experiencia educativa, de ejercitación de una forma equitativa de actuación social o, por el contrario, de reafirmación de un patrón de subordinación o sometimiento social.

Pero la práctica de producción y de gestión de una vivienda, agrega Giglia (2012), refleja también las visiones acerca de lo que son o deberían ser los usos y las necesidades del habitar de los sectores populares. La forma o el diseño de la vivienda (sea esta social o no) expresa los valores técnicos, religiosos, estéticos y espaciales que se deben reproducir en una sociedad (Pezeu-Massabuau, 1988), por lo que una vivienda se convierte en móvil de enseñanza permanente de determinados patrones culturales trasmitidos mediante la política social a sus moradores por el simple hecho de habitarlas. En una sociedad pluricultural como la nuestra, estos patrones culturales no son unívocos ni homogéneos, sino, por el contrario, son objeto de disputa por

---

[46] Haciendo referencia a los habitantes, organizaciones gubernamentales, organizaciones no gubernamentales, empresas, gremios, etc.

los distintos sectores sociales. Por ende, los modos de producción de la vivienda social se constituyen en escenarios claves de disputa y de encuentro o desencuentro cultural entre los valores técnicos, habitacionales, estéticos y espaciales de quienes diseñan las viviendas, entre quienes las construyen y finalmente quienes las habitan[47]. Por lo que las características que asuma el modo de producción y de gestión y el tipo de participación que tengan los moradores se constituyen en factores centrales para el ejercicio de una forma equitativa de actuación social-cultural o, por el contrario, como reafirmación de un patrón de subordinación o sometimiento. Estas cuestiones serán objeto de análisis en los casos de estudio.

Ahora bien, la cada vez mayor y creciente autoproducción de vivienda popular en países como el nuestro demostró los límites de la intervención estatal para resolver el problema habitacional de los sectores populares. Topalov (1979) marcaba la persistencia de la modalidad informal de producción de hábitat popular como una clara evidencia de la incapacidad del mercado –y del Estado– de proveer de viviendas a sectores con bajos salarios o empleos precarios e informales.

2.2.1 La política habitacional en la Ciudad de Buenos Aires desde un enfoque histórico

Las diversas reestructuraciones que sufrió el Estado en su relación con la sociedad y el mercado[48] modularon políticas urbanas (y de vivienda) también distintas a lo largo del

---

[47] Generalmente la bibliografía sobre el tema considera el desfasaje entre la vivienda diseñada y los usos que los habitantes hacen de ella, pero aquí también se prestará atención al rol que desempeña el actor social principal del proceso productivo.

[48] En este trabajo se dará cuenta de tres transformaciones de la relación estado-sociedad-mercado: el Estado de Bienestar de los años '50 (Esping-Andersen, 1993), el neoliberalismo de los años '70 y '90 (Harvey, 2007) y la poscrisis de 2001 (Grassi, 2012; Katz, 2010).

tiempo, cada una priorizó alguna de las opciones de acción estatal citadas anteriormente (y se fueron adicionando al sistema de vivienda). Esto hace posible identificar diferentes generaciones de políticas habitacionales en su recorrido histórico en nuestro país.

Hacia fines de los años '50, la década del '60 y parte de los '70 –años caracterizados por un Estado de Bienestar–, el problema de la vivienda se comenzó a abordar con una *primera generación de políticas habitacionales* (Fernández Wagner, 2007; Biglia, Marsili, & Vallina, 2008), que perdura hasta la actualidad, basadas en una gestión vertical, autoritaria o paternalista de construcciones de grandes conjuntos habitacionales, realizadas por grandes empresas constructoras y entregadas "llave en mano" a sus adjudicatarios (a través de programas como el Programa de Erradicación de Villas de Emergencia (PEVE) (1966) o el Plan de Viviendas Económicas Argentinas (VEA) (1969) o las operatorias FONAVI (Fondo Nacional de Vivienda) a partir de 1978, o el Plan Federal de Construcción de Viviendas después de la crisis 2001[49] (esta última política es objeto de análisis de este trabajo).

Desde los años de surgimiento hasta la actualidad, esta primera generación de políticas se desarrolló sobre la base de una planificación centralizada en el Estado y como un mecanismo de control social (papel que en cierta medida cumplía la vivienda social de la época) que se asentó en un complejo entramado de intereses, donde la vivienda funcionó como un dispositivo político (el clientelismo) y, a la vez, como dispositivo económico (el lobby empresarial), donde el negocio empresario estuvo asociado a los beneficios clientelares del sector político (Sepúlveda Ocampo & Fernández Wagner, 2006; Rodulfo, s/d). A pesar de esto, estas políticas se dieron en un marco de reconocimiento de derechos (fundamentalmente asociados al trabajo),

---

[49] Es decir que esta generación de políticas habitacionales continúa su desarrollo hasta la actualidad en nuestro país.

aunque de cierta relatividad en términos de posibilidades de acceso a suelo urbano de calidad (por las características de este bien, descriptas anteriormente). Se configuró, de este modo, una tipología de política cuyo móvil estuvo vinculado a la asociación de la reproducción del capital con la reproducción política (priorizando el carácter económico de la política habitacional por sobre su carácter social). Para la ejecución de esta primera generación de políticas habitacionales, se institucionalizaron –de manera errática– diversas oficinas públicas de vivienda que a lo largo del tiempo asumieron características sinuosas, como constantes reorganizaciones jurídicas y económicas del sector. No obstante, todos los organismos tuvieron fuerte vinculación con bancos hipotecarios, fondos nacionales, cajas de crédito, etc. y configuraron un sistema de provisión de vivienda que se orientó primeramente a la atención de población en villas de emergencia para luego dirigirse hacia un sistema de atención universal de tipo distributivo que fue creciendo con el fortalecimiento, desarrollo y consolidación del sector empresarial de la construcción habitacional (Rodulfo, s/d; Sepúlveda Ocampo & Fernández Wagner, 2006) en torno a la obra pública y, particularmente, en torno a la vivienda estatal.

Por ende, esta *primera generación de política habitacionales*, con sus distintos vaivenes demostraron, a lo largo del tiempo, la consolidación de un sistema de vivienda que tiene por modo de producción predilecto la modalidad llave en mano, la nula participación de los destinatarios en los diseños de las viviendas, la priorización de contratación de grandes empresas constructoras para su producción, y la consolidación de la zona sur-oeste de la ciudad como destinataria de la producción estatal. Algunos lineamientos alternativos que incursionaron su derrotero, encabezados por otros actores no tradicionales (como cooperativas, mutuales o pequeñas empresas constructoras), obtuvieron resultados altamente satisfactorios, pero nunca dejaron de ser operatorias marginales, poco priorizadas presupuesta riamente, que no lograron poner en riesgo las alianzas tradicionales del sector. Pues el sistema de vivienda que logró su consolidación con el modo de producción llave en mano, también anquilosó un sistema de articulación de intereses políticos y, fundamentalmente, económicos del sector privado y público para construir vivienda como movilizadores de la economía (y estrategia de reproducción del modelo de acumulación) por sobre una condición de derecho social de los destinatarios de la misma.

No obstante, estas experiencias marginales, que se filtraron y plantearon disputa hacia el interior del sistema de vivienda, sentaron una impronta que posteriormente fue recuperada por sectores populares organizados de la ciudad.

A partir de mediados de los años'80, con la vuelta de la democracia y con mayor fuerza en los años '90 cuando se consolidó el neoliberalismo en nuestro país, se dio paso a una *segunda generación de políticas habitacionales* que propició un tipo de gestión participativa institucionalizada (los habitantes son interpretados por sus representantes políticos (Pelli V. S., 2007)) mediante políticas de regularización y radicación de asentamientos irregulares con construcciones de pequeña escala, participación formal de los pobladores (en muchos casos desde la construcción de las viviendas) y gestionados por las comunidades u organizaciones no gubernamentales (Fernández Wagner, 2003, págs. 1-3; Rodulfo, s/d). Este nuevo esquema, reconfiguró el mapa de actores intervinientes, pues el sector concentrado de la gran empresa constructora fue desplazado hacia otros rubros de infraestructura de mayor rentabilidad (vinculados a la obra pública) y las constructoras de menor escala atendieron al subsidio a la demanda de vivienda, con una estructura más débil y atomizada territorialmente (Rodríguez M. C., 2007; Rodulfo, s/d). En este sentido, la reestructuración incidió en la promoción de una ejecución más "territorializada" de la política de vivienda que abrió, a escala local, el juego a nuevas relaciones sociales y políticas en los municipios, con nuevos actores económicos y sociales beneficiarios de la política.

Las primeras políticas implementadas en este registro se desarrollaron a nivel nacional de gobierno, aunque fueron ejecutadas a nivel provincial por el proceso de descentralización vigente, pero sin intervención a escala CABA. Pues en 1992 se creó la *Comisión Nacional de Tierras Fiscales*, dependiente de la Presidencia de la Nación (que en la post-crisis se convirtió en la Comisión Nacional de Tierras para el Hábitat Social), como órgano aplicador de la Ley Nacional de Tierras (Ley N° 23.967) para ejecutar el Programa Arraigo, de regularización dominial de tierras, mejoramiento barrial integral y urbanización de asentamientos informales, lotes con servicios, conformación de bancos de tierra, micro-créditos para el mejoramiento de la vivienda, estímulo a la vivienda progresiva, e intervenciones de pequeña escala con distinto tipo de articulaciones sectoriales. Otro de los programas alternativos de gran envergadura implementados fue el Programa de Mejoramiento de Barrios (PROMEBA[50]) a partir de un financiamiento acordado con el BID. En una primera etapa del programa, tanto la CABA como el Gran Buenos Aires (GBA) quedaron excluidos de los 200 proyectos de mejoramiento[51], pero con posterioridad a algunos cambios orgánicos, a diferencia de

---

[50] Para más información sobre este programa se puede ver Fernández Wagner, Varela y Silva (2004), Di Virgilio (s/d), Romagnoli y Barreto (2006).

[51] A la definición de los destinatarios la cruzan los criterios de elegibilidad en los que se interrelacionan aspectos sociales, urbanos, ambientales y legales. El programa tiene una doble focalización: por un lado, una focalización a nivel poblacional, que define a los grupos familiares con un nivel de ingreso mínimo que los ubique en el primer quintil de la población, donde al menos más de la mitad de la misma tiene necesidades básicas insatisfechas (NBI); por otro lado, una focalización espacial, que tiene que ver con la delimitación de un territorio con condiciones de pobreza homogéneas (Fernández Wagner, Varela, & Silva, 2004).

la CABA, el GBA se incorporó al Programa. Otro ejemplo de este tipo de programas es el Programa Rosario Hábitat ejecutado en esa ciudad a partir de 2001[52].

Mientras que durante en los años de crisis de los '80 estas políticas de segunda generación no se desarrollaban en la CABA, y las políticas llave en mano FONAVI estaban destinadas a sectores con alguna capacidad de ahorro, los sectores porteños de menores recursos, ante una actitud de "tolerancia" o de "dejar hacer" del gobierno local, recurrieron a la reconstrucción de villas y, sobre todo, a la apropiación de los intersticios urbanos, es decir, la ocupación del parque habitacional vacío, como modalidad de resolución de su acuciante situación de vivienda.

Ante este escenario de apremiante crisis habitacional en la ciudad, desde la Comisión Municipal de la Vivienda (CMV) se comenzaron a implementar "de arriba hacia abajo", de manera marginal pero marcando un precedente, medidas tales como la firma de convenios de comodato en propiedades municipales pertenecientes a la traza de la ExAU3, el reciclaje del Ex Padelei (Patronato de la Infancia) en el barrio de San Telmo y la recuperación de 21 conventillos en el marco del Proyecto Recup-Boca, todos ellos con participación de organizaciones sociales de base en alguna etapa de la implementación. Paralelamente, a través de las resoluciones 92/86 y 95/87 se fijó un cupo del 10% anual para la realización de programas con cooperativas de vivienda (además de la ejecución con las tradicionales empresas). También se efectuó el reciclaje de la Manzana de San Francisco (ocupantes transformados en inquilinos sociales, utilizando recursos de la cooperación internacional), se relocalizaron 700 familias del Albergue Warnes al Barrio Ramón Carrillo en Villa Soldati y se efectivizó un acompañamiento del proceso de regularización iniciado por la Cooperativa San Telmo en el inmueble ocupado del

---

52 Para profundizar en este caso, se puede ver Arqueros Mejica, Gil y de Anso y Zapata (2011).

ExPadelei. Todas estas iniciativas sentaron un precedente (Rodríguez M. C., 2005) fuertemente explotado por los sectores de menores recursos organizados de la ciudad. Pues tras el surgimiento de un escenario institucional nuevo en la Ciudad de Buenos Aires[53], vinculado con la crisis económica, social y política que antecedió y se agudizó con la crisis de 2001 y la emergencia de experiencias de solidaridad social organizadas alrededor de un reclamo por el derecho al hábitat y a la ciudad, se tendió a implementar diversas estrategias. Estas dispararon nuevos instrumentos de políticas sociales que involucraron modalidades populares de producción de vivienda, incorporando además a los destinatarios como actores con diversos grados de decisión en la gestión de sus proyectos mediante acciones de asistencia estatal a la autogestión (Rodríguez, y otros, 2007; Cuenya & Falú, 1997; Catenazzi & Di Virgilio, 2006; Herzer, Rodríguez, Di Virgilio, Redondo, & Lanzetta, 1995; Acosta & Raspall, 2008). Resultados de estos procesos fueron, por ejemplo, la sanción de la Ley n° 341/00, que dio nacimiento al Programa de Autogestión de la Vivienda, encargado de atender las históricas demandas de autogestión social del hábitat de sectores de menores ingresos con necesidades habitacionales insatisfechas, también institucionaliza e incorpora la participación social de organizaciones socioterritoriales de base en la ejecución de la política pública; la Ley n°8 y la actualmente vigente n°324/99 impulsada por la Mesa de Delegados de la exAu3 para dar respuesta a la población afectada por la Traza de la ExAU3; y la Ley 148/99, que dio origen al Programa de Radicación, Integración y Transformación de Villas y Núcleos Habitacionales Transitorios (PRIT) históricamente reclamado por los sectores villeros de la ciudad. Todos estos casos contaron con la participación de organizaciones de las poblaciones

---

53 A partir de la autonomía de la CABA en 1996, la sanción de la Constitución de la Ciudad Autónoma de Buenos Aires y la necesidad de legitimación de una Legislatura porteña desacredita.

afectadas en el diseño normativo, involucrando instancias de participación acompañadas por procesos de movilización social.

Por último, desde mediados de los '90, pero con mayor fuerza en la actualidad[54], se superpusieron acciones de ambas generaciones y, en paralelo, la resolución del problema del acceso a la vivienda comenzó a producirse a partir de acciones estatales de facilitación del acceso al mercado. En los hechos, la facilitación se desplegó mediante el pasaje del financiamiento de la oferta, propia de las políticas de primera generación, al financiamiento de la demanda. El operar sobre la demanda no implica atender prioritariamente las necesidades sociales mediante acciones locales, comunitarias, participativas, etc., sino a partir de la mediación del mercado, financiando la compra de la vivienda a aquel que sea capaz de acceder a un crédito. Esta nueva modalidad basada en la decisiva influencia del capital financiero (global) articulado con la *"facilitación"* del Estado, como un dispositivo generador de espacios de fertilidad para la actuación del capital, se constituyó sin duda en una *tercera generación de políticas* (Biglia, Marsili, & Vallina, 2008; Fernández Wagner, 2007), en expansión en estos últimos años en nuestro país a través de programas como Mi Primera Casa (gestionado a nivel local) o Procrear II (ejecutado desde el nivel nacional de gobierno a partir de fines de 2015)[55].

---

54 Como explica Cuenya (1997) la existencia del FONAVI configuró un modelo de política habitacional único y de gran envergadura, cuya desarticulación llevó años (marcando diferencia en términos sectoriales con el resto de los países de la región). Estrictamente en la CABA, recién con la gestión de gobierno local que comienza en 2007, de corte neoliberal, se comenzaron a perfilar con fuerza estas políticas "facilitadoras" características de la tercera generación.

55 Este esquema de políticas habitacionales tuvo significativo despliegue en países de América Latina a partir de los años '90, pero en Argentina su impacto, hasta hace unos pocos años, fue acotado.

2.2.2 Una evaluación de la producción de vivienda. El problema de los "con techo"

Las soluciones habitacionales brindadas por el Estado históricamente suponen una gama de viviendas que va desde barrios de vivienda individual hasta grandes conjuntos habitacionales auto-sustentables construidos con diversos fondos públicos. Las tipologías de estas respuestas traslucieron las diversas posturas y estrategias desarrolladas por los distintos actores sociales involucrados en la problemática de la vivienda para resolver el déficit, pero también dieron cuenta de la ineficacia para aportar una solución, constituyendo una nueva problemática urbana: la de los "con techo" (Rodríguez & Sugranyes, 2005).

Si bien las soluciones brindadas por el Estado bajo la tipología de grandes conjuntos habitacionales no califican como situaciones de carencia o emergencia (en definitiva, se trata de una población con techo y acceso a servicios), estos artefactos urbanos actualmente sufren graves procesos de deterioro edilicio y empobrecimiento socioeconómico de sus residentes, que los convierte en emblemas de hacinamiento e ingobernabilidad, y en símbolos de estigma para sus habitantes (Girola, 2007). Pues según el registro de Dunowicz et al. (2000), de las más de 120 intervenciones de acción directa estatal que involucraron 43.678 viviendas construidas en grandes complejos habitacionales, 24.487 viviendas (107.841 personas) fueron declaradas por distintos órganos de control del gobierno local en situación de precariedad, representando el 56% de la intervención estatal construida en el último siglo. Además, de este grupo de viviendas deficitarias sólo el 40% de ellas están escrituradas, sumándole precarización legal a la física y edilicia de los complejos[56] (Di Filippo, 2009; Dunowicz, y otros, 2000; Consejo Económico y Social de la Ciudad de Buenos Aires, 2013).

Los edificios que albergan gran parte de estas viviendas deficitarias presentan patologías extendidas que afectan la seguridad y habitabilidad de sus pobladores y, fundamentalmente, registran fallas de estructura edilicia, es por esto que los especialistas consideran que se encuentran en estado "insatisfactorio" para el desarrollo de una vida digna (Dunowicz & Boselli, 2009). Los proyectistas de estos megaconjuntos no previeron de qué modo los usuarios podrían realizar un uso adecuado de las viviendas ni cómo llevarían adelante su mantenimiento cotidiano. Desde el Estado se implementaron programas con perspectivas cortoplacistas, basados inicialmente en una falsa relación "economía de obra-costo de uso", sin apercibimiento alguno de la realidad socio-económica de los destinatarios, transfiriendo a los usuarios provenientes de sectores populares los mayores costos de conservación y mantenimiento. El parque habitacional estatal construido demostró que el costo de un edificio no sólo es la sumatoria del terreno, el proyecto y su construcción, sino que también hay que adicionarle un cálculo de *costo global* que incluye los costos de mantenimiento y conservación a lo largo de toda su vida útil.

Las imprevisiones del proyecto en relación con el uso y mantenimiento posteriores, sumadas a los excesivos descensos de los niveles de calidad constructiva proyectados y a una compleja e incompatible organización administrativa, trajeron como consecuencia no deseada un deterioro prematuro de los barrios construidos y una fuerte degradación de la calidad de vida de sus pobladores, expresada en

---

[56] Es importante aclarar que no todos los complejos habitacionales construidos por la acción estatal presentan estas características de precariedad, pues existe una gran cantidad de complejos, la mayoría construidos por cooperativas de trabajo o de vivienda y sindicatos, destinados a sectores medios de la población, no segregados territorialmente y más pequeños (en escala) que no forman parte de este grupo.

estigmatizaciones y en una desapropiación de las viviendas por parte de sus usuarios. Uno de los entrevistados claves de este trabajo investigativo, actualmente ex-funcionario del Instituto de la Vivienda de la Ciudad (IVC) (pero que al momento de la entrevista era un funcionario de alto rango) explicó que el deterioro de los conjuntos debe relacionarse con la pérdida de poder adquisitivo de los usuarios y en cómo esto repercutió en la capacidad de pago de las expensas:

> se dieron procesos de postergación de aumento de los montos o de los valores de las expensas (producto también de la capacidad de pago de bolsillo de los habitantes) se comenzó a generar un deterioro de los niveles presupuestarios de los bienes comunes que resultó en la pérdida de mantenimiento de la faz material de los inmuebles, de la infraestructura de servicios, entre otras cosas (Entrevista D. CABA. Julio 2013).

Pero esta pérdida del poder adquisitivo de los habitantes no sólo repercutió en una precarización material de los edificios, sino que también impactó en un proceso de descomposición socio-comunitaria de sus usuarios, en su mayoría provenientes de sectores populares. La desarticulación socio-comunitaria de los vecinos de los conjuntos hay que comprenderla, según nuestro entrevistado, en el proceso de pauperización socio-económica que sufrieron estas familias en las últimas décadas, que al momento de ponderar gastos, las expensas fueron relegadas frente a necesidades inmediatas como alimentación, salud, vestimenta o transporte:

> al haber una caída de la situación socio-económica, esto también empieza a tener efectos en términos de la capacidad de organización de las comunidades –relacionado en parte con un escenario de neoliberalismo, liberalismo, del sálvese quien pueda, del todos contra todos– que opera en términos de pérdida de capacidad material, comienzan a bajar los niveles de solidaridad interna y por lo tanto de capacidad organizativa de las comunidades. A lo material se le suma

entonces un aspecto organizacional que tiene más que ver con un problema simbólico-ideológico. Esto empieza a espiralar para abajo la situación de los complejos (Entrevista D. CABA. Julio 2013).

En suma, el resultado de esta política fue la construcción de una gran cantidad de artefactos urbanos desvinculados de su entorno barrial, segregadores y prematuramente deteriorados, alejados de la oferta de servicios sociourbanos y portadores de estigma para sus pobladores.

Este tipo de intervenciones constituyeron, entonces, una respuesta estatal que resultó costosa e insuficiente frente al volumen del déficit y, además, gestó una nueva problemática habitacional que requiere de solución. Pues no se trata simplemente de construir al menor costo posible por ser vivienda destinada a sectores populares, sino que se necesita construir viviendas seguras, con apropiadas condiciones de habitabilidad (como se la definirá más adelante) y durabilidad, con condiciones de mantenimiento posibles, en áreas urbanizadas, dotadas de infraestructura urbana y comunitaria y con fácil accesibilidad al uso de la ciudad; es decir, viviendas que garanticen a los sectores populares el acceso al derecho al hábitat y a la ciudad.

Se analizará en los programas estudiados si la vivienda nueva, construida pos crisis 2001 desde acción directa del estado, recoge el aprendizaje que dejó el pasado, a partir, dice Pelli (2010), de una necesaria actitud de apertura; o por el contrario, nuevamente la vivienda construida como solución terminó sumando a su población al grupo de los "con techo". A priori se cree que las políticas recientes destinadas a la población específica, con otras escalas, otros actores involucrados y localizaciones, morigeran la generación de nuevos "con techo", esto se pondrá a prueba en los siguientes capítulos.

2.3 La producción social del hábitat como respuesta popular al problema de la vivienda

De lo analizado hasta aquí, se concluye que, al menos para el caso de nuestro país y el resto de América Latina, mediante el mercado y el Estado no se logró proveer de viviendas a todos los sectores sociales; situación que tendió a agravarse en las últimas décadas. Ante este escenario, los sectores populares, por su parte, además de reclamar y presionar al Estado con disímiles grados de organización, tendieron, históricamente, a satisfacer sus necesidades de vivienda a través del despliegue de estrategias habitacionales propias. Estas auto-respuestas se caracterizaron por ser heterogéneas, en muchos casos en abierta contradicción con la lógica capitalista (o bien se insertaron de manera indirecta en ella) y en variadas oportunidades resultaron ser respuestas más satisfactorias que las brindadas por el propio Estado.

La toma irregular de tierras e inmuebles y la sobre-ocupación de la vivienda, entre otras, fueron algunas de las estrategias típicas desarrolladas. Como se mencionó anteriormente, uno de los obstáculos más difíciles a resolver tuvo que ver con la posibilidad de aprovisionarse de tierra urbana, ya que la resolución del problema de la vivienda está en estrecha vinculación a la necesidad de disponer de suelo urbano. Como consecuencia de esto, la ocupación ilegal de terrenos apareció como una de las alternativas de acceso a un lote a partir del cual avanzar hacia la construcción de una vivienda. Yujnovsky hace referencia a esta situación:

> Los grupos de bajos ingresos sólo pueden residir en el área central elevando la intensidad de ocupación de las viviendas, hacinándose para poder pagar entre muchos la elevada renta del suelo. Otra alternativa es la residencia en la periferia, donde la baja calidad de los servicios habitacionales [...] coloca su precio al alcance del poder adquisitivo de estos grupos sociales. Finalmente otra alternativa es eludir la participación

en el mercado de tierras mediante la ocupación de terrenos ajenos, ocupándolos de hecho y por lo tanto, situándose fuera de la estructura jurídica de la propiedad vigente (Yujnovsky, 1984, pág. 38).

Otra estrategia alternativa empuñada por los sectores populares fue la ocupación ilegal de edificios con fines de vivienda; apareciendo, paralelamente, toda una serie de formas de co-propiedad o, si se quiere, "co-alquiler"[57], con el fin de amortiguar los gastos y, en ocasiones, tasas e impuestos.

Ahora bien, estos tipos de hábitat popular suelen tener deficiencias vinculadas a las condiciones de vida de sus habitantes, pues son recurrentes las condiciones de hacinamiento, precariedad constructiva, inestabilidad de la tenencia, segregación socio-territorial, ilegalidad/irregularidad, falta de servicios públicos (agua, cloaca, electricidad) y ausencia o precariedad de servicios de consumo colectivos (hospitales, escuelas, centros culturales, etc.). Sumada a esta característica común, cada tipología de hábitat tiene sus peculiaridades, por ejemplo, algunos se identifican por estar sumidos en la informalidad, otros son reconocidos parcial o totalmente como formales; algunos son fruto de la acción individual de sus integrantes, al tiempo que otros son producidos por grupos más o menos organizados. Prosperan además, siguiendo Apaolaza (2009), diversas maneras de cooperación, como el trabajo en el proceso constructivo de las viviendas, en la producción o la compra de insumos/materiales para la construcción, en la contratación de asesoramiento técnico, en el financiamiento, etc. Estas formas de cooperación suelen confluir en diferentes tipos de

---

[57] La co-propiedad refiere a una forma de vivienda en la que un mismo inmueble posee varios dueños, y sus habitaciones están divididas en aquellas de uso exclusivo de cada uno de los propietarios y aquellas de uso común (baños, pasillos, etc.). El co-alquiler se entiende a partir de esta idea, ya que muchos de los aspectos de los inquilinatos, hoteles y pensiones son similares a estas formas, difiriendo únicamente en la posesión temporal acotada y fraccionada del inmueble.

organizaciones: cooperativas de vivienda, de construcción, de trabajo, sociedades de construcción sin ganancias, bancos de materiales, etc.

Sobre la base de estas especificidades, Apaolaza (2009, pág. 44) propone abordar el hábitat popular en base a los siguientes binomios de análisis:

- Construido bajo formas *capitalistas-no capitalistas*, refiriendo a las formas en que se construyen las viviendas y/o la infraestructura básica (ya sea infraestructura de servicios, calles, veredas, espacios verdes, etc.);
- *Legalidad-ilegalidad* de algunos o todos los aspectos constitutivos del hábitat popular: tenencia de la tierra, de la vivienda, provisión de servicios, entre otros;
- *Localización central-periférica*, que, como se detalló anteriormente, depende directamente del precio del suelo urbano, de la disponibilidad de servicios (entre los más importantes, el transporte público), de la infraestructura básica y socio-urbana, etc.
- Producto de la *acción individual-grupal*, ya que el hábitat popular también puede pensarse desde su proceso constitutivo, esto es, si son resultado de la acción individual o si, por el contrario, de acciones colectivas. Este aspecto es relevante en función del grado de espontaneidad o planificación de la acción colectiva y, además, sobre la existencia o no de una visión general sobre la problemática que los nuclea.

En base esta última variable, Rodríguez, et al. (2007) retoman el concepto de *producción social del hábitat* (en adelante PSH[58]) para dar cuenta de un recorte dentro del conjunto de modalidades de producción del hábitat ejecutadas tradicionalmente por los sectores populares. Pues para

---

[58] PSH no es un concepto parido por la reflexión académica, sino, más bien se origina en un particular contexto de interacción multiactoral: la Coalición Internacional para el Hábitat América Latina (HIC-AL), donde confluyen organizaciones no gubernamentales, movimientos y organizaciones socia-

estos autores, la PSH envuelve una variedad de procesos que van desde la materialización de barrios originados en tomas de tierras (villas), hasta la producción de conjuntos habitacionales cooperativos autogestionarios; desde la autoconstrucción individual o familiar hasta la autogestión colectiva y organizada; pero que tienen como base común

> haber sido concebidas de manera planificada y son dirigidas y controladas por sus productores/originadores (el sujeto es un actor social, distinto de una unidad doméstica centrada en objetivos de su propia reproducción), pudiendo existir diversos tipos de destinatarios individuales-familiares o colectivos-organizados. La práctica de dirección y control del proceso productivo se plasma –con variantes– a través de las diversas fases del mismo: diseño, ejecución, distribución y uso (Rodríguez, y otros, 2007, pág. 27).

En esta línea, Rodríguez et al. (2007) sugieren que no todas las modalidades de autoproducción de vivienda y/o ciudad ejecutadas por los sectores populares se comprenden bajo el concepto de PSH, sino sólo aquellas caracterizadas por el control del proceso productivo por parte de un actor social o sociopolítico[59]. Pueden ser identificadas

---

les de base, activistas de derechos humanos y grupos académicos de diversos países de cada región, vinculados al hábitat popular y la defensa de su derecho (Rodríguez, y otros, 2007).

[59] Las personas se constituyen en *actores sociales* en la medida en que intervienen de manera comprometida en cuestiones socialmente problematizadas, sin que ello suponga necesariamente una continuidad de su actividad más allá de ese objetivo puntual. Ahora bien, estos actores se constituyen en *sujetos políticos* al integrarse en algún proceso de inserción ampliada de la vida social, que implique el desarrollo de sus luchas, niveles de organización y conciencia en procesos de encuentro y confluencia con otros. La subjetividad colectiva, consecuentemente, se desarrolla sobre la base de un complejo proceso de interacción –argamasa, sedimentación, yuxtaposición y articulación– entre diferentes actores, clases y sectores y al interior de cada categoría o grupo involucrado. No existen sujetos a priori, sino que pueden –o no- constituirse a través de su participación en el proceso de transformación social, habilitado por la constitución de un conflicto en las fallas del sistema (Dussel, 1999; Hinkelammert, 2002; y Rauber, 2005) citados en Rodríguez (2013).

como polos para pensar la PSH algunas de las modalidades de *autoconstrucción* y de *autogestión* y, dentro de ellas, específicamente aquellas que fueron concebidas de manera planificada, dirigida y controlada por sus productores/ originadores (definidos como actores distintos de las unidades domésticas).

En tal sentido, la *autoconstrucción* es la práctica de construir, ampliar y refaccionar la vivienda y/o la construcción de los componentes del hábitat por parte de sus propios usuarios, de manera individual (autoayuda) a partir de la utilización de su propia fuerza de trabajo o fuerza de trabajo derivada de relaciones de parentesco y/o amistad. La autoconstrucción encuentra su base en la necesidad individual/ familiar, tanto en el proceso constructivo de la vivienda como en los recursos movilizados para su ejecución; pero sólo implica una fase del proceso productivo (la fase de ejecución de obra) y no necesariamente el control del mismo. Por ende, la autoconstrucción puede o no articularse en modalidades en PSH, en función de quién es el actor que controla el proceso productivo, aunque sin dudas da cuenta de relaciones de producción no capitalistas (aunque ello implique algún tipo de articulación mercantil, como la compra de materiales). Pero más allá de estas observaciones sobre la autoconstrucción, resulta muy complejo delimitar operativamente esta práctica en términos conceptuales. Interesa aquí retomar el enfoque de Pelli (1994) sobre esta práctica por la importancia que le atribute al grado de organización y de relación con el Estado. Pues este autor distingue tres modalidades de autoconstrucción: la *autoconstrucción espontánea y autónoma*, la *autoconstrucción dirigida* y la *autoconstrucción asistida*, en función del papel que desarrollan los propios moradores en el proceso de producción de sus viviendas.

La primera de ellas remite a un tipo de práctica llevada adelante por sus propios habitantes, de manera individual o grupal, con sus propios recursos, siguiendo su propio criterio, sin aportes específicos (financieros, técnicos, legales) del estado u otros actores sociales y, fundamentalmente, con limitadas posibilidades de inclusión en la ciudad formal y la infraestructura social y urbana que la misma ofrece. Si bien esta práctica provee una unidad habitacional a sus usuarios, no brinda una solución habitacional definitiva. Este es el caso de algunas casillas autoconstruidas en villas y/o asentamientos de la ciudad; las cuales expresan altos niveles de precariedad habitacional.

La autoconstrucción dirigida, dice el autor, refiere al aporte de mano de obra que realizan los destinatarios en acciones llevadas a cabo por el Estado (u organizaciones sociales). Ahora bien, en el proceso de construcción de las viviendas, los usuarios son incluidos como mano de obra, pero no son participes del proceso de toma de decisiones relacionado a la definición del problema, ni de la definición de los satisfactores, la organización y dirección de los procesos de gestión y resolución ni de la administración de los fondos destinados a la financiación de los proyectos. Estas tareas son reservadas a los organismos públicos intervinientes y sus funcionarios y técnicos (o sus pares de las organizaciones sociales), que actúan desde sus propios parámetros culturales en el proceso de producción (Pelli V. S., 2010). Si bien es cierto que estas obras producen condiciones que escapan al alcance o interés de los actores tradicionalmente vinculados a la construcción de vivienda estatal, aquí se considera importante no confundir esta práctica con un auténtico proceso participativo, pues la toma de decisiones no está en los futuros moradores de las viviendas sociales.

Finalmente, la autoconstrucción asistida remite a acciones de instituciones externas (estatales o sociales) a los pobladores de las viviendas que se organizan en términos de aporte y refuerzo del trabajo de autoconstrucción espontáneo y autónomo citado anteriormente. Con diferentes grados posibles de intensidad y diversidad de aportes externos y de complementación entre los habitantes y otros actores, la autoconstrucción asistida hace indispensable la adopción de mecanismos organizativos y técnicos coherentes con estas condiciones de trabajo, aunque novedosos y extraños frente a las formas "tradicionales" de acción habitacional. El nivel de incidencia de este factor externo permite identificar, para el autor, tres tipos de autoconstrucción asistida: i) la asistencia externa no alcanza a modificar las estructuras propias de la práctica autoconstructiva, aunque sí las pude reforzar y colaborar para llegar a mejores resultados en término de calidad constructiva; ii) la asistencia externa es lo suficientemente intensa e integral como para dar origen a estructuras de acción diferentes de las propias de la actividad autoconstructiva; y iii) por la magnitud, complejidad y variedad de los aportes, y por la forma de distribución de los roles y del poder de decisión entre los actores, se desdibuja el esquema autoconstructivo con asistencia externa, y se organiza como gestión concertada entre la totalidad de los actores, en un práctica de co-gestión del proceso productivo.

Algunas de las modalidades de la autoconstrucción asistida se articulan someramente dentro de la PSH, en la medida que los usuarios de las viviendas se reserven las tareas de control de los objetivos, procesos y resultados de los proyectos.

En un polo opuesto, dentro de las modalidades de PSH, la *autogestión*, para la autora, es una modalidad colectiva y organizada de producción, que implica necesariamente el manejo de fondos del Estado en esa producción[60] y el control del proceso productivo por parte de organizaciones populares. Este criterio es compatible con la incorporación de los sectores formales de la producción (profesionales, pequeñas empresas constructoras, bancos, etc.) en las acciones de autogestión, y también lo es con el empleo

---

[60] Esto implica necesariamente el planteo de la transformación de la propia institucionalidad estatal. En este sentido, García Linera (2010) recurre al concepto *gobierno de los movimientos sociales* para abordar los procesos de democratización de la sociedad, orientados a la transformación del Estado como institución.

de tecnología evolucionada, garantizando resultados técnica y económicamente satisfactorios. En este sentido, en el proceso de construcción de una vivienda, la autogestión es una práctica que reclama la puesta en marcha de procesos democratizantes de tomas de decisiones de los colectivos que intervienen en los procesos productivos. La propuesta autogestionaria para la producción de hábitat popular parte del ejercicio del derecho a la vivienda, al hábitat y a la ciudad (tal como se la definió anteriormente), en un marco de integralidad que atraviesa a esta práctica.

Según la Declaración de Quito (Encuentro Latinoamericano de Construcción de Hábitat y Vivienda por Autogestión, 2011) redactada por un grupo de organizaciones sociales de hábitat de América Latina con prácticas de producción autogestionaria en las dos últimas décadas[61], la *autogestión* es entendida como una forma de organización social para la producción del hábitat y la vivienda, que permite recuperar la capacidad de protagonismo de sus participantes en un desarrollo humano y cultural integral. Este proceso no es un hecho aislado, sino un acto esencialmente colectivo, que tiene sus resultados inmediatos en el grupo, pero también incide en el crecimiento individual de cada uno de sus integrantes. Es un proceso donde se recupera la autodeterminación colectiva, que implica una disputa permanente y cotidiana contra los sectores que hegemonizan el poder político y económico.

En este sentido, la *autogestión* se distancia de la *autoconstrucción* en la medida que el proceso de producción social de vivienda y hábitat busca la apropiación social de los medios de producción con criterios colectivos. Esta práctica no supone el esperar que "alguien" construya la vivienda desde

---

[61] Las organizaciones sociales asistentes al Encuentro Latinoamericano de Construcción de Hábitat y Vivienda por Autogestión realizado en Quito el 27 y 28 de octubre, con el auspicio del Municipio del Distrito Metropolitano de Quito, MIDUVI y la Secretaría Latinoamericana de Vivienda Popular fueron: ACMQ Solidaridad, Foro Urbano, Contrato Social por la Vivienda y SELVIP.

sus propios parámetros culturales y entregue llave en mano la unidad una vez terminada; pues implica ser parte de la discusión y de la toma de decisiones respecto al destino de los fondos públicos (una vez finalizadas las viviendas, los destinatarios devuelven parcial o totalmente los fondos transferidos por el Estado). Los destinatarios de las viviendas participan de manera activa en la planificación, organización, promoción, concepción, diseño, ejecución y asignación de los proyectos de vivienda y de la administración de los recursos comunitarios y/o estatales. Es el ejercicio pleno por parte de los usuarios de la capacidad para administrar los recursos estatales en beneficio de los intereses colectivos. La asistencia técnica para la construcción de las viviendas es contratada por la misma población destinataria según los criterios que ellos determinen para su selección. Los actores que intervienen en los procesos de producción y construcción de las viviendas son los que los propios moradores deciden, en general, pequeñas empresas constructoras locales, cooperativas de trabajo o los mismos usuarios organizados (por esfuerzo propio, autoconstrucción, ayuda mutua[62] o administración directa). La asignación de las viviendas terminadas es acordada de manera colectiva entre los destinatarios. Por lo tanto, el destinatario se constituye en un receptor activo de la política, con altos grados de implicación en el proceso y con un producto finalizado acorde a sus propias necesidades y patrones culturales y habitacionales. Ahora bien, la intervención del Estado en estos procesos de autogestión expresada en apoyo (financiero, técnico y legal), es de por sí un reconocimiento a los sectores populares, de sus decisiones globales de la ciudad y de su derecho a definir su hábitat desde sus propios patrones culturales de vida y de ciudad.

---

[62] La ayuda mutua remite a un sistema de trabajo que proporciona ganancias a socio-económicas a los destinatarios de las viviendas. Por un lado abarata costos de obra y por otro se convierte en un capital social del usuario (Fundasal, 2004).

Cuando esta práctica es sostenida por organizaciones sociales –como el MOI (Movimiento de Ocupantes e Inquilinos), el MTL (Movimiento Territorial de Liberación) o el Comedor Los Pibes, por ejemplo)– que persiguen el desarrollo de procesos políticos de construcción de poder popular, se diferencia de la autoconstrucción por estar inscripta de manera explícita en una perspectiva política de transformación de las relaciones de poder, independientemente del grado de alcance de esa meta. Pues esta definición no supone un distanciamiento de las organizaciones sociales con el Estado, sino, por el contrario, se vinculan a él mediante el manejo de sus recursos en la producción de la vivienda y su interpelación mediante procesos de transformación de la institucionalidad pública. Las propuestas autogestionarias se orientan a promover procesos de desburocratización de determinadas estructuras institucionales estatales, mediante la transferencia de capacidades a los ejecutores y, específicamente, mediante su participación en definiciones de políticas que dejan de constituir un dominio exclusivo del Estado.

La autogestión (cómo se la entiende aquí) no se limita al proceso productivo desde una perspectiva economicista, sino que remite a un paradigma de corte emancipatorio integral. Retomando a Lorenzo (2012), se concibe a la autogestión como una práctica de vida alternativa que subvierte los pilares del capitalismo. Esta orientación de la actividad humana supone entonces independencia y autonomía en el modo de organización y un determinado grado de participación colectiva, activa y consciente en el proceso de toma de decisiones a distintos niveles: participación activa, consciente y libre en todos y cada uno de los procesos en los que se involucren las personas; en las tomas de decisiones de todos y cada uno de los procesos que afectan la vida de quienes participan; y autonomía[63] en el ejercicio de la participación y la tomas de decisiones.

Ahora bien, en pos de profundizar sobre la producción autogestionaria del hábitat como una alternativa viable a la falta de vivienda y como herramienta de superación y transformación del Estado y de las subjetividades de sus usuarios, se propone recuperar un clásico debate sobre el rol que desempeña el Estado en la provisión de vivienda.

2.4 "Planificación centralizada" vs "autoconstrucción", ¿un debate actual?

El problema de la vivienda en el marco de la cuestión urbana suscitó en el campo de los estudios sociales del urbanismo una serie de teorías generales que buscaron proporcionar interpretaciones globales de los procesos de urbanización popular con el objetivo de orientar la investigación científica sobre esta temática, pero también la formulación de políticas en el campo de la vivienda y el hábitat popular. En este sentido, ante los altos niveles de precariedad de la vida urbana de fines del siglo XIX en Europa y la explotación de la clase trabajadora tras la revolución industrial, autores como Engels y Proudhon y Sax se enfrentaron en un cándido debate sobre el problema de la vivienda como relación estructural entre capital-trabajo y los límites de las reformas sociales propuestas en la época[64]. Durante el siglo XX, debates similares surgieron en países latinoamericanos para dar cuenta, desde distintas dimensiones, de los

---

63 Autonomía entendida como responsabilidad individual ante el colectivo con el que o a través del cual se interactúa.

64 Para profundizar en este debate ver Engels Federic (1893), Contribución al problema de la vivienda. Disponible en http://www.marxists.org/espanol/m-e/1870s/vivienda/index.htm

procesos de urbanización popular de las últimas décadas a escala regional a partir de perspectivas teóricas vinculadas al campo temático del hábitat popular y la ciudad.

Específicamente en este apartado, se retoman tres de estas perspectivas teóricas –clasificadas por Duhau (1998, págs. 19, 70)– que remiten directamente al problema de la vivienda popular construida en las últimas seis décadas: la *perspectiva turneriana*, y la *perspectiva histórico-estructural* de los años 70-80, y la *perspectiva democrático-autonomista* de los años 90. El eje central del debate giró en torno a si la autoconstrucción del hábitat constituye una forma más de la explotación capitalista de la fuerza de trabajo o, si por el contrario, remite a un proceso que, leído de manera optimista, resolvería en su reconocimiento y potenciación el problema de la vivienda.

En los años '70, John Turner, desde una visión neo-anarquista de la producción y gestión habitacional, puso en discusión la disyuntiva entre los modelos de producción de vivienda administrados centralmente desde la esfera estatal y aquellos autogobernados por sus propios usuarios en el nivel local –mediante prácticas de autoconstrucción– como respuesta a la provisión de vivienda para los sectores populares (Turner, 1977). El autor consideraba que los sistemas autogobernados propiciaban los medios más adecuados para la provisión de servicios habitacionales satisfactorios; ya que creía que el "espejismo desarrollista" del modelo de la época perseguía una modalidad de intervención distante de las diversas realidades locales de los pobladores. Así, construyó dos categorías estrechamente vinculadas entre sí para dar cuenta de dos modelos de provisión de vivienda vigentes en esa época: el sistema *heterónomo* de vivienda (determinación por otro) característico de los procesos formales e institucionalizados de construcción de vivienda, basados en estructuras jerárquicas y centralizadas, con tecnología de gran escala y cuyo resultado supone viviendas de elevado costo y bajo valor de uso; versus el sistema *autónomo* de vivienda (autodeterminación) presente en los procesos informales en los que los usuarios resuelven sus necesidades de vivienda por sí mismos y, si bien producen objetos de baja calidad, son productos de menor costo y elevado valor de uso (Duhau, 1998; Lentini, 2008).

Para Turner (1977), las viviendas construidas a gran escala a partir de procesos altamente institucionalizados se identifican por ser antagónicas a las prioridades y necesidades reales de las familias usuarias en términos de variedad, estética, tamaño y participación en el proceso de producción de sus viviendas. La normalización de los proyectos constructivos y su gran tamaño minimizan las probabilidades de contemplar la diversidad de situaciones (culturales) en la que se encuentran inmersos los usuarios y adecuarse a ellas. En un enérgico rechazo a la política habitacional de la época, su primordial cuestionamiento al sistema centralizado de producción se basó en la conceptualización de la vivienda como una mercancía por sobre su valor de uso. El gran error de las agencias estatales, dice el autor, remite a definir el problema de la vivienda de modo cuantitativo. Estas estructuras resultan impermeables a los aportes locales y a las experiencias más específicas de los pobladores por considerarlos "antieconómicos", pero en realidad omiten la perspectiva de los adjudicatarios de las viviendas. El éxito de cualquier sistema de vivienda, continúa el autor, obedece, en el mediano-largo plazo, a los cuidados que los pobladores realicen de este, y por ende, de la voluntad que deseen invertir en estos cuidados (no sólo en su capacidad de hacerlo). Dicha voluntad se encuentra en estrecha vinculación con el nivel de satisfacción que el usuario percibe de los bienes y servicios aportados por la vivienda. En este marco, cobra suma importancia la correspondencia que exista entre las necesidades prioritarias de los usuarios y los servicios aprovisionados por la vivienda, pues "los desajustes entre el suministro de alojamiento y la demanda de los mismos serán directamente proporcionales al grado de heteronomía del sistema" (Turner, 1977, págs. 58-59). La ecuación resultante entonces es que a mayor subordinación del alojamiento a sistemas centralizados, mayores serán los desajustes y la inhibición de los recursos de los usuarios, por ende menor y más pobre el suministro de vivienda.

El aporte propositivo del autor es la *autonomía* como sistema de provisión de vivienda para los sectores populares. Este despliega una distinguida defensa de la participación de los usuarios en el proceso de toma de decisiones relacionadas a la provisión de su propio alojamiento y vivienda. Para el autor:

> Cuando los usuarios controlan las decisiones más importantes y son libres para aportar su propia contribución al diseño, construcción o administración de su vivienda, ambos, proceso y medio ambiente producido, estimulan el bienestar individual y social (Turner, 1977, pág. 18).

Cuando estas condiciones no se cumplen en el proceso de definición de políticas y en los proyectos de vivienda, el autor advierte que probablemente el producto resultante constituya una barrera para la satisfacción personal de los usuarios de las viviendas y una carga para la economía del país. A través de procesos y mecanismos de toma de decisiones en los que los usuarios tengan un rol activo, es posible resolver muchas de las deficiencias evidenciadas en las viviendas sociales actuales, reivindicando las ventajas del control de los pobladores sobre sus viviendas. Sólo esta práctica garantiza el éxito de las soluciones de vivienda:

> Los usuarios han de estar facultados para la toma de toda decisión importante en su vivienda, pues ellos son los únicos conocedores de sus necesidades personales y de la opción más conveniente ante una situación dada... afirmando además que los sistemas locales autogobernados constituyen los únicos métodos y medios capaces de proporcionar bienes y servicios satisfactorios (Turner, 1977, pág. 113).

En resumidas cuentas, el autor expresa las ventajas del sistema autónomo de producción de vivienda en los siguientes ejes:

- Mayor adaptabilidad a las necesidades de los usuarios.
- Eficientización en la utilización de recursos públicos (la mayoría de las veces, escasos).
- Mejores diseños constructivos en base a una mayor adaptabilidad a los determinantes locales y culturales de los usuarios.
- Mejores diseños constructivos en base a una conceptualización de la vivienda como bien de uso por sobre un bien mercancía.
- El proceso de construcción de las viviendas repercute en una mayor capacitación adquirida durante el proceso constructivo.
- La libre elección de la localización del alojamiento respecto a actividades generadoras de ingresos.

Ahora bien, este enfoque turneriano recibió numerosas críticas vinculadas a que su planteo pierde de vista la perspectiva del conflicto y a la contradicción en la que se inserta la problemática de la vivienda. Desde el enfoque del neomarxismo, cuyos principales referentes fueron Padrilla (1982; 1987) y Burgess (1978), se le criticó el omitir el contexto socio-económico en que se desenvuelven los procesos auto-constructivos, ignorando los motivos generadores de estos procesos y dejando de lado la extrema heterogeneidad social y económica de los grupos auto-constructores. Esta perspectiva histórico-estructural vincula el problema de la vivienda a las condiciones de explotación de la fuerza de trabajo y, como consecuencia de esto, a que el costo de la vivienda no sea incorporado, a través del salario, en el costo de reproducción de la fuerza de trabajo.

Para Pradilla (1987), Turner desarrolla un enfoque mitificante de la autoconstrucción, remitiendo a una propuesta reaccionaria que abona a la reproducción del problema más que a su solución. Argumenta que la práctica de la autoconstrucción representa, para los sectores populares, una prolongación no remunerada de la jornada de trabajo y reduce su capacidad productiva; una inversión de sus escasos salarios en materiales de construcción que, comprados en pequeñas cantidades, son a precios especulativos; situaciones de precariedad habitacional y hacinamiento mientras avanza lentamente el proceso de construcción de la obra (a fin de no pagar doble arrendamiento); y elevadas cuotas de amortización a algún urbanizador usurero por una porción de tierra sin servicios básicos. Los auto-constructores están igual de desempleados o sobre-explotados al inicio del proceso que una vez finalizada la vivienda; pues su situación no variará como resultado de la misma. Que la autoconstrucción se constituya en una alternativa de acceso a la vivienda para la clase trabajadora opera, para el autor (Pradilla, 1982), como un factor reductor de los salarios, pues evita que se adicione el valor de la vivienda al valor de la fuerza de trabajo. Para este autor, la autoconstrucción por parte de la clase obrera repercute en una explotación adicional derivada del tiempo de trabajo no remunerado que habrá de dedicar el trabajador a la construcción de su vivienda. Esta práctica implica una desviación de la lucha de la clase trabajadora respecto a la defensa de sus intereses (que para este enfoque no es más que reivindicar el costo del acceso a la vivienda como parte del valor de la fuerza de trabajo). De hecho, el autor va más allá en este argumento planteando que con estas luchas (la de la autoconstrucción de la vivienda, la de la regularización del terreno en el que se construye, etc.) la clase obrera asume objetivos derivados de la ideología de la pequeña burguesía sobre la propiedad privada y la lucha por fines que resultan ajenas a los intereses de la clase trabajadora (Pradilla, 1982).

Otro de los argumentos sobre los cuáles basó su crítica Pradilla, es la relación entre el valor del producto construido y su precio en el proceso de circulación o de mercantilización. El proceso de la autoconstrucción de la vivienda consume una cantidad de trabajo humano vivo mayor a la media social (al trabajo socialmente necesario para la construcción de una vivienda similar); por lo que se esperaría que esto repercuta en el precio que asumirá la vivienda una vez convertida en mercancía. Sin embargo, cuando se da esta conversión, su precio es menor que el correspondiente a su valor real, pues este va a remitir al precio de una vivienda media, por lo que el trabajador pierde parte del tiempo de trabajo invertido en su construcción. Por ello entonces, Duhau (1998, pág. 26) resume que la autoconstrucción es para Pradilla:

> una alternativa reaccionaria como proceso de producción –ya que atrasa las fuerzas productivas, eleva costos sociales e individuales de producción, cae sobre los hombros de los más explotados, alarga la jornada de trabajo, promueve el auto-mantenimiento del ejército industrial de reserva, eterniza condiciones de vida miserables, contribuye a la reproducción de la ideología burguesa, contribuye a mantener las relaciones de dependencia con el Estado, genera luchas secundarias con el Estado y los propietarios–, y por sus efectos negativos sobre el salario obrero elimina la vivienda como costo de la fuerza de trabajo y presiona a la baja el salario real.

Adicionalmente, este enfoque discute el papel del Estado como estimulador de la autoconstrucción en la medida que contribuye al anti-urbanismo y propaga la segregación socio-urbana del hábitat, favoreciendo entonces a la reproducción del problema de la vivienda. Por lo que para el enfoque histórico-estructural, la solución de la problemática de vivienda y hábitat para los sectores populares sólo deviene de la transformación revolucionaria de la sociedad:

> Preferimos, por un compromiso con la realidad histórica, formular el derecho de toda familia al usufructo de una vivienda adecuada a las necesidades sociales medias, producida por los medios técnicos de que dispone realmente la sociedad para hacerlo; pero esto supone, claro está, la

liberación de las fuerzas productivas sociales de las barreras que le oponen las relaciones capitalistas de producción, es decir, la transformación revolucionaria de la sociedad (Pradilla, 1987, pág. 99).

Si bien este debate tuvo lugar en los años '60-'70, en este libro se sostiene que aún mantienen vigencia para abordar la problemática habitacional actual por dar cuenta de las características de las políticas implementadas en la actualidad, y resulta pertinente en relación al objeto de estudio de esta investigación. Pues si bien el enfoque turneriano rescata el saber popular (frente al técnico-burocrático) y la capacidad de control de los procesos y mecanismos de tomas de decisiones por los usuarios en el proceso de producción de sus viviendas, lo hace desde una lógica anti-estatal per se, con su foco puesto en la autoconstrucción individual y sin problematizar la potencialidad del desarrollo organizativo (a pesar del contexto histórico en el que construye su teoría). Tampoco reconoce las limitaciones de las capacidades auto-productoras en condiciones no distributivas de recursos económicos, de conocimiento, capacidades político-organizativas, institucionales, etc. (Pírez, s/f; 1995).

Por su parte, el enfoque histórico-estructural tampoco rescata la potencialidad de la capacidad organizativa ni aporta elementos para pensar la acumulación cotidiana de condiciones de transformación, ya sea de las subjetividades de los usuarios que participan de estos procesos de producción de vivienda, ni del Estado, ni del sistema socio-económico. Si bien postulan que la solución de la problemática habitacional deviene de una transformación del modelo productivo vigente, no reclaman bajo qué condiciones o cómo se construye ese proceso de acumulación de condiciones que posibiliten tal salto.

Ahora bien, veinte años más tarde, en los años '90, un nuevo enfoque, el *democrático-autonomista*, retoma alguno de los postulados de la perspectiva turneriana aunque con un significativo desplazamiento de su abordaje desde la práctica de la autoconstrucción como proceso espontáneo, obligado e involuntariamente autónomo por parte de los sectores populares, hacia otro tipo de dinámica que recupera la autoconstrucción como práctica productora de ciudades. Hardoy y Satterthwaite (1987), dos de sus principales referentes conceptuales, no sólo refieren a una simple postura de reconocimiento de situaciones de hábitat existentes a escala territorial, sino que la articulan con un proyecto de acción, cuyo alcance remite a la recuperación de valores sociales y culturales potenciados por procesos de organización social. Este enfoque recupera a los movimientos urbanos emergentes de la región latinoamericana como actores sociales con experiencia adquirida y propone posibles mediaciones de política pública a través de la articulación entre política de vivienda y prácticas de la economía social, propias de la época en la que surge esta perspectiva, introduciendo nuevas reflexiones mediadas por la educación popular y la acción comunitaria. Estas propuestas tienen, entonces, un anclaje territorial de base, desde el punto de vista normativo y de diseño urbano; un anclaje productivo, en relación al financiamiento, soluciones tecnológicas, diseño arquitectónico y producción de materiales; y un anclaje organizativo, en vinculación con la organización y la participación social. Este modo de entender el hábitat repercute en las formas de producción de la vivienda y en las relaciones de poder que participan de ellas. Pues este enfoque retira la mirada de la relación Estado-capital, para centrarla en el desarrollo de prácticas de participación popular y la inclusión de los habitantes en la producción de su propia solución habitacional a partir de la toma de decisiones. Este enfoque converge en gran medida, dice Duhau (1998), con la perspectiva turneriana, pero entiende necesaria una adecuación de las políticas sociales a las prácticas de autoconstrucción de la vivienda, sobre todo en relación al acceso al suelo y el aprovisionamiento de infraestructura y servicios. Esta postura es asimilable a uno de los tipos de autoconstrucción asistida planteados por Pelli (1994) más arriba, quien considera que es posible cuestionar los criterios de la acción habitacional estatal a partir del otorgamiento de mayor participación a los usuarios en las decisiones de diagnóstico y resolución de los procesos de producción de vivienda. El aporte externo (financiero, técnico, legal) se diseña con el objetivo de alimentar la participación social en procesos de co-gestión del hábitat.

Este nuevo enfoque *democrático-autonomista* recupera el saber popular de los procesos de autoconstrucción esgrimido por miles de familias en los países latinoamericanos para resolver su problema de vivienda y reclama algún tipo de articulación con la política de vivienda (en términos de reconocimiento de esta práctica de producción de ciudad), sin embargo, no rescata la potencialidad del desarrollo organizativo en el control del completo proceso de producción de vivienda, pues si lo hace para la etapa constructiva de obra –mediante una práctica de autoconstrucción– no así para la etapa de diseño, de concepción, de producción y de asignación de la vivienda. Es decir que este enfoque recupera a la autoproducción como práctica de producción de vivienda para los sectores populares pero aún bajo el ala proteccionista de una asistencia técnica que configura procesos de co-gestión del hábitat, en detrimento de procesos autogestionarios del hábitat[65] (que también requieren de asistencia técnica y profesional, pero el rol protagónico del proceso de producción es exclusiva responsabilidad y obligación de los sectores populares afectados, en un rol de auténtica autonomía en la toma de decisiones).

A partir de las políticas promotoras de vivienda analizadas y este debate teórico de base, en este libro se debatirá con los distintos enfoques de producción de vivienda

---

[65] Es cierto que en los años de surgimiento de este enfoque las experiencias de autogestión de vivienda a escala regional aún eran incipientes. En la actualidad ya existe un cúmulo de experiencias desarrolladas (en Argentina, Uruguay, Brasil, Venezuela, Chile, entre otros) que permiten conceptualizar a la autogestión como otra alternativa más en materia de producción de vivienda.

analizados, pues se pretende demostrar que procesos con plena participación social (procesos autogestionarios de vivienda desde un enfoque de integralidad) generan procesos de transformación de subjetividades y condiciones de vida que abonan a la gestación (lenta y con dificultades) de procesos de mayor integración social y posibilidad de acceso al derecho a la vivienda, al hábitat y a la ciudad.

3

La producción autogestionaria en el Programa de Autogestión para la Vivienda

En este capítulo se reconstruyen las características y lineamientos generales que asumió el Programa de Autogestión para la Vivienda (PAV) reglamentado por las leyes 341/00 y 964/02. En primer lugar, se repasan las características que asumió el PAV a lo largo de su ciclo de implementación y el modo en que este diseño institucional moldeó la producción autogestionaria. Para ello se analizan los cambios formales que se introdujeron a la norma durante las distintas gestiones de gobierno que la ejecutaron y se identifican los efectos de dichos cambios en relación con los procesos autogestionarios de producción habitacional. Asimismo, se presenta un análisis presupuestario del programa que permite dilucidar su peso dentro del conjunto de programas ofrecidos por el Estado local y se delinean las características de un nuevo actor social que introduce este programa: los equipos técnicos interdisciplinarios.

En segundo lugar, se analiza el universo de organizaciones sociales que integran el programa, identificando el entramado de cooperativas y movimientos intervinientes en los procesos de implementación; a su vez, se reconstruye el estado de avance de la producción autogestionaria involucrada en el PAV y se identifican los proyectos seleccionados para el análisis del presente libro.

3.1 Características y lineamientos generales del programa

El Programa de Autogestión para la Vivienda se caracteriza por ser una intervención indirecta del Estado local a través del financiamiento a la demanda, otorgando créditos altamente subsidiados con recursos provenientes del presupuesto del Gobierno de la Ciudad de Buenos Aires (GCBA) destinados a sectores de bajos ingresos organizados en cooperativas de vivienda u otras formas de asociación.

La Ley N°341, que norma el funcionamiento y lineamientos del PAV, se sancionó en el año 2000[66] y nació en respuesta a intereses de organizaciones sociales vinculadas a la problemática del hábitat, como el Movimiento de Ocupantes e Inquilinos (MOI), la Mutual de Desalojados de La Boca, con el acompañamiento de organizaciones como el Comedor Los Pibes, los Delegados de la ExAu3 y otras organizaciones socio-territoriales.

Rastreando los antecedentes de la Ley 341, es posible identificar cuatro fenómenos históricos que permitieron su concepción: i) el proceso de autonomización de la CABA y el rol de las organizaciones vinculadas al hábitat en la redacción del artículo 17[67] y, particularmente, 31[68] de la

---

66 Publicada en Boletín Oficial de la Ciudad de Buenos Aires n° 928, de fecha 24 de abril de 2000.

67 "Artículo 17.- La Ciudad desarrolla políticas sociales coordinadas para superar las condiciones de pobreza y exclusión mediante recursos presupuestarios, técnicos y humanos. Asiste a las personas con necesidades básicas insatisfechas y promueve el acceso a los servicios públicos para los que tienen menores posibilidades" (Constitución de la Ciudad Autónoma de Buenos Aires).

68 "Artículo 31. – La ciudad reconoce el derecho a una vivienda digna y a un hábitat adecuado. Para ello: 1. Resuelve progresivamente el déficit habitacional, de infraestructura y servicios, dando prioridad a las personas de los sectores de pobreza crítica y con necesidades especiales de escasos recursos. 2. Auspicia la incorporación de los inmuebles ociosos, promueve los planes autogestionados, la integración urbanística y social de los pobladores marginados, la recuperación de las viviendas precarias y la regularización dominial y catastral, con criterios de radicación definitiva. 3. Regula los estableci-

Constitución Autónoma de Buenos Aires, que establecieron la obligación de los poderes del Estado local de implementar políticas públicas para superar las condiciones de pobreza y exclusión, reconociendo el derecho a una vivienda digna y a un hábitat adecuado para todos los porteños y mencionando de manera explícita la necesidad de promocionar planes de autogestión del hábitat; ii) una problemática habitacional que alcanzaba a unas 400.000 personas en la CABA (un escenario de conflictos habitacionales en edificios ocupados, inquilinatos, conventillos y hoteles, en particular aquellos subsidiados por el gobierno local en el marco de sus políticas de atención a la emergencia habitacional) que generaron el estallido de la crisis habitacional local en el contexto de la crisis general de 2001 y el papel que jugaron las organizaciones de base en este proceso; iii) la institucionalización de un conjunto de prácticas por parte de organizaciones sociales que fueron legitimándose por los resultados y las necesidades que cubrían; y iv) el rol de la nueva Legislatura porteña a partir de la apertura institucional a la participación de organizaciones sociales en la formulación de proyectos de leyes que resolvieran de manera urgente la grave crisis habitacional del momento y que pretendía despegarse del antiguo perfil del Concejo Deliberante de la Ciudad (Zapata, 2012a).

Hacia el año 2002 se sancionó la Ley N°964[69] ampliatoria de la anterior, pero sin el sostén participativo que la había originado. A partir de ambas normativas se constituyó la reglamentación de la ley (que se analiza más abajo) con la cual se inició la etapa de ejecución de obras en la ex CMV y actual IVC.

---

mientos que brindan alojamiento temporario, cuidando excluir los que encubran locaciones" (Constitución de la Ciudad Autónoma de Buenos Aires).

[69] Esta Ley fue sancionada el 5 de diciembre de 2002; promulgada el 30 de diciembre de 2002 y publicada en Boletín Oficial de la Ciudad de Buenos Aires n°1606, el 10 de enero de 2003.

Según las políticas de vivienda desarrolladas en el capítulo anterior, el programa se inscribió en la segunda generación y tiene como objetivo facilitar el acceso a la vivienda –de uso exclusivo y permanente– a hogares de escasos recursos en situación crítica habitacional de la CABA. La Ley 341 se desglosa en dos tipos de operatorias, una de créditos individuales para familias de bajos ingresos (canalizada mediante la producción de vivienda llave en mano) y otra colectiva, objeto de estudio de este libro, para organizaciones sociales verificables (como Cooperativas, Asociaciones Civiles, Mutuales, todas sin fines de lucro)[70], que permite el desarrollo de procesos autogestionarios de producción de vivienda, colocando la administración del recurso financiero y las decisiones proyectuales para la ejecución habitacional en manos de las organizaciones sociales.

El programa consiste en el otorgamiento de créditos totales o parciales con garantía hipotecaria para la compra de un inmueble (terreno o edificio), la construcción de viviendas (incluidas obras de reciclaje, rehabilitación, ampliación o mejoras) y la contratación de un equipo técnico/profesional de asesoramiento. Una de las características sobresalientes del mismo es que financia, además de la construcción de viviendas, la compra del inmueble, configurando a las organizaciones como actores activos en la elección de la localización y habilitando la posibilidad de acceso a la centralidad urbana, una innovación para los programas habitacionales de acceso a la vivienda para sectores

---

[70] Como antecedente directo de la Ley 341 hay que mencionar la Resolución 525/SS/97 de la CMV que instrumentaba el otorgamiento de créditos con garantía hipotecaria para la compra de viviendas usadas económicas, construcción, ampliación y refacción de unidades habitacionales para familias de recursos limitados y en situación de emergencia habitacional, en forma individual o mancomunada. En el año 2000, por intermedio de la Resolución 1028/SS/00, la CMV suspendió la operatoria por insuficiencia de recursos presupuestarios; aduciendo que la demanda había superado ampliamente la partida presupuestaria asignada para cumplir las metas propuestas. Posteriormente, la operatoria de créditos con garantía hipotecaria fue cerrada.

populares. Además, el programa contempla la financiación del pago de honorarios a profesionales que conformen un equipo técnico interdisciplinario (ETI) –formado por un área arquitectura, una social, una contable y una legal– para asesorar y acompañar a las organizaciones sociales a lo largo de todo el proceso constructivo. Mediante la utilización de estos recursos estatales, las organizaciones sociales despliegan estrategias autogestivas de diversas características para la construcción de sus viviendas, ya sea en la búsqueda y elección de los inmuebles donde concretan sus proyectos, la decisión del modelo de ejecución de las obras (implementando en algunos pocos casos modelos autogestionarios mediante cooperativas de trabajo o empresas autogestionarias, o bien contratando pequeñas empresas constructoras, desplegando estrategias de autoconstrucción en algunas etapas y casos o, en otros, modalidades de ayuda mutua, colectiva y organizada, como parte de la producción autogestionaria), la intervención en el control de las obras y, por último, en el uso y mantenimiento de los conjuntos de viviendas finalizados. Otra de las particularidades de la ley es que concibe a organizaciones socio-territoriales como sujetos de crédito con garantía hipotecaria, uno de los principios que defendían las organizaciones sociales, y también, por primera vez, las reconoce como sujetos ejecutores de una política pública.

Por otra parte, la norma estipula, en cuanto a la población destinataria, que sus ingresos mensuales no superen la línea de pobreza y se encuentren en situación verificable de vulnerabilidad habitacional y/o en circunstancias sociales sensibles tales como: pérdida de vivienda a causa de siniestro; desalojo con sentencia judicial; estado de salud de alguno de los integrantes del grupo familiar que requiera el cambio de las características de la vivienda; situaciones de violencia familiar comprobada; que habiten en inmuebles afectados a obra pública; familias enmarcadas en procesos de organización colectiva verificables; grupo familiar mono-parental con hijos menores de edad; ser ex soldados conscriptos de las Islas Malvinas del Atlántico Sur; entre otras. La norma entonces pauta una especial tutela para aquellos hogares con alguna situación de vulnerabilidad habitacional, social y/o económica. Esta previsión legislativa se corresponde con lo dispuesto por el artículo 17 de la Constitución de la Ciudad Autónoma de Buenos Aires citado anteriormente.

Por otra parte, en relación a la amortización de las cuotas del crédito a devolver (inicialmente de $42.000 por grupo familiar[71]), se estableció como condición básica que la cuota tope a pagar por los solicitantes no debe superar el 20% del ingreso total del hogar, siendo el resto subsidiado. La cancelación del crédito hipotecario se efectúa en 360 cuotas mensuales, iguales y consecutivas, con un interés de entre el 0 y el 4% anual.

Otro de los hitos progresistas del programa que marcaron un punto de inflexión en la implementación de políticas orientadas a la provisión de vivienda, tiene que ver con que la ley contempla la participación de los adjudicatarios en el diseño, implementación y evaluación del programa (mediante reuniones periódicas con funcionarios del gobierno local y su participación en la Comisión de Control, Evaluación y Seguimiento –CCES–), como en el diseño de sus viviendas y su ejecución constructiva, siendo controladores de la construcción de sus propias obras. Una vez finalizadas las viviendas, son ellos los que determinan las adjudicaciones en el marco de los criterios establecidos por la ley.

Ahora bien, no obstante la modalidad colectiva del programa fue implementada intensamente en los primeros años (entre los años 2002 y 2006), con posterioridad el programa se fue cerrado a la incorporación de nuevas

---

[71] Este monto crediticio se fue actualizando a lo largo de la implementación del programa debido al progresivo avance inflacionario que sufrió el país durante estos años y a las modificaciones de las normativas edilicias vigentes. A diciembre de 2013, el monto asignado al grupo familiar fue de $320.000.

cooperativas, limitándose a finalizar las obras ya iniciadas. Este cerrojo al programa expresó los límites que el sistema político y la institucionalidad pública fijaron a las experiencias de autogestión del hábitat en la ciudad. Cada gestión de gobierno[72] que estuvo a cargo de la implementación del PAV en el IVC construyó distintas concepciones acerca de la *autogestión*, el *hábitat adecuado* para los sectores populares y, principalmente, qué es y para quién es la ciudad. En base a estas concepciones y las relaciones que se tejieron desde el ejecutivo local con el sector tradicional del sistema de vivienda, cada gestión construyó distintos vínculos con las organizaciones sociales que participaron del programa.

Estas apropiaciones de cada gestión, se operacionalizaron en la práctica de implementación del programa mediante la recurrente reorientación normativa de las resoluciones que normaron la Ley 341 y mediante una utilización discrecional del presupuesto destinado al programa.

3.1.1 Obstáculos a la gestión autogestionaria: un análisis normativo

Las distintas gestiones de gobierno que estuvieron a cargo de la implementación del PAV sancionaron actas directivas que modificaron la norma original, poniendo límites a la participación social desplegada por las organizaciones sociales y reconociendo o restringiendo los niveles de autonomía de las cooperativas en el proceso de ejecución de sus proyectos.

Cuando en el año 2000 se sanciona la Ley 341, el Subsecretario de la ex Comisión de la Vivienda, Eduardo Jozami, convocó a un espectro amplio de organizaciones a la

---

72 Presidencias del IVC: 2000-2002, Eduardo Jozami y 2002-2006, Ernesto *Selzer* (Jefatura de Aníbal Ibarra). 2006-2007, Claudio Freidín (Jefatura de Jorge Telerman). 2007-2010, Roberto Apelbaum; 2010-2011, Omar Abboud (2011-2012) y Emilio Basavilbaso (2012-hasta la actualidad) (Jefatura de Mauricio Macri). Todas estas gestiones son referenciadas en el texto por el apellido de su presidente.

participación en una mesa de trabajo que tenía por objetivo la discusión de la reglamentación de la ley que daría origen al PAV. Pero en el marco de una fuerte disputa por el monopolio de la producción de vivienda por parte de los tradicionales actores del sistema, este proceso fue interrumpido abruptamente con la expulsión de Jozami del nivel ejecutivo de gobierno en marzo de 2002. El nuevo presidente del IVC, el Ing. Selzer, buscaba acotar la participación social desplegada por las organizaciones sociales en defensa del programa mediante la sanción del Acta Directiva nº1647 de 2003, la cual fue sancionada con acotada participación formal de las organizaciones de base, pero habilitaba los canales legales para la ejecución del programa. La misma estableció la documentación a presentar por los destinatarios, los montos máximos de las cuotas del crédito, los criterios de actualización de los montos del crédito y la obligatoriedad por parte de las organizaciones de contratar equipos profesionales y/o técnicos interdisciplinarios con los que pauten un programa de asistencia técnica con definición de metas (Rodríguez M. C., 2006; Szajnberg, Mann, & Arias, 2005). Esta reglamentación continuó en vigencia hasta octubre de 2006, fecha en la que otra nueva gestión de gobierno, del Arq. Freidín, dictó el Acta Directiva nº2204/06, con la que adecuó el PAV a su lectura del déficit habitacional local, la respuesta que debía dar el IVC en esa dirección y el rol de este organismo en ese proceso (acotando significativamente el espíritu originario de la ley, a la cual se le atribuía un amplio margen de autonomía a las organizaciones sociales). En este sentido, modificó la denominación del programa, pasando a llamarse "Programa de Autogestión para el Desarrollo del Hábitat Popular" (PADHP). Del mismo modo, presentó un nuevo flujograma procedimental y una nueva estructura organizativa para su ejecución, modificando la jurisdicción de la que dependía (pasó de la Subsecretaría de Vivienda de la CMV a la Gerencia de Programas de Vivienda del IVC); y suprimió el carácter obligatorio de los talleres formativos introductorios para cooperativistas, estableciendo que la entidad que lo deseara podía solicitarlo (no obstante, los talleres cambiaron de perfil ya que no se dirigían a la capacitación en autogestión, sino que se orientaban al fortalecimiento institucional en materia de gestión y cooperativismo). Además, esta acta directiva estipuló que los inmuebles se compraran a nombre del IVC y que los honorarios profesionales debían ser abonados directamente por este organismo (ya no se les daba un crédito a las organizaciones sociales para la compra del terreno, la construcción de la obra y el pago de honorarios, sino que se les brindaba una asistencia financiera sólo para la construcción de la obra). Estos cambios impactaron en el grado de autonomía que habían conquistado las organizaciones sociales para decidir sobre sus proyectos constructivos y sociales, para elegir a los profesionales con los que querían trabajar y para, por ejemplo, ingresar libremente a sus terrenos, pues dejaron de ser sus dueños (podían hacerlo con una autorización del IVC).

Sin embargo, durante la gestión del nuevo presidente del IVC, el Ing. Apelbaum, se normó el Acta Directiva n°2350/08, que volvió hacia atrás con algunas de las modificaciones implementadas por las pautas de los años 2006 y 2007. Esta marcha atrás normativa no se debió a cierta afinidad del nuevo presidente del IVC con las organizaciones sociales y la autogestión, pues Apelbaum no tenía el más mínimo vínculo con el entramado de organizaciones orientadas al hábitat que venían trabajando/luchando desde años por el derecho a la vivienda y la ciudad[73], sino que buscaba desentrañar un entramado de resistencia pergeñado por las organizaciones sociales, pues no estaba en sus planes la promoción de la ejecución de este programa, sino, por el contrario, impulsó la paralización de casi todas las obras en curso.

---

[73] Apelbaum llegó a la gestión pública desde el grupo IRSA y el Banco Hipotecario de la ciudad, con un perfil profesional notoriamente orientado hacia la especulación inmobiliaria.

En este sentido, la norma recuperó la nominación original del programa, reglamentó un nuevo procedimiento tendiente a reordenar los circuitos administrativos de las etapas previstas en los proyectos y la jurisdicción de la que dependía (pasó de la Gerencia de Programas de Vivienda a la Gerencia de Créditos del IVC), se restableció la participación obligatoria de las organizaciones en los talleres introductorios de autogestión (recuperando su perfil original) coordinados por el área social del programa. Además, las organizaciones recuperaron la potestad de selección de los profesionales de los ETI, volvieron a ser depositarias del monto correspondiente a los honorarios de los profesionales (volviendo a estar incorporados al crédito), se actualizó el monto de los créditos a otorgar, la escrituración de los terrenos y el crédito hipotecario para la adquisición del mismo volvieron a nombre de las organizaciones sociales, a su vez, se volvió a incorporar y solicitar la presentación del proyecto social a desarrollar por parte de cada organización para la adjudicación del crédito. Empero, como se dijo, esta nueva normativa tuvo poco impacto en la práctica de implementación del programa, ya que desde el 2006 no se aceptaron nuevas incorporaciones y no hubo nuevas cooperativas que pasaran por estas instancias. Por su parte, las cooperativas que ya estaban inscriptas, en gran parte, quedaron afectadas por las normativas anteriores.

Todas estas actas reglamentarias fueron alterando el espíritu original de la norma y se construyeron y sancionaron sin la participación de las organizaciones sociales vinculadas con la ejecución del programa (como sí había ocurrido con la sanción de la ley 341 en la que la participación cumplió un rol activo fundamental), alejándose de la experiencia, necesidades y dificultades propias de esta modalidad de ejecución posibilitada por dicho marco normativo. Sobre esta cuestión de la participación se profundizará en los próximos capítulos de análisis.

3.1.2 Obstáculos a la gestión autogestionaria: un análisis del flujo presupuestario

En relación con la utilización del presupuesto, según información aportada por el IVC, el monto total de los créditos asignados a las 110 organizaciones sociales adjudicatarias hasta el año 2007 sumó un total de $107.805.400,10, de los cuales el 21,8% correspondió al precio del suelo adquirido. La financiación del programa, hasta el 2007, recolectaba fondos de cuatro fuentes de financiamiento: de la asignación de fondos del FONAVI, fondos específicos de programas habitacionales del presupuesto porteño, fondos provenientes al Plan Federal de jurisdicción nacional y el Fondo de Infraestructura Social (FOISO)[74]. En la actualidad, sólo se abastece del Programa Federal de Construcción de Viviendas (PFCV) (al igual que toda la política de vivienda nueva ejecutada actualmente por el IVC) y en menor medida con fondos del presupuesto local. El presupuesto destinado anualmente evidenció los distintos momentos que atravesó el programa:

---

[74] El FOISO, que fue aprobado por la Ley 2570 en diciembre de 2007, tiene por objeto ser el vehículo de financiación de obras de infraestructura social que la Ciudad de Buenos Aires requiere y que fueron definidas en el Anexo de esa Ley. Esta misma norma determinó que el FOISO esté integrado por una suma no mayor a los $1.604.232.814, constituida con recursos provenientes de operaciones de Crédito Público. El consorcio que financiará esa suma estará conformado por Barclays Capital Inc., Citigroup Global Markets Inc. y Banco Macro SA. El destino de este Fondo será aplicado de la siguiente manera: 25,17% para el Ministerio de Ambiente y Espacio Público ($ 403.874.215); 24,20% para el Ministerio de Educación ($ 388.340.000); 22,45% para el Ministerio de Desarrollo Urbano ($ 360.212.198); 14,78% para Salud ($ 237.215.000); 8,93% para el área de Cultura ($ 143.322.648), y 4,44% para Desarrollo Social ($ 71.268.753). Al día de la fecha, este fondo aún no recibió financiamiento.

Tabla 1: Evolución del presupuesto del PAV en relación al del IVC. CABA.
2000-2014

Año	Presupuesto IVC -$-	Presupuesto PAV -$-	% Total PAV del IVC	Presupuesto PAV Ejecutado -$-	% Ejecutado
2000	s/d	6.320.986	s/d	4.982.884	78,83
2001	s/d	4.200.000	s/d	3.133.379	74,60
2002	s/d	1.847.134	s/d	1.847.134	100,00
2003	s/d	23.643.882	s/d	11.999.008	50,75
2004	s/d	35.425.096	s/d	23.203.437	65,50
2005	304.568.035	37.119.680	12,19	18.681.951	50,33
2006	379.681.093	52.797.021	13,91	29.932.597	56,69
2007	333.254.385	25.110.635	7,53	16.486.820	65,66
2008	478.425.710	35.853.829	7,49	28.324.524	79,00
2009	519.635.601	76.314.491	14,69	37.699.358	49,40
2010	409.488.393	68.190.000	16,65	40.027.530	58,70
2011	735.131.165	154.964.684	21,08	92.194.180	59,49
2012	769.689.875	118.910.129	15,45	79.410.947	66,78
2013	798.237.415	91.937.798	11,52	70.831.387	77,04
2014	1.021.054.429	116.029.626	11,36	96.846.217	83,46

Fuente: Elaboración propia en base a datos aportados por las Leyes de Presupuesto 2000-2014 e informes de ejecución presupuestaria de la Dirección General de Contaduría del Ministerio de Hacienda del GCABA.

De la lectura del cuadro precedente se desprende que en el primer año de ejecución de la Ley 341, durante la gestión "Jozami", se le reasignó de otros programas una partida presupuestaria de más de 6 millones de pesos para la compra de los primeros inmuebles. Ante las resistencias de los actores tradicionales del sector de vivienda, la asignación presupuestaria fue decreciendo hasta el desplazamiento de Jozami de su cargo.

En el año 2003, con nueva presidente a cargo de la CMV, la sanción de la reglamentación de la Ley 341 estimuló una etapa de asignaciones presupuestarias anuales ascendentes que se destinaron al inicio de obras y la compra de más inmuebles para las cooperativas. Recién a partir de este año el programa comenzó a tener partidas presupuestarias asignadas por la Ley de presupuesto. Para este período, el aumento presupuestario fue de 1283.5% con relación al año previo (paso de casi $2 millones de pesos a casi $24 millones). Desde ese año hasta el 2006 se registraron aumentos progresivos en su asignación. Si bien es cierto que el nuevo subsecretario de la CMV, ex gerente de AUSA (autopistas concesionadas) provenía de la gerencia general de empresas constructoras (con una visión negativa de las formas de participación previstas por la Ley 341 que consideraba asociada a mecanismos neoliberales de privatización y debilitamiento del papel estatal), se encontró con un escenario político arrasado por la alta presión de organizaciones sociales en reclamo de la ejecución del PAV, que venían de la gestión anterior con una impronta participativa muy fuerte y con una inicial práctica autogestiva exitosa en algunas cooperativas que ya habían logrado comprar terrenos de muy buena ubicación en la ciudad (en un momento histórico en el que el precio de la tierra en la ciudad era muy accesible) y eran un ejemplo estimulante para el resto del movimiento cooperativo en nacimiento. Esto llevó a que los años de esta gestión de gobierno se configuren como los más activos –en términos de resultados– del ciclo de vida del programa. Este punto también se analizará más adelante.

Pero a partir del año 2007, en coincidencia con una nueva gestión de gobierno de corte definidamente neoliberal, se verificó un retroceso importante en materia presupuestaria, ya que percibió una caída del –47.5%. Si bien en 2008 se recuperó en términos absolutos, el monto de 2006 no alcanzó. En el año 2008, la tendencia llamativamente se revirtió, ya que los montos asignados al PAV fueron en aumento (por ejemplo, en 2009, el aumento fue del 112%). Pero el año 2009 verificó que, si bien el presupuesto del PAV fue notoriamente mayor que el de los años anteriores, fue menor en términos relativos con respeto al presupuesto total del IVC. En 2010, el presupuesto destinado al IVC descendió un 21%, ya que de un monto de $519.635.601 asignados en 2009, se redujo a $409.488.393. Algo similar pasó con el PAV, que también registró una caída significativa en su asignación presupuestaría en términos absolutos. No obstante, el PAV aumento su participación relativa en el presupuesto del IVC. Pues mientras en 2009 el PAV aglutinaba más del 14% del presupuesto del IVC –una cifra poco desdeñable para proyectos autogestionarios–, en 2010 representó más del 16%, repercutiendo fuertemente en el desarrollo del programa. No obstante, las diversas asignaciones presupuestarias, una de las características de la intervención macrista –inaugurada en esta etapa– fue la adopción de arbitrarios niveles de sub-ejecución del presupuesto asignado como modalidad de gestión. En este sentido, en lo que respecta al presupuesto destinado a los créditos para viviendas autogestivas, a partir del año 2009 se verificó un descenso importante de ejecución, ya que se registró un valor equivalente a 49.4% –justo el año en el que se le asignó el mayor presupuesto histórico al programa, sucedió la sub-ejecución presupuestaria más baja de la serie y del ciclo de vida del PAV–. En el año 2010 el IVC solamente ejecutó el 58.7% del total anual presupuestario, que si bien mejoró la tendencia, generó, en consecuencia, la paralización total del programa. Pero estas variaciones hay que leerlas en clave política. En estos años, el responsable de la implementación del programa fue el Ing. Apelbaum, que, como ya se dijo, sin ningún tipo de afinidad con el modo de producción que impulsa el PAV, apuntó hacia el vaciamiento económico del programa y la desarticulación del movimiento de cooperativas mediante una estrategia de desgaste. Pues si bien las

asignaciones presupuestarias se definen en el marco legislativo tras fuertes trabajos de articulación y movilizaciones
del sector cooperativo, la ejecución de los fondos se define
a nivel ejecutivo de gobierno, en manos de una gestión que
paralizó gran parte de las obras en curso.

Esta tendencia llamativamente se revirtió en el año
2011, pues el presupuesto asignado al IVC y al PAV se incre-
mentó a más del doble, representando el PAV el 21% del
presupuesto destinado a vivienda, y un aumento del 130%
con respecto al año anterior. En términos absolutos, se ejecutó más del doble que el año anterior, pero en términos
relativos esta mejoría casi es imperceptible (se ejecutó el
59.5%) debido a que el presupuesto destinado a vivienda en
general para ese año fue muy alto. Este aumento significativo sólo se explica por la simpatía que encontró el presidente
del IVC, Omar Abboud[75], en este tipo de operatorias y la
recepción de la Legislatura porteña a su proyecto de gestión. Sin embargo, este presidente fue desplazado de su cargo por decisión del ejecutivo local. Su sucesor, Emilio Basavilbaso, de fuerte perfil progresista y empresarial, encontró
en el PAV conceptos que, desde su *espertise,* le permitían
rápidas posibilidades de demostración de gestión (gran parte de las obras del PAV se encontraban en significativo nivel
de avance) demostrando eficacia, eficiencia y calidad. En
este sentido, a partir de 2012 se verificó que, si bien las partidas destinadas al IVC fueron progresiva y constantemente
en aumento, las correspondientes al PAV fueron variables,
registrándose un aumento en 2012 pero un retroceso en
el 2013, con una tendencia a la recuperación en los dos
años siguientes. En términos del presupuesto ejecutado del

---

[75] Hasta ese momento Abboud se desempeñaba como director de la Corpora-
ción Buenos Aires Sur, donde trabajó para llevar adelante obras en villas y
era conocedor del entramado de organizaciones sociales de la Ciudad de
Buenos Aires. Fue ex ministro de Desarrollo Social durante la gestión local
de Jorge Telerman, cuando Gabriela Cerruti abandonó esa cartera y, además, subsecretario de Gestión social y comunitaria, también se desempeñó
anteriormente como Director general de Economía Social.

PAV, lo que se verificó en el periodo 2012-2014 fue una mejoría en relación a los años anteriores (alcanzando un pico de ejecución en el año 2013 de casi 84%). El hecho de que en los últimos años el PAV haya sido el único programa de vivienda nueva ejecutado en el marco del IVC explica esta situación.

Entonces, retomando los conceptos de Oszlak y O'Donnel (1981) citados anteriormente, por el modo en que intervine una gestión de gobierno, ya sea por acción u omisión de acciones, se puede inferir una determinada direccionalidad otorgada a la implementación del programa. Un determinado cauce normativo o la definición discrecional de asignaciones presupuestarias sostienen en la práctica de la implementación esa cierta direccionalidad que se le fue asignando al PAV. Consecuentemente, la definición que cada gestión hizo del programa (y por ende de la autogestión) tuvo impactos en el curso de los procesos sociales hasta entonces desarrollados. El ciclo de vida del PAV resulta un ejemplo de que la posición del Estado ante una determinada cuestión social no necesariamente es unívoca, homogénea ni permanente.

3.1.3 Los Equipos Técnicos Interdisciplinarios y la autogestión

A diferencia de las experiencias llave en mano, en los procesos autogestionarios de producción de vivienda desarrollados por el PAV, los profesionales responsables de acompañar la ejecución de cada proyecto no son los mismos del IVC, sino que deben ser elegidos y contratados por cada una de las cooperativas que lleva adelante los proyectos constructivos.

Tal como se mencionó, la primera reglamentación del programa exigió la conformación de ETIs y abrió un Registro de Profesionales para tal fin. Los ETIs debían acompañar a las organizaciones sociales en cada una de las etapas comprendidas entre la consolidación de la pre-entidad y la finalización de las obras, incluyendo la búsqueda del inmueble a adquirir, la elaboración del proyecto constructivo, la propuesta social, el acompañamiento de la solicitud del crédito ante el instituto y la dirección de la obra a realizar.

Los ETI debían estar conformados por:

- Un <u>área arquitectónica</u>, con arquitectos, a cargo del proyecto de construcción de las viviendas, la búsqueda y compra del inmueble, la elaboración de los planos, la gestión para la aprobación de planos, la dirección y supervisión de la obra (según la metodología de construcción seleccionada), entre otras tareas.
- Un <u>área social</u> con profesionales sociólogos o trabajadores sociales cuyo objetivo era estimular la consolidación de la cooperativa como grupo social, a través de la realización de talleres de capacitación y/o actividades de discusión en materia de autogestión, cooperativismo y participación. También debían confeccionar un proyecto social en el que se expusiera un plan de trabajo con la cooperativa en las distintas etapas de implementación del proyecto y realizar informes de seguimiento (que debían ser presentados en el IVC).
- Un <u>área contable</u>, conformada por contadores que asesoraran el seguimiento crediticio de los proyectos y el control de gastos de la organización.
- Un <u>área legal</u>, en donde abogados asesoraran a cada organización social en todo lo relativo a la normativa y las cuestiones legales de implementación del programa.

En el Registro de Profesionales se inscribieron, en el ciclo de vida del programa, alrededor de cincuenta agrupamientos con características muy heterogéneas. Se inscribieron ETIs integrados a estructuras partidarias donde predominaba una inserción militante (por ejemplo el Polo Obrero); ETIs conformados por profesionales integrantes de movimientos sociopolíticos de base territorial combinando inserción de tipo militante y profesional (como es el caso del MOI o el Comedor Los Pibes); ETIs con perfil técnico y con orientación laboral/mercantil (Zurdo y Pffeifer); y ETIs "independientes" o "autónomos" pero vinculados con estrategias de construcción socio-política mediante profesionales insertos activamente en la Universidad Pública, que desarrollaron un perfil profesionalista (como es el caso de Dolmen, Nexus, Habitar, Frangella, Sorín, entre otros).

En cuanto a la selección de los ETIs por parte de las organizaciones, las cooperativas que formaron parte de movimientos sociales de base territorial o respondían a estructuras partidarias más amplias contaron con ETIs propios (de la organización, el movimiento o el partido), como fue el caso, por ejemplo, de las cooperativas del MOI o del Polo Obrero (cuyos profesionales, estaban inscriptos en los listados de la CMV-IVC). La Cooperativa EMETELE del MTL, por su parte, fue respaldada por un gran estudio de arquitectura (que a su vez contaba con los otros profesionales requeridos por el programa) como ETI. En lo que se refiere a las cooperativas independientes, muchas de ellas también compartieron ETIs inscriptos en los listados de la CMV-IVC. Este fue el caso de las cooperativas María del Rosario, Independencia, Asamblea 1° de Mayo, Buscando Espacios, El Propósito, Crecer, El Obelisco, Esperanza, Pro-vivienda Congreso y El Segundo Propósito, que contrataron a NEXUS. Por su parte, la Asociación Civil DOLMEN trabajó con seis cooperativas de vivienda, entre ellas la Cooperativa Octubre y La Lechería, y Habitar asesoró a las Cooperativas Flores, 20 de diciembre y Volver a Empezar. Finalmente, hubo cooperativas que llevaron sus proyectos con profesionales contratados de forma absolutamente azarosa. Al consultar a los entrevistados socios de cooperativas sobre la elección de los ETIs, muchos de ellos comentaron que en los pasillos de la CMV-IVC se generó una transmisión de información entre las organizaciones en relación a la trayectoria de los distintos ETIs y las distintas experiencias que fueron teniendo con ellos. Esta "información de pasillo" permitió a las pre-entidades realizar una elección más consciente de los profesionales del registro.

Ahora bien, la intervención específica de los ETIs en la práctica se topó con varios obstáculos, pues en muchos casos, como se verá más adelante, estos equipos se encontraron, por co-gestión o directa delegación de las cooperativas, siendo los actores primarios de los procesos productivos, asumiendo altos niveles de responsabilidad. Una socióloga, integrante de uno de los ETIs consultados decía: "El IVC se deslinda de toda responsabilidad y se la pasa al grupo de profesionales que se hace cargo de la cooperativa, asumiendo una responsabilidad altísima y cobrando nada" (Entrevista I. CABA. Agosto 2010).

Tampoco existió un soporte o ámbito de formación específico y sistemático en autogestión para los profesionales que acompañaron la promoción del cooperativismo autogestionario. Si bien durante los primeros años de implementación del programa se organizaron algunas charlas vinculadas a la presentación del programa y el rol de los ETI, estas no estuvieron orientadas a la formación de los profesionales en la práctica autogestionaria y no quedaron reglamentadas en la norma ni en ninguna de las actas reglamentarias, por lo que con el primer cambio de gestión que sufrió el programa, estas instancias incipientes se desarticularon. Estos espacios de formación cobran especial significancia en procesos de real práctica autogestionaria, pues los mismos deben ser capacitados para detectar e identificar patrones culturales alternativos a los propios y necesidades habitacionales ajenas en procesos de prácticas participativas donde los protagonistas del acto de diseñar no son los técnicos profesionales, sino los usuarios de las viviendas (Pelli V. S., 2010). También se trabajará más adelante sobre este aspecto de los ETI.

Por otra parte, algo interesante a remarcar, que se retoma de Rodríguez (2006) y que surgió en el trabajo de campo de la investigación, fue la relación de "poder y jerarquía" que se dio entre los campos disciplinarios, con el predominio de una disciplina sobre otra en el marco de una resignificación del programa en una lógica mercantil realizada por el IVC. En este sentido, hubo áreas de conocimiento más inscriptas en las prácticas del mercado, como lo fueron (y los son) la arquitectura, la contaduría y la abogacía, que se tornaron dominantes, avanzando sobre la especificidad de los saberes del área social. Evitar esta lógica de funcionamiento hacia el interior de los ETIs fue una tarea incesante por parte de algunos de sus profesionales, pero que se vio entorpecida por el IVC mediante las diversas modificaciones reglamentarias, ya que con los cambios poco a poco se fue mermando la actividad del área social y se quitó la obligatoriedad de presentar al PAV el anteproyecto y proyecto social definitivo a desarrollar en las organizaciones. Esto significó una reconfiguración de las disciplinas y se colocó al asesoramiento arquitectónico y legal en posición "privilegiada" de interlocución con el IVC y las cooperativas, a la vez que el área social, asumió y se confirmó en un rol subordinado de acompañamiento (cuando en la práctica de conformación y consolidación de las cooperativas desempeña un rol fundamental).

Por último, para diciembre de 2014, estos ETIs funcionaban con los mismos obstáculos con los que funcionaba el programa y las organizaciones sociales. La falta de sostenimiento financiero de los proyectos y la dilación en el tiempo provocó la desarticulación de algunos de estos grupos de profesionales (ocasionándole a las organizaciones la necesidad de buscar nuevos ETIs). Muchos otros, por el rol activo que desempeñaron en las organizaciones, se convirtieron en los sostenedores prácticos y reales de la operatoria, con un apoyo simbólico muy fuerte hacia –y para– las mismas.

De todos modos, este programa autogestivo fue el puntapié inicial para que un conjunto de profesionales inicien una práctica concreta de acompañamiento a un conjunto incipiente de procesos cooperativos y autogestionario en la ciudad, un espacio de reflexión y teorización de esta práctica (en estado embrionario), la generación de procesos de diseño participativo y propuestas tipológicas de hábitat y vivienda alternativos y, en conjunto, un proceso de autoreconocimiento de su potencialidad en medio de las dificultades cotidianas en la implementación del programa.

3.2 Características del universo de cooperativas de vivienda de la Ciudad de Buenos Aires

Recuperando de manera actualizada datos producidos en Zapata (2012a) en base a información aportada por el IVC y la Comisión de la Vivienda de la Legislatura Porteña, el PAV cuenta con un total de 519 organizaciones sociales inscriptas que comprenden a 10.101 familias organizadas. De este universo de cooperativas –mayoritariamente– y asociaciones civiles –en menor medida–, 110 de ellas (que involucran a 2.484 familias) compraron terreno y/o inmuebles en la CABA, restando todavía 409 organizaciones (78,8% del universo) que aún no lograron adquirir suelo, y aún hoy algunas esperan.

En el grupo de las 110 cooperativas de vivienda y asociaciones civiles que adquirieron inmuebles, existen diversas situaciones que se pueden sub-agrupar (a modo analítico): a la fecha de cierre del relevamiento (diciembre 2014) eran 45 las organizaciones sociales que contaban con terreno ya comprado con fondos públicos del programa (que representan el 40,9% de este grupo) pero que aún no lograron iniciar sus obras (16 de estas organizaciones ya se encuentran listas en términos administrativos, a la espera de la llegada de los fondos); 40 organizaciones (36,6%) se encontraban con sus obras en construcción (involucrando a 870 familias porteñas), 25 organizaciones (casi el 23%) ya habían finalizado sus obras, 800 familias ya estaban habitando esas viviendas[76] y cuatro cooperativas ya habían escriturado sus viviendas de manera individual (74 familias ya estaban devolviendo el crédito prestado).

Tabla 2: Estado de avance del universo de proyectos del PAV. CABA. Diciembre 2014

PROGRAMA DE AUTOGESTIÓN DE VIVIENDAS – TOTALES		
ESTADO DE OBRAS	PROYECTOS	CANTIDAD DE VIVIEN-DAS
Obras terminadas*	25	800
Obras en ejecución	40	870
Obras a iniciarse	45	814
TOTAL	**110**	**2.484**
Inmuebles escriturados	110	2.484
Viviendas finalizadas escrituradas	4	74
Cooperativas inscriptas	519	10.101

*Coop. El Molino ya finalizó la 1° Etapa de su proyecto e inauguró 21 viviendas que hoy están habitadas. Estas viviendas están computadas en las obras finalizadas.
Fuente: Elaboración propia en base a información aportada por el IVC y la Comisión de Vivienda de la Legislatura de la Ciudad de Buenos Aires.

---

[76] Es importante señalar también que existen seis cooperativas de viviendas de la organización La Lechería que cuentan con un alto grado de avance en sus obras (por encima de un 90%). Al ser intervenida por la Justicia debido a irregularidades en el manejo de los fondos, sus familias adjudicatarias decidieron ocupar las viviendas de hecho. En esta situación se encuentran unas 93 familias que hoy están habitando viviendas en el barrio de Mataderos.

Una de las características que hacen particular a este programa es el perfil de los actores adjudicatarios. El PAV se orientó una población específica de la ciudad, vinculada a la situación de hotelados u ocupantes de inquilinatos. La mayoría de las organizaciones sociales que participan del programa están conformadas por personas en situación de vulnerabilidad social (muchas en situación de emergencia), con escasas posibilidades de acceso a la vivienda a través del mercado, y habitando en viviendas que tienen en común la informalidad de su régimen de tenencia. En general, sus integrantes pertenecen a sectores populares-trabajadores de la ciudad y, en pocos casos, de sectores de capas medias. Un ex director del PAV entrevistado comentaba sobre las características de la población destinataria:

> La población PAV es otra población. Hotelados, gente sin vivienda o con viviendas ocupadas o inquilinos. Por ejemplo Cooperativa 28 de Junio (que es parecida a Corralito, Caminito...), la gente es de la villa 1-11-14, vienen de comunidad boliviana y son diez familias, pero ellos son una excepción en el perfil poblacional del programa (Entrevista M. CABA. Septiembre 2010).

Los hitos de gestación de las organizaciones sociales que se conformaron en cooperativas de vivienda son diversos, pero a grandes rasgos se pueden agrupar en dos tipos de organizaciones: las organizaciones diseñadas "desde arriba" y las diseñadas "desde abajo" (Di Virgilio & Mendoza, 2003). En este sentido, existieron organizaciones sociales que se constituyeron como consecuencia de la convocatoria realizada por la ex-CMV-IVC hacia principio de siglo, a partir de la cual los vecinos en similar situación de precarización se organizaron y se conformaron en cooperativas de vivienda para ingresar al programa (Acha & Verón, 2006). Otras organizaciones se conformaron con adjudicatarios de la operatoria enmarada en la Resolución 525/97 (modificada por la resolución 282/98[77]), que fue desactivada hacia finales de la década del '90 (como es el caso de Cooperativa de Vivienda La Ribera), pasando automáticamente a estar amparados por el PAV. Estos sectores populares encontraron en este programa una posibilidad de acceso a la vivienda por lo que se constituyeron en cooperativas de manera intencional con el objetivo de lograr una acción inmediata[78] (Menéndez, 1998).

Por otro lado, existieron experiencias surgidas "desde abajo", a partir de grupos que suponen una amplia base de representación territorial, construcción y mantenimiento de algún tipo de organización y que, al mismo tiempo que elaboran sus demandas, van encontrando la manera de expresarlas y se van constituyendo como actores colectivos (Menéndez, 1998). Algunos nacieron como resultado o salida de las asambleas barriales fundadas tras el estallido de la crisis 2001 en la Argentina, otras surgieron en el marco de parroquias y comedores barriales, y otras como resultado de solidaridades entre profesionales o agentes por oficios.

---

[77] Esta operatoria destinada a la financiación directa de la demanda mediante créditos individuales o mancomunados dan respuesta a un proceso de movilización de sectores locales amenazados por desalojos iniciados por el proceso de renovación urbana en el barrio de La Boca. La resolución 282/98 es una ampliatoria de la 525/97, que extiende los montos de créditos a otorgar a cada beneficiario hasta 30 mil pesos e incorpora un componente de ahorro previo por un lapso mínimo de un año que totalice un monto superior al 7% del crédito solicitado.

[78] Cómo veremos en el próximo capítulo, la Mutual Esperanza implementa a escala territorial el Programa Recup-Boca.

Imagen 1: Foto de fachada externa de Coop. Asamblea 1° de Mayo (21 familias), Coop. Construyéndonos (21 familias) y Coop. Independencia (26 familias). CABA. 2013

Fuente: Relevamiento fotográfico elaborado por Kaya Lazarini y Cecilia Zapata.

Otras cooperativas nacieron a raíz de las experiencias de desalojos que sufrieron muchos de los habitantes de la zona sur de la CABA hacia fines de los años '90. Además, se conformaron cooperativas a razón de una nacionalidad compartida, como es el caso de Puka Llajta y Santa Rosa de Lima donde predominaron socios con nacionalidad peruana o Cooperativa 28 de Junio, donde prevalecieron socios bolivianos.

Imagen 2: Foto de fachada externa de Coop. Buscando Espacios (51 familias), Coop. La Positiva (32 familias). CABA. 2013

Fuente: Relevamiento fotográfico elaborado por Kaya Lazarini y Cecilia Zapata.

Se verá en los próximos capítulos cómo las características internas de cada organización impactaron en los distintos modos de ejercicio de la autogestión en la ejecución del programa, potenciando o no procesos más o menos autogestivos. Estas potencialidades estuvieron en estrecha relación con la historia de las organizaciones y la experiencia asociativa de las familias y/o vecinos que representan, y el modo en que se toman las decisiones y se definen al interior de las organizaciones las líneas de acción (Di Virgilio & Mendoza, 2003).

La mayoría de los grupos familiares que conformaron cooperativas de viviendas e ingresaron al programa compartían una misma trayectoria habitacional: haber transitado por alguna situación de modalidad de hábitat precario, ya sean hoteles, pensiones, inquilinatos y/o casas tomadas.

A la vez, dentro del programa existe un abanico de cooperativas de viviendas que se conformaron en el marco de organizaciones sociales más amplias, muchas de ellas fundadoras del programa, y además desempeñaron un rol en el escenario político de la CABA. Este es el caso de cooperativas que integran el MOI (Movimiento de Ocupantes e Inquilinos[79]), el MTL[80] (Movimiento Territorial de Liberación), la Federación de Cooperativas del Polo Obrero[81], el MVT (Movimiento por Vivienda y Trabajo[82]), Comedor Los Pibes, y otras.

Imagen 3: Foto de fachada interna de Coop. La Fábrica-MOI (49 familias) y de fachada externa de Coop. Comedor Los Pibes (33 familias). CABA. 2013

Fuente: Relevamiento fotográfico elaborado por Kaya Lazarini y Cecilia Zapata.

---

79 El MOI es una organización socio-territorial, de carácter sectorial, nacida a fines de los años 80 a partir de experiencias de organización de ocupaciones de edificios. Desarrolla proyectos de vivienda y hábitat popular mediante procesos colectivos, democráticos y participativos con eje en autogestión, propiedad colectiva, ayuda mutua e integralidad. Actualmente impulsa estas políticas con experiencias en seis provincias argentinas y en el marco de la Selvip, Red Latinoamericana de Hábitat, en otros países como Chile y Venezuela. Desde 1993 es parte de la Central de Trabajadores Argentina (CTA).

80 El MTL es una agrupación piquetera que en sus orígenes formaba parte del Bloque Piquetero Nacional, una de las organizaciones de trabajadores ocupados y desocupados más radicalizadas, políticamente ligada, por aquellos años, al Partido Comunista (PC) y que, con posterioridad, ingresa a la CTA. Su principal dirigente nacional, que jugó un rol clave en la ejecución del Complejo Monteagudo de la Coop. EMETELE, la obra de mayor escala de la Ley 341, fue luego secretario general de la CTA Capital entre 2010 y 2014.

81 La Federación de Coop. del Polo Obrero era una agrupación piquetera con filiación política al Partido Obrero (PO).

82 El MVT es una organización territorial conformada en el marco del reclamo por el correcto funcionamiento de la Ley n°341. Se encuentra conformada por organizaciones sociales beneficiarias de este programa que coinciden en que a partir de la solidaridad pueden lograr sus objetivos dentro del programa. No cuentan con filiación partidaria o política explícitamente definida.

En base al análisis de las 110 cooperativas que actualmente cuentan con terreno en la ciudad a razón del PAV, en el cuadro que se muestra a continuación se discriminan año por año distintos indicadores que permiten analizar la evolución del programa a lo largo de su ciclo de vida. En este sentido, lo que se verifica es de qué modo todos los indicadores crecen hasta el período 2004/06, donde se registraron los picos más altos y a partir del cual todos los indicadores transitan un decrecimiento. En los últimos dos años se registró una leve mejoría –que finalmente desaparece en la actualidad– en algunos de los indicadores, mostrando cierta recuperación del programa en algunos aspectos que más adelante se detallarán.

Gráfico 3: Evolución de indicadores de avance del PAV por año. 2000-2014

Evolución de los indicadores del PAV. 2000-2014

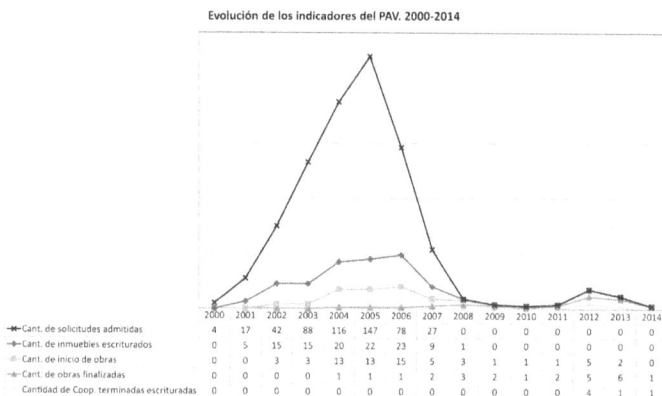

	2000	2001	2002	2003	2004	2005	2006	2007	2008	2009	2010	2011	2012	2013	2014
Cant. de solicitudes admitidas	4	17	42	88	116	147	78	27	0	0	0	0	0	0	0
Cant. de inmuebles escriturados	0	5	15	15	20	22	23	9	1	0	0	0	0	0	0
Cant. de inicio de obras	0	0	3	3	13	13	15	5	3	1	1	1	5	2	0
Cant. de obras finalizadas	0	0	0	0	1	1	1	2	3	2	1	2	5	6	1
Cantidad de Coop. terminadas escrituradas	0	0	0	0	0	0	0	0	0	0	0	0	4	1	1

Fuente: Actualización propia en base a Zapata (2012a).

Analizando la cantidad de solicitudes de ingreso al PAV, se ve que hasta el año 2005 aumentaron de manera sostenida, llegando a un pico en ese año de 147 solicitudes presentadas. A partir de entonces, la cantidad de solicitudes de ingreso comenzó a decrecer, hasta que en el año 2008 se dejaron de aceptar inscriptos nuevos (sí hubo numerosas solicitudes denegadas). Esta etapa de depresión coincidió con el período en el que los entrevistados ubicaron, en palabras de un funcionario del IVC, el "cierre del programa" y concordó con la definición política de ponerle un límite para establecer un *universo cerrado* de organizaciones sujetas al mismo. No obstante este límite, el alud de solicitudes por parte de las organizaciones sociales dio cuenta de la valorización que las personas con necesidades habitacionales realizaron del PAV a la hora de buscar una alternativa a su problemática de vivienda; al tiempo que también dio cuenta del limitado grado de cobertura que pudo dar el Estado a esta demanda real de créditos para autogestión (de las 519 solicitudes que hubo, la ex-CMV-IVC sólo dio respuesta al 21,2% de las organizaciones solicitantes).

En cuanto a los indicadores de inmuebles escriturados e inicios de obra, hasta 2006 los valores fueron en aumento, registrándose cierta constancia tanto en la compra de terrenos como en los inicios de obra entre los años 2002-2003 y, principalmente, 2004-2006 (año en el que se cierran las inscripciones). En el año 2007, con la llegada al IVC de una nueva gestión de gobierno de definición claramente neoliberal, se acentuó el descenso de cada uno de estos indicadores. Entre 2004 y 2006 se escrituraron la mayor cantidad de inmuebles en la ciudad, invirtiendo, sólo en el año 2006, 7.073.680 pesos.

Si bien el último inmueble se compró en 2008, y de allí en adelante esta curva nunca se recuperó, a partir de 2011 se registraron algunos inicios de obras, pero en cantidades notoriamente menores que en la etapa inicial del programa. Esta recuperación del indicador de inicios de obras se correspondió con una nueva gestión de gobierno que tiene por objetivo obtener resultados, por lo que se propuso finalizar las obras iniciadas y encauzar aquellos proyectos de organizaciones que tienen terreno en CABA pero que aún no iniciaron obra.

Por otra parte, del grupo de las organizaciones sociales que se encuentran actualmente con obras en construcción (40 proyectos), se registró en abril de 2015 un avance promedio de construcción de al menos el 55%.

El indicador de las obras finalizadas cuyas familias adjudicatarias ya están viviendo en sus viviendas es el que se muestra más constante de todos a lo largo del tiempo, pero también, por lo que se comentó someramente antes y que se ampliará más adelante, es el que se recupera de mejor manera hacia los últimos años, alcanzando los picos en 2012 y 2013. Desde 2004 hasta la actualidad, siempre se ha registrado al menos una obra finalizada, alcanzando un pico en el año 2008 con tres proyectos finalizados e inaugurados. Entre los años 2006 y 2007 se inauguraron dos cooperativas, resolviéndoles el problema habitacional a 354 familias (aunque la mayor cantidad de viviendas inauguradas se verificó en 2006 a razón de la inauguración de la Cooperativa Emetele, el complejo más grande del programa, con 326 viviendas, construido por la cooperativa de trabajo del MTL). Pero en base a los nuevos objetivos de gestión sólo en los dos últimos años se concluyeron once proyectos de los veinticinco finalizados a ese momento, expresando la nueva decisión política del programa.

Por último, de las cooperativas de vivienda finalizadas y habitadas, seis cooperativas ya escrituraron sus viviendas de manera individual y ya se encuentran devolviendo el crédito otorgado.

En lo que respecta a la distribución de los terrenos y a las obras del PAV, se verificó una concentración en la zona sur de la ciudad, especialmente en los barrios de La Boca, Parque Patricios y Barracas, que concentraron el 44,5% de los terrenos (35 y 14 respectivamente), y en Constitución, San Cristóbal, San Telmo y Balvanera. Se pudieron registrar también casos aislados de obras ubicados en la zona de Caballito, Villa Crespo y Palermo "Soho" (Guevara, Raspall, & Zapata, 2011), pero no se registró ningún proyecto en la Comuna 8, tradicionalmente reservada para vivienda destinada a sectores populares.

Mapa 1: Proyectos del PAV en la Ciudad de Buenos Aires. 2014

Fuente: Elaboración propia en base a Mapa Interactivo de Buenos Aires v2.0.

Tal como se profundizará más adelante, la localización de las obras mostró con claridad una concentración importante de familias de bajos ingresos en barrios consolidados y con muy buena accesibilidad a la zona céntrica de la ciudad, denotando los potenciales que habilitó este programa en términos del ejercicio del derecho a la ciudad para los sectores de menores recursos.

3.2.1 Los proyectos autogestivos bajo análisis

Los proyectos que para este trabajo se constituyeron en unidades de análisis se corresponden con los que se encuentran finalizados y cuyas familias ya están haciendo uso de las viviendas.

Veinticinco fueron las cooperativas de vivienda que lograron finalizar sus obras mediante procesos de producción autogestionaria, dándoles solución habitacional definitiva a 800 familias. Entre los años 2006 y 2007 se inauguraron dos cooperativas de Los Pibes, La Ribera, Copitos y Emetele resolviéndoles el problema habitacional a 354 familias. Salvo este último proyecto que fue de obra nueva, los anteriores fueron remodelaciones que se heredaron de la Operatoria 525. En el año 2008 se inauguraron las Cooperativas Caminitos, Alto Corrientes y Luz y Progreso, involucrando a un total de cincuenta familias. Durante el año 2009 se inauguraron la Cooperativa Corralito y Uspallata para un total de 48 familias, en el año 2010 se estrenó la Cooperativa 28 de Junio para diez familias y en el año 2011 se inauguró la Cooperativa Argentina Puede y Nuestro Hogar que involucró a veinticinco familias. A partir del año 2012 comenzó a incrementar notoriamente la cantidad de cooperativas finalizadas, pues en este año se inauguran cinco cooperativas: Cooperativa Trabajo, Educación y Cultura, otra cooperativa más del Comedor Los Pibes, Cooperativa Madres 27 De mayo, Cooperativa Crecer y Asociación Civil Sembrar Conciencia, dándole solución en este año a 66 familias. Además, en este año se inauguraron veintiuna unidades de vivienda de la Cooperativa El Molino del MOI, la cual ejecuta su obra en tres etapas (dando por concluida la primera etapa de obra con estas inauguraciones). En el año 2013 se inauguraron otras seis cooperativas, dos obras de la Cooperativa Emergencia, la Cooperativa COFAVI, la Cooperativa El Palomar, la Cooperativa Octubre y la Cooperativa El Caracol, resolviéndole el problema habitacional a 166 familias. En el corriente año, durante los tres primeros semestres se inauguró otra cooperativa de Comedor Los Pibes, su obra más grande, involucrando a 33 familias.

Estas 800 viviendas finalizadas ya mostraron los resultados de sus proyectos. Salvo el proyecto del MTL, el resto se trató de pequeños complejos habitaciones –de poco más de veinte unidades de vivienda (promedio), que se caracterizaron por su diseño arquitectónico (distante de las tradicionales "viviendas sociales"). Son departamentos de entre dos y cuatro ambientes que oscilaron los 45 m2 y 110 m2 con posibilidades de crecimiento interno en varios de los casos. El diseño constructivo de los proyectos, en la mayoría de los casos, contó con la participación de los adjudicatarios de las viviendas y sus dimensiones se adaptaron a las necesidades familiares. Además, se puede ver en estos complejos un tratamiento particular de los materiales constructivos y una valorización de la dimensión estética que repercutió en altos niveles de calidad de las viviendas (como se analiza en profundidad más adelante).

Los proyectos seleccionados para el análisis fueron las veinticinco cooperativas finalizadas en el marco del PAV, una cantidad que se consideró abordable en el marco del trabajo de campo de este libro. No obstante, no se pudo realizar entrevistas en algunas de ellas, básicamente por dos motivos: primero, porque los integrantes de las cooperativas no desearon/accedieron a participar de la investigación (ya sea por miedo/inseguridad de para qué serían utilizados los datos o simplemente desinterés), y segundo, porque algunas de ellas fueron inauguradas con posterioridad a la finalización del trabajo de campo (como los casos de Cooperativa Comedor Los Pibes y Cooperativa Caracol).

Los criterios que sustentaron la decisión de tomar todas las cooperativas finalizadas para el análisis fueron dos. El primero de ellos remitió a que para abordar la etapa del habitar de las viviendas se necesitaba poder entrevistar cooperativistas que ya cuenten con vivencias/experiencia en sus viviendas. El otro se sustentó en que las cooperativas finalizadas resultan una fiel muestra de las características del universo de cooperativas que forman parte del PAV. En este sentido, el mapa a continuación muestra que la localización de estas cooperativas finalizadas es variable. Si bien se ve una concentración en barrios del sur de la ciudad como La Boca, Parque Patricios y Barracas, también hay obras finalizadas hacia el oeste y el norte, representando la diversidad de localizaciones que caracteriza a este programa (y también la concentración territorial que contiene).

Mapa 2: Cooperativas finalizadas del PAV en la Ciudad de Buenos Aires. 2014

Fuente: Elaboración propia en base a Google Maps.

En cuanto a sus escalas, salvo la cooperativa EMETELE, que ocupa dos manzanas e involucra 326 viviendas en Parque Patricios, el resto son de pequeña escala con bajo promedio de familias por cooperativa, en general alrededor de veinte, pero las hay tanto de dos familias como de 55.

Adicionalmente, estas cooperativas son también una muestra de la diversidad de orígenes de las mismas. Por ejemplo, la cooperativa El Molino, el EMETELE o el Comedor Los Pibes son cooperativas que forman parte de organizaciones más amplias, Cooperativa La Ribera y Copitos provienen de la Operatoria 525, Coop. El Palomar, Uspallata y/o Alto Corrientes, entre otras más, se originaron en hoteles pensión, Cooperativa Caminito derivó de un conventillo del barrio de La Boca, Cooperativa Crecer y Octubre nacieron del calor de las asambleas barriales de la crisis de 2001 y en general su población remite a sectores medios, y Cooperativa Argentina Puede y Sembrar Conciencia derivaron de la población de la Traza de la ExAu3. Esta diversidad de puntos de partida replica al universo de las cooperativas del PAV (descripto más arriba).

Este grupo también mostro diversidad en las formas de ejecución de sus obras. Por ejemplo, Cooperativa El Palomar contrató una pequeña empresa constructora con la que prácticamente acordó una obra llave en mano, la Cooperativa Familias para la Vivienda desarrolló gran parte de la obra mediante autoconstrucción, la Cooperativa EMETELE formó una cooperativa de trabajo propia para la ejecución de su obra (y luego también para afrontar la obra de otras cooperativas, como Cooperativa Crecer) y el MOI consolidó una cooperativa de trabajo propia para ejecutar de manera conjunta con las cooperativas de vivienda y el ETI las obras de sus cooperativas (en combinación con aportes de mano de obra familiar organizados a través de ayuda mutua en forma colectiva por la comisión de ayuda mutua de cada cooperativa). Como se verá en los próximos capítulos, los cooperativistas tuvieron diversos tipos de participación y tomas de decisiones en cada experiencia en función del tipo de organización de cada cooperativa.

Por ende, estos casos resultan representativos del universo de cooperativas del PAV. En el cuadro a continuación se presentan las veinticinco cooperativas finalizadas por el PAV (con el detalle de ubicación, cooperativa y cantidad de viviendas) y se subrayaron los casos a los que se puedo acceder mediante entrevistas en profundidad[83]:

Tabla 3: Organizaciones sociales con obras finalizadas y adjudicadas.
Diciembre 2014

OBRAS FINALIZADAS[84]		
PROYECTOS	LOCALIZACIÓN	CANT. DE VIV.
Asoc. Covi. Comedor Los Pibes*	Lamadrid 1053	6
Asoc. Covi. Comedor Los Pibes*	Necochea 1316	2
Coop. De Viv. La Ribera*	Alte.Brown 742/8	15
Asoc. Civ. Copitos*	Necochea 775	5
Coop. Emetele	Monteagudo 592	326
Coop. De Viv. Luz Y Progreso	Pola 2048	12
Coop. De Viv. Alto Corrientes	Amancio Alcorta 1601/7	14
Coop. De Viv. Octubre	Benedetti 159	22
Coop. De Viv. Uspallata	Uspallata 2750	27
Coop. De Viv. Caminito	Palacios 910	10
Coop. De Viv. Corralito	Mompox 1662	21
Coop. De Viv. 28 de Junio	Castañares 2171	10

---

[83] En la introducción de este libro se hace referencia a las características que asumió el trabajo de campo que sustenta la investigación y las entrevistas realizadas en profundidad.

[84] A las cooperativas que en este cuadro figuran subrayadas se pudo acceder mediante entrevistas en profundidad.

Coop. Argentina Puede	Jufré 602/10	23
Coop. Trabajo, Educación Y Cultura*	Fray Cayetano 600	13
Coop. Los Pibes*	Pinzón 954	5
Coop. Madres 27 de Mayo	Larrazabal 2476/78	12
Asoc. Civ. Sembrar Conciencia**	Virrey Loreto 3761	8
Coop. El Molino 1°Etapa***	Solís 1967	21
Coop. De Viv. Crecer	Virrey Cevallos 953	28
Coop. Nuestro Hogar*	Río Cuarto 2423	2
Coop. De Viv. El Palomar	Chiclana 2856	55
Coop. Comedor Los Pibes Ltd.	Lamadrid 208	33
Coop. De Viv. Emergencias	Vieytes 1428/36	21
Coop. De Viv. Emergencias	Santa Magdalena 325	15
Coop. De Viv. Familias Para La Vivienda	Moreno 3249	22
Coop. El Caracol	Carlos Antonio López 3573	31
TOTAL VIVIENDAS		**800**

* Dichos proyectos nacieron en el marco de la Resolución 525/97 y fueron traspasados a la Ley 341 y el PAV para su refacción interna.
** Este proyecto fue producto de una mixtura entre la Ley 341 y la 324 (Programa de Recuperación de la Traza de la ExAu3).
*** Este proyecto estuvo pensado en cuatro etapas de construcción. En cada etapa se inauguró una determinada cantidad de viviendas. Al momento de cierre del trabajo de campo ya estaban inauguradas veintiuna de las cien unidades.
Fuente: Elaboración propia en base a información aportada por el IVC y la Comisión de Vivienda de la Legislatura de la Ciudad de Buenos Aires y relevamiento fotográfico elaborado por Kaya Lazarini y Cecilia Zapata.

4

La producción estatal llave en mano en tres casos de estudio: PRTExAu3, PRHLB y Programa Viví en tu Casa

En este capítulo se reconstruyen las características y líneas generales que asumieron los programas Programa de Recuperación de la Traza de la ExAu3 (PRTExAu3), el Programa Rehabilitación del Hábitat del Barrio de La Boca (PRHLB) de demanda específica y el Programa Viví en tu Casa, de demanda general, a lo largo de sus ciclos y modalidades de implementación, los cambios formales que se les introdujeron, el entramado de actores intervinientes y un análisis presupuestario que ubica el nivel de prioridad que se les asigna entre el conjunto de la política habitacional estatal local.

Por último se presenta el universo de proyectos que se enmarcan en los programas, sus estados de avance y los casos seleccionados para el análisis.

4.1 Características y lineamientos generales de los programas bajo estudio

La política habitacional estatal local priorizó históricamente la resolución del acceso a la vivienda mediante programas de producción de vivienda llave en mano. Sin embargo, en los últimos años, además de los programas tradicionales de demanda general, se introdujeron programas especiales –que aquí se identificaron como de segunda generación–

destinados a determinadas *áreas de riesgo* o a *población específica* (población asentada en conventillos/inquilinatos o casas tomadas). Más allá de estas particularidades (en el próximo capítulo se profundizará en los efectos que tuvieron en términos de la relación que se gestó con el Estado), el esquema de gestión de las políticas, cuyo objeto fue el modo de producción empresarial, no presentaron diferencias significativas con los de demanda general.

En este sentido, los destinatarios de estos programas (tanto los de demanda general como los de población específica) fueron sectores medios con alguna capacidad de ahorro o sectores medios-bajos que no contaban con recursos suficientes para pagar una cuota ni poseían el perfil requerido para ser sujetos de crédito por el sector privado[85].

Los proyectos de estos programas se inscriben en el marco de intervenciones directas de construcción de vivienda llevadas a cabo por el Estado local a través de empresas constructoras privadas de origen nacional. Estas empresas fueron seleccionadas por el IVC mediante un proceso licitatorio de obra pública. Los pliegos y los proyectos constructivos de las obras están a cargo de los equipos de profesionales del IVC (de las Gerencias de Asuntos Jurídicos y Proyectos y Obras) quienes luego promueven la licitación de las obras.

Los destinatarios de las viviendas, para ingresar a los programas, se inscriben en un registro de postulantes de la operatoria que les corresponda y, en general, pueden elegir entre los distintos proyectos constructivos del programa (si es que hubiera opciones). Una vez que las obras están finalizadas, desde la Subgerencia de Selección y Adjudicación de Inmuebles del IVC se convoca a las familias inscriptas en ese registro para la adjudicación de las viviendas (esta

---

[85] No obstante, el IVC fija como corte de ingreso que el titular y/o el grupo familiar tenga un ingreso mínimo equivalente al Salario Mínimo, Vital y Móvil.

gerencia realiza la selección en función de la gravedad de la situación habitacional de los inscriptos, a partir de criterios predefinidos para detectar estas situaciones).

Una vez cumplidos estos pasos, el crédito subsidiado que ofrecen los programas se efectiviza a través de la Gerencia Financiera del IVC, mediante un mecanismo de financiamiento de tipo blando (con reintegro del crédito a largo plazo, a tasa menor que la ofrecida por el mercado y con bajo porcentaje de amortización). Una vez adjudicadas las viviendas, las familias reciben una chequera de 360 cuotas a pagar con una tasa de interés de entre el 4% y el 7% anual en función de los ingresos familiares[86].

Los recursos económicos con los que se financian estos programas provienen en gran parte de aportes realizado por el Estado Nacional (hasta 2003 mediante el FONAVI, con posterioridad hasta la fecha mediante el Plan Federal de Construcción de Vivienda) y, en menor medida, con fondos propios provenientes del presupuesto local (que anualmente es aprobado por la Legislatura Porteña) y recursos obtenidos de recuperos de cuotas que pagan adjudicatarios de vivienda de programas ejecutados previamente.

4.1.1 El Programa de Recuperación de la Traza de la ExAu3

El Programa de Recuperación de la Traza de la ExAu3 (PRTExAu3), creado por la Ley 324[87] de 1999, encontró sus orígenes en la problemática originada por una decisión de la dictadura militar que azotó a nuestro país entre los años 1976-1983. En el año 1977, a partir de la sanción y entrada en vigencia en la ciudad del Código de Planeamiento

---

[86] Estas cuotas varían según el tipo el tipo de programa y los ingresos de los grupos familiares. Más adelante se detallan para los casos bajo estudio. También varían las tasas de interés, las cuales se van incrementando en función del movimiento inflacionario.

[87] Publicada en Boletín Oficial de la Ciudad de Buenos Aires nº 876 del día 8 de febrero de 2000.

Urbano (el cual fue actualizado con nuevos consensos por el Plan Urbano Ambiental en 2007), se puso en marcha el Plan Autopistas Urbanas, que preveía la traza de varias autopistas en la Capital Federal, entre ellas la Autopista Central Au3 que atravesaría la ciudad de norte a sur (Cavalieri, Gerscovich, & Wainstein-Krasuk, 2010).

Mapa 3: Desarrollo traza Ex Autopista AU3 en los distintos barrios de la Ciudad de Buenos Aires

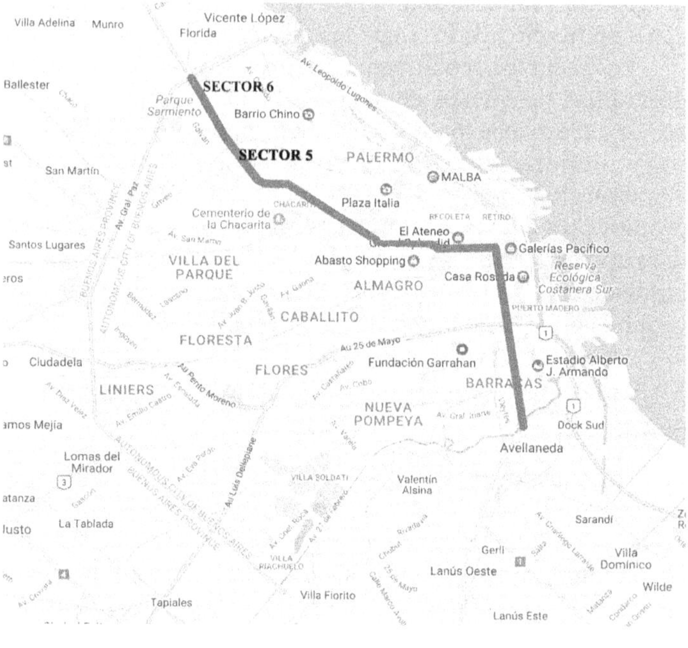

Fuente: Elaboración propia en base a Google Maps.

En 1978, bajo la intendencia municipal de Osvaldo Cacciatore, se comenzó el proceso de expropiación de las viviendas que se encontraban en la traza de la que sería la

Au3. Sin embargo, una vez desocupados los inmuebles[88], el proyecto se paralizó y posteriormente fue abortado (siendo reemplazado por una vía de acceso rápido mucho más acotada). Como consecuencia de esta intervención estatal, la municipalidad de la CABA incorporó a su stock de inmuebles alrededor de 400 unidades (entre edificios, casa y terrenos baldíos) (Rodríguez M. C., 2005; Guevara, 2012) localizados en una zona residencial de la ciudad, donde se concentraban, fundamentalmente, sectores medios y medios-altos del barrio de Villa Urquiza.

A partir de la década del '80, en el marco de una profundización de la crisis económica, política y social que vivía el país, comenzaron procesos de ocupación progresiva de estos inmuebles por ex dueños expropiados, ex inquilinos desalojados, desalojados de otras zonas de la ciudad, familias sin vivienda, provenientes de villas de la ciudad y del interior del país, etc. (Rodríguez M. C., 2005). Tras la vuelta a la democracia, el gobierno municipal de turno manifestó cierta actitud de "tolerancia" hacia los procesos de ocupación de inmuebles (que no sólo se extendían a lo largo de la Traza de la ExAu3, sino en toda la ciudad) (Rodríguez M. C., 2005). Este fenómeno fue invisibilizado en términos de política pública al negarle reconocimiento a la población afectada (no así en términos judiciales, desde donde se impulsaron procesos de desalojo, aunque no llegaron a ejecutarse). No obstante, desde la gestión municipal se mantuvo contacto con esta población –de manera dispersa, discontinua y sin objetivos nítidos– mediante el desarrollo de intervenciones de tipo asistencial (como el otorgamiento en comodato de propiedades municipales pertenecientes a la traza con canon, convenios de uso transitorios, alquileres

---

[88] Las familias desalojadas mostraron una variedad de situaciones. A las propietarias se les realizó un pago indemnizatorio por la expropiación. Las inquilinas fueron las más vulnerables del proceso de expropiación ya que no fueron indemnizadas y muchas fueron desalojadas (Rodríguez M. C., 2005).

informales[89]). A lo largo de la década la problemática fue cobrando relevancia y tomando estado público. Durante la gestión municipal de Carlos Grosso (1989-1992), se comenzó a abordar dicha problemática mediante el desarrollo de talleres participativos con las poblaciones afectadas (de la ExAu3, pero también de la Ex Bodega Giol y el Ex Padelai) en pos de delinear estrategias de acción. Desde el Concejo Deliberante, se aprobó la Ordenanza Municipal 45.420[90] que sancionó la realización de una vía rápida en la calle Donado desde la Av. General Paz[91], la construcción de vivienda nueva destinada a los ocupantes de terrenos lindantes a la traza (que podían optar entre viviendas nuevas a ser construidas o la compra de la vivienda que ya ocupaban) y la construcción de equipamiento comunitario y espacios verdes (Rodríguez M. C., 2005; Guevara, 2012). A los fines de la ejecución de este proyecto se creó la Unidad Ejecutora de la ExAu3 que llevaría adelante este programa y la Comisión de Control y Seguimiento (integrada por referentes del Concejo Deliberante, la CMV, y otros representantes del Poder Ejecutivo local). Ahora bien, la implementación de este proyecto chocó con numerosos obstáculos burocráticos e interpartidarios y, a partir de la nueva gestión de gobierno de 1992 (Saúl Bouer), se suspendió el componente habitacional de este proyecto (no así la concreción de la vía rápida que se ejecutó a través de la Secretaría Municipal de Obras Públicas).

---

89 Es importante notar que en paralelo a estas intervenciones asistenciales, el municipio también entregó en comodato inmuebles a clubes y escuelas de la zona.

90 Esta propuesta fue impulsada por concejales del Partido Justicialista circunscriptos a la zona de la traza y elaborada técnicamente por profesionales de la Facultad de Arquitectura y Urbanismo de la UBA (proyecto que fue redefinido en función de la negociación con los actores territoriales del conflicto) (Guevara, 2012, pág. 102).

91 El proyecto de construcción del acceso vial estuvo estrechamente vinculado a la necesidad de adaptar la infraestructura urbana de la ciudad al proceso de suburbanización y periurbanización de las elites que se estaba produciendo de la mano de las urbanizaciones cerradas periféricas (Torres, 2001).

Como consecuencia de estas acciones regresivas y el impacto negativo de las reformas neoliberales implementadas en el país, se profundizó el proceso de resistencia de los distintos sectores populares de la ciudad –y específicamente los afectados por la traza– que encontró espacio de articulación en la nueva Comisión de Vivienda de la Legislatura Porteña hacia 1998 y a partir de la sanción de la Ley 8 de ese año[92]. Esta normativa estableció la creación de una comisión para el abordaje de una solución habitacional definitiva para los pobladores de la traza, acordada con los sectores sociales organizados y movilizados a tal efecto, periodo durante el cual se ordenó la suspensión de los desalojos. Adicionalmente, se estableció la realización de un censo de la traza para conocer la situación de las familias afectadas. El mismo arrojó que distribuidas de manera variable a lo largo de la traza habitaban unas 4.284 personas y 1.036 familias (Di Filippo, 2009). Para la Sindicatura General de la Ciudad (2009), serían unas 1.131 familias, aproximadamente 6.000 personas, de las cuales 769 familias estaban adscriptas a la Ley y 362 no. El 46% de la población de la traza se concentra en el sector 5 (como se ve en el mapa anterior), en tierras y viviendas de alto costo que se encuentran, en su mayoría, sobreocupadas y, en muchos casos, en situación de absoluta precariedad y hacinamiento.

El debate en la comisión, que duró casi dos años y nucleó a una gran diversidad de actores sociales, dio lugar a la sanción de la Ley 324 en el año 2000[93]. Luego de más de veinte años de conflicto, esta ley constituyó una toma de posición (Oszlak, 2001) del Estado en torno a las

---

[92] Publicada en Boletín Oficial de la Ciudad de Buenos Aires nº 420 del día 3 de abril de 1998.

[93] El debate en comisión que dio nacimiento a la Ley 324 se caracterizó por la participación de una multiplicidad de actores de la sociedad civil, tanto de habitantes de la traza (Asociación Civil La cosecha y Sembrar Conciencia, Cooperativa de Vivienda el Ceibo, integrada por cinco organizaciones) como organizaciones de vecinos frentistas nucleados en distintas asociaciones (Sociedad de Fomento de Belgrano R, Junta de Frentistas de Donado, Asociación Amigos de la Estación Coghlan, Asociación Vecinos por la Reur-

viviendas de su dominio ubicadas en la traza de la ex AU3 y sus habitantes. Esta Ley contempló distintos proyectos y propuestas presentados, en el proceso de elaboración en comisión, por una gran diversidad de actores sociales involucrados y movilizados por el conflicto. A partir de esta Ley, se creó el Programa de Recuperación de la Traza de la ExAu3, el cual previó dar una solución definitiva a la problemática y reconstruir el tejido urbano y social del área (Bascuas & Provenzano, 2013). En este sentido, la Unidad Ejecutora implementó soluciones habitacionales mediante cuatro alternativas de acceso a una vivienda definitiva. La alternativa I contemplaba la entrega de créditos destinados a la compra de vivienda por parte de los destinatarios por un monto de $75.000 (este monto se fue actualizando a lo largo del ciclo de vida del programa). Los créditos podían ser individuales o mancomunados. La alternativa II previó la venta de los inmuebles ocupados a sus habitantes (sólo aquellos ubicados en el sector 4, ya que los inmuebles del sector 5 debían ser desalojados por estar afectados al Plan de Reurbanización). Las viviendas fueron ofrecidas a un valor social mediante un crédito subsidiado. La alternativa III estableció la construcción de vivienda nueva llave en mano o autogestionaria[94] mediante el acceso a un crédito social para su construcción en terrenos baldíos o subutilizados de la traza en el sector 4 (esta alternativa es objeto de

---

banización Ex AU3, Rotary Club de Villa Urquiza). Estos sectores fueron incorporados posteriormente en la Comisión de Seguimiento y Control de la ley (Bascuas & Provenzano, 2013).

[94] Los destinatarios de esta opción eran afectados a la Ley 341 para el desarrollo de su operatoria. Este es el caso de la Cooperativa Sembrar Conciencia y Argentina Puede, la cuales fueron adjudicatarias de un crédito para la construcción y contratación de un ETI y el IVC les asignó uno de sus terrenos en la Traza. En el caso de la primera cooperativa, ante los distintos vaivenes presupuestarios de la Ley 341 (analizados en el capítulo anterior), los cooperativistas decidieron verse afectados por la Ley 3.396 (que se verá a continuación) mediante la cual recibieron una Prestación No Reintegrable (un monto por familia de $150.000) que decidieron destinar para la finalización de la obra. La misma concluyó en diciembre de 2012; los destinatarios de esta opción eran afectados a la Ley 341.

análisis de este trabajo). Por último, la alternativa IV, contó con dos opciones: i) subsidios para autoconstrucción destinados al desarrollo de programas colectivos de autoconstrucción o para familias que se encontrasen en situación de pobreza; y ii) comodato vitalicio otorgado a destinatarios mayores de 60 años que se encontrasen en situación de extrema pobreza. Según la Defensoría del Pueblo de la Ciudad (2009), para el año 2009 sólo se le había resuelto el problema habitacional al 28.73% del total de los afectados, distribuyéndose de la siguiente manera entre las alternativas propuestas: 8,61% alternativa I; 11,03% alternativa II; 6,06% alternativa III y 3,03% alternativa IV.

Ahora bien, la problemática de la ExAu3 suscitó un nivel de complejidad que rebasó la lógica estatal desplegada para su resolución. Desde un comienzo, la definición del problema se caracterizó por ser dificultoso debido a la gran heterogeneidad de situaciones y perfiles de ocupación y usos –tanto sociales como físicos– de los inmuebles radicados en la traza y a las distintas antigüedades de ocupación (pues estas se sucedieron a lo largo de los años). Esta complejidad configuró una población que quedó adscripta a la Ley 324, pero también otra población, conformada por una gran cantidad de familias, que quedaron por fuera del marco institucional y normativo construido, por lo que fueron objeto de una gran diversidad de intervenciones ad hoc que se fueron superponiendo, configurando una diversidad de soluciones que agregaron variedad de procedimientos.

En el marco de ejecución del PRTExAu3, las obras de infraestructura –la construcción del acceso vial– se produjeron de manera acelerada, pero, como se verá en el próximo apartado, los avances respecto a la problemática habitacional fueron magros, teñidos de sospechas de corrupción (en base al pago de sobreprecios en las obras realizadas) y discrecionalidad en los procedimientos (específicamente en la adjudicación de las viviendas terminadas)[95].

Al igual que el desarrollo de la Ley 341 de Autogestión de la Vivienda, el mayor desarrollo del PRTExAu3 se registró entre los años 2000 y 2006, donde se iniciaron gran parte de las obras de vivienda nueva que fueron finalizadas (tres de cuatro complejos habitacionales en la traza). De la misma manera, se iniciaron obras de rehabilitación en tres edificios localizados en el sector de la traza, en los barrios Chacarita y Villa Crespo (que al poco tiempo se paralizaron por problemas normativos y técnicos) y se iniciaron algunos procesos de autoconstrucción y autogestión, en articulación con la Ley 341 (Guevara, 2012).

En octubre de 2005, el ejecutivo local norma el Decreto 1.521/05[96] por el cual se creó un componente de emergencia en el marco del PRTExAu3 que, en sustitución de la alternativa previamente elegida, tenía como objetivo ofrecer a los adscriptos a la Ley 324 una línea de créditos hipotecarios para la reubicación por fuera de la traza y para los ocupantes no adscriptos a la Ley 324 un subsidio no reintegrable que no condicionaba el acceso a otros programas habitacionales (sobre todo ofrecido a aquellos ocupantes del estratégico sector 5 de la traza –ver mapa anterior–). El objetivo se centraba en desalojar inmuebles para su puesta en valor con el argumento del estado ruinoso de los mismos y los peligros de vida que podían representar para las familias.

Con la asunción de la gestión de Mauricio Macri en el GCBA en 2007, la estrategia en términos urbanos sobre esta problemática fue profundizar la transferencia de inmuebles públicos hacia el sector privado. Así, mediante el decreto

---

[95] Al respecto, existen varios informes de organismos contralores del estado local que dieron cuenta de estos procedimientos espurios (Defensoría del Pueblo de la Ciudad de Buenos Aires, 2009; 2013)

[96] Publicado en Boletín Oficial n° 2296 de fecha 14 de octubre de 2005.

anteriormente mencionado, se ejecutaron numerosos desalojos en la zona. En 2008 aquel decreto fue reemplazado por el 1.165/08[97] mediante el cual se creó un Régimen especial de Prestaciones no Reintegrables para ocupantes adscriptos a la Ley 324 y no adscriptos del sector 5 de la traza. La novedad de esta norma, además de la actualización de los montos por desalojo, fue la pérdida por parte de sus adjudicatarios de todo derecho a la participación en programas relacionados con la vivienda en el ámbito local. El objetivo de este decreto se centró directamente en la recuperación de parcelas del sector 5 de la traza sin ningún tipo de contemplación hacia las familias afectadas. En general, la iniciativa fue bien recibida por la población residente propietaria lindante a la traza y por el sector inmobiliario, ya que relocalizaba a los ocupantes permitiendo la revalorización de las propiedades en la zona (Perez Ripossio, 2013). No obstante, la liberalización de estos inmuebles tuvo numerosos obstáculos, pues se presentaron diversos recursos de amparo contra los desalojos, no sólo por los afectados, sino también por legisladores porteños opositores.

Estos antecedentes dieron origen a la que fue la Ley 3.396 de 2009[98], que ofreció a los residentes del sector[99] distintas alternativas para alcanzar una solución habitacional: i) una prestación no reintegrable de $150.000[100], previa acreditación ante la Unidad Ejecutora que dicho monto resultara suficiente para acceder a una solución habitacional de manera autónoma, dando por cumplidos los derechos habitacionales que surgen de la Ley 324; ii) homologar las prestaciones ofrecidas por la Ley 324, para aquellos no adscriptos a esta ley; iii) efectivizar la adjudicación de

---

[97] Publicado en Boletín Oficial nº 3028 de fecha 3 de octubre de 2008.
[98] Publicado en Boletín Oficial nº 3356 de fecha 5 de febrero de 2010.
[99] Vale aclarar que, para ampliar la posibilidad de adjudicatarios de esta norma, se amplió la medida no sólo a los adscriptos a la Ley 324, sino también a los ocupantes de hecho en la traza no afectado por la Ley anterior.
[100] Sobre esta operatoria se profundizará en el trabajo post-doctoral de la autora.

viviendas multifamiliares llave en mano en el sector 5 de la traza[101]; y iv) la adjudicación de viviendas multifamiliares llave en mano en otros predios de la traza de propiedad del GCBA, distintos del denominado sector 5. De este modo, se desafectaron del dominio público inmuebles que componían el acervo estadual en la zona para su venta en subasta pública y el desarrollo de inversiones inmobiliarias. Además, la ley estableció que los ingresos obtenidos de estas enajenaciones pasarían a conformar el Fondo para la Renovación Urbana del Sector 5 de la Traza de la ExAu3 destinado a la construcción de las viviendas sociales en el sector y la creación de una nueva Unidad Ejecutora para la Renovación Urbana de la Traza de la ExAu3 cuya función es realizar el seguimiento del avance de las obras constructivas de las viviendas.

No obstante este derrotero, un informe publicado por la Defensoría del Pueblo de la Ciudad (2013) expresó que la administración local incumplió su obligación de ejecutar la Ley 324 vulnerando los derechos de gran parte de los adscriptos a esa Ley, ya que no se finalizaron las obras de construcción de viviendas nuevas y no se procedió a la reparación o puesta en valor de los inmuebles que fueron declarados en ruina en el sector 4 de la traza. Además, la norma establecía como plazo para la ejecución del programa el 31 de diciembre de 2008[102], venciéndose el mismo ampliamente. Respecto a la implementación de la Ley 3.396, ya se registraron dilaciones en los procesos de construcción de las viviendas destinadas a los ocupantes comprometidos en el sector 5 de la traza (no así en el proceso de enajenación de inmuebles del GCBA para su venta).

---

[101] Esta nueva operatoria incorporó cinco nuevas operatorias llave en mano no planificadas en la Ley 324.

[102] Modificación introducida por la Ley 2558, publicada en Boletín Oficial n° 2828 del 10 de diciembre de 2007.

4.1.1.1 El PRTExAu3: un análisis del flujo presupuestario

En relación a la financiación del PRTExAu3, este se abasteció de fondos provenientes del tesoro local, fundamentalmente en los primeros años del programa (2000 a 2003) y, con posteridad, por el Programa Federal de Construcción de Vivienda ejecutado a nivel local (el cual aportó para los proyectos finalizados un total de $1.559.476[103]).

En los años 2003 y 2014 se aprobaron por presupuesto un total de $58.168.373 para la ejecución del programa, de los cuales se invirtieron $35.645.819, es decir, casi el 61% de los recursos. Vale tener en cuenta que el detalle presupuestario aportado por los organismos oficiales no detalla la inversión realizada por operatoria, con lo cual estos fondos se destinaron desde el otorgamiento de Prestaciones no Reintegrables hasta obras de vivienda nueva llave en mano, es decir que no diferencia entre las distintas opciones de resolución del problema habitacional[104]. El presupuesto destinado al programa fue el siguiente:

---

[103] Según información suministrada por el Instituto de la Vivienda de la Ciudad ante solicitud de información respaldada por la Ley de Acceso a la Información.

[104] Sí se diferencia de las intervenciones orientadas a la puesta en valor del barrio, el cual se consigna como Programa de Recuperación Barrio Parque Donado-Holmberg y supera ampliamente en asignación presupuestaria al resto de las operatorias analizadas, pues el menor monto asignado fue en el año 2012 y representó $109.563.626.

Tabla 4: Evolución presupuestaria del PRTExAu3 en relación al presupuesto de vivienda. CABA. 2003-2014

Año	Presupuesto Vivienda –$-	Presupuesto PRTExAu3 –$-	% Total	Presupuesto ExAu3 Ejecutado –$-	% Ejecutado
2003	s/d	165.697	–	141.292	85,27
2004	s/d	537.897	–	434.039	80,69
2005	304.568.035	3.087.224	0,96	1.582.393	51,26
2006	322.565.026	6.142.635	1,82	3.843.095	62,56
2007	337.647.475	727.270	0,15	725.530	99,76
2008	481.318.285	4.750.586	0,82	4.036.937	84,98
2009	578.378.056	5.106.620	1,37	3.812.175	74,65
2010	373.988.393	15.250.558	1,56	9.559.729	62,68
2011	975.825.437	2.022.692	0,20	1.972.031	97,50
2012	1.010.513.513	2.026.473	0,16	1.918.974	94,70
2013	1.263.711.862	7.697.025	0,50	7.619.624	98,99
2014	1.533.479.874	34.611.432	2,25	31.685.114	91,54

Fuente: Elaboración propia en base a datos aportados por las Leyes de Presupuesto y Cuentas de Inversión 2003-2014 e informes de ejecución presupuestaria de la Dirección General de Contaduría del Ministerio de Hacienda del GCABA.

De los valores del cuadro precedente puede verificarse una tendencia variable en relación a la asignación presupuestaria; no obstante, a lo largo de su ciclo de vida, el programa, demostró poco peso relativo en lo que respecta a la masa presupuestaria asignada al IVC, pues en el año 2006 logró aglutinar sólo el 1.82% del presupuesto del organismo, siendo este valor el más alto de su ciclo de vida (para poder establecer una comparación, la ley 341 en ese año concentró casi el 16% de la masa presupuestaria).

En los primeros años del programa, si bien su asignación presupuestaria fue en ascenso (aumentó casi un 3.500% su presupuesto entre 2003 y 2006), su ejecución tuvo una tendencia regresiva hacia 2005, aunque recuperándose a partir de 2006. En 2007 se verificó una fuerte reducción presupuestaria pero su ejecución fue casi completa y desde 2008 a 2010 se rastreó un ascenso de partidas presupuestarias con ejecuciones cada año más acotadas. En 2010 se asignó la partida presupuestaria más alta del ciclo de vida del programa, pero también logró una de sus ejecuciones más bajas. De este año en adelante las asignaciones se recuperaron lentamente, mostrando un salto cuantitativo importante en 2014 (con un aumento respecto al año anterior de casi el 350%) y sus ejecuciones superaron casi el 95%. Ahora bien, estos fuertes niveles de ejecución –incluso el incremento significativo del año 2014– se explican en la gran cantidad de Prestaciones No Reintegrables entregadas estos años a familias alojadas en la traza a cambio del desalojo de los inmuebles que ocupaban, ya que los avances de obra nueva fueron magros.

4.1.1.2 Característica del universo de proyectos llave en mano del programa

La alternativa tres, llave en mano, implica la construcción de viviendas nuevas en terrenos ubicados en el trazado de la ExAu3 de propiedad del GCBA, por intermedio del IVC, y financiadas con créditos hipotecarios blandos, con tasas de amortización de un 4% anual y un plazo de 20 a 30 años para su devolución, en función de los ingresos familiares[105].

Las unidades construidas son otorgadas a los afectados que se encuentren inscriptos en el Registro de Postulantes del Programa, mediante un sistema de ponderación para la pre-adjudicación de las viviendas nuevas. Este sistema consis-

---

[105] Según los entrevistados de esta investigación, las cuotas varían entre $300 y $500 pesos en función del tamaño de las viviendas (a julio y agosto de 2013).

te en la determinación de los postulantes que resultarán pre-adjudicados de las unidades de vivienda, mediante la asignación de un puntaje. Los puntajes correspondientes a cada postulante están determinados por la sumatoria de puntos según se detalla a continuación:

Tabla 5: Variables para asignación de puntaje a postulante de vivienda nueva en el marco del Programa de Recuperación de la Traza de la ExAu3 – Alternativa 3 llave en mano. CABA

Utilidad del inmueble	
Habitar vivienda en el tramo comprendido entre Avdas. Congreso y De los Incas (Sector 5).	5 puntos
Habitar en lote o vivienda en el Sector 4 tipificado como apto para la construcción de diez (10) o más unidades de vivienda Nueva Llave en Mano (Alternativa 3).	5 puntos
Habitar en lote o vivienda en el Sector 4 tipificado como apto para la construcción de menos de diez (10) unidades de vivienda Nueva Llave en Mano (Alternativa 3).	2 puntos
Habitar vivienda en Sector 4 apta para funcionar como núcleo habitacional transitorio.	4 puntos
Habitar una unidad funcional –en un edificio o PH– apta para la reubicación de una familia.	1 punto
Habitar en alguno de los dos edificios en proceso de reciclado (Avda. Federico Lacroze 3636 – Giribone 850).	2 puntos
Complejidad de liberación del inmueble	
Se libera con una (1) solución habitacional (100%)	5 puntos
Se libera con dos (2) soluciones habitacionales (50%)	4 puntos
Se libera con tres (3) soluciones habitacionales (33%)	3 puntos
Se libera con cuatro (4) o más soluciones habitacionales (25% o -)	2 puntos

Fuente: Defensoría del Pueblo de la Ciudad de Buenos Aires (2013).

La normativa del programa prevé que las unidades a construirse sean pre-adjudicadas a los postulantes que obtengan mayor puntaje. No obstante, la Defensoría del

Pueblo de la Ciudad cuenta con una gran cantidad de denuncias que demuestran irregularidades en los procesos de asignación de las viviendas finalizadas (2009; 2013). En caso de que exista un empate en el puntaje que obtengan dos o más familias adjudicatarias, se prevé la realización de un sorteo con presencia del coordinador del programa, de al menos dos miembros de la Unidad Ejecutora, de los adjudicatarios interesados y de dos veedores que formen parte de la Comisión de Seguimiento del Programa. Definido el listado de adjudicatarios de las viviendas, se procede a la notificación de los postulantes del Registro, mediante cédula oficial que emite el Coordinador de la Unidad Ejecutora, sobre los resultados de la pre-adjudicación.

En base a información aportada por la Unidad Ejecutora del Programa y la Comisión de Vivienda de la Legislatura Porteña, la alternativa llave en mano del programa contaba con diecinueve proyectos en curso en el mes de abril de 2014, destinados a darles solución habitacional definitiva a 364 familias. De estos proyectos, sólo cuatro se encuentran finalizados e involucran a 91 familias (sólo un 8% de las 1.131 familias que viven sobre la traza). Por ser objeto de estudio de esta investigación, se profundizará sobre estos proyectos en el próximo apartado.

Tabla 6: Estado de avance del universo de proyectos del PRTExAu3. CABA. Diciembre 2014

PRTEx-AU3 – TOTALES		
Estado de avance de obras	Proyectos	Cantidad de viviendas
Obras terminadas	4	91
Obras en ejecución	4	78
Obras a iniciarse	10	181
TOTAL	**18**	**350**
Viviendas escrituradas	3	51

Fuente: Elaboración propia en base a información aportada por la Unidad Ejecutora de la ExAu3, la Comisión de Vivienda de la Legislatura de la CABA y la Defensoría del Pueblo de la CABA (2009; 2013).

Siguiendo el cuadro que se presenta a continuación, de los proyectos que actualmente se encuentran en curso, el proyecto 1, que corresponde al sector 4 de la traza, nació en el marco de la Ley 324/00 y sus viviendas actualmente se encuentran abandonadas con un alto nivel de avance y fueron ocupadas por los pre-adjudicatarios. Actualmente este proyecto se encuentra judicializado. Los otros tres proyectos se localizan en el sector 5 de la traza y se incorporaron al programa a razón de la Ley 3.396/09 con posterioridad a su fecha de sanción. Su alto nivel de avance se entiende por el fuerte impulso de rehabilitación y puesta en valor que está realizado el GCBA en la zona del sector 5.

Con la finalización de estas obras, se les dará solución habitacional definitiva a 78 familias afectadas.

Tabla 7: Estado de avance de proyectos en ejecución del PRTExAu3. CABA. Diciembre 2014

PRTExAu3 – OBRAS EN EJECUCIÓN		
Proyectos/Localización	Estado de avance (%)	Cantidad de viv.
Céspedes 3612	Obra paralizada e intervenida	5
Virrey del Pino 4159 (Etapa II)	95%	12
Tomas LeBreton (e/ Donado y Holmberg)	75%	32
Mendoza y Holmberg	45%	29
TOTAL		78

Fuente: Elaboración propia en base a información aportada por la Unidad Ejecutora de la ExAu3, la Comisión de Vivienda de la Legislatura de la CABA y la Defensoría del Pueblo de la CABA (2009; 2013).

En cuanto a los proyectos que actualmente se encuentran en carpeta para su inicio (ver cuadro siguiente), se registraron diez con distintos niveles de avance en sus tramitaciones. Los proyectos derivados de la Ley 324/00, en abril de 2014 estaban paralizados. Tras el relevamiento fotográfico realizado para este trabajo se verificó que todos esos terrenos se encuentran tapeados con guardia del GCBA y aún no cuentan con proyecto de obra por parte de la Gerencia de Proyectos del IVC. Los proyectos surgidos de la Ley 3.396/09 (proyectos nueve y diez del cuadro siguiente) se encuentran en instancia de formulación de los pliegos para el llamado a licitación de obra, por lo que muestran algún tipo de movimiento.

Tabla 8: Proyectos en carpeta proyectadas para su inicio del PRTExAu3.
CABA. Diciembre 2014

PRTExAu3 – OBRAS A INICIAR	
Proyectos/Localización	Cantidad de viv.
Forest 1043	5
Av. Córdoba 6138/52	44
Humboldt 1235	14
Medrano 765	18
Salguero 743/51	30
Mario Bravo 844	14
Av. Garay 3244	49
Av. Brasil 3219	7
Monroe y Holmberg	0*
Pedro Ignacio Rivera 4290	0*
TOTAL	**181**

*Aún sin proyecto.
Fuente: Elaboración propia en base a información aportada por la Unidad
Ejecutora de la ExAu3, la Comisión de Vivienda de la Legislatura de la
CABA y la Defensoría del Pueblo de la CABA (2009; 2013).

En cuanto a la localización de estos proyectos, gran parte de los mismos se ubican en un área de la ciudad altamente valorizada por el capital inmobiliario. Casi el 90% de los proyectos se ubican en la zona norte-centro, en los barrios de Coghlan y Colegiales; sólo dos terrenos del programa se localizan en el límite de los barrios de Boedo y Parque Patricios (que de cualquier manera son áreas de la ciudad provistas de servicios y de óptima localización).

Todas las obras finalizadas y las que se encuentran actualmente en ejecución se localizan en la zona norte, con muy buena accesibilidad al centro de la ciudad, denotando los potenciales que habilitó este programa en términos del ejercicio del derecho a la ciudad por parte de los sectores populares.

Mapa 4: Proyectos del PRTExAu3 en la Ciudad de Buenos Aires. 2014

Fuente: Elaboración propia en base a Google Maps.

4.1.1.3 Los proyectos llave en mano del PRTExAu3 bajo análisis

Los proyectos que se constituyeron en unidades de análisis para este trabajo, se corresponden con todos los que ya se encuentran finalizados, con familias haciendo uso de las viviendas.

Tal como se dijo anteriormente, cuatro fueron los proyectos finalizados por el programa, dándoles respuesta definitiva en materia de vivienda a 91 familias. De este conjunto de familias, 51 ya lograron la firma del boleto de sus viviendas y actualmente se encuentran en la etapa de devolución de su crédito hipotecario.

Los complejos habitacionales finalizados se caracterizaron por una tipología arquitectónica de pequeña escala, edificios de planta baja y dos o tres pisos, con unidades funcionales de vivienda de uno, dos, tres, cuatro y cinco dormitorios, cocina incorporada a la sala de estar y baño. Sólo el proyecto de la calle Virrey del Pino tiene unidades en dúplex y ascensor, todas los demás cuentan con circulación por escaleras. Además, todos los complejos tienen espacios comunes diseñados para su parquización (sobre estas características se profundiza en los capítulos siguientes).

Por la escasa cantidad de casos finalizados, para esta investigación se decidió tomar todos ellos como casos de estudio. Tres de los inmuebles localizados en el sector 4 y sólo uno de ellos en el sector 5 de la traza. Todos fueron producidos por empresas constructoras que accedieron a la realización de las obras vía licitación pública convocada por el IVC. No obstante, las viviendas del complejo de Virrey del Pino comenzaron a ser habitadas hacia finales del año 2013 y principio de 2014, por lo que este caso de estudio sólo abona como fuente de información para una de las instancias de análisis de este trabajo, que es el momento de diseño e implementación de la política, pero no así para la instancia del habitar.

Los proyectos finalizados por el PRTExAu3 analizados en esta investigación son (se subrayaron los casos en los que se pudo acceder mediante entrevista en profundidad):

Tabla 9: Proyectos construidos por el PRTExAu3, finalizados y adjudicados. CABA. Diciembre 2014.

PRTExAu3 – OBRAS FINALIZADAS		
Proyecto/Localización	Empresa constructora	Cantidad de viv.
Estomba 1148/54	TEXIMCO S.A.	22
Giribone 840/2	TEXIMCO S.A.	7
Giribone 1330	TEXIMCO S.A.	22
Virrey del Pino 4159 (Etapa I)	EMACO S.A.	40
TOTAL		91

Fuente: Elaboración propia en base a información aportada por la Unidad Ejecutora de la ExAu3 y la Comisión de Vivienda de la Legislatura de la CABA y Relevamiento fotográfico elaborado por Cecilia Zapata.

Imagen 4: Foto de fachada de Complejo Estomba 1148, Giribone 840, Giribone 1330 y Virrey del Pino 4159. CABA. 2013

Fuente: Relevamiento fotográfico elaborado por Cecilia Zapata.

4.1.2 El Programa Rehabilitación del Hábitat del Barrio de La Boca

El barrio de La Boca presenta históricamente problemas de acceso a la vivienda. Estas dificultades encontraron una estrecha relación con una situación socioeconómica y familiar vulnerable que abarcó una porción importante de la población del barrio. En la década del '80 se registraron las primeras intervenciones estatales en la zona, pues en 1984 se ejecutó el programa denominado Recup-Boca con el objetivo de atender la problemática habitacional y declarar "Área Problema" a la zona delimitada por las Avdas. Regimiento de Patricios, Martín García, Paseo Colón, Brasil y Pedro de Mendoza[106]. Dicho programa surgió como síntesis de iniciativas anteriores y contuvo dos lineamientos: 1) un plan de acciones inmediatas para el mejoramiento del "área problema", con el objetivo de garantizar condiciones mínimas de habitabilidad en los inmuebles mientras se realizaban las obras definitivas; y 2) acciones tendientes a la rehabilitación y el desarrollo urbano del barrio para implementar en el mediano y largo plazo. Este programa se propuso intervenir el barrio conservando la estética edilicia como símbolo de identidad barrial y la radicación de su población residente (pertenecientes en su gran mayoría a sectores populares)[107]. Además, el programa incorporó la dimensión participativa como un componente fundamental del diseño (Guevara, 2012); pero que en la práctica no se concretó de tal manera. Lacarrieu (1995) afirma que la participación social se limitó a escasos momentos de participación "por invitación" (esto se analiza en el capítulo siguiente).

---

[106] Mediante el Decreto Municipal N° 6.426 de 1985.
[107] Esta característica del programa lo diferenciaba de las demás operatorias de la época, las cuales planteaban la relocalización compulsiva de los sectores de bajos recursos en los bordes de la ciudad y en departamentos monoblocks de zonas aún más degradadas de la ciudad.

El programa recién comenzó a funcionar en el año 1989 a partir de la compra por parte de la CMV de 21 que alojaban cerca de trescientas familias[108]. En estos inmuebles se preveía la demolición y construcción de obra nueva en algunos de ellos y el reciclado y la rehabilitación de otros. No obstante, la ejecución del RECUP estuvo obstaculizada por las condiciones económicas y políticas de la ciudad, y su intervención se limitó a la gestión de las obras de rehabilitación de cuatro conventillos, que tampoco lograron ser regularizados en su dominio por dificultades normativas que impidieron su subdivisión bajo el régimen de propiedad horizontal (situación que se mantiene hasta la actualidad). Por su parte, la Asociación Mutual Esperanza, creada por el RECUP como instancia organizativa y participativa de la población residente, fue tergiversando su función y hacia fines del siglo dejó de existir como tal, generando un proceso de fragmentación y dispersión entre los destinatarios (Guevara, 2012).

> Este programa nace en el '89 cuando un privado entra en quiebra y decide vender sus propiedades dejando en la calle a cerca de 400 familias. En ese momento, el Estado, el gobierno de Grosso, decide comprar esos 21 conventillos con la gente adentro para evitar los desalojos. En ese marco se arma el Recup Boca, que era un programa muy ambicioso y que inicialmente fue muy interesante, pensá que se preveía hasta sanear el Riachuelo, y dicen bueno, la gente se organiza en una organización, la Mutual Esperanza, con representantes de los 21 conventillos y ellos pagan una cuota a la mutual para hacer los arreglos de los inmuebles, se reunían para definir las prioridades, los arreglos de los inmuebles, tal mes arreglamos la instalación eléctrica de Palos y luego las ventanas

---

[108] Los inmuebles se adquirieron vía remate judicial a la empresa Celestina La Grande S.A. Fueron incorporados al RECUP-Boca por Resolución 970/89 y se dispuso para su compra la venta de bonos BONEX serie 1982 que tenía la CMV en su poder, por un equivalente de U$S246.061,47 (autorizado mediante Acta nº 841/HD/84, art. 1º) (Auditoria General de la Ciudad de Buenos Aires, 2013).

de Rocha…, y la CMV se había comprometido a reacondicionar las unidades de vivienda y una vez terminadas entregarle a cada familia beneficiaria su unidad. La relación entre las familias y en Instituto era un convenio de uso y goce con un reglamento de convivencia. Así se reacondicionan cuatro inmuebles, pero se encontraron con la dificultad [de] no poder hacer la subdivisión, la regularización dominial, porque no estaba en código. Entonces había que hacer obra nueva, tirar abajo los conventillos y hacer obra nueva. Pero el obstáculo era ahora dónde viven las familias hasta que terminamos la obra nueva. Entonces la comisión empezó a comprar hogares de tránsito (Entrevista H. CABA. Julio 2013).

Tras las problemáticas de implementación del Programa Recup-Boca, en el año 1997 la CMV creó el Programa de Renovación de Conventillos destinado a la rehabilitación de los veintiún inmuebles oportunamente adquiridos. La particularidad de este nuevo programa, es que dejó de lado la participación social pautada por el Recup-Boca y planteó la demolición y construcción nueva de los conventillos a través de empresas contratadas por licitación. En una primera etapa se comenzó con la construcción de cuatro conventillos, obras que fueron finalizadas y ejecutadas entre 1999 y 2001 y que son objeto de análisis en este trabajo. Para la concreción de estas obras, la CMV adquirió tres nuevos inmuebles[109] que cumplieron la función de viviendas transitorias para las familias residentes de los conventillos en obra.

Ahora bien, con el cambio de gestión en el año 2000, mediante Resolución n°1142/00, se creó el Programa de Rehabilitación del Hábitat del Barrio de La Boca (PRHLB) en reemplazo del anterior, al cual se le afectaron todos los inmuebles de propiedad de la CMV en el barrio. Por lo que el mismo hizo extensiva la promoción de viviendas no sólo

---

[109] Estos son: Martín Rodríguez 559/61 (adquirida el 27 de febrero de 1998); Santiago del Estero 1040/42 (Resol. 362/SS/99); y Olavarría 986/94 (adquirida el 30 de septiembre de 1999) (Auditoria General de la Ciudad de Buenos Aires, 2013).

a los grupos habitantes de los 21 conventillos comprados por el Recup-Boca sino también a las familias de recursos bajos y medios-bajos que ocupaban el parque habitacional del barrio de La Boca. Según su resolución de creación, el programa tenía por objetivo "mejorar las condiciones de habitabilidad en los conventillos de la Boca, revalorizando el hábitat y la arquitectura popular como patrimonio histórico y cultural". En este marco, en base a distintos informes elaborados por el IVC acerca del funcionamiento del programa, se reconocen como tareas a desarrollar:

> el trabajo social continuo en la promoción y fortalecimiento de la organización comunitaria; la compra de conventillos para su renovación como residencia permanente o para ser usados como hogares de tránsito; la gestión de la función residencial en la urbanización del sector de Casa Amarilla; la articulación con propietarios y empresas con iniciativas inmobiliarias residenciales en el barrio; mediación en situaciones de riesgo de desalojo; provisión de asistencia técnica administrativa, jurídica y financiera y la articulación de acciones con entidades barriales y de gobierno (Auditoria General de la Ciudad de Buenos Aires, 2013).

En cuanto a la ejecución del programa, el mismo tiene dos líneas de intervención definidas: una vinculada a la determinación de los inmuebles afectados al programa, y otra relacionada con planes de acción a desarrollarse en espacios específicos del barrio. En este sentido, en relación al primero de los lineamientos, el programa interviene en:

- los conventillos propios del IVC (los 21 conventillos comprados por el Recup-Boca y ocho nuevos conventillos adquiridos por el PRHLB[110]);
- los inmuebles comprados por actores privados mediante la Operatoria 525; y

---

110 Ubicados en las calles Río Cuarto 1261, Alvar Núñez 245; Martín Rodríguez 559/61; Santiago del Estero 1040/42; Olavarría 986/994; 20 de Septiembre 332; Avda. Brasil 1340 y Arzobispo Espinosa 351.

- el área de Casa Amarilla, que constituía una fracción de doce hectáreas comprada por la CMV en el año 1981.

En relación a los planes de acción planificados, preveía desarrollar:

- Un plan de recuperación integral, que contempló la entrega a cada familia de una unidad de vivienda nueva en propiedad horizontal con un consorcio constituido y transferencia plena del dominio. Para ello, el programa planteó articular la adjudicación de viviendas nuevas con un Plan de relocalización de las familias. Este incluye la compra de inmuebles aptos para el alojamiento transitorio[111].
- Un plan de mantenimiento de conventillos (diferenciando la emergencia del mantenimiento), el cual constó de tres etapas: i) el relevamiento sistemático de problemas, ii) el plan de obras de refacción y reacondicionamiento, y iii) la ejecución de las obras. Estas obras debían desarrollarse mediante la contratación directa de pequeñas empresas para la refacción integral de algunos conventillos o de obra especializada (desagüe cloacal, instalación eléctrica, etc.) o a partir de la formación de cuadrillas de mano de obra con competencia en trabajos de refacción.
- Un plan de operatorias vinculadas, mediante el cual el programa está asociado a varias operatorias complementarias como el FONAVI tradicional, el PFCV, Terreno Proyecto y Construcción (TP&C) y la Ley 341 de créditos hipotecarios individuales.

---

[111] A los comprados con el Programa de Renovación de Conventillos se le adicionaron dos inmuebles: 20 de Septiembre 332/34 y Brasil 1340 (adquirido en octubre del año 2005 para trasladar a las familias del conventillo ubicado en la calle Salvadores 829).

Retomando a Guevara (2012), los resultados del programa fueron escasos y limitados en relación a la magnitud de la problemática, lo que trajo como consecuencia que los conventillos continúen degradándose por falta de mantenimiento básico (situación denunciada en numerosas oportunidades por Organismos de Control). Las obras destinadas a la rehabilitación de conventillos o a vivienda nueva no fueron priorizadas presupuestariamente a lo largo del ciclo de vida del PRHLB. Tal como puede verse en el cuadro presupuestario a continuación (desde el año 2005 hasta 2014, pues no se pudo acceder a datos fehacientes de los años previos), desde 2005 hasta 2009 el presupuesto vigente para el programa fue prácticamente inexistente frente al volumen de las intervenciones previstas (de hecho, en 2007 no se le asignó partida presupuestaria). En 2009 se registró un aumento significativo en relación al año anterior, pero su ejecución fue casi nula (un 5.77%). A partir de 2010, las partidas presupuestarias se engrosaron en sobremanera debido a la nueva apuesta de la gestión de turno vinculada al inicio de la obra del predio de Casa Amarilla. Si bien el proyecto está en carpeta desde 2004 (el cual contemplaba la construcción de 1.231 viviendas y una inversión de más de $90 millones), el proyecto fue trabado por interposiciones judiciales de distintas denuncias de organizaciones vecinales[112]. Recién a partir de 2010, donde se verifica un salto presupuestario de escala, se dio inicio a las obras en el predio (con un proyecto reformulado, en el que sólo se proyectó la construcción de 438 unidades habitacionales), bajo un esquema de ejecución y financiamiento del Plan Federal de Construcción de Vivienda, no para satisfacer las necesidades habitacionales del barrio, sino para la demanda general de vivienda orientada a sectores medios con empleo

---

[112] Por ejemplo, la Asociación Civil República de La Boca, una de las organizaciones que conforman el denominado Movimiento por el Resurgimiento de La Boca inició una acción judicial en el marco de la cual se dictó una medida cautelar que suspendió la licitación original. Todavía no se ha resuelto la cuestión de fondo (Guevara, 2012).

en relación de dependencia (como se profundizará más adelante). Los aumentos presupuestarios de los años siguientes se explican en gran parte por la obra de Casa Amarilla, pues los avances de obras destinados al PRHLB fueron prácticamente inexistentes.

Tabla 10: Evolución presupuestaria del PRHLB en relación al presupuesto de vivienda. CABA. 2000-2014

Año	Presupuesto IVC -$-	Presupuesto PRHLaBoca -$-	% Total IVC	Presupuesto PRHLaBoca Ejecutado -$-	% Ejecutado
2000	s/d	2.773.753	–	1.152.627	41,55
2001	s/d	766.000	–	388.660	50,74
2002	s/d	648.985	–	475.877	73,33
2003	s/d	322.432	–	273.793	84,91
2004	s/d	239.229	–	233.300	97,52
2005	304.568.035	5.950.742	1,84	2.564.769	43,10
2006	322.565.026	6.410.292	1,90	4.012.842	62,60
2007	337.647.475	0.0	0,00	0.0	0,00
2008	481.318.285	2.315.534	0,40	1.958.641	84,59
2009	578.378.056	8.679.113	2,32	500.747	5,77
2010	373.988.393	40.856.561	4,19	2.123.951	5,20
2011	975.825.437	46.124.898	4,56	15.582.169	33,78
2012	1.010.513.513	72.711.835	5,75	61.076.979	84,00
2013	1.263.711.862	112.422.545	7,33	101.750.336	90,51
2014	1.533.479.874	110.486.592	7,20	90.098.946	81,54

Fuente: Elaboración propia en base a datos aportados por las Leyes de Presupuesto y Cuentas de Inversión 2005-2014, informes de ejecución presupuestaria de la Dirección General de Contaduría del Ministerio de Hacienda del GCABA y Defensoría del Pueblo de la Ciudad de Buenos Aires (2010).

La falta de intencionalidad política en relación a la ejecución de las líneas de intervención destinada a los sectores de escasos recursos del barrio se explica por la dificultad que existió para conciliar el proceso de renovación y puesta en valor que afecta el barrio desde la década de los '90 con la creación de condiciones que permitan la permanencia de las familias de bajos ingresos que allí residen. La carencia de integralidad de la política habitacional desarrollada en la zona repercute en un "dejar hacer" al mercado que no genera condiciones para que las familias de escasos recursos se desarrollen en y junto al barrio.

Ahora bien, tras el incendio ocurrido en unos de los hogares transitorios del programa (Olavarria 986/994) en julio de 2011, la Defensoría del Pueblo de la Ciudad, junto a uno de los damnificados, a la vez destinatario a la espera de alguna solución del PRHLB, presentó ante la Justicia local un amparo judicial contra el GCBA y el IVC solicitando se ordene

> al GCBA –en particular al IVC– que cese en su omisión de ejecutar regularmente el programa habitacional oportunamente creado por la Administración local y proceda a: i) rehabilitar íntegramente todos los inmuebles de dominio del Estado local afectados al PRHLB y ii) adjudicar en venta las viviendas rehabilitadas a los beneficiarios con transferencia plena del dominio de las unidades; todo ello en cumplimiento de los objetivos generales y específicos del programa habitacional y del marco normativo vigente (Acción de Amparo "Ayala Fernando Damián y Defensoría del Pueblo de la Ciudad contra GCBA y otros sobre amparo (art. 14 CCBA)").

Este recurso intimó al IVC a conformar una mesa de trabajo multi-actoral que involucre al Juzgado, a la Defensoría del Pueblo, al IVC, una Guardia de Auxilio y a los habitantes de conventillos, como así también a presentar un plan de trabajo con cronograma de obras y acciones para el período 2011-2014 que involucrara a los catorce inmuebles –entre conventillos y hogares de tránsito– afectados al PRHLB. Con demoras, en el año 2013 comenzó a conformarse la mesa de trabajo multiactoral y se iniciaron los debates alrededor del plan de obra para los inmuebles afectados al programa. Al cierre del trabajo de campo de esta investigación, aún no había resultados de la efectivización de algún tipo de inversión al respecto, pero al mantenerse el curso de las reuniones y negociaciones, se espera prontamente algún tipo de avance concreto.

4.1.2.1 Características del universo de proyectos llave en mano del programa

Al igual que el PAV, el PRHLB es en la actualidad un programa cerrado. En abril de 2014, 101 familias lograron una solución definitiva mediante la terminación y entrega de seis complejos habitacionales nuevos y resta la construcción de 103 soluciones habitacionales, de las cuales cuarenta se encuentran en ejecución y 63 están en carpeta a la espera de avanzar con los distintos pasos burocráticos y la asignación de fondos presupuestarios (o, en su defecto, a la espera de una decisión política).

Tabla 11: Estado de avance del universo de proyectos llave en mano del PRHLB. CABA. Diciembre 2014

PRHLaBoca – TOTALES		
Estado de avance de obras	Proyectos	Cantidad de viviendas
Obras terminadas	6	155
Obras en ejecución	3	40
Obras a iniciarse	4	63
TOTAL	12	258

Fuente: Elaboración propia en base a información aportada por la Comisión de Vivienda de la Legislatura de la CABA y la Defensoría del Pueblo de la CABA (2010).

No obstante, según la respuesta brindada por el Unidad Ejecutora del PRHLB mediante Nota AGCBA N° 924/2012, la población censada que aún está a la espera de alguna solución habitacional data de 251 familias (Auditoria General de la Ciudad de Buenos Aires, 2013, pág. 36), pero no se informó cómo se les resolverá el problema. Si bien de las proyecciones realizadas hasta el momento se deduce que 103 familias aún no identificadas serán relocalizadas en las obras en construcción y/o por iniciarse, todavía queda un residual de familias con paradero incierto. Probablemente, serán afectadas a intervenciones distintas a la opción llave en mano (mediante reciclaje, por ejemplo), pero no existe o por lo menos no se tuvo acceso a información certera al respecto. Por lo que aún no se sabe si las familias que serán destinatarias de las viviendas nuevas se corresponden con el entramado actoral del PRHLB, y, de no serlo, de donde provendrán. Este escenario da cuenta del nivel de incertidumbre que existe alrededor de la continuidad de la operatoria, pues las intervenciones del nivel ejecutivo de gobierno sólo son en respuesta a intervenciones judiciales[113].

---

[113] El rol que desempeñó del poder judicial en los últimos años en relación a la defensa de derechos vulnerados por parte de sectores populares y la ejecución de la política habitacionales mediante procesos de judicialización, fue configurando al mismo como un actor social de peso en el sistema de vivienda local. Para profundizar en esta temática, ver Abramovich y Pautassi (2009).

Tabla 12: Estado de avance de proyectos llave en mano en obra o en carpeta del PRHLB. CABA. Diciembre 2014

PRHLaBoca – OBRAS EN EJECUCIÓN	
Proyectos/Localización	Cantidad de viv.
Alfredo Palacios 744/60	16
Suárez 1061	8
Padre Grote 753	16
SUB-TOTAL	40
PRHLaBoca – OBRAS A INICIAR	
Salvadores 825/7	18
Salvadores 829/31	12
Suárez 479	15
Olavarría 240	18
SUB-TOTAL	63
TOTAL	103

Fuente: Elaboración propia en base a información aportada por la Comisión de Vivienda de la Legislatura de la CABA y la Defensoría del Pueblo de la CABA (2010).

En cuanto al emplazamiento de los proyectos, la particularidad de este programa es que les garantizó a sus destinatarios relocalizaciones dentro del barrio del cual son residentes y ventajas en relación a las oportunidades de acceso a bienes y servicios ligados a la localización.

Adicionalmente, la mayoría de los proyectos se ubican en zonas del barrio en las cuales, en los últimos años, se desplegaron fuertes procesos de renovación urbana impulsados por la dinámica inmobiliaria. Es por esto que la localización de los inmuebles de este programa provoca un efecto minimizador del impacto del proceso renovador urbano a favor de los sectores populares, resignificando la disputa por el espacio urbano y las ventajas de la centralidad para los sectores populares (en términos de igualdad de oportunidades).

Mapa 5: Proyectos del PRHLB en el barrio de La Boca. CABA. 2014

Fuente: Elaboración propia en base a Google Maps.

4.1.2.2 Los proyectos llave en mano del PRHLB bajo análisis

Tal como se explicó, una de las operatorias del PRHLB fue la demolición de conventillos caracterizados por un alto nivel de degradación y la construcción en su terreno de obra nueva. Para la realización de estos emprendimientos se relocalizó a las familias en hogares de tránsito que para muchas familias se volvieron permanentes por la extensión en el tiempo de las obras y las adjudicaciones poco transparentes de las nuevas unidades. Si bien el modo de adjudicación de las viviendas es el correspondiente a la modalidad llave en mano, a partir de un listado en el que los afectados del programa se anotaron y fueron ordenados por nivel de vulnerabilidad socio-habitacional, muchas familias relocalizadas no volvieron a sus viejas residencias (ya ocupadas por otras familias)[114].

En abril de 2014, se habían finalizado seis complejos habitacionales caracterizados por respetar las tipologías edilicias de los conventillos, recuperando el espíritu de la tradición barrial y los modos de vida de los residentes. Por ello, los proyectos construidos contaron con grandes patios en la planta baja sobre los que balconearon las unidades funcionales ordenadas en dos o tres plantas. También se recuperaron las estructuras de metal y chapa para escaleras, barandas y aberturas típicas de La Boca antigua.

---

[114] Cuando se consultó a los funcionarios del programa qué motivó estas decisiones por parte del estado, las respuestas refirieron a la inadecuación entre las características cuantitativas de las familias y las características edilicias de las unidades de vivienda construidas. Esto da cuenta de la falta de adaptación de lo finalmente construido a las reales necesidades de habitación de las familias que deberían haber sido destinatarias.

Imagen 5: Fachadas de Complejos Palos 460, Suarez 501 y Brandsen 626. CABA. 2013

Fuente: Relevamiento fotográfico elaborado por Cecilia Zapata.

Vale aclarar también que cuatro de los conventillos reconstruidos como obra nueva –los primeros consignados en el cuadro siguiente–, fueron ejecutados con el Programa de Renovación de Conventillos, cuyas obras finalizaron en 2000 y recién fueron adjudicados entre los años 2001 y 2002. Las obras de los conventillos de Alvar Núñez y Arzobispo Espinosa comenzaron a tramitarse en 2002, logrando su finalización en 2012 y fines de 2013 respectivamente, registrando una extensión de tiempo incongruente con las urgentes necesidades habitacionales de los destinatarios del programa.

Imagen 6: Fachadas de Complejos de Brandsen 660, Alvar Núñez 245 y Arzobispo Espinoza 351. CABA. 2013

Fuente: Relevamiento fotográfico elaborado por Cecilia Zapata.

Los casos seleccionados para su análisis fueron todas las obras finalizadas, ya que resultaron ser pocas en términos cuantitativos. No obstante, las viviendas del complejo Arzobispo Espinosa comenzaron a ser habitadas hacia finales del año 2013 y principio de 2014, por lo que este caso de estudio sólo abonó como fuente de información para el momento de diseño e implementación de la política, pero no así para la instancia del habitar (se subrayaron los casos en los que se pudo acceder mediante entrevista en profundidad[115]).

Tabla 13: Proyectos construidos por el PRHLB, finalizados y adjudicados. CABA. Diciembre 2014

PRLaBoca – OBRAS FINALIZADAS		
Proyectos/Localización	Empresa	Cantidad de viv.
Palos 460	TEXIMCO S.A.	30
Suárez 501	S/D	22
Brandsen 626	S/D	12
Brandsen 660	S/D	29
Arzobispo Espinosa 351	Ajimez S.A.	54
Alvar Núñez 245	Ajimez S.A.	8
TOTAL		155

Fuente: Elaboración propia en base a información aportada por la Comisión de Vivienda de la Legislatura de la Ciudad de Buenos Aires.

---

[115] En la introducción se hace referencia a las características que asumió el trabajo de campo que sustenta la investigación de este libro y las entrevistas en profundidad realizadas.

4.1.3 El Programa Viví en tu Casa, de demanda general

Históricamente, entre la cartera de programas de acceso a la vivienda que ofrece el GCBA (primeramente desde la CMV y luego desde el IVC), existió una gama de operatorias que dan respuesta a la demanda general –o libre– de vivienda, que aquí se la denominó de primera generación.

A partir del año 2004, se creó, desde el nivel nacional de gobierno, el Plan Federal de Construcción de Vivienda (como consecuencia de la desarticulación del FONAVI), que se ejecutó de manera descentralizada en todo el país, incluyendo la CABA. Mediante el PFCV, la Nación se comprometió ante las provincias y la ciudad a otorgar un financiamiento no reintegrable para la construcción de 120 mil unidades de vivienda en todo el país, con el objetivo de, por un lado, reducir el déficit habitacional y, por el otro, generar puestos de trabajo. Para esto se diseñaron dos sub-programas de obra de vivienda nueva: el Subprograma de Urbanización de Villas y Asentamientos Precarios, destinado principalmente a iniciativas de urbanización de villas de emergencia y el Subprograma de Construcción de Viviendas con Municipios que, en CABA, se ejecutó en zonas consolidadas de la ciudad (Ostuni, 2010). En este trabajo, por la definición del caso de estudio, sólo se presta atención al segundo de estos subprogramas[116], el cual se canalizó desde el gobierno local mediante la ejecución del Programa Viví en tu Casa.

Esta operatoria estuvo dirigida específicamente a grupos familiares de sectores de recursos medios o medios-bajos, con ingresos mensuales demostrables superiores al salario mínimo vital y móvil (aunque, en

---

[116] Tampoco se tienen en cuenta operatorias específicas del PFCV con organizaciones de la sociedad civil como Fundación Madres de Plaza de Mayo y/o UOCRA (que podrán ser objeto de investigación en el futuro).

función de la información recolectada en el trabajo de campo, se dedujo que los ingresos deben ser los suficientemente altos como para cubrir cuotas mensuales que varían de entre $1.600 y $2.300 para un departamento de 2 ambientes y de $2.300 a $3.300 para departamentos de 3 ambientes durante los primeros cuatro años y, además, deben ser ingresos demostrables ya que deben asumir un compromiso hipotecario con el Banco Ciudad [Entrevista E2. Programa Viví en tu Casa. Complejo Parque Avellaneda. CABA. Julio 2013]). Los postulantes deben tener una antigüedad de residencia en la ciudad no inferior a dos años y no deben ser propietarios de vivienda, ni adjudicatarios de ninguna otra operatoria del IVC (o ex-CMV). Como se analizará en los próximos capítulos, se trata de un destinatario genérico y prácticamente anónimo (a partir de presentaciones espontáneas en el IVC, no identificable mecánicamente con una situación habitacional deficitaria específica –por ejemplo, habitantes de villas y asentamientos o inquilinatos, hoteles pensiones o casas tomadas–) que durante la gestión de la obra tiene escaso contacto con el IVC y nulo con la empresa constructora o con los futuros co-propietarios (vecinos) (Boselli & Velasco, 2003).

Como se dijo, la construcción de las obras se financia con fondos provenientes del PFCV, los cuales cubren el 100% del valor de la vivienda y no requieren de ahorro previo (aunque sí el pago de los trámites para la posesión de los departamentos –boleto y escrituración– por parte de los destinatarios). A su vez, el GCBA debe aportar/adquirir el terreno –o utilizar alguno de sus terrenos fiscales– y debe hacerse cargo de la realización de obras complementarias imprescindibles, como por ejemplo tendido de redes de infraestructura urbana. El cupo de cantidad de viviendas a construir asignado a este distrito por el Gobierno Nacional[117] fue, en una primera etapa, de 5.000 unidades habitacionales de una superficie mínima de 44 mts2 y a un costo de 40 mil pesos por unidad, que suman una inversión total de parte de la Nación de 200 millones de pesos (representando el 5,2% del total de los recursos del programa).

Ahora bien, a partir de 2005, se creó a nivel nacional de gobierno el PFCV en su versión "plurianual" que agregó nuevos elementos a escala local. A las cinco mil viviendas de la primera etapa se le sumaron 6.000 más y se introdujeron modificaciones significativas en los parámetros de las operatorias, pues las unidades de vivienda pasaron a tener una superficie mínima de 55 mts2, con un costo por unidad de $66.600 (aumento que reconoce los incrementos del precio de los materiales de construcción y mano de obra), que arrojó un monto total de inversión de $399.600.000. No obstante, en la CABA estas mejoras tuvieron un impacto poco significativo en relación al resto de las provincias del país, ya que a esta jurisdicción sólo se le asignó el 2% del total del presupuesto del PFCV para ser ejecutado a través de Viví en tu Casa, un monto reducido para la planificación pretendida.

Una vez recibidos los fondos por el tesoro de la ciudad se inicia una licitación pública para la construcción de las viviendas en terrenos seleccionados por el IVC sobre la base de anteproyectos desarrollados por la Oficina de Proyectos del Instituto, cuyos detalles se especifican en los pliegos de licitación. En general las empresas que cumplen las características solicitadas

---

[117] "La asignación de las cuotas a cada jurisdicción no sigue las pautas de la distribución de los fondos coparticipables. El criterio para asignar las cantidades y los fondos se discutió en el marco del Consejo Nacional de la Vivienda, órgano que reúne a representantes de los Institutos Provinciales de Vivienda de todo el país. El punto de partida para la distribución fue el déficit habitacional registrado en cada jurisdicción" (Ostuni, 2010, pág. 73).

se corresponden con grandes empresas constructoras nacionales, acostumbradas a la metodología y burocracia del aparato estatal, y que cuentan con el respaldo financiero suficiente para garantizar la envergadura de las obras proyectadas.

La inscripción para las familias con necesidades habitacionales para cada uno de los proyectos se descentraliza en un período determinado en el Centro de Gestión y Participación correspondiente a cada barrio. También, como se verá más adelante, se registraron casos en los que la cooptación de destinatarios de las viviendas se descentralizó en cooperativas gremiales de trabajadores vinculados a la función pública (trabajadores de las fuerzas armadas y el poder legislativo local). Así los posibles adjudicatarios de las viviendas se inscriben en un registro de postulantes, y cuentan con la posibilidad de optar entre las distintas opciones de proyectos que estén en curso (si es que los hay), que incluyen, entre otros aspectos, las características edilicias (en general, se trata de edificios en planta baja y varios pisos altos –entre siete y nueve pisos–, con presencia de ascensor) y de localización (salvo excepciones como el caso de Casa Amarilla, se emplazan en zona sur de la ciudad –Comuna 8–). El subsidio se materializa mediante un mecanismo de financiamiento de tipo blando, es decir, con reintegro de créditos a largo plazo (entre quince y veinte años) y a una tasa de amortización menor que la del sector privado (a una tasa de interés del 12% el primer año, 13,5% el segundo, 16% el tercero, y 19% en los años restantes).

La asignación de las unidades se realiza desde la unidad ejecutora del programa, conforme los inscriptos para cada edificio y tratando de adecuar la configuración constructiva y las necesidades de los grupos familiares, salvo en los casos que intervinieron cooperativas gremiales, a quienes también se les descentralizó la tarea de adjudicación. Si la cantidad de inscriptos supera las unidades disponibles, la adjudicación se realizará a través de un sorteo ante Escribano Público[118].

Ahora bien, según el convenio marco del PFCV, el financiamiento del programa se concede a las jurisdicciones en forma individual por proyecto, lo que complejiza la reconstrucción del programa para un análisis de presupuesto. Para cada operatoria llevada a cabo en el marco del Viví en tu Casa con fondos del PFCV, la Subsecretaría de Desarrollo Urbano y Vivienda de la Nación (SSDUV) y el IVC deben firmar un convenio particular por cada obra.

Del cálculo que se puede realizar del presupuesto asignado a Viví en tu Casa desde el PFCV, se verifica que desde 2004 hasta 2013 –en las dos etapas del programa– se giraron desde Nación $188.078.583 para la construcción de obra nueva a Ciudad, un 47% del proyectado.

---

[118] A quienes quedan fuera del sorteo se les ofrece trasladar su inscripción a algún otro proyecto habitacional en curso (si es que lo hay).

Tabla 14: Aportes presupuestarios realizados por PFCV ejecutados a través de Viví en tu Casa. Por proyecto. CABA. 2013

Proyecto	Parcelas[119]	Aporte nacional PFCV -$-
Parque Avellaneda	Av. Castañares 4273/4313	16.687.206
	Av. Castañares 4213/43	16.237.670
	Saraza 4214/44	17.308.421
	Saraza 4274/4312	11.394.800
Torres de Lugano	Timoteo Gordillo 5560	3.642.003
	Ferré 6151	3.642.003
	Lisandro de la Torre 5475	4.531.476
	Lisandro de la Torre 5485	4.171.749
	Berón de Astrada 6150	3.552.621
	Lisandro de la Torre 5465	4.434.108
Casa Amarilla	Py y Margall 900	4.663.213
	Avda. Alte. Brown 600	28.502.042
	Avda. Alte. Brown 500	29.167.918
Barrio Rivadavia III	Riestra y T. Tenorio	15.913.585
S/d	Cañada de Gómez 4341 Y Bermejo 6333	10.496.640
S/d	Pedro Chutro 2926/28 y Zavaleta 425/27	6.814.178
S/d	Valparaíso 3570 y Vera Cruz 3459	6.918.950
TOTAL		**188.078.583**

Fuente: Elaboración propia en base a información aportada por el IVC mediante Nota pedido de información N° 5405-IVC-2012 y 5933-IVC-2013 y la Subsecretaria de Desarrollo Urbano y Vivienda de la Nación.

4.1.3.1 Características del universo

De las once mil viviendas nuevas pautadas para su construcción mediante fondos del PFCV, sólo se encuentran 2.026 con algún estado de avance, es decir un 18.4%[120] hacia diciembre de 2014. De este total de viviendas encausadas, unas 580 ya se encuentran finalizadas (el 28.6%), 798 se encuentran en obra actualmente (39.4%) y restan por iniciarse unos siete proyectos que prevén la construcción de unas 648 viviendas.

Tabla 15: Estado de avance del universo de operatorias de demanda general de Viví en tu Casa. CABA. Diciembre 2014

Viví en tu Casa – TOTALES		
Estado de avance de obras	Proyectos	Cantidad de viviendas
Obras terminadas	4	580
Obras en ejecución	6	798
Obras a iniciarse	7	648
TOTAL	**17**	**2026**

Fuente: Elaboración propia en base a información aportada por el IVC mediante Nota pedido de información N° 5405-IVC-2012 y 5933-IVC-2013 y la Subsecretaria de Desarrollo Urbano y Vivienda de la Nación.

---

[119] Vale aclarar que los proyectos se construyen en etapas, por parcelas. Así, algunos proyectos ya tienen parcelas con obras finalizadas y entregadas y otras aún en obra o por iniciarse.

[120] Si bien es cierto que el total también incluye las obras realizadas en villas mediante el subprograma de villas, en villas sólo se proyectaron 461 viviendas, por lo que no varía demasiado la estimación.

De los proyectos que aún se encuentran en obra, el de Casa Amarilla, Torres de Lugano y Parque Avellaneda son los que se encuentran con mayor nivel de avance a abril de 2014, pues los dos últimos ya cuentan con parcelas finalizadas y viviendas entregadas.

En cuanto a las operatorias desarrolladas en el marco de Casa Amarilla, las 2 obras sobre la Av. Alte. Brown encuentran mayor avance que la restante.

Imagen 7: Operatoria Casa Amarilla, Parque Avellaneda y Torres de Lugano del Programa Viví en tu Casa. CABA. 2013

Fuente: Relevamiento fotográfico elaborado por Cecilia Zapata.

La obra de Parque Avellaneda cuenta un alto nivel de avance que ronda el 80% y la de Torres de Lugano el 50%. El resto de las operatorias ya transitaron la instancia de licitación, pero sus inicios aún se encuentran paralizados y son inciertos (según lo explicitó uno de los funcionarios entrevistados del IVC) por un problema de fluidez presupuestaria.

Tabla 16: Estado de avance de operatorias en ejecución y por iniciarse para abastecer Demanda General. CABA. Diciembre 2014

Viví en tu Casa– OBRAS EN EJECUCIÓN			
Proyecto	Ubicación	Empresa	Cantidad de viv.
Casa Amarilla	Py y Margall 900	Vivian S.A.	90

	Avda. Alte. Brown 600	Conorvial S.A./Lanusse S.A.	195
	Avda. Alte. Brown 500	Bricons SAICFI / Vidogar	153
Subtotal Casa Amarilla			**438**
Parque Avellaneda	Saraza 4214/44	Performar S.A.	228
Subtotal Parque Avellaneda			**228**
Torres de Lugano	Lisandro de la Torre 5475	Gadea S.A.	69
	Lisandro de la Torre 5485	Vivian S.A.	63
Subtotal Torres de Lugano			**132**
TOTAL			**798**
OBRAS A INICIAR			
Parque Avellaneda	Saraza 4274/ 4312	Regam-Eisa S.A.	244
Torres de Lugano	Berón de Astrada 6150	Performar S.A.	55
	Lisandro de la Torre 5465	Performar S.A.	69
Barrio Rivadavia III	Riestra y T. Tenorio	Raffo y Mazieres S.A.	96
S/d	Cañada de Gómez 4341 Y Bermejo 6333	Lanusse S.A.- Vivian S.A.-UTE	79
S/d	Pedro Chutro 2926/28 y Zavaleta 425/27	Raffo y Mazieres S.A.	57
S/d	Valparaíso 3570 y Vera Cruz 3459	Ajimez S.A.	48
TOTAL			**648**

Fuente: Elaboración propia en base a información aportada por el IVC mediante Nota pedido de información N° 5405-IVC-2012 y 5933-IVC-2013 y la Subsecretaria de Desarrollo Urbano y Vivienda de la Nación.

Estos datos de avance dan cuenta de los fuertes límites que encontró el programa en términos de su implementación en la CABA, más aún si se tienen en cuenta los plazos, pues estos resultados se obtuvieron en diez años de ejecución del mismo. Ahora bien, uno de los principales límites que encontró el programa en la CABA según Ostuni (2010), fue la disposición de tierra para la ejecución de los proyectos. La falta de articulación de una política de suelo a la política de construcción de vivienda es una falencia que atraviesa la política habitacional en general, pero que afectó específicamente este programa. Pues no contemplar la complejidad de los mercados del suelo impacta fuertemente en los proyectos de gran escala como estos y, también, da cuenta de un posicionamiento (Oszlak, 2001) político en relación a la problemática habitacional de la ciudad. En la CABA, a razón del alto precio del suelo, el programa encontró un fuerte cuello de botella debido a la relación que existe entre tres elementos que cita Ostuni (2010): la magnitud del programa, la rigidez de su esquema de ejecución (en relación con el tipo de actores productivos que supone, es decir, grandes empresas constructoras, y con las tipologías y tecnologías constructivas que condicionan el tipo de empresas) y la estructura urbana sobre la que interviene (el mercado de suelo).

Otro de los inconvenientes que debió afrontar el programa tuvo que ver con el desfasaje entre el monto original del mismo y los encarecimientos constantes de los precios del mercado de la construcción (en insumos básicos como el acero, el cemento y los ladrillos); que se buscaron resolver con la versión plurianual mediante el desarrollo de mecanismos de actualización. No obstante, la actualización presupuestaria del programa y sus montos tuvieron tiempos administrativos y burocráticos más largos que los del mercado, lo cual significó una constante desvalorización de estas actualizaciones.

Otro de los elementos a tener en cuenta para el análisis de este caso de estudio, es la localización de los proyectos pues, tal como puede verse en el mapa que se presenta a continuación, existe una fuerte concentración de obras en la zona sur de la CABA, en los barrios Villa Riachuelo, Villa Lugano, Villa Soldati, y, en menor medida, en Parque Avellaneda, Parque Patricios y La Boca. Este patrón de localización de los proyectos del Programa Viví en tu Casa refuerza el patrón histórico de construcción de vivienda para sectores populares en el área sur de la ciudad y es congruente con una de las características claves de los programas de primera generación.

Mapa 6: Proyecto del PFCV a través del Programa Viví en tu Casa. CABA. 2014

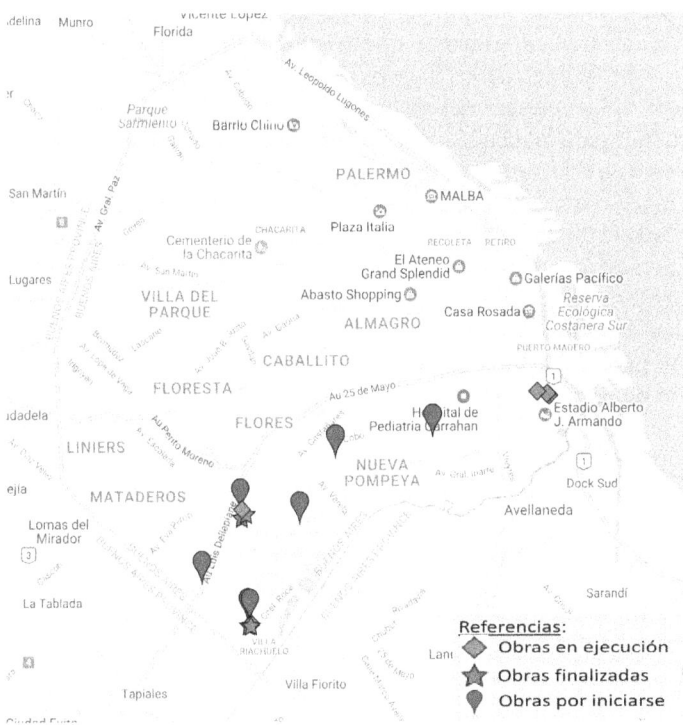

Fuente: Elaboración propia en base a Google Maps.

En su trabajo, Ostuni (2010) reflexiona sobre esta cuestión y encuentra tres razones que explican –en parte– dichas localizaciones. Una de ellas tiene que ver con que el IVC, para abastecerse de tierras, recurrió a la utilización de terrenos fiscales y por la envergadura y magnitud de los proyectos, los terrenos de mayor tamaño se localizaron en esa zona de la ciudad. No obstante, el autor argumenta que esto no basta para explicar la ubicación de los proyectos, pues existen actores que justifican esta decisión en base a una dinámica de estímulo al desarrollo de la zona sur de la ciudad y, al mismo tiempo, es también donde se localiza la mayor demanda de vivienda de la ciudad (vale aclarar, sin embargo, que los destinatarios de las viviendas no son vecinos de los barrios donde se emplazan los proyectos[121]). Los precios del suelo también surgen como una explicación para la localización, pues ante el valor del mismo –y el costo de la vivienda– conviene construir en la zona sur (la especulación inmobiliaria en la zona es menor en relación a la de la zona norte de la ciudad), por lo que existe un remante de tierra mayor con mejores posibilidades de expansión. Ahora bien, existen otros discursos que ponen en tela de juicio la efectividad de la política, pues asocian la lógica de construir en zona sur para los sectores populares con la falta de creatividad e inercia de la política habitacional desarrollada a nivel local desde hace décadas. Pues el formato tradicional de la construcción de vivienda de muchas casas en grandes terrenos sólo es beneficioso para las grandes empresas constructoras –que son las únicas del mercado que pueden satisfacer esa demanda–, mientras que a partir de la compra de lotes más pequeños mechados en la ciudad para conjuntos habitacionales de diez/veinte viviendas en

---

[121] El Complejo de Casa Amarilla no está destinado por ejemplo a familias del PRHLB, sino que en este complejo, como en Parque Avellaneda, se tercerizó la adjudicación de las viviendas a asociaciones o cooperativas colectivas, como la Asociación Casa Amarilla o la Cooperativa Río Iguazú (de trabajadores de prefectura). Las viviendas de Torres de Lugano están siendo adjudicadas mediante el Programa Mi Primera Casa a una demanda que tampoco es estrictamente de la Comuna 8 (aspecto que será profundizado en el trabajo de investigación pos-doctoral).

propiedad horizontal o la remodelación de edificios antiguos, involucrando a otros actores productivos, podría resultar una mejor opción (en los próximos capítulos se pondrá a prueba).

4.1.3.2 Los proyectos llave en mano del Programa Viví en tu Casa bajo análisis

Del universo de proyectos del Programa Viví en tu Casa, aquí se constituyen en caso de estudio sólo dos de ellos, los únicos que se encontraban finalizados al momento de realización de este trabajo: dos parcelas del proyecto Parque Avellaneda y otras dos parcelas del Proyecto Torres de Lugano.

Parque Avellaneda se trató de un proyecto que tuvo el propósito de construir un total de 35.000 mts2 de superficie y 474 viviendas distribuidas en diez torres de planta baja y nueve pisos. Por su parte, Torres de Lugano construyó un total de 9.340 mts2 de superficie y 110 viviendas distribuidas en dos torres de planta baja y nueve pisos.

Las viviendas son en su mayoría departamentos de dos y tres ambientes. No obstante, se previó la construcción de algunos mono-ambientes y departamentos de dos habitaciones diseñados para personas con movilidad reducida. Sus dimensiones varían entre los 45 y los 55 mts^2. Salvo en estos departamentos excepcionales, los baños incluyen bañera y las cocinas instalaciones. Cada edificio cuenta con dos ascensores y dos puertas de incendio, instalaciones de calefacción, ventilación, cocheras cubiertas y descubiertas.

Ahora bien, al momento de conclusión del trabajo de campo de esta investigación, sólo tenía viviendas entregadas el proyecto Parque Avellaneda, con la mayoría de las familias ya viviendo desde hacía varios años en el complejo (entre tres y cuatro años).

El Complejo Torres de Lugano recién se inauguró en diciembre de 2013 y comenzó ese mismo mes con la adjudicación de sólo treinta viviendas. En marzo de 2014 muchas de las familias que resultaron adjudicatarias aún no se habían podido mudar a su nuevo hogar por falta de servicios públicos e instalaciones. Por ello, este caso de estudio sólo abona como fuente de información para una de las instancias de análisis de esta investigación, que es el momento de diseño e implementación de la política, pero no así para la instancia del habitar, ya que sus usuarios aún no contaban con vivencia/experiencia en sus viviendas (se subrayaron los casos en los que se pudo acceder mediante entrevista en profundidad[122]).

Tabla 17: Operatorias construidas mediante el Programa Viví en tu Casa, finalizadas y adjudicadas. CABA. Diciembre 2014

Viví en tu Casa-OBRAS FINALIZADAS			
Proyectos	Ubicación	Empresa constructora	Cant. de viviendas
Parque Avellaneda	Av. Castañares 4273/4313	Green S.A.	244
	Av. Castañares 4213/43		226
Subtotal Parque Avellaneda			470
Torres de Lugano	Timoteo Gordillo 5560	Vivian S.A.	55
	Ferré 6151		55
Subtotal Torres de Lugano			110
TOTAL			580

Fuente: Elaboración propia en base a información aportada por el IVC y la Subsecretaria de Desarrollo Urbano y Vivienda de la Nación y Relevamiento fotográfico elaborado por Cecilia Zapata.

---

[122] En la introducción se hace referencia a las características que asumió el trabajo de campo que sustenta la investigación de este trabajo y las entrevistas en profundidad realizadas.

5

Participando en el diseño e implementación de la política habitacional

Este capítulo se centra, en primer lugar, conceptual y teóricamente en una de las principales variables para este estudio, definida como "etapa de implementación de la política", que es, ni más ni menos, la de la participación social.

Lo que se busca es rastrear en los de programas diseñados desde el gobierno local o nacional las diferentes formas de relación que se entablaron entre los destinatarios y el Estado. Es por ello que se hace referencia a precauciones teóricas y metodológicas del concepto "participación social" y se plantea la operacionalización del mismo para abordar la realidad de manera empírica, pero desde un marco conceptual que permita tal aterrizaje.

Luego, se comparan las distintas fases del ciclo de vida de los programas llave en mano y autogestionario en los proyectos bajo análisis, prestando especial atención a la existencia/inexistencia de instancias de participación en la etapa de diseño, implementación burocrático-administrativa y evaluación de los programas a fin de indagar en la configuración de usuarios/adjudicatarios activos/pasivos de la vivienda.

Para ello, se analizan los contextos de concepción y surgimiento de los programas con los actores sociales y privados involucrados, sus impactos en la institucionalidad pública, las marchas y contramarchas de la participación en los procesos de implementación de las políticas y las modalidades de evaluación de los programas (si existieran).

5.1 Conceptualizando la participación social durante la intervención estatal

Como se vio al principio de este libro, el perfil de las políticas públicas –entre ellas, la habitacional– sufrió una transformación significativa a partir de la construcción y consolidación del neoliberalismo, orientada específicamente a un proceso desde donde el Estado reconfiguró sus capacidades sociales en función del desarrollo del mercado. En este marco, algunas de las nuevas formas de intervención estatal implicaron, por un lado, la transferencia de responsabilidades y funciones asociadas de la gestión y ejecución de la política social a distintos niveles gubernamentales (provinciales y municipales) y se impulsó la participación de la sociedad civil agrupada y de los destinatarios de las políticas (Andreanucci, Neufeld, & Raggio, 2000), y por otro, se conformaron de manera ad hoc organizaciones de base involucradas activamente en el proceso de implementación y gestión de algunos programas sociales para la realización de acciones inmediatas (como proveerse de alimentos, alcanzar la titularidad de la tenencia de los terrenos, etc.). Muchas de estas organizaciones se constituyeron de manera formal momentánea o permanentemente, pero esto no implicó un conocimiento y/o experiencia previa compartida por sus integrantes (Menéndez, 1998).

En este marco, la *participación social* es entendida aquí como un proceso a través del cual las personas identifican problemas, proponen y negocian alternativas de resolución, entendiendo que para cada problema existe un abanico de posibles soluciones y que cada alternativa puede responder de manera precisa –o no– a los intereses de determinados actores sociales (De la Mora, 1992; 2002). Como menciona De la Mora, la participación más auténtica y eficaz es la conquistada por las organizaciones sociales, aunque también puede ser espontánea, inducida e incluso impuesta. Por lo que la participación social supone una articulación de actores, cualquiera sea su origen (promovida desde el Estado, cuando es inducida o impuesta, o gestionada por este como resultado de las demandas de la población, cuando es conquistada), y es concebida como parte del proceso mismo de toma de decisiones de la política pública (Catenazzi & Chiara, 2009). Estas autoras también agregan que los entramados de intereses (diferentes y, en algunos casos, contradictorios) de los actores sociales participantes configuran la política social, cristalizando la historia de la cuestión que la orienta (o le dio origen), condicionando su implementación y a la vez son modificándola por las propias intervenciones. Los actores que intervienen en esta participación no son actores neutrales, sino que tienen valores, intereses y visiones propias que guían su acción y no están necesariamente alineados con los de quienes orientan la política que contiene dichas instancias participativas. Los intereses propios de los operadores, la utilización estratégica que estos pueden hacer de la información sobre las operaciones, el accionar de otros actores y el devenir del propio proceso político abren amplias oportunidades para que se desvíe la marcha de un programa hacia otros objetivos, resultados o intereses. Los actores de la implementación, entonces, no son meros administradores, sino que en su quehacer redefinen permanentemente los lineamientos esbozados en el proceso de formación de la política o programa (Rodríguez & Di Virgilio, 2011). Por lo tanto, la participación sólo puede definirse inserta en procesos históricos, y en consecuencia, también como resultado de otras políticas públicas, pero fundamentalmente como proceso de toma de decisiones y como herramienta de construcción y conquista de ciudadanía (en sentido de conciencia cívica).

Ahora bien, retomando los planteos de Cunill Grau (1995), este análisis pretende poner en tensión la modalidad de institucionalización de la participación social en la esfera estatal, pues la autora plantea que en muchas ocasiones es explicativa por sus propios límites, teniendo en cuenta que en vez de facilitar el incremento de la representación ella puede legitimar la propia corporativización del aparato estatal. Esto llevaría a pensar, por tanto, que el desarrollo de mecanismos de participación social desde el Estado no necesariamente estimula la organización social, sino que puede devenir en desarticulación del tejido social y/o fortalecimiento de las asimetrías en la representación, redundando en el debilitamiento de la sociedad civil. Para dar cuenta de esto, De la Mora (2002) habla de tres tipos de relación entre el Estado y la sociedad: la *clientelista*, en la que los representantes estatales buscan en esa articulación su legitimación en el poder demostrando eficacia con las organizaciones de base, construyendo una articulación acrítica; la *maniqueísta*, en la que tanto los representantes del Estado como los de la sociedad civil no creen que una articulación signifique alguna contribución (los primeros por considerarse dueños y sabedores de un conocimiento técnico suficiente para intervenir en la realidad y los segundos por considerar a los primeros oportunistas que sólo quieren capitalizar políticamente las energías desplegadas por las organizaciones sociales); y la síntesis dialéctica entre estas dos formas de articulación, la *crítica*, que recupera los elementos superadores de los dos modos de vinculación anteriores a partir del reconocimiento mutuo de sus identidades diferentes y logra una articulación basada en la integración y asimilación de las identidades y autonomías del otro y propias desde un posicionamiento crítico.

Por esto, para poder abordar cabalmente la institucionalización de la relación del Estado con la sociedad por medio de la participación en las políticas y gestión pública es necesario considerar a los sujetos de la participación social con sus valores e intereses, las modalidades de participación que se despliegan, así como también los ámbitos en los que se ejerce la participación a lo largo del tiempo.

La diversidad de modalidades de participación en una política social es variada y su abordaje teórico también proviene de diferentes perspectivas paradigmáticas. Retomando a Adriana Rofman (2007), estos pueden venir de enfoques liberales que jerarquizan el aporte de eficiencia y transparencia que supone la participación de actores no gubernamentales en la gestión, o incluso de discursos transformadores, que visualizan estas estructuras como vías para la participación social y la ampliación de la ciudadanía de los sectores sociales empobrecidos, destinatarios de los programas, que encuentran mediante esta participación la posibilidad de hacer oír su voz en el proceso de gestión de políticas públicas en término de toma real de decisiones y ejercicio pleno de ciudadanía. Esta autora argumenta también que los resultados de dicha participación social pueden ser diversos, ya que existen experiencias de efectivo empoderamiento de los grupos destinatarios y de ampliación de los mecanismos democráticos, hasta casos en los que la participación de los actores sociales se reduce a formas tuteladas y controladas de involucramiento, que proponen un aumento de la legitimidad de la dominación política. Pelli (2007) advertía sobre esta cuestión de la *falsa participación* de los adjudicatarios en los programas destinados a resolver el acceso a la vivienda, pues funcionarios estatales o técnicos de organizaciones sociales (empoderados de un saber técnico-profesional y en una posición de mayor poder en la estructura social) actúan convencidos de estar trabajando en marcos ampliamente participativos porque existen espacios de opinión de los destinatarios o instancias de "aprobación" de lo que los técnicos y/o profesionales pensaron por ellos. Pero dichas experiencias entendidas como participativas –y efectivamente así presentadas– distan de ser un proceso realmente participativo, pues se entiende a la participación social como una instancia de genuina toma de decisión por parte del destinatario de la política, desde una escala de valores propia y no subsumida a la del funcionario estatal o el profesional. En el marco de una política social, la participación implica un proceso de redistribución de recursos, de poder de gestión, y la reducción de distancias que se produce cuando se redefine la relación entre el Estado y la sociedad. Si la participación se da en el marco de una política social, entendida como campo de disputa (O'Donnell & Oszlak, 1981), surge una situación por lo menos de tensión en el acto de ceder esos recursos, ese poder de gestión y esos espacios.

El debate vinculado al sentido y a los objetivos de la adopción de formatos participativos en una política social puede delinearse por tres ejes centrales a partir de los argumentos de Rofman (2007): la participación en la gestión estatal supone la profundización y ampliación de la democracia, más allá de los mecanismos representativos (Cohen & Arato, 2000); la presencia de actores no estatales en la gestión de políticas sociales asegura una mayor transparencia y eficacia en la acción pública (Coraggio, 2003); la gestión de políticas sociales presenta límites a la participación efectiva de los sectores sociales más postergados (Cardenalli & Rosenfeld, 2002; García Delgado & De Piero, 2001). De todos modos, más allá de las perspectivas de estos argumentos, todos revalorizan el fuerte arraigo en el territorio que se manifiesta con la adopción de formatos participativos para la gestión de las políticas públicas, ya que resulta importante la inserción territorial local que tienen las organizaciones socio-territoriales de base y los proyectos generados desde los sectores populares.

En este sentido, a partir de los años '70 existieron diversas experiencias de políticas sociales en el continente que involucraron en su ejecución instancias de participación social con diversos resultados y fueron antecedentes de relevancia para el caso argentino. En México, entre 1976 y 1982, a partir de la experiencia de la Cooperativa Palo Alto, se diseñaron varios programas que estimularon la participación social con éxito. Este es el caso del Fideicomiso Fondo Nacional de Habitaciones Populares (FONHAPO) que financiaba a sectores de bajos ingresos integrados en organizaciones sociales la construcción y mejoramiento de viviendas y conjuntos habitacionales populares a través de procesos de autogestión y operó a través de operatorias que concentraron, entre los años 1983 y 1988, porción importante del presupuesto nacional. En los primeros años del fondo (1983-1988) se financiaron 245 mil viviendas con un incremento anual constante de construcciones. No obstante, a partir de 1988, con nueva dirección en el Fondo y un cambio de perspectiva orientado hacia la concertación, paulatinamente se fue modificando la relación horizontal que lo caracterizaba, dando paso a un organismo financiero-promotor social y los destinatarios fueron desplazados de su rol de actores activos a un grupo solicitante de vivienda. En esta mutación, las organizaciones sociales perdieron espacios de control sobre sus propios proyectos, los cuales fueron reapropiados por el sector privado (principal beneficiario de este cambio en la política) para la construcción de vivienda llave en mano. Ya en la década del '90, la distribución de los recursos que alimentaban al FONHAPO se orientaron hacia sectores con mayor capacidad de pago, pasando de manejar el 4.9% de los recursos del Programa Nacional de Vivienda en 1990, al 1.5% en 1992 (Martínez Ramírez & Arteaga Vizuet, 1995).

Otro ejemplo, con otra trayectoria, es el caso uruguayo. A partir de tres experiencias piloto del interior del país y un particular contexto socio-político, se logró la sanción, en 1968, de la Ley Nacional 13.728 de Vivienda, la cual desarrolló un sistema de financiación a cooperativas de vivienda para la ejecución de proyectos autogestivos con aplicación de ayuda mutua. Como consecuencia de esta Ley nació la Federación Uruguaya de Cooperativas de Viviendas por Ayuda Mutua (FUCVAM), basada en tres pilares: la autogestión, la ayuda mutua y la propiedad colectiva, logrando resultados importantes en el campo de la vivienda

(Nahoum, 2010). Actualmente el movimiento ya cuenta con casi 500 cooperativas de base y más de veintidós mil viviendas construidas y unas cuatro mil aún esperan acceder a tierras y empezar a construir[123], teniendo presencia en prácticamente todas las ciudades del país (Zibechi, 2007).

El modelo FUCVAM comenzó a ser incorporado en otros países de la región. Por ejemplo, la Unión de Movimientos de Moradia de San Pablo (Brasil), hacia finales de los años '80, llevó adelante una experiencia piloto en el área metropolitana de esa ciudad de construcción por autogestión con ayuda mutua, financiado con recursos municipales y estaduales y con el apoyo de equipos técnicos. Cuando en 1989 el Partido de los Trabajadores llegó a la gobernación de San Pablo, tomó dicha experiencia de base y diseñó y ejecutó un Programa de Autogestión para diez mil mutirones[124] (que sirvió de experiencia marco para su posterior nacionalización). Retomando esta experiencia e inspirados en los conceptos de la normativa uruguaya, en junio de 2005 se sancionó la ley 11.124 que crea en Brasil el Sistema y Fondo Nacional de Vivienda de Interés Social (SNHIS y FNHIS), que tiene por objetivo viabilizar el acceso de la población de bajos ingresos al suelo urbanizado y a la vivienda digna, recuperando las experiencias anteriores, con gran fluidez de recursos. No obstante, este proceso tuvo un retroceso significativo en 2009 con la implementación del Programa Mi casa mi vida (MCMV) para la construcción de un millón de viviendas nuevas y

---

123 El modelo FUCVAM remite a la conformación de cooperativas de entre diez y doscientas familias y consta de cuatro etapas: el reconocimiento legal de la cooperativa, la elección de una institución de asesoramiento técnico, la toma organizada o compra de la tierra y la obtención del préstamo para la construcción de las viviendas. En la construcción las familias aportan cantidad de horas de trabajo, gestionan el proceso de diseño y construcción con la asamblea como medio de toma de decisiones y luego administran el complejo habitacional. La propiedad de las viviendas es de tipo colectiva. FUCVAM tiene además una escuela de formación y una planta industrial que provee materiales a las cooperativas (Zibechi, 2007).
124 Del portugués mutirao: esfuerzo.

la intervención de grandes empresas constructoras en la etapa productiva –con objetivos de reactivación económica tras la crisis de 2008–. Ante la presión interpuesta por los movimientos sociales de vivienda, se consiguió la ejecución del sub-programa "MCMV-Entidades" que retuvo un 3% del presupuesto total destinado al MCMV y logró abrir un espacio de aplicación de la propuesta autogestionaria (Pessina, 2012) (que aún hoy está vigente con miles de vivienda en construcción por parte de los movimientos sociales de vivienda de Brasil, uno de ellos la Unión Nacional de Movimientos de Moradia)[125].

También existieron antecedentes de participación social en políticas públicas en nuestro país. Uno de ellos fue el Plan Piloto de Realojamiento de Villa 7 (1974) que construyó el Barrio Justo Suárez, promovido desde la CMV a partir de la contratación ad hoc de un equipo de profesionales. La experiencia planteó por primera vez desde la acción oficial la autogestión para la producción de viviendas. Tanto el programa como el proyecto de vivienda fueron consensuados con los destinatarios y la construcción involucró mano de obra de los mismos habitantes a través de una capacitación previa. Además, se instalaron talleres donde se produjeron paneles de fachada y buena parte del mobiliario de madera interior de las viviendas[126]. Otro ejemplo más

---

[125] Tanto la experiencia de la Unión Nacional de Movimientos de Moradía del Brasil, como la FUCVAM de Uruguay y el MOI de Argentina (y otras experiencias a escala regional) crearon, a partir de 1991, la Secretaría Latinoamericana de la Vivienda Popular (SELVIP), una red de organizaciones y movimientos sociales que impulsan, desde ese entonces, el desarrollo de políticas de autogestión del hábitat en América Latina.

[126] Vale remarcar también que esta experiencia se constituyó en un antecedente que, con la recuperación democrática, fue retomado por la mesa de trabajo del movimiento villero de la época, debido a la experiencia de participación institucionalizada para la ejecución de políticas sociales impulsadas entre 1994-1996 por la Unión de Organizaciones de Base por los Derechos Sociales (UOBDS) en Córdoba y las mesas de formulación de normativas en la CABA. Del mismo modo que la Ley 148 que originó el Plan de Radicación y Urbanización de Villas y Barrios Carenciados y la propia Ley 341 que dio origen al Programa de Autogestión de la Vivienda. Además, en este marco,

reciente es el Programa 17 (actual Programa 37) de Mejoramiento Habitacional e Infraestructura Social Básica de la Subsecretaría de Vivienda, desarrollado en el Área Metropolitana de Buenos Aires (AMBA) desde 1997. Este programa se orientó a la ejecución de soluciones habitacionales en áreas rurales y urbanas a través de recursos ejecutables de manera directa por organizaciones sociales para el financiamiento de vivienda e infraestructura urbana. De este modo se pretendió, por un lado, contribuir al desarrollo y mejoramiento de las condiciones de hábitat, infraestructura social básica y acceso a la tierra de los hogares con necesidades básicas insatisfechas (NBI) y grupos vulnerables en situación de emergencia como medio de mejoramiento de su calidad de vida; y por el otro, se buscó fortalecer y desarrollar la organización social, productiva, tecnológica y de empleo de las asociaciones intermedias de la población destinataria. La experiencia acumulada durante el bienio 1995/1997 de implementación del programa puso en evidencia la necesidad de priorizar aportes para el financiamiento de proyectos que involucraran la participación de asociaciones comunitarias y/o organizaciones de base, que tuvieran por objetivo la construcción de "productos" que en su ejecución conllevaran tanto a la satisfacción de la condición habitacional deficitaria como al desarrollo social de los individuos y sus hogares (Rodulfo, Fuentes, & Sabsay, 1999).

Estos antecedentes visibilizaron que procesos participativos conquistados por sus propios impulsores presentaron una variabilidad de posibilidad a lo largo de su desarrollo institucionalizado (y como consecuencia de los cambiantes contextos históricos), logrando algunos de ellos, en una cotidiana disputa de intereses, sostenerse en el tiempo a partir de procesos de empoderamiento. Sin embargo,

---

se ejecutó el primer reciclaje por autogestión de la CABA, el de la Cooperativa La Unión (MOI), que también se constituyó en un antecedente piloto para la sanción de la Ley 341 (presentado por el Ministerio de Desarrollo Social como mejor práctica en la Conferencia de Hábitat de Estambul de 1995).

otros fueron absorbidos por las modificaciones de las propias intervenciones (desnaturalizando la participación conquistada y encaminándose hacia una participación tutelada y controlada) y otros directamente vieron desviados sus intereses participativos en la marcha del programa hacia otros objetivos, resultados o intereses ajenos a los propios. Se analiza en este capítulo cómo se desarrollaron, si es que existieron, los procesos de participación social en los casos de estudio y cómo impactaron los procesos históricos y el entramado de intereses en la disputa de su desarrollo.

5.1.1 Problematizando la "participación social"

Respecto a las modalidades institucionales de participación y articulación de actores, tanto en el espacio local como en ámbitos de mayor escala, Bombarolo (2004) profundiza sobre los mecanismos y espacios participativos multiactorales, tales como planes estratégicos, presupuestos participativos, consejos consultivos y deliberativos de políticas públicas y diseño participativo de programas sociales, entre otros; Cunill Grau (2004) analiza la emergencia de estas instancias en el proceso de descentralización de las políticas sociales identificando distintos tipos de arreglos institucionales (i) participación de los destinatarios en la administración de los servicios sociales, reducida generalmente a la intervención en el gerenciamiento de servicios públicos; ii) la participación de las organizaciones voluntarias de carácter público en la ejecución de la política social; y iii) la conformación de órganos de control social de la política pública); Clemente (1999; 2004) estudia las características de las instancias participativas desde el campo del desarrollo local, agregando otras alternativas a la lista de Bombarolo (2004): mesas de concertación, foros multiactorales y comisiones de gestión asociadas; por su parte, Tamargo (2002) identifica distintos formatos de participación social (i) alianzas: iniciativas conjuntas del sector público, privado y sin fines de lucro, donde cada actor aporta sus recursos y participa en la toma de decisiones; ii) Gestión asociada: instancias compartidas de gestión basadas en la negociación y la búsqueda de consenso entre los actores; y iii) partenariado: una forma de asociación que supera las asimetrías para construir un asociativismo sin jerarquías).

Otros autores aportan a este debate distintos criterios de clasificación o de ordenamiento de las experiencias. En este sentido, Cunill Grau (1995) distingue espacios distintos de participación social según el momento o la instancia del ciclo de gestión de las políticas. Esto refiere a que las estructuras participativas podrían en principio asumir tres modalidades distintas según si su campo de intervención refiere i) al momento de diseño o al de formulación de las políticas; ii) al momento de la implementación o ejecución de las acciones; o iii) a la instancia de evaluación, monitoreo y control de las mismas.

Cabrero (2004, pág. 120) adiciona además la intensidad de la participación, dimensión que el autor define como "el grado en que agentes gubernamentales y no gubernamentales interactúan en torno a una política pública específica". En este sentido, identifica tres niveles distintos de intensidad de participación: i) intensidad baja: cuando los destinatarios de la política pública se posicionan en un rol de receptores más que como sujetos de la misma, se trata de una modalidad propia de los programas asistenciales; ii) intensidad media: cuando los destinatarios se convierten en sujetos actuantes de la política mediante mecanismos de consulta, generación de propuestas y otras modalidades de participación, como por ejemplo en los programas de autoconstrucción, autoempleo, cooperación, entre otros; iii) intensidad alta: cuando los destinatarios de los programas asumen una participación estratégica, no sólo siendo consultados, sino siendo decisores en relación a la orientación y prioridad del programa. El autor plantea que cuando las instancias de participación pueden ser ubicadas en esta última categoría, se podría hacer referencia a auténticas redes de políticas públicas con elementos claros de corresponsabilidad e institucionalización.

Según Ilari (2003), estas tres categorías, a su vez, podrían desagregarse en cinco grados más precisos de participación de los destinatarios en la gestión de programas sociales. Esta propuesta identifica los siguientes grados de participación: i) muy alto: cuando los destinatarios autogestionan el programa; ii) alto: cuando co-gestionan el programa; iii) medio: cuando participan en la ejecución y/o tienen la posibilidad vetar acciones; iv) bajo: cuando participan en el control y evaluación, son consultados y/o tienen posibilidad de realizar reclamos y/o sugerencias; y v) nulo: cuando no participan en el programa.

En esta misma línea, De la Mora (2002; 1992) no habla de intensidad, pero sí de *calidad de la participación* (atribuyéndole cierta progresividad al paso de una categoría a otra): i) participación omitida, cuando las personas no participan porque no les interesa o no les permiten participar; ii) presencia pasiva, cuando las personas están presentes pero no expresan sus opiniones o plantean propuestas de ideas, menos aún tiene posibilidad alguna de decisión (este nivel de participación puede ser peligroso porque puede encubrir cierto proceso democrático cuando no lo es); iii) informativa, cuando la persona proporciona o solicita información (se correspondería con un primer nivel de participación activa, pero no lo suficiente para justificar un proceso genuino de participación); iv) de opinión, cuando una persona es informada y con capacidad de expresar su opinión o pensamiento al respecto (es un nivel de participación más alto que el anterior); v) de propuesta, cuando la persona al ser informada tiene la iniciativa de realizar una propuesta concreta (remite a un nivel de participación aún mayor que el anterior); vi) de requisito, cuando la persona está segura de la base jurídica, científica, de orden político, o cualquier técnica, ella se sentirá animada a luchar por la aceptación de su propuesta; y vii) de decisión, cuando una persona hace una propuesta y es aceptada por el grupo y/u organización social y/o funcionarios estatales (este es el más alto nivel de participación). El autor plantea que en los procesos de producción social del hábitat se requiere que las familias participantes y las comunidades se sitúen en los niveles más altos de participación a lo largo de todas las fases del proceso participativo. También se debe considerar, para el autor, la importancia de los *temas en discusión*, los cuales puede variar desde los niveles más bajos y sin importancia (como por ejemplo el establecimiento de una agenda de trabajo) hasta los niveles más altos (la definición del número de unidades, su calidad constructiva, su diseño). La importancia de los temas que son objeto de participación, habilitará prácticas netamente *consultivas* o, en cambio, procesos de participación netamente *deliberativos*.

Gráfico 4: Síntesis de categorías de análisis de participación social

Fuente: Elaboración propia en base a De la Mora (1992; 2002), Cabrero (2004) e Ilari (2003).

Ahora bien, en base a los criterios de clasificación de la participación social construidos por Cunill Grau (1995) –sobre el momento del ciclo de la participación en el que intervienen actores no estatales–, Cabrero (2004) –sobre la intensidad de la participación– e Ilari (2003) –sobre el grado de participación–, Rofman (2007) construye una tipología que establece cinco "tipos-ideales"[127] (Weber, 1993) de participación social en las políticas estatales:

Gráfico 5: Tipos ideales de participación social en las políticas sociales

1. Participación baja o nula	•la única participación social habilitada consiste en la recepción de las prestaciones del programa.
2. Participación en la ejecución de las acciones	•los actores sociales toman parte en la fase de implementación de las acciones, pero con baja intensidad, es decir, intervienen sólo en tanto ejecutores de actividades diseñadas previamente.
3. Participación asociada en la implementación	•los actores de la sociedad civil participan en el momento de la implementación, con un nivel alto de participación, bajo un esquema de gestión asociada con la agencia estatal que les permite intervenir en decisiones respecto de las formas y condiciones de la implementación de los programas.
4. Participación en el diseño y en las decisiones	•los actores no estatales intervienen en la toma de decisiones respecto de la política, del establecimiento de prioridades y de la asignación de los recursos, o participan en la formulación del programa.
5. Participación en el control y monitoreo	•la intervención de los actores involucrados se concentra en el control y la fiscalización de la acción del Estado.

Fuente: Elaboración propia en base a Rofman (2007).

Si bien es cierto que la realidad de las distintas modalidades de participación social y las características de los actores implicados en los casos de estudio supera ampliamente cualquier tipo de clasificación empírica que se pueda construir, en este trabajo se abordan los programas bajo

---

[127] Se entiende por "tipo ideal", desde una concepción weberiana, un instrumento conceptual construido para aprender los rasgos esenciales de ciertos fenómenos sociales.

estudio a través de estas categorías, ya que lo que se pretende es comprender la realidad desde una mirada analítica, teniendo en cuanta las limitaciones que existen.

5.2 ¿Diseño participativo de los programas de vivienda?[128]

Que el diseño de los programas haya tenido o no instancias de participación se encuentra en estrecha relación con los contextos históricos y la relación de fuerza entre los principales actores sociales intervinientes a nivel sectorial. Por lo tanto, para abordar esta dimensión de análisis en los casos de estudio, es necesario partir del contexto histórico e institucional en el que se gestaron los programas, en parte porque explica instancias de apertura u obstrucción a la participación social y también porque se registraron diferencias significativas en los casos de estudios.

En este sentido, tal como se dio cuenta en los capítulos anteriores, hacia mediados de los años '90 existió, específicamente en la CABA, un "contexto habilitante" que estimuló la capacidad de acción de organizaciones sociales orientadas al hábitat (las cuales dieron origen a la Ley 341 de Autogestión de la Vivienda, la Ley 324 de Recuperación de la Traza de la ExAu3) e incentivó la reactivación de intervenciones que se venían realizando de manera errática en conventillos del barrio de La Boca. Este "contexto habilitante" para la participación social en materia de política habitacional se nutrió de algunos factores/fenómenos sociales que lo abonaron.

En primer lugar, la última mitad de la década del '90 se caracterizó por una problemática habitacional que alcanzaba a casi unas 350.000 personas en la ciudad (Rodríguez, y

---

128 En la introducción de este libro se hizo referencia a las características que asumió el trabajo de campo que sustenta la investigación y las entrevistas en profundidad realizadas.

otros, 2007) y un escenario de fuertes conflictos en inqui-linatos, conventillos y hoteles. Esto desató el estallido de una crisis habitacional que visibilizó a un conjunto de orga-nizaciones sociales de base vinculadas a esta problemática (caracterizadas por contar con un alto grado de organiza-ción interna y una alta capacidad de canalización a nivel territorial de la demanda existente).

A este escenario acuciante en materia de emergencia habitacional, hay que sumarle el proceso de autonomiza-ción que se dio en la CABA a partir de 1996 y la san-ción de la Constitución de la Ciudad Autónoma de Buenos Aires, que sentaron la bases para la apertura de espacios participativos para nuevos actores sociales en la defini-ción de la agenda política local. La coyuntura sociopolí-tica del momento permitió incorporar en la Constitución local avances concretos en materia de derechos económi-cos, sociales y culturales reclamados desde antaño por una gran cantidad de organizaciones populares (como el artícu-lo 17 que estipuló que los poderes del estado local tienen la obligación de instrumentar medidas de carácter legis-lativo y administrativo –políticas sociales– que permitan la superación de las condiciones de pobreza y exclusión, como también la necesidad de destinar recursos públicos para la efectiva aplicación de tales medidas). Específica-mente sobre hábitat se incorporó el artículo 31, que reguló un derecho de raigambre constitucional –el acceso a una vivienda digna, consagrado en el artículo 14 bis de la Cons-titución Nacional[129]– mediante la mención explícita de la

---

[129] "Artículo 14 bis.- El trabajo en sus diversas formas gozará de la protección de las leyes, las que asegurarán al trabajador: condiciones dignas y equitati-vas de labor; jornada limitada; descanso y vacaciones pagados; retribución justa; salario mínimo vital móvil; igual remuneración por igual tarea; parti-cipación en las ganancias de las empresas, con control de la producción y colaboración en la dirección; protección contra el despido arbitrario; esta-bilidad del empleado público; organización sindical libre y democrática, reconocida por la simple inscripción en un registro especial.
Queda garantizado a los gremios: concertar convenios colectivos de trabajo; recurrir a la conciliación y al arbitraje; el derecho de huelga. Los represen-

promoción de planes de autogestión del hábitat y el otorgamiento de prioridad a los sectores de escasos recursos en la implementación de las políticas, flexibilizando y ampliando las alternativas en materia de políticas habitacionales.

Estos artículos trajeron aparejados cambios significativos en materia de planificación y gestión de políticas de vivienda en la ciudad. La creación de una Comisión de Vivienda en la Legislatura porteña, diferenciada de la de Planeamiento Urbano, constituyó un elemento central, pues fue creada para realizar un seguimiento de los programas del ejecutivo en materia de vivienda sociales, villas y barrios carenciados. En ese contexto, también se abrió un nuevo espacio de debate y discusión entre el ejecutivo y los destinatarios de la política social. Así explicaba esto uno de los informantes claves entrevistados para este trabajo que se desempeñó como presidente de la CMV por aquellos años:

> En realidad, eso tiene un punto de partida fuerte en el '96 cuando se dicta la Constitución de la ciudad. Hasta ese momento funcionaban algunas cooperativas, algunas organizaciones como el MOI, había también un trabajo en La Boca, incluso en el Concejo Deliberante de la ciudad se habían aprobado medidas para los conventillos de La Boca. Había una cierta organización en torno a eso, pero la constituyente le dio un impulso muy fuerte porque se aprobó un artículo de la Constitución referido a vivienda, que prácticamente recoge todo lo que eran las reivindicaciones de las organizaciones de vivienda, tanto en que había que urbanizar y radicar villas en Lugano, como las pensiones que eran falsos hoteles, como el

---

tantes gremiales gozarán de las garantías necesarias para el cumplimiento de su gestión sindical y las relacionadas con la estabilidad de su empleo.

El Estado otorgará los beneficios de la seguridad social, que tendrá carácter de integral e irrenunciable. En especial, la ley establecerá: el seguro social obligatorio, que estará a cargo de entidades nacionales o provinciales con autonomía financiera y económica, administradas por los interesados con participación del Estado, sin que pueda existir superposición de aportes; jubilaciones y pensiones móviles; la protección integral de la familia; la defensa del bien de familia; la compensación económica familiar y el acceso a una vivienda digna."

problema de los edificios propiedad de la Ciudad de Buenos Aires, llamados complejos habitacionales, etc. Y también se establecía el tema de la participación de los usuarios en la gestión de proyectos. Esto motivó la gestión de algunas leyes en la legislatura… (Entrevista Ñ. CABA. Noviembre 2010).

De este modo, un conjunto de normativas vinculadas a distintas problemáticas del hábitat popular fue formulado en el segundo quinquenio de los '90 y comienzos del nuevo siglo, involucrando instancias de genuina participación social y acompañadas por procesos de movilización social en la calle. Por ejemplo la Ley 148, definitoria de los marcos y procedimientos de urbanización de las villas de la ciudad; la ley 324, destinada a los habitantes de la Ex-Au3 mediante la "Mesa de Delegados de la Ex-Au3; la Ley de mejoramiento de los conjuntos habitacionales construidos con financiación pública y otras leyes puntuales para complejos específicos (como Soldati e Illia); la declaración del estado de emergencia del barrio de La Boca y la intervención en conventillos; la Ley 341 de Autogestión de la Vivienda a través de cooperativas de vivienda, entre otras –todas aquí denominadas de segunda generación–. Así lo explicaba una funcionaria de la CMV:

> El programa nace directamente por un cambio de gestión de gobierno, entra Jozami en el 2000 a la CMV con el gobierno de Ibarra, y él toma cuatro programas como ejes de su gestión, la 341, la rehabilitación de los complejos, el de conventillos de La Boca [a través del PRHLB] y el de la ExAu3 y le da jerarquía de programas, creados a través de resoluciones y empiezan a conducir estos programas desde la planta del gabinete, ya no desde la planta de la CMV (Entrevista H. CABA. Julio 2014).

Consecuentemente, muchos de los entrevistados consultados coincidieron en que ambas leyes –la Ley 324 y la Ley 341– nacieron de un proceso de lucha de organizaciones sociales socio-territoriales que buscaban una solución a la grave situación habitacional de la CABA e implicó un reconocimiento explícito por parte del Estado de las formas de organización de los sectores populares y la legitimación de la participación social. Un ex delegado de la ExAu3 comentaba al respecto:

> Se empezó a trabajar […] alcanzamos a sacar la ordenanza, nº45.520 y nº45.586, que era más o menos parecida a lo que termino siendo la ley 324 […] Eran como diez vecinos al principio y después empezamos a crecer […] y ahí estaban cerrando el tema de crear una comisión que era muy chiquita, para semejante tema que involucraba a más de mil familias […] Logramos la primer lectura de la ley, la audiencia pública y después la aprobación de la ley final que fue la 324. Todo ese proceso llevo un año de trabajo y una audiencia pública durísima porque cuando sacamos la primera lectura de la ley, hasta ahí, los vecinos de Belgrano R no habían aparecido para nada, pero cuando se publica la primer lectura de la ley y el llamado a audiencia pública, ahí se preguntaban ¿Qué están haciendo estos?, siendo que nosotros siempre los participábamos en todo, casa vez que se armaba algo (Entrevista A8. Coop. Sembrar Conciencia-PAV. CABA. Mayo 2013).

Un referente de una organización social decía:

> La Ley [341] nace en el 2000 y nosotros la impulsamos. Era un crédito muy accesible a nosotros, aunque sabíamos que era algo difícil porque teníamos que meternos en el tema de la construcción, en la búsqueda de un terreno…. Pero confiábamos mucho en la organización colectiva, en la medida que nos podamos organizar podríamos hacer las cosas viables (Entrevista O. CABA. Julio 2010).

Se trató de una suerte de síntesis de procesos en la que participaron fundamentalmente tres actores: organizaciones de base socio-territorial (como la Mesa de Delegados de la ExAu3, el MOI, los Desalojados de La Boca, el Comedor Los Pibes, entre otros tantos) que desarrollaban trabajos vinculados al hábitat en la ciudad[130]; la CMV y legislado-res de todos los bloques políticos del poder legislativo con experiencia en temas de vivienda[131]. Pero fundamentalmen-te representó una nueva modalidad de participación social en el Estado, mediante la organización de mesas de consen-so y concertación, en la que todos los actores involucrados pudieron expresarse libremente en el marco de un trabajo libre y democrático.

> Esta ley, señor presidente, se trabajó desde un primer momento en discusión con las organizaciones que nuclean a los vecinos interesados y con los representantes del Poder Ejecutivo [local] y de la CMV. Es un método de trabajo legis-lativo que no siempre es el más rápido. Es una forma de discusión que, a veces, supone marchas y contramarchas, que a veces supone esfuerzos importantes en busca del consen-so. Pero nosotros entendemos, señor presidente, que esta es la manera en que tenemos que seguir avanzando en esta Legislatura. En primer lugar, porque tenemos la seguridad de que, cuando aprobamos una ley, no es –como ha sido otras veces– simplemente una declaración para dejar bien parada a la Legislatura: es un compromiso político de esta Legislatura y es un compromiso político del GCBA, que ha participado en la discusión de esta ley, que nos ha hecho llegar a través del señor Subsecretario de Vivienda sus observaciones hasta el día de ayer y que gobierno, organizaciones y legisladores hemos trabajado para llegar a un acuerdo que, insisto, nos compromete a todos. Y, en segundo lugar, señor presidente, entendemos que hay que seguir trabajando así, con la parti-cipación de los interesados en estas mesas de concertación porque, de a poco, estamos creando en la CABA las bases

---

130 Organizaciones tales como el Movimiento de Ocupantes e Inquilinos (MOI–CTA), la Mutual de desalojados de La Boca, Delegados de la ExAu3 y Comedor Los Pibes, entre otras.

131 Como es el caso de los ex legisladores Eduardo Jozami (FrePaSo), Daniel Betti (Bloque del Sur), Kelly Olmos (PJ), Griselda Smulovitz de Lestingi (UCR), Jorge Srur (N.D.), entre otros.

de una democracia más participativa… (Versión taquigráfica sanción Ley 341, Poder Legislativo de la CABA, Sesión 02-02-2000).

Señor presidente: llega para la consideración por parte de esta Legislatura un proyecto que llevó prácticamente dos años de trabajo en este ámbito, con amplia participación de todos los sectores interesados y que, además, ha pasado por el requisito constitucional de la Audiencia Pública, que se realizó el 30 de marzo próximo pasado […] Quiero señalar que esta ley está inaugurando una nueva vía en materia de resolución de conflictos sociales y urbanísticos […] creo que inauguramos una forma de resolver problemas con plena incorporación de los actores sociales, con un sistema de concertación permanente y efectiva, en el cual los distintos actores sociales pudieron participar de una comisión que se reunió regularmente, que produjo informes y acciones, y que trajo como resultado esta trabajosa Ley. Estamos votando una verdadera Ley de acuerdo; una ley de acuerdo donde los vecinos involucrados –de todas las partes y de todos los sectores– han logrado una verdadera concertación ejemplar (Versión taquigráfica sanción **Ley 324**, Poder Legislativo de la CABA, Sesión 18-12-1999).

Retomando los conceptos de participación construidos páginas atrás, en esta etapa de formulación de las normas 341 y 324 se pudo verificar la intervención de actores no-estatales en la toma de decisiones respecto de la política, del establecimiento de prioridades y de la asignación de recursos (categorización que Rofman (2007) denominó como *participación en el diseño y las decisiones*), remitiendo a lo que Cabrera (2004) referenciaba como alta intensidad participativa y registrando altos grados de participación (Ilari, 2003). Estas instancias participativas en la sanción de estas normas lograron instalar la cuestión habitacional de fondo en la agenda pública, reforzando a la vez, según lo expresado por los entrevistados, las redes de reciprocidad de las organizaciones sociales participantes (las cuales se sentían con un nivel de fortalecimiento arrollador). Estas organizaciones, con amplia base de representación territorial, además

de lograr la consolidación de sus espacios organizaciona-
les, lograron elaborar sus demandas y fueron encontrando
formas de acción para encausarlas que coincidieron con
un contexto habilitante. Retomando a De la Mora (2002),
entonces, en la sanción de estas normas se dieron procesos
de *participación deliberativos*, en donde los actores intervinientes desarrollaron reales procesos de decisión.

No obstante, el Programa de Rehabilitación del Hábitat
de La Boca presentó un derrotero distinto al señalado para
los otros programas de demanda específica, ya que si bien
nació en este contexto habilitante para la participación
social –durante el año 2000–, el mismo fue formulado por
la nueva gestión de turno (la gestión Jozami) sin participación social alguna de los destinatarios en su diseño. Existen
algunos factores explicativos de esta *baja y nula participación*
(Rofman, 2007) de los usuarios del PRHLB. Uno de ellos
se vincula con que el PRHLB nació como una reformula-
ción del anterior programa Recup-Boca (como se detalló
en el capítulo anterior), el cual se caracterizó por un alto
nivel de participación de los vecinos de los conventillos del
barrio a través de la conformación –desde el programa–
de la Asociación Mutual Esperanza, que tenía por objeto
llevar adelante estrategias de mejoramiento de los conventillos y gestionar y administrar el sistema de recupero del
programa. Hasta ese entonces, el Recup-Boca era una de las
pocas operatorias que preveían algún tipo de participación
vecinal en la gestión local. No obstante, por los propios
límites del programa[132], hacia finales de siglo (en 1999) fue
prácticamente desabastecido y, en consecuencia, la mutual
fue desarticulada, impactando fuertemente en el entramado
de organización social que sostenía la participación en el

---

[132] La CMV decidió de dar de baja el programa por problemas de implementación, pues los conventillos refaccionados no pudieron ser divididos y regularizados dominialmente por incompatibilidad con el Régimen de Propiedad Horizontal, por lo que se desarticuló la Mutual y se implementó el
Programa de Renovación de Conventillos destinado a la rehabilitación de
los inmuebles oportunamente adquiridos a través de obra nueva.

programa[133], y generando un fuerte proceso de fragmentación y dispersión de los adjudicatarios. Esto significó, principalmente, un desplazamiento formal de una tipología articulada de representación de los vecinos afectados hacia un modelo de ejecución tradicional de política habitacional (sin participación). Una funcionaria del IVC dio cuenta de las dificultades que atravesó el programa en una de las entrevistas realizadas:

> Inicialmente cuando empezó el programa tenían una importante participación porque tenían autonomía, al crearse la Mutual Esperanza [que nucleaba a representantes de los veintiún conventillos del programa] ellos cobraban un canon a sus integrantes y decidían cómo administrar el dinero y qué obras iban a hacer de mantenimiento. No se ocupaba la CMV del mantenimiento. Después cuando esto cae, la participación fue mutando, cada vez hacia una negativización de la participación. Qué te quiero decir con esto, que luego la participación se limitó a las críticas, a las demandas infinitas y este tipo de reclamos [...] Eso también rotó un poco... Yo me acuerdo que hará hace tres o cuatro años fantaseaba con tratar de intervenir de otra manera en los conventillos, a través de representantes por conventillos, para darle prioridad no sólo a la cantidad de participación, sino a la calidad. De hecho, lo hacía con algunos de ellos, pero eso era algo muy difícil de implementar porque primero no teníamos recursos del instituto, y solamente se podía hacer si era acompañado de una inversión material, porque si no era muy difícil salir del tema del reclamo [por lo ocurrido con la mutual] (Entrevista H. CABA. Julio 2014).

---

133 Adicionalmente en las entrevistas realizadas surgió un fuerte halo de sospechas sobre la transparencia de la administración de los recursos por parte de la Mutual, lo que, según las entrevistas, sería otro de los motivos de la desarticulación de esta organización. No obstante, al indagar un poco más en esta cuestión, esta falta de transparencia estaba asociada a una falta de información en relación a los criterios con los que se manejaba la Mutual, qué ocurría con el pago mensual que los vecinos hacían y también con aquellos que no pagaban.

La desarticulación de la Mutual como espacio de organización de base y la consecuente fragmentación de las relaciones vecinales en torno al conflicto dejaron poco margen para la constitución de un nuevo programa con espacios de participación social a escala territorial; por lo que el diseño del PRHLB fue un *re–aggiornamiento* –casi sin modificaciones– del Programa de Renovación de Conventillos (1997-2000) que procuró un re-impulso a partir de la nueva gestión de gobierno.

Adicionalmente, como otro factor explicativo de la no participación de los destinatarios de la política en el diseño, el modo de ejecución del programa tampoco exigía una instancia de articulación social que impusiera la necesidad de un diseño participativo, ya que su funcionamiento estuvo subsumido a la forma tradicional de funcionamiento de la CMV para los programas llave en mano de obra nueva a través de licitación pública (donde participación prioritaria no es la de los destinatarios, sino la de las empresas constructoras y los funcionarios gubernamentales).

Lo ocurrido con la participación de los vecinos en el Programa de La Boca remite directamente en la advertencia realizada por Cunill Grau (1995) anteriormente, pues la articulación de la participación social a partir de la estatidad no siempre repercute en una mayor participación social ni en lograr recrear las demandas de los vecinos, sino que el derrotero de la Mutual Esperanza devino en una desarticulación del tejido social de los vecinos de los veintiún conventillos y fortaleció las asimetrías en la representación social, redundando en el debilitamiento de la sociedad civil que se expresó en la aparición unilateral del PRHLB. Este complejo contexto de diseño del programa, como se verá más adelante, impactó de forma errática en su implementación, fundamentalmente expresado en escasos resultados de ejecución tanto cuantitativos como cualitativos para los vecinos afectados.

Por su parte, el Programa Viví en tu Casa nació en año 2004 y no surge a razón de una iniciativa local, sino que se encuadra dentro de los programas formulados para canalizar la descentralización presupuestaria y operativa del PFCV, diseñado a nivel nacional desde la SSDUV. Con lo cual, el diseño de este programa no contemplaba ningún tipo de participación (*participación baja y nula* (Rofman, 2007)) ni por parte de los adjudicatarios de las futuras viviendas (puesto que el programa estaba orientado a una población genérica no se sabía aún quiénes serían) ni por parte del nivel local de gobierno. La falta de injerencias en esta etapa tuvo impactos en las posibilidades de implementación del PFCV en la CABA. Pues uno de los entrevistados especialista en políticas habitacionales (Entrevista F) y Ostuni (2010) ya planteaban que el programa no financió suelo urbano (lo que en la ciudad se configuró como un problema a la hora de su implementación –más adelante se verá cómo esto se resuelve a nivel local–), tampoco se previó la definición de las tipologías de viviendas y de los cupos asignados por unidad, ni cuestiones normativas claves de la jurisprudencia local y requerimientos constructivos ineludibles del Código de Planeamiento Urbano y el Código de Edificación local. Además, mecanismos de control, estudios de impacto ambiental, el desarrollo de audiencias públicas y la intervención del poder judicial local (que en la ciudad tiene peso significativo en términos de ejecución de políticas públicas) evidenciaron los desajustes que existieron entre el diseño de la política habitacional a nivel nacional de gobierno –en la definición de un programa genérico– y las particularidades de una ejecución desde la jurisdicción local.

> La implementación del PFCV en la Ciudad es muy compleja por un montón de requisitos que tiene la Ciudad que quizás no está en otras jurisdicciones. Cuando presentan proyectos desde lo local no les logran aprobar [la Nación] por un problema de montos, ellos te dan un cupo por vivienda y el plan

federal te da treinta mil pesos por vivienda y en la Capital
Federal las normas de construcción hacen que las viviendas
tengan que tener determinados requisitos que en el interior
no están y esos requisitos generan sobrecostos… Estos sobrecostos son porque las habitacionales tienen que tener superfi-
cies mínimas, normas mínimas, escaleras, ventilaciones, normas de seguridad, vivienda colectiva… En Capital casi todo
es vivienda colectiva y plan federal prevé preferentemente
vivienda individual, entonces las normas de la Capital le exigen al IVC cumplir con las normas independientemente de
los que diga el poder federal y el tema es que el plan federal te da un monto por vivienda pero si no te alcanza vos
tenés que poner la diferencia. O sea que, si las normas del
distrito te exigen otra cosa u otros niveles o los incremen-
tos por inflación van incrementándose, los sobrecostos van
a tener que ser absorbidos por las jurisdicciones (Entrevista
F. CABA. Julio 2013).

Según los entrevistados, este desajuste repercutió en
una gran cantidad de trabas burocráticas que complejizó la
implementación del programa en términos administrativos
y jurídicos y –como se verá más adelante–, también repercutió en el perfil del adjudicatario.

Por ende, en todos los casos de estudio se verificó
que las características que asumió la etapa de diseño de la
política con instancias que habilitaban u obstruían la participación, pre-configuraron el devenir de la implementación
y los modos de producción de la vivienda que estimularon.
Programas que no contaron con instancias de participación
en su diseño se orientaron a modos de producción tradicionales, como es el caso del Viví en tu Casa y el PRHLB que
desarrollaron modalidades de producción llave en mano
de las viviendas. Como contracara, la sanción de la Ley
341, con fuerte impronta participativa, que de hecho fue
parida por procesos de participación deliberativa de organizaciones sociales vinculadas al hábitat, estipuló formas
de producción alternativas en donde el control del modelo productivo de las viviendas continuó en manos de las
organizaciones sociales a través de distintas metodologías

de participación social implementadas en la gestión de los proyectos. Como se verá en el próximo apartado, la Ley 324 y el PRHExAu3 fueron procesos altamente participativos en su diseño, pero esto se desdibujó en el proceso de implementación del programa a través de la intervención de empresas constructoras en la instancia productiva que poco o nulo espacio dejaron al destinatario de las viviendas.

No obstante, vale aclarar que otros factores intervinieron en la implementación de los programas (decisiones político-ideológicas, prioridades presupuestarias, características genuinas de la burocracia estatal, etc.) que, en algunos casos, dejaron en el olvido su génesis y sus características intrínsecas de surgimiento.

5.3 Implementación burocrático-administrativa de los programas: sus instancias de participación social

La información recolectada a partir de las entrevistas aporta elementos sustanciales para reflexionar sobre el modo de implementación de los programas en cuanto a sus instancias de participación social. A priori, el contexto histórico, el entramado institucional y el modo de producción que los programas impulsaron generaron una dinámica de implementación que habilitó y/u obstruyó la participación social de sus destinatarios; pero también definió el tipo de participación posible. En este sentido, un factor clave para echar luz sobre esta variable tiene que ver con las propias características del IVC, su entramado burocrático y las distintas gestiones de gobierno que estuvieron al frente de su presidencia.

Si bien es cierto que hacia mediados de los años '90, con el proceso de autonomización de la CABA y la sanción de artículos constitucionales orientados al hábitat, se gestó en el ámbito legislativo un escenario fértil para el surgimiento de normativas como las que se vieron en el apartado anterior, otro fue el cantar a nivel ejecutivo local. Pues, en un primer momento, la incipiente lógica participativa (promovida y canalizada desde el legislativo) corrió en paralelo y desvinculada de las acciones del ejecutivo local. El primer gobierno local electo tras la autonomización (el de Fernando De la Rua), no implementó en materia habitacional acciones que se tradujeran en el mismo registro del legislativo. Se continuó desarrollando un conjunto de intervenciones atomizadas que no apuntaron hacia un reconocimiento público de las situaciones deficitarias del hábitat que atravesaba por esos años la Ciudad. Se careció de diagnósticos precisos y fiables de la situación, la inversión presupuestaria fue acotada en relación a la magnitud del déficit –y de poco impacto en las poblaciones de menores recursos– y lejos se estaba de las intervenciones que estimulaban la participación social.

Pero esta caracterización de la CMV no se remitía sólo a la gestión de turno, sino que muchos de los entrevistados consultados expresaron que uno de los principales inconvenientes de la intervención en materia de vivienda en la ciudad radicaba en las características propias de la CMV, que no lograron superarse con su conversión en el IVC. En este sentido, es posible atribuirle al organismo dificultades crónicas de funcionamiento: trabas burocráticas, excesiva cantidad y lentitud en los procesos administrativos, excesivo tamaño del organismo –en relación con la magnitud de las soluciones que produce– (Ostuni, 2010). Organismos contralores de la gestión pública también visibilizaban esta debilidad institucional:

> Desde su creación a la actualidad, este Instituto ha sufrido graves problemas que afectan a su organización interna: gerencias que se renuevan rápidamente, con funciones poco claras y cambiantes y una escasa capacidad de respuesta para problemas que necesitan una solución urgente como son los relacionados a la problemática habitacional [...] dentro de este organismo se observa una estructura desactualizada y poco dinámica, con un nivel de desorganización importante

que impide que los reclamos de los habitantes de la ciudad sean canalizados con rapidez y eficacia. La superposición de gerencias, la división de funciones poco clara y la falta de mecanismos adecuados para solucionar problemas habitacionales demuestran una ausencia de avance significativo con respecto a su antecedente, la Comisión Municipal de la Vivienda (COHRE -Centro de Derechos de Vivienda y Desahucios- y ACIJ -Asociación Civil por la Igualdad y la Justicia-, 2008).

Pero además de estas debilidades institucionales, la CMV se caracterizó por ser un organismo con poca flexibilidad y adaptabilidad a nuevas orgánicas o actores sociales, con una lógica de –mal– funcionamiento interno ya aceitado a lo largo del tiempo, con una forma de actuación ya adquirida por los funcionarios y empleados del organismo y con la intervención de actores sociales y económicos –grandes empresas constructoras– conocedores del funcionamiento estatal y monopolizadores del sistema de vivienda a nivel local difíciles de desterrar. Así lo graficaba un funcionario que por aquel entonces desempeñaba un cargo de alto rango en la CMV: "la CMV estaba preparada para la patria contratista, para tener empresas contratadas que viven del Estado, por licitación, con todo un circuito muy armado de obra pública y licitación. Romper con eso era tremendo, es romper con la caja negra del Estado" (Entrevista N. CABA. Noviembre 2010).

Recién con la llegada a la gestión de Eduardo Jozami en el año 2000 –quien previamente fue uno de los legisladores impulsores de las leyes 341 y 324 votadas en la Legislatura porteña– se generó un incipiente proceso de participación social en el nivel ejecutivo local de gobierno que se tradujo en la introducción a la cartera de programas de un conjunto de operatorias orientadas a población específica que colaron instancias de participación social en su ejecución. En este sentido, entre otras intervenciones que modificaron el funcionamiento cotidiano de la CMV (tanto en su práctica diaria de funcionamiento como en sus procedimientos de gestión tradicionales), se promovió en el ejecutivo la implementación de la Ley 148, orientada a la radicación de las villas de la ciudad; se tomó la ley 341 que estimulaba la autogestión de vivienda; se promovió la ley 324 de rehabilitación de la traza de la Ex Au3 y se reimpulsó la intervención en conventillos de La Boca –desarticulada hasta ese momento–. Una entrevistada así lo contaba:

> En la subsecretaría, en aquel momento, el clima de trabajo era muy silencioso, muy solemne. Había tres secretarias y una persona que hacía gestión, más que nada con la Asociación de Arquitectos. Todo muy ordenado. [...] En esa época, creo que fue en agosto del año 2000 que se produce el cambio de gestión, y me acuerdo que fue un cambio abrupto. Yo no conocía a la gente que venía, pero desembarcó el Dr. Eduardo Jozami, con un plantel de asesores, o sea desembarcó mucha gente. Y a partir de ese momento, la participación popular y ciudadana se fomentó de todas las maneras que vos te puedas imaginar, a tal punto que esto pasó a ser un desfile de gente, de gente de las villas, de gente de las organizaciones, de gente que no tenía vivienda... De la solemnidad, el silencio que era esto, se pasó al otro extremo, con gente tomando mate... Con las cosas buenas y las cosas malas que eso implicaba (Entrevista H. CABA. Octubre 2010).

Jozami había tomado la decisión de conformar su equipo de gabinete con personal que contara con algún tipo de afinidad hacia el trabajo con organizaciones sociales de base por fuera de la orgánica de la CMV; con lo cual estos nuevos empleados no provinieron de la planta permanente tradicional del organismo, sino que fueron técnicos extramuros. Por esto, casi todos los integrantes de su equipo de gestión (incluidos los directores de programas) ingresaron por primera vez a la administración pública y se hicieron cargo de la administración de una cartera de programas nuevos orientados a población específica, a los que se le dio prioridad de gestión y también prioridad presupuestaria. Ante este escenario, los nuevos programas se convirtieron rápidamente en una amenaza a la planta permanente del organismo, por estar a cargo de contratados, pero también por plantear un modelo de política social distinto o alternativo al que los empleados de planta conocían y con los que estaban habituados a lidiar. La participación social en la ejecución de programas surgía con fuerza como algo nuevo, diferente, amenazante y, en consecuencia, fuertemente rechazado por los que se identificaban con lo que era "común" para la CMV:

> Tuvimos muchísima resistencia. A nosotros nos pintaban esvásticas en el baño. La CMV es un organismo de gobierno muy vinculado a la dictadura en sus orígenes. Dentro de la estructura de la CMV hay muchos personajes vinculados a lo que fue el proceso de erradicación de villas con topadoras durante la época de Cacho Flores. Los negros no entraban a la CMV, eran viviendas a estrenar, llave en mano, muy coquetas, edificios muy bonitos para gente que lo pudiera pagar. Mientras se mantuvo lo que eran los créditos del Banco Hipotecario, era para sectores medios, medio altos digo, porque de hecho había un edificio en Pampa y Astilleros. Cuando llegamos nosotros, con Eduardo a la cabeza, veníamos con otra lógica y otra impronta. Porque los que estaban ahí eran compañeros y para nosotros la gente tiene derecho a entrar, sentarse, ver, reclamar, pedir y participar. ¡Y los pasillos estaban todos llenos de negros! Eso fue un gran cambio y nos odiaban por eso. Pedían seguridad, llamaban a la policía "en este edificio no se puede trabajar, nos van a robar" era un reclamo permanente (Entrevista Ñ. CABA. Octubre 2010).

Para la clasificación del pensamiento estatal desde el punto de vista de los empleados de la CMV, esa modalidad de hacer política se asociaba al conflicto y a lo externo; se lo consideraba como una intromisión negativa de la política/militancia en la gestión, negando la propia identidad de los movimientos sociales de base (articulación maniqueísta –citada anteriormente– de De la Mora (2002)). Pero, por otra parte, para la gestión que la había puesto en funcionamiento, esa presencia de la política era signo de buena gestión de gobierno:

Si, impactó mucho. Jozami es el subsecretario que le abrió la puerta a "los negros" en el instituto. Le abrió la puerta del organismo a los negros, como corresponde, y los negros son el pueblo y vos sos empleado de los negros. Pero vos pensá, en la matriz municipal no lo podían creer, habían pasado de los milicos a la democracia, acá era un organismo que vos venías a hacer el trámite y estaba tipo Gasalla acá atrás…, y aparte que la gente se lo apropie, como debe ser, como cualquier organismo del Estado y lo utilice y busque alternativas para solucionar su problema, y eso quiere decir que el organismo por fin está funcionando como debe funcionar (Entrevista Ñ. CABA. Octubre 2010).

Las organizaciones sociales, por su parte, también vieron en esta gestión la posibilidad de concretar sus objetivos autogestionarios y el sueño de una vivienda propia:

en ese momento estaban las organizaciones sociales fascinadas y en ese momento, nosotros, la gestión que ingresaba, teníamos muchísimas expectativas en este programa [en relación al PAV]. Además, estaba toda esa gente con una problemática habitacional muy importante, con una crisis muy profunda […] Y a partir de ahí surgía un problema que era cómo íbamos a agrupar a la gente, a juntar a unos con otros. También había otra problemática que era la de los hoteles subsidiados, que había explotado… (Entrevista H. CABA. Octubre 2010).

Específicamente en relación a la Ley 341, que en esta etapa aún no estaba reglamentada, su propia letra les adjudicaba a las organizaciones sociales una amplia autonomía en cuanto a su incidencia en la definición de las características que debía asumir el programa en la práctica. Unas cien cooperativas de viviendas que alimentaron la génesis del movimiento cooperativo autogestionario de vivienda en la ciudad (Rodríguez M. C., 2006) dieron vida a la 341 en el ejecutivo mediante la creación del PAV. Así lo relataba un arquitecto de uno de los equipos técnicos de las organizaciones que impulsaron la sanción de la Ley:

A la ley no la conocía nadie. ¿Cómo la pusimos en marcha? Nos reunimos con [la persona que coordinaba el programa] y él nos dice: mirá, hay dos organizaciones que son las impulsoras de la 341: la Mutual de Desalojados de la Boca y el MOI. Había tres grupos muy importantes de familias que estaban con el problema de la vivienda muy serio, y se desarrolla en nuestra cabeza el desafío. Y ahí él me dice "¿Sos capaz de formar un equipo?" y le dije "Si, formemos un equipo". Y empezamos con una Mutual de la Boca que se llama Manos Solidarias, con un grupo muy grande de familias que vivía en un lugar muy simbólico de la ciudad, que era La Lechería, que estaban al borde del desalojo, y entonces a partir de la 341, trabajamos conjuntamente con ellos para hacer una estrategia para que se queden como lugar transitorio hasta la vivienda definitiva, y por otro lado un grupo de familias que habían sido desalojadas de un edificio también muy simbólico, en la calle Corrientes, plena zona de teatros, que era el Palomar, y la cooperativa que organizaron se llamó El Palomar. Entonces, este equipo técnico que formamos estaba conformado por cuatro arquitectos y empezamos a trabajar con esas organizaciones. Fue el primer trabajo que se hizo con la 341, además del MOI que tenía sus equipos, nosotros, el Palomar, Manos Solidarias, la Lechería y los desalojados de la Boca. Esa fue la base y el arranque de esto (Entrevista L. CABA. Noviembre 2010).

Ahora bien, esta forma incipiente de organización ejecutiva de la autogestión a nivel institucional se fue construyendo, de manera errática, en el día a día de su implementación. Aún sin una reglamentación que regulara los pasos procedimentales desde la gestión de gobierno, se estableció que cada cooperativa fuese acompañada por un trabajador social y un arquitecto del equipo técnico de la gestión, con un seguimiento personalizado que continuara hasta el final de la obra[134]. Luego de que los grupos iniciales se conformaron en cooperativas u asociaciones, se organizaron

---

[134] Esta idea original no fue posible de implementar en la práctica ante la fuerte demanda existente. La cantidad de organizaciones que se conformaron y anotaron en el programa (63 organizaciones en el primer año) desbordaron

reuniones semanales en la CMV con cada una de ellas en la que el área social de la nueva gestión ayudaba y asesoraba en el cumplimiento de los trámites y en temas internos como los relativos a la conformación de la organización, la división de sus tareas y la resolución de las diferencias entre sus miembros, entre otros asunto; y los arquitectos (los vinculados al gabinete de gestión y no los de la gerencia de proyectos de la CMV) se ocupaban especialmente de guiar a las organizaciones en la búsqueda de un inmueble o terreno en el mercado inmobiliario que fuese apto para la construcción deseada[135]. Como la ejecución de la política corrió por cuenta de las cooperativas de vivienda de manera autogestiva y autónoma, las tomas de decisiones quedaron exclusivamente en manos de las organizaciones sociales.

Con lo cual, en los primeros anos de implementación de la ley 341, a partir de lo relatado por los entrevistados, se verificó una *participación asociada en la implementación* (Rofman, 2007), en la que los actores de las organizaciones sociales conquistaron un alto nivel de participación (Ilari, 2003), bajo un esquema de gestión asociada con la agencia estatal que les permitía intervenir en la toma de decisiones respecto de las formas y condiciones de la implementación del programa de manera deliberativa (De la Mora, 2002). Un funcionario de aquella gestión dejó en claro esta opción para la gestión del programa en una de las entrevistas realizadas:

> En realidad, nosotros establecimos desde el principio de la gestión un dialogo permanente con las organizaciones e hicimos una jornada, en el teatro San Martín, los primeros días de diciembre de 2001, antes del estallido de 2001, y a partir

la capacidad de seguimiento de cada caso por este equipo técnico de la CMV. La Ley reglamentaria (Ley 964) establece que cada organización social conforme un ETI propio.

[135] En esta época se compraron los primeros terrenos del programa para las organizaciones sociales que ya estaban consolidadas (entre los años 2001 y 2002).

de ahí se resolvió crear una mesa o una especie de consejo para darle una presencia más orgánica a las organizaciones, a la participación, y a todas esas ideas (Entrevista N. CABA. Noviembre 2010).

Adicionalmente, la implementación de este programa significó la modificación de los procedimientos administrativos tradicionales de la CMV –con sus resistencias consecuentes–, pues sus empleados públicos ya no lidiaban con los circuitos tradicionales de licitaciones o empresas constructoras, sino con cooperativistas que desarrollaban de manera autónoma sus operatorias:

lograr que adentro se comprenda que esto era un crédito, que nosotros lo que hacíamos era liberar la cuota parte del crédito que ellos ya tenían otorgado, que ya tenían el derecho adquirido, costaba muchísimo, entonces ahí fue mucho de gestión nuestra de ir y apurar a decir "mirá que tiene que salir, y si no la cooperativa se pincha y les corresponde, ellos tienen derechos", y así iba saliendo, era mucho estar atrás de cada uno de los expedientes (Entrevista N. CABA. Noviembre 2010).

Los mismos cooperativistas dieron cuenta de esta necesidad de realizar el seguimiento del expediente de su cooperativa por las distintas oficinas de la CMV-IVC: "Siempre los certificados demoraban un montón. Si no voy yo a la oficina del programa allá en el sexto piso [en referencia a la ubicación de la oficina del PAV en el IVC] a reclamar el certificado en persona, no lo movían" (Entrevista A4. Coop. 27 de Mayo-PAV. CABA. Abril 2013). Pero gran parte de los entrevistados le asignaron una carga negativa a esta necesidad de presencia constante en el IVC por parte de los cooperativistas para que el proyecto avance:

Nosotros todo ese tiempo dejamos de hacer cosas nuestras, por ejemplo de trabajar, porque no nos daba tiempo de ir a trabajar, todo el día en el instituto, inclusive un día que eran como las siete de la tarde llamo a mi casa y pregunto por los chicos, me dicen que no volvieron todavía de la escuela y me agarro una desesperación, y cuando vengo, me decían que de la escuela se iban a la plaza. Y es la sensación del chico que hoy vino a la escuela y como siempre mi mama ya no está de vuelta. Nosotros dejamos un montón de cosas para tener lo que tenemos… Pero les pasa a todos no sólo a nosotros… Preguntale a XX[136] cuando vayas a la [Cooperativa] Luz y Progreso, él recién ahora que terminó la obra pudo conseguir de nuevo un trabajo (Entrevista A5. Coop. Alto Corrientes-PAV. CABA. Abril 2013).

Pero además de dividir tareas y establecer una dinámica de trabajo entre los miembros del equipo de gestión que se hicieron cargo de la 341 y las organizaciones sociales, era preciso –previendo su implementación a un largo plazo– introducir su funcionamiento en la práctica institucional de la CMV, organizando los procedimientos adecuados al nivel de las funciones de los empleados y los recorridos burocráticos de los trámites que debían realizar las organizaciones. Para estas tareas era necesaria la reglamentación de la ley 341. Con este objetivo, el equipo de gestión de Jozami conformó una mesa de trabajo en la CMV que contó con la participación de todas las organizaciones de vivienda involucradas. Pero esta modalidad de gestión de la política social incomodó a los sectores tradicionales vinculados con la estatidad local –y los actores tradicionales del sistema de vivienda–, por lo que el proceso de construcción social e institucional impulsado quedó interrumpido con la expulsión del ejecutivo local de Jozami, en marzo de 2002: "en el fondo había una lucha dentro del gobierno para ver cómo se definían estas políticas" (Entrevista N. CABA. Noviembre 2010). La expulsión de Jozami marcó un giro del ejecutivo local en relación con la posibilidad de institucionalización de la participación de las organizaciones sociales en las políticas de gobierno. Estos últimos interpretaron los hechos ocurridos como un definitivo cambio de rumbo en

---

136 Se borró en nombre propio para resguardar la identidad de otro entrevistado de este trabajo.

la política de la CMV (Rodríguez M. C., 2006). No obstante, esta corta etapa sentó las bases para el ejercicio del derecho a organizarse por parte de los sectores de menores recursos, para ser partícipes activos de una política pública que los tendría por adjudicatarios y para generar transformaciones en la anquilosada forma de funcionamiento de la CMV. La dinámica de participación que se generó por aquellos tiempos, en un contexto de post-crisis 2001, dejó en claro la lógica de apropiación que atravesaba al PAV gracias a que las organizaciones sociales promovieron y sostuvieron la ley (y la sostienen hasta la actualidad) para los sectores de menores recursos que veían en ese programa la única vía de resolución a su problema habitacional (es dable recordar que históricamente la oferta de programas habitacionales estuvo dirigida a sectores medios-bajos, medios). El cambio de gestión, sumado al devenir socio-político de la gobernación de Aníbal Ibarra[137], de la CMV y el naciente IVC en particular, fue debilitando hasta desarmar la instancia de implementación participativa surgida en esta época.

La nueva gestión (Selzer) resaltó las latentes diferencias de estilo, de política y de gestión entre los dos modos de ejecución de política: uno que procuró conciliar el conflicto y el consenso como factores actuantes en los procesos sociales que condicionaron la realización y dirección de los programas sociales –*planificación social* en términos de Robirosa, Cardarelli y Lapalma (1990)– y otro –identificado como *planificación tradicional*– que supuso al Estado como el organismo planificador exclusivo –y excluyente– que definía con precisión aquello que mejoraría las condiciones de

---

[137] Aníbal Ibarra fue destituido de su cargo por la Legislatura de la CABA mediante juicio político tras ser acusado de mal desempeño en su función como consecuencia de un incendio generado en la discoteca República Cromagnon, en el que fallecieron 194 personas. El Vicejefe de gobierno (Jorge Telerman) lo reemplazó en un complejo proceso de pérdida de autonomía política y fragilidad institucional, acentuada por la rotación continua de funcionarios, los cambios en la orgánica institucional y las numerosas intervenciones de áreas del gobierno.

vida de su población, disponía de los recursos para intervenir y podía, por sí solo, desarrollar las acciones programadas sin injerencia posible de otros actores (Ossorio, 2003). Así fue percibido también por los entrevistados:

> Esa transición, de que todo se daba desde acá, se organizaban jornadas, talleres, en la secretaría de la mujer, pedíamos el salón, y hacíamos una jornada de todo el día, por ejemplo, para discutir la reglamentación de la ley, unos traían facturas, otros mate, y discutíamos todo el día con las organizaciones sociales. Todo esto se terminó. Fue un cambio muy abrupto. Tan abrupto como cuando ingresó Jozami acá. Yo te contaba que esto era todo un clima solemne… La gestión no estaba de acuerdo con todo eso, con que hubiese tanta gente dando vueltas… ¿Cómo era que decían ellos?… "Esto parece un estado de asamblea permanente" […] Yyyy… Cada vez se fueron sistematizando más los procesos y seguramente burocratizando más. Fue inversamente proporcional el incremento de los trámites, las certificaciones y los inicios de obras a la participación del instituto en la organización social y viceversa, cuanto más se hacía hincapié en los trámites menos en la organización social […] Y porque la gestión ponía el acento en esas cosas. Esa era su manera de pensar el Estado por ellos (Entrevista H. CABA. Octubre 2010).

Esta nueva gestión de gobierno, y las subsiguientes, se caracterizaron por imponerle un límite a la autonomía de las organizaciones sociales y a su capacidad de incidencia y participación en la ejecución del programa a partir de la sanción de la Ley 964 y numerosas actas de directorio –analizadas en el capítulo 3– que coartaron la participación social en cada una de las gestiones de gobierno[138]. Consecuentemente el proceso de sanción de esta nueva ley y sus sucesivas reglamentaciones se desarrollaron en el marco de un *nulo grado de participación* (Ilari, 2003) y con una *baja intensidad participativa* (Cabrero, 2004) (no obstante ello, en

---

[138] Para profundizar en cada una de las gestiones de gobierno que implementaron la Ley 341 se sugiere Zapata (2012a).

el próximo apartado se verá que se dio un corrimiento de los procesos de participación hacia el interior de las organizaciones sociales y entre ellas, pero ya hacia el exterior de la CMV-IVC). Progresivamente, las distintas gestiones priorizaron, de manera errática, el proceso de urbanización de villas y núcleos habitacionales transitorios (que se vieron beneficiados por un significativo incremento presupuestario del 500% en la inmediata pos-crisis pero que luego tampoco fueron prioridad) y se retomó la ejecución y planificación empresarial tradicional de la CMV. También se sostuvo el PRHLaBoca (como se verá más adelante, sin participación social) y se enfatizó el restablecimiento de operatorias dirigidas a sectores medios. Adicionalmente, se mantuvo el otorgamiento de créditos colectivos e individuales a través de la Ley 341, aunque en un intento por neutralizar el desarrollo del eje organizativo de cooperativas de viviendas mediante la priorización de las operatorias individuales (ignoradas por Jozami).

En este marco, las operatorias llave en mano retomaron fuerza en la gestión cotidiana de la CMV y programas como el PRTExAu3 o el PRHLB que solían tener espacio de participación para sus organizaciones de base, se disolvieron en la implementación de los programas.

En relación al PRTExAu3, donde las organizaciones tuvieron una alta intensidad participativa (Cabrero, 2004) en el diseño y las decisiones (Rofman, 2007) de la formulación de la Ley 324 y registraron altos grados de participación (Ilari, 2003) de carácter deliberativa (De la Mora, 2002), se verificó una desarticulación de la participación en el proceso de implementación del programa. Si bien el nuevo contexto histórico de implementación explicó –en gran parte– el regresivo espacio para instancias participativas, lo que aquí se quiere demostrar es que el modo de producción que impulsó tampoco aportó a la generación de espacios de organización, sino por el contrario, escondió en espacios de supuesta participación procesos consultivos y/

o informativos (De la Mora, 2002) que lejos estuvieron de procesos de tomas de decisiones por parte de los adjudicatarios de las operatorias.

Durante los años de la gestión de Jozami, en la CMV se conformó un Foro Participativo de discusión sobre la implementación de la Ley 324 en el que intervinieron organizaciones vecinales conformadas por ocupantes y frentistas y funcionarios del equipo de gestión en el que se procuró avanzar en los modos de ejecución del programa y se realizó un censo a las familias afectadas. No obstante, la llegada de una nueva gestión de gobierno a la CMV interrumpió esta instancia de organización y el ejecutivo ya contaba con un proyecto definido de reconstrucción urbana, en el cual los grupos inmobiliarios aparecían como nuevos actores que pondrían en juego sus intereses y estrategias (Bascuas & Provenzano, 2013). Con esta definición asignada al programa, se estimuló la alternativa I, de préstamos crediticios para compra de vivienda fuera de la traza, y la alternativa II de construcción de vivienda nueva llave en mano en la que intervinieron empresas constructoras en los procesos de producción. Si bien el programa prevé una operatoria de construcción de viviendas por autogestión y por autoconstrucción, estas no fueron estimuladas desde el ejecutivo. Así comentaba un ex-delegado de la Mesa de Concertación de la ExAu3 cooperativista: "Nosotros logramos meter en la 324 la autogestión. El gobierno no la quería a la autogestión, ¿cómo van a venir los negros a hacer cooperativas acá? en este barrio tan ricachón" (Entrevista A8. Coop. Sembrar Conciencia-PAV. CABA. Mayo 2013). Por ende, la operatoria autogestionaria del programa se implementó a través de la Ley 341, pero se confirmaron sólo dos cooperativas de la ExAu3, la Cooperativa Sembrar Conciencia –de ocho familias– que lograron la finalización de su obra en el año 2012 y la Cooperativa Argentina Puede –para veintitrés familias– que finalizó en 2011. Pero este objetivo no se alcanzó completamente mediante la 341 ya que el terreno no lo compraron como el resto de las cooperativas, sino que los mismos fueron terrenos que el GCBA tenía a disposición en la traza (los cuales fueron afectados a las cooperativas). Y si bien el proyecto de Argentina Puede se concretó completamente mediante la Ley 341, Sembrar Conciencia se financió inicialmente con fondos de la Ley 341 pero ante la desfinanciación del PAV y la sanción de la Ley 3.396, que ofrecía prestaciones no reintegrables, las familias optaron por esta última opción –previa declinación de recepción de fondos de la Ley 341– para asignar todos los subsidios obtenidos por las familias a la finalización de la obra. También existieron casos –de la alternativa IV– de autoconstrucción de vivienda que no fueron tan exitosos, ya que los subsidios para la autoconstrucción se entregaron en materiales, herramientas y asesoramiento técnico, pero ante los tiempos burocráticos de la CMV-IVC y los constantes cambios de gestión, los siete edificios bajo esta operatoria –que involucró a 39 familias– se ocuparon sin sus debidas terminaciones y habilitaciones, por lo que se profundizó el deterioro de las condiciones de habitabilidad que se supone este tipo de viviendas debía resolver.

Específicamente para este programa, la implementación estuvo a cargo de una Unidad Ejecutora conformada por diversas áreas del GCBA[139] (pero dependiente del Ministerio de Desarrollo Urbano) que fue modificándose en su composición y funciones, así como en su ubicación en el organigrama ministerial según la importancia asignada por la gestión de turno a la solución concreta de las problemáticas de hábitat de los adjudicatarios y del entorno. Las familias que optaron por la operatoria llave en mano debieron seguir todos los pasos administrativos de una planificación tradicional en la Unidad Ejecutora, pero las obras se diligenciaron desde la CMV-IVC.

---

[139] Mediante el Decreto N°07 y 1027-GCBA-2001, se estableció que estaba integrada por representantes de los siguientes organismos: Secretarías de Hacienda y Finanzas, Medio Ambiente y Desarrollo Sustentable, Planeamiento Urbano, Obras y Servicios Públicos, Promoción Social, Comisión Municipal de la Vivienda y Consejo del Plan Urbano Ambiental.

En este sentido, según los entrevistados consultados, quienes estuvieran interesados en esta operatoria debían anotarse en un registro de adjudicatarios que se manejaba desde la Unidad Ejecutora y luego simplemente esperar ser llamados para la adjudicación de la vivienda: "nos anotábamos en un listado los que quisieran para venir a las viviendas sociales" (Entrevista E1. CABA. PRTExAu3. Junio 2013). No obstante, existía cierta resistencia entre las familias de la traza por incorporarse al programa. Al rastrearse el motivo de esto se verificó que existió cierta desconfianza para con el Estado local por reiteradas promesas incumplidas, pero, además, por el desconocimiento de la veracidad de lo que desde el Estado se estaba ofreciendo. Existía un temor por parte de los adjudicatarios de perder las viviendas ocupadas por las que estaban pagando un alquiler social a la CMV-IVC y quedarse directamente en la calle:

> nosotros hemos esperado veinte años, quince o veinte años más o menos, nos hicieron un censo, pasaron años y por ahí pasaban años y te hacían otro censo. Estábamos medio a la deriva, que sí, que no, y no sabemos qué va a pasar, si el mes siguiente íbamos a estar en desalojo y teníamos que dejar la casa, no teníamos nada, pero bueno. Así fueron pasando los años hasta que un día vinieron y nos dijeron "están adjudicados para llave en mano". Así que, bueno, y ahí ya nos mudamos para acá y ya hace siete años que estamos acá (Entrevista E4. PRTExAu3. CABA. Julio 2013).

También se registró que existieron numerosos encuentros entre funcionarios de la Unidad Ejecutora y los adjudicatarios en instancias de reuniones de carácter informativas convocadas según necesidades puntuales (participación "informativa" (De la Mora, 2002)). En las mismas, se les notificaba sobre el estado de avance del proceso de implementación del programa, sobre los proyectos en curso, se recolectaba documentación solicitada y se evacuaban dudas de los vecinos:

en todo el proceso nos acompañó en las inquietudes y otras cosas. Funciona en el CGP n°15, al costado. Ahí se hacían reuniones, cada tanto íbamos y hablábamos con los funcionarios [...] / ¿Qué temas trataban? / Temas vinculados con la vivienda, a cómo iba la ley, cómo se podía presionar, ese tipo de cosas, con quién había que hablar. Eran reuniones informativas (Entrevista E6. PRTExAu3. CABA. Julio 2013).

Esta concepción de intervención social es radicalmente opuesta al modo de intervención social que aquí se entiende por "participación", pues esta intervención de los adjudicatarios no implicó instancias en la que los destinatarios de la política desempeñen un rol activo mediante tomas de decisiones y/o empoderamiento ni incrementaron la representación social de los sectores populares en la ejecución de la política, sino que –por el contrario– estas formas de actuación legitimaron la propia corporativización del aparato estatal (Cunill Grau, 1995) y prácticas de clientelismo político (De la Mora, 1992). Más adelante se verá cómo esta falsa concepción de la participación también fue esgrimida por los propios funcionarios ejecutores de la política de vivienda.

En lo que respecta al PRHLB, su entramado de implementación fue también complejo, pues si bien el Recup-Boca contó con instancia de alta participación social mediante la Asociación Mutual Esperanza, tras su desarticulación, la ejecución se canalizó como una operatoria tradicional llave en mano en la que la participación de las organizaciones de base mutó al punto de organizarse reuniones meramente informativas (como se verá en el próximo apartado). Pero a diferencia del caso de la Traza de la ExAu3, el desplazamiento de la participación social articulada mediante la Mutual se dio con anterioridad a la formulación de este programa. De hecho, como se vio más arriba, la gestión Jozami retoma esta operatoria que ya hacía algunos años estaba totalmente desfinanciada y la incorpora dentro del nuevo paquete de políticas a desarrollar en su gestión. La gestión de gobierno siguiente (gestión Selzer) no tuvo intenciones de re-articular al entramado actoral originario y, de manera acorde a sus postulados de la gestión, la operatoria se diligenció del modo que habitualmente se resolvía el problema habitacional en la CMV: mediante los canales tradicionales de licitación y obra pública con empresas constructoras, donde los adjudicatarios sólo cumplen el rol de receptores de la vivienda. Una funcionaria que participó en la gestión del programa comentaba en la entrevista realizada el carácter asistencialista que asumió la operatoria:

> En el año 2000, desde la intervención de la Comisión se desarticuló la Mutual por cuestiones internas administrativas y demás, pero entonces el programa quedó transformado en un tutelaje, y hoy es muy complicado el grado de asistencialismo que hay…, y que no hay manera de desarticularlo. Tampoco en este punto ya se puede volver para atrás porque el programa ya está judicializado, así que es muy particular lo que está pasando (Entrevista H. CABA. Julio 2013).

La racionalidad burocrática fue la que logró imponerse en la implementación de este programa, ya que el mismo fue ejecutado sin intervención social, por agentes burocráticos encargados de los procesos y trámites administrativos que fueron acompañando las decisiones tomadas en un nivel superior de gobierno (por los resultados obtenidos, poco estuvieron comprometidas con las metas originales del programa). Ahora bien, al consultarle a una funcionaria del IVC si existió espacio para la participación social, nos comentó que "sí había participación, había informes sociales que se realizaban a las familias, se llevaba la cuenta de las familias que pagaban los cánones y las que no…, sí, sí había participación" (Entrevista H. CABA. Julio 2014). Nuevamente aparece la falsa concepción de participación esgrimida anteriormente, ahora también por los funcionarios del programa, pues refieren a una participación omitida (en términos de De la Mora (2002)).

Ahora bien, a partir del amparo judicial –citado en el capítulo anterior– presentado al PRBLB los entrevistados notaron transformaciones en cuanto a la participación de los usuarios ya que se percibieron nuevos espacios en los que los afectados lentamente fueron "adquiriendo" práctica de participación:

> Luego con el amparo se da algo particular porque se confirma una mesa de trabajo en la que ellos [los destinatarios del programa] tienen participación, y ellos dicen que aprendieron a hablar, a escuchándola a Pennella [Silvina Penella, responsable del Área de Derechos Humanos de la Defensoría del Pueblo de la CABA] y porque quizás ella ante una determinada situación en la que querían matar a alguno, ella les repreguntaba cómo hicieron para resolver tal cosa y los hacía interactuar desde otro lado (Entrevista H. CABA. Julio 2014).

De la Mora (2002) planteaba que con prácticas de micro-participación –como las practicadas a escala reducida tras la judicialización del programa– se abona, entre los participante, al desarrollo de experiencias de ejercicio de una macro-participación, en el sentido de que prácticas democráticas de sociedades menores asumen la característica de ser preparatorias de la participación democrática para sociedades mayores –o globales–; por lo que habrá que evaluar más adelante el impacto de estas instancias habilitadas tras la judicialización en el curso a futuro del programa.

En lo que respecta al Programa Viví en tu Casa, su implementación también siguió las características propias de una planificación tradicional (Ossorio, 2003) para los programas llave en mano, pero asumió una particularidad a nivel local en su proceso de ejecución a razón de su diseño efectuado a nivel nacional –como se vio en el punto anterior–. Ostuni (2010) sostenía que el principal nudo problemático para la ejecución del PFCV a través de Viví en tu Casa fueron las características propias del ámbito del sector público de gobierno local, que como se vio, cuenta con un marco normativo estricto, con trabas administrativas y burocráticas muy complejas, y escasez y/o ausencia de suelo para construir. Este esquema de implementación fue caracterizado por los funcionarios entrevistados como el "habitual" para este tipo de programas (símil al funcionamiento del FONAVI). Una vez definido el cupo de viviendas para cada jurisdicción (la cual es determinada por el Consejo Nacional de la Vivienda, tomando como criterio de distribución el déficit habitacional de cada distrito), desde el GCBA se definen los terrenos fiscales que se destinan a estas operatorias, la Gerencia de Proyectos de la CMV diseña el ante-proyecto constructivo (en el cual se definen las características generales del proyecto: ubicación, tipología y dimensiones), y desde la Gerencia de Licitaciones se efectiviza el procedimiento licitatorio. Las empresas que desean concursar deben confeccionar un proyecto ejecutivo basado en el ante-proyecto del IVC que contenga una propuesta de resolución técnica de la obra, defina instalaciones, terminaciones, tipo de ambientes y un presupuesto del costo de la obra. Al igual que el ante-proyecto del IVC, el proyecto ejecutivo debe atenerse a lo establecido por el Código de Edificación de la CABA, donde se establecen, por mencionar algunos ejemplos, las pautas de metros cuadrados mínimos por ambiente para vivienda nueva, las condiciones de accesibilidad para personas discapacitadas, la cantidad de cocheras, entre otras cuestiones (que como se dijo anteriormente, no son financiadas por el PFCV, por lo que deben ser costeadas –de manera adicional– por el GCBA). La propuesta que mejor se ajuste a las condiciones solicitadas es adjudicada para la construcción de la obra mediante la firma de un contrato (de manera asociada entre Nación y Ciudad) a partir del cual el nivel nacional de gobierno se compromete a realizar un adelanto financiero que permita el inicio de las obras. A partir de allí, tras certificaciones de avance de obra realizadas por los inspectores de la Gerencia de Obras del nivel local, se liberan los pagos correspondientes desde el GCBA (de manera anual el nivel nacional de gobierno transfiere los fondos comprometidos vía escalafón presupuestario):

> yo te doy tal cupo de vivienda [hablando por el nivel nacional de gobierno], vos te preparas los proyectos, yo te doy la no objeción, vos licitas y cuando licites pre-adjudicas, Nación es la que va a firmar el contrato, aunque te das cuenta que es asociado, y también le voy a dar a la empresa sin pasar por el nivel local de gobierno el adelanto de obra del 15% de anticipo financiero. Después de eso vos vas a pagar los avances de obra con los fondos que se envían desde Nación contra-certificación de obra. Este es el esquema de funcionamiento (Entrevista F. CABA. Julio 2013).

Se trató entonces de un proceso administrativo corriente en el que tanto los funcionarios como los actores privados intervinientes (las empresas constructoras) estaban habituados y tanto unos como otros eran conocedores de los vericuetos cotidianos de la burocracia estatal de la CMV.

Ahora bien, no obstante, se viene diciendo que este programa estaba orientado a satisfacer la demanda general y/o espontánea que se presentaba al IVC, a partir de la gestión Telerman, en algunas de las operatorias encaradas por este programa (Casa Amarilla, Parque Avellaneda), se buscó vincular la producción de nuevas unidades habitacionales con sectores que presentasen una "demanda organizada": actores colectivos como sindicatos, gremios y/o cooperativas de trabajadores. Es decir, el IVC descentralizó el proceso de implementación del programa –reservándose sólo las tareas licitatorias descriptas anteriormente– en sindicatos o cooperativas de consumo que pasaron a ser las interlocutoras válidas con el IVC, y el destinatario de la vivienda pasó a diligenciar sus trámites administrativos con la organización (a la cual debía asociarse). Pero además de estructurar la demanda, estas organizaciones –como en el caso de Casa Amarilla, por ejemplo– proveyeron los terrenos, que es uno de los elementos que el PFCV no financia y que –como se analizó–, por los costos del valor del suelo en la CABA, esto se constituyó en uno de los factores que generaron un cuello de botella en la ejecución del mismo. Empero, esta condición no siempre fue tan estricta, pues en las operatorias Parque Avellaneda o Torres de Lugano, los terrenos fueron inmuebles fiscales del IVC[140] y las organizaciones intermediarias sólo se limitaron a organizar la demanda. Todos los entrevistados del complejo de Parque Avellaneda dieron cuenta de la descentralización de la implementación del programa en estas organizaciones intermedias:

> La mayoría es de SUTECBA que es el sindicato de empleados de la CABA [a través de la Cooperativa Cosquín] y hay gran parte de prefectura [Cooperativa Río Iguazú]. Yo accedí porque mi papá es retirado de prefectura y me dieron un lugar por la cooperativa de trabajo que se hizo en prefectura. También hay muy pocos de gendarmería y policía además de los empleados de la Legislatura de la Ciudad (algunos son administrativos, otros no) [Cooperativa 23 de Julio] (Entrevista E7. Viví en tu Casa. CABA. Julio 2013).
> la intermediaria es la Cooperativa, que nosotros actuamos como intermediarios porque, justamente, te traen las planillas, armamos las carpetitas, y se las remitíamos al IVC (Entrevista E2. Viví en tu Casa. CABA. Julio 2013).

Ya sea en operatorias clásicas de demanda general o de demanda organizada por entidades intermedias, la participación de la población destinataria del programa se limitó a inscripción, entrega de documentación comprobatoria, visita de la asistente social para completar un censo social familiar, reuniones informativas de avance y, finalmente, adjudicación de la vivienda (en el caso de los sindicatos y/o cooperativas, todas estas actividades se realizaron

---

140 Como ya se dijo, una problemática que debe afrontar el IVC en términos de acceso a la tierra es que el GCBA ya cuenta con pocos terrenos de las dimensiones solicitadas por el PFCV para encarar proyectos de gran escala; y los que dispone se localizan en zonas periféricas de la ciudad.

directamente en sus sedes y ya no en el IVC). Todas instancias de participación en la que el destinatario desarrolló un rol de tipo pasivo, sin ninguna toma de decisión, es decir, una *participación ausente* (De la Mora, 2002). Así lo relataban los entrevistados:

> Mmm, no, la relación no era con el IVC, fue solamente en el momento de la presentación de la documentación y ni siquiera es que la gente fue a hacerlo al IVC, no. Fue a través nuestro [la cooperativa], y no sé, nada más. O sea, la gente no va al IVC a hacer los trámites, así que no hay relación (Entrevista E2. Viví en tu Casa. CABA. Julio 2013).

> tenías que ir a la cooperativa cada tanto, había unas reuniones de socios de la mutual y ahí se decidían cosas, no me acuerdo bien ahora qué era lo que se charlaban, pero algunas veces se charlaban cosas del edificio y otros temas de la mutual, pero había que ir porque había que estar y firmar. Después en la mutual por ahí ibas a hacer algunos trámites como te decía, aparte de pagar la cuota de la mutual o de seguridad, actualizar papeles. Hubo un momento donde el IVC, supongo que para ver bien a quién le asignarían las viviendas, le pedía a la mutual una serie de datos (Entrevista E11. Viví en tu Casa. CABA. Agosto 2013).

> con el IVC no tuvimos ningún trato más que firmar el boleto de compraventa que fue ahí mismo y después en la entrega de los departamentos [...] Toda nuestra relación era con la cooperativa, el presidente de la cooperativa, con el secretario y el tesorero, toda gente de la cooperativa. El IVC no intervenía. / ¿La voz entonces era la cooperativa? / Si, el IVC no aparecía. Yo preguntaba "¿qué pasa con el IVC que nunca da la cara?" y me respondían que el IVC iba a empezar a entrar en acción, que iba a ser una cara visible cuando tengamos la llave del departamento, mientras tanto la cooperativa era un nexo, yo empecé a desconfiar porque se tardaba mucho y la secretaria (que es la nuera del presidente) me explicó cómo eran las cosas y me pidió que entienda que a veces no sabía que contestarme (Entrevista E7. Viví en tu Casa. CABA. Julio 2013).

Vale decir también que estas cooperativas intermediarias entre el IVC y los adjudicatarios de la vivienda no funcionaron del mismo modo que lo hicieron gran parte de las cooperativas de la Ley 341, pues sus modos de funcionamiento no remitieron a un tipo de organización de base, de "abajo hacia arriba", sino todo lo contrario. Estas cooperativas limitaron su función a organizar la demanda, pues los adjudicatarios no desempeñaron un rol activo en el marco de las mismas, sino que simplemente la participación en este espacio remitió a una actividad informativa (del curso de las obras) y administrativas (presentación de papeles, realizaciones de censo, entre otras actividades) (De la Mora, 2002). Si bien se realizaban reuniones periódicas que tomaban el formato de asambleas, en las mismas no se resolvían cuestiones vinculadas con los proyectos de obra en curso ni con el proceso de adjudicación de las viviendas, sino que simplemente el orden del día consistía en presentar el informe de avances enviado por el IVC, la recolección de documentación, el cobro de la cuota social de adhesión a la organización y la fijación de fecha para la próxima asamblea; con lo cual los temas a tratar tampoco habilitaron espacio de participación deliberativos, sino meramente consultivos (De la Mora, 2002).

La desconfianza que surgió entre los entrevistados generó estrategias alternativas por parte de los destinatarios para informarse del estado de avance de las operatorias:

¿Vos cómo te ibas enterando de los avances de la obra? / Yo cuando podía me daba una vueltita en colectivo y miraba a ver cuánto faltaba y no había nada y cuando tuve el auto con mi marido (habrá sido hace unos seis años atrás) nos dábamos una vueltita cada quince o veinte días, un sábado o un domingo para mirar. Con decirte que ya nos habíamos hecho conocidos de la seguridad, nos saludaban, nos contaban las novedades. Nosotros nos presentamos porque como dábamos vueltas no queríamos que piensen que nos queríamos meter. También nos enterábamos con llamados a la cooperativa. / ¿Pero a ustedes no les informaban formalmente? / Sí, cada tanto nos decían desde la cooperativa, pero a veces el contacto no era mensual porque no tenían ninguna novedad, dependían del IVC…. Nos íbamos enterando por llamados o con las reuniones de la cooperativa donde nos íbamos informando (Entrevista E7. Viví en tu Casa. CABA. Julio 2013).

Por ende, en líneas generales entonces –teniendo en cuenta los tres casos de estudio llave en mano (PRTExAu3, PRHLB y Viví en tu Casa)–, en sus procesos de implementación la participación de los destinatarios de las unidades de viviendas fue de *intensidad baja* –retomando las categorías de Cabrero (2004)– ya que los destinatarios de los programas se posicionaron en un rol de receptores (negando la condición de sujetos de los mismos) propia de la modalidad de ejecución de programas asistenciales –tal cual la caracterización realizada por una de las funcionarias citada más arriba–. Retomando los conceptos de De la Mora (2002), estos programas remitieron a una articulación clientelista y/o maniqueísta entre el Estado y la sociedad, en donde la participación presentó los grados más bajos: participación ausente o presente pasivo, y, en el mejor de los casos, de tipo informativo. El tipo de participación que promovieron estos programas fue una *participación baja o nula* (Rofman, 2007), en donde la única intervención social habilitada para los futuros usuarios de las unidades de vivienda consistió en la recepción de las prestaciones que ofrece el programa. También se verificó que, mediante estas formas de implementación en programas de atención de demanda específica, se desarticularon –en el caso del PRTExAu3– y se terminaron de echar por tierra –para el caso del PRHLB– instancias previas de alta intensidad participativa en las etapas de diseño de la política.

5.4 Evaluación y control participativo de los programas

Antes de comenzar con el análisis de este apartado en los casos de estudio, conviene diferenciar *evaluación* de *control*. En este sentido, la *evaluación* proporciona información acerca de los efectos y/o los impactos que tuvo la implementación de un programa, con el objetivo último de contribuir a adoptar una decisión política de trascendencia (ya sea a partir de modificaciones en su implementación, su extensión, ampliación de cobertura, o cierre del mismo); mientras que el *control* apunta a la verificación de una debida ejecución de los fondos relacionados a los lineamientos de un programa, como así también al cumplimiento del proceso implementado para llevarlo a cabo. Resulta relevante identificar esta diferencia porque la utilización de ambos mecanismos o sólo uno de ellos determina el alcance y la calidad de los resultados del programa.

Para los casos de estudio llave en mano directamente no existieron instancias de evaluación y/o control de lo producido y menos aún participación de los destinatarios en instancias de este tipo. Si bien la mayoría de las veces las mismas unidades ejecutoras de los programas realizaron un seguimiento informal de lo producido y llevaron el estado de avance de los proyectos que se ejecutaron con los programas, no lo hicieron con una regularidad pre-establecida ni con un formato de evaluación o control que habilitaran criterios de transparencia. Por su lado, los funcionarios entrevistados confirmaron la inexistencia de estas instancias y los adjudicatarios de las operatorias no dieron cuenta de conocer instancias de estas características. Retomando las categorías de análisis, la participación de los adjudicatarios del Programa Viví en tu Casa, PRHLB y el PRTExAu3 fue nula, es decir, que la única participación social habilitada consistió en la recepción de las prestaciones del programa (Rofman, 2007); pero partiendo de la base que estas instancias, si efectivamente se realizaron en el marco de los programas, esto sucedió de manera irregular y sin pautas claras pre-establecidas.

Por otra parte, con el objetivo de atender posibles irregularidades en el Programa de Autogestión de la Vivienda, la Ley 341 estipuló en su artículo 10 la creación de una Comisión de Control, Evaluación y Seguimiento (CCES) que depende funcionalmente de la presidencia de la CMV-IVC con funciones de control de la ejecución de los proyectos del programa (tales como llevar registro de quienes recibían o pretendían recibir el crédito, confeccionar el padrón de antecedentes de los adjudicatarios, controlar y monitorear a las organizaciones, realizar un seguimiento del avance de las operatorias, entre otras de este mismo tenor). Lo importante a señalar de esta Comisión es que la Ley 341 les asignaba a las organizaciones sociales una instancia de participación en este proceso de seguimiento, que luego de la Ley 964 fue restringida a una participación en calidad de observadoras, limitando su capacidad de intervención. Este nivel de participación asignado a las organizaciones sociales desvirtuó lo que ellas proponían originalmente, ya que postulaban un mecanismo de participación directo como instancia co-decisoria en la Comisión, es decir, participación como modalidad institucionalizada de democracia participativa. En este sentido, el carácter de observadoras que finalmente se les asignó a las organizaciones en la CCES neutralizó una avanzada participativa conquistada por las organizaciones hacia un polo delegativo representativo (en un contexto de crisis institucional de la CMV post-partida de Jozami). Pero además de esto, hay que adicionarle a este análisis que la CCES recién comenzó a funcionar en el mes de septiembre de 2007 (siete años más tarde de la creación del programa) –con una nueva gestión a cargo del Arq. Freidín–, celebrando reuniones periódicas con el objetivo de aclarar dudas y reclamos de las organizaciones en temas relacionados con cuestiones legales y dificultades operativas del programa, pero nunca llegó a desarrollar las tareas que tenía pautadas por la Ley y sus reglamentaciones. Así lo contaba una funcionaria del IVC que estuvo a cargo del programa:

> La CCES existía y podía haber veedores, pero se utilizó a partir de la gestión de Freidín. Se usó como un espacio de discusión en el que venían las cooperativas y no es eso exactamente lo que dice la Ley. La CCES dice que debe conformarse por las gerencias del instituto, la técnica, la financiera, la jurídica y la nuestra, que son las cuatro gerencias. Y entonces esas cuatro gerencias tenían que determinar sobre las cooperativas, si alguna se paró, si había que mandar a procuración algo, si había que hacer algún pedido… Pero la realidad es que nunca se juntaron los cuatro gerentes para esto… Y las cosas que necesitamos que firme la CCES salen de acá [el PAV]. Salen con un dictamen… Por ejemplo cuando hay ampliaciones del crédito, salen con un dictamen que se firma acá, que es donde nace la necesidad, y después la firman los gerentes que la conforman, pero jamás se reúnen para eso […] Esa instancia que alguna vez se formalizó ya se perdió. Pero no fue durante mucho tiempo y la verdad que tampoco fueron muy felices los encuentros (Entrevista M. PAV. CABA. Septiembre 2010).

También, la mayoría de los entrevistados, ya sea posicionados desde el sector de las organizaciones sociales o desde el Estado, coincidieron en que esta modalidad de participación no cumplió con las exigencias de seguimiento, evaluación y control que debía tener la CCES y que, además, esta instancia se fue transformando en un espacio de catarsis colectiva con escasa capacidad de evaluación del programa o resolución de las distintas problemáticas de los proyectos:

> Se hicieron cuatro o cinco reuniones y realmente no sirvieron para nada como estaba planteado el tema. Vienen cien cooperativas con todas las problemáticas: el que no tiene terreno, el que quiere inscribirse, el que está en obra, el que quiere escriturar, entonces la puja ahí es quién sobresale más

de los otros políticamente. Entonces todos empiezan a cuestionar y no se llega a nada claro, cero definiciones (Entrevista Ñ. CABA. Noviembre 2010).

La Comisión funcionaba de manera semanal, se hacía en el IVC, era coordinado por el IVC y todos contaban todo y todos hacían sus reclamos…, y terminaba en un lugar en donde cada uno va a reclamar cosas individuales de cada cooperativa y no del conjunto de las cooperativas, del programa. Entonces para mí, en la práctica, no tuvo una utilidad, no es algo bueno (Entrevista J. PAV. CABA. Julio 2010).

Cuando apenas entré a la cooperativa yo participaba en la CCES. Funcionaba en Chacarita, que nos daban el espacio. Y era un espacio de reclamo, se hablaba de los problemas de las distintas cooperativas y estaban los funcionarios del IVC, pero nunca se logró algo importante (Entrevista A1. PAV. CABA. Agosto 2010).

Existió, entonces, una percepción generalizada de la ineficiencia de dichos encuentros, que terminaron por desarticular y diluir el espíritu participativo del programa y la trama organizativa que los sostenía. Uno de los entrevistados atribuyó el mal funcionamiento de la Comisión a la heterogeneidad de los reclamos que se realizaban en ese espacio y reflexionó sobre cómo la falta de algún tipo de coordinación del mismo por parte del Estado estimuló espontáneamente la no participación de las organizaciones sociales:

La CCES propuso su creación durante la gestión de Freidín y no sólo iban cooperativas del MOI, sino que era abierta a todas las cooperativas de programa. Y eran alrededor de cien personas, con reclamos muy distintos, con lo que era muy difícil decidir sobre cualquier tema. Era muy difícil trabajar en ese espacio. Se pudo hacer algunas cosas, pero fueron muy pocas. Había muchos niveles de organización, cooperativas organizadas a otro nivel y otras independientes, con lo cual se empezaban a generar diferencias y se fue trasformando en algo problemático participar. Entonces el MOI dejó de considerarlo como un espacio de participación (Entrevista A1. PAV. CABA. Julio 2010).

Con la partida de la gestión "Freidín" del gobierno, este espacio de participación se desarticuló directamente como canal de encuentro entre las organizaciones sociales y el Estado. No obstante, retomando las categorías de análisis, el espacio de la CCES remitió a un tipo de participación "de opinión" y de carácter consultivo (De la Mora, 2002; 1992), de grado bajo de participación (Ilari, 2003). De todos modos, en relación al funcionamiento y las características del sistema de evaluación y control del programa, es categórico mencionar que el mismo nació trunco por el simple hecho de haber aparecido siete años más tarde de iniciado el programa, cuando toda evaluación debe considerar el proceso completo de ejecución del mismo. Otro factor a tener en consideración es que el programa no contó con un diagnóstico inicial que contemplara aspectos integrales de los potenciales adjudicatarios ni proyecciones cuantitativas en cuanto a resultados materiales del mismo (el impacto social de un programa sólo puede ser evaluado si se tiene un conocimiento exhaustivo de la situación de la que se parte y de las metas sociales y económicas que se pretenden alcanzar con la implementación del mismo). Estos factores seguramente tendrán sus consecuencias en la aplicabilidad y en el efectivo funcionamiento de las instancias de control y evaluación del PAV, pero sobre todo ya existe a priori un impedimento de base para poder analizar los impactos del programa en su población destinataria en base a los resultados esperados.

6

Participando en la producción
de la vivienda popular

Retomando el marco teórico-conceptual reconstruido en el capítulo anterior para analizar la "participación social", en este capítulo se continúa con el análisis de la *etapa de implementación de la política* (definida analíticamente en este trabajo para diferenciarla de la etapa del habitar), acentuando los procesos de participación que se desarrollaron hacia el interior de los proyectos bajo estudio (llave en mano y autogestionados).

En este sentido, primero se analizan los modos de ejecución de las obras (construcción autogestionaria versus construcción estatal llave en mano) en los proyectos finalizados de cada programa, indagando las instancias de participación de sus destinatarios y tipos de decisiones, primero en el diseño/concepción de sus viviendas y, luego, en la producción de las mismas a través de un análisis de los actores sociales que intervinieron en esos procesos.

Luego se analizan los costos de producción aplicados a los proyectos de práctica autogestionaria y a los de producción llave en mano, para evaluar en los próximos capítulos los resultados de los proyectos en términos de calidad.

Por último, se indaga en las modalidades de acceso (adjudicación/designación) a la vivienda por parte de los usuarios y sus instancias de participación/decisión en el proceso.

Al igual que en el capítulo anterior, el análisis se hace desde una perspectiva comparativa de los dos modos de producción bajo análisis, focalizando en la dimensión de participación social.

6.1 Modos de ejecución de las obras: la toma de decisión del futuro "habitar"

Sin lugar a duda el espacio que se asignó a la participación de los destinatarios en la implementación de los programas encuentra estrecha relación con el espacio que tuvieron, posteriormente, en la toma de decisiones de los procesos de ejecución de las obras y, específicamente, en el diseño de las características de las viviendas. Lo que se pudo verificar en el trabajo de campo de esta investigación es que programas diseñados e implementados de manera plenamente participativa impulsaron modos de producción también participativos, mientras que programas diseñados y ejecutados mediante esquemas tradicionales de ejecución estimularon modos de producción en los que la participación predominante –y decisoria– no fue la de los destinatarios de las viviendas sino de los funcionarios públicos y las empresas constructoras que concebían la vivienda como una mercancía por sobre un bien de uso.

En este sentido, la participación desplegada en el proceso de diseño del PAV logró continuidad en la ejecución del programa y también en el modo autogestionario de producción de las viviendas. Las organizaciones sociales, con distintos grados de intensidad en función de cada caso, fueron las que asumieron el rol protagónico (Cabrero, 2004) de todo el proceso de gestión y producción de las viviendas mediante la efectiva ejecución de los recursos asignados por el Estado local y mediante un muy alto grado de participación según la categorización de Ilari (2003).

A contracara de lo ocurrido con la Ley 341, el alto nivel de participación desarrollado en el proceso de diseño de la Ley 324 y el PRTExAu3, se licuó en la implementación del programa a través de la ejecución de un modelo de producción llave en mano o la simple recepción de un subsidio habitacional (Ilari, 2003).

Para el caso del PRHLaBoca, su diseño no participativo mantuvo una línea de continuidad durante la ejecución del programa, con un modo de producción llave en mano, en donde los destinatarios de las viviendas desempeñaron un rol netamente pasivo (De la Mora, 1992; 2002).

Algo similar ocurrió con las operatorias de Viví en tu Casa. El diseño del programa ni siquiera se desarrolló a nivel local de gobierno y su ejecución estuvo totalmente aislada de sus destinatarios, lo que De la Mora (1992; 2002) llamó "participación omitida" (en donde el rol principal en la producción de las viviendas lo tuvieron los funcionarios estatales y empresas constructoras habituadas a trabajar con el Estado).

Entonces, ¿cómo se desarrollaron estos procesos en los casos de estudio?

6.1.1 ¿Diseño burocrático o diseño participativo de las viviendas?

A continuación, se analiza la instancia de diseño de las viviendas. A partir del análisis de los programas llave en mano, es importante notar que en el diseño constructivo de las unidades habitacionales no sólo no hubo espacio para la participación social, sino que tampoco para la participación privada, ya que como se desprende del análisis realizado en el apartado anterior y lo comentado por los funcionarios entrevistados, en general fueron los arquitectos de la Gerencia de Proyectos del IVC quienes realizaron el diseño constructivo de las viviendas con anterioridad al proceso de licitación. Por su parte, las empresas constructoras sólo intervinieron en el modo de resolución de ese diseño en el espacio y en la definición de las terminaciones de obra, más no en el diseño de las viviendas. Así lo explicaban funcionarios del IVC:

> Nosotros, en general, hacemos el proyecto [en relación a la Gerencia de Proyecto]. Nos dicen acá tiene el terreno, cuántas viviendas salen, salen tantas y hacemos licitación. Nosotros hacemos el cómputo y el presupuesto. La tierra es del Instituto, entonces sobre esta tierra se presentan las empresas y normalmente la más económica es la que gana, aunque la Ley de contratación pública dice la oferta más conveniente, pero bueno…, como tienen que respetar nuestros planos, a veces damos la opción de una variante mínima, con algún sistema constructivo más avanzado. Entonces, la empresa presenta los papeles como nosotros lo pedimos para estar en igualdad con el resto de las empresas que se presentan y luego, además, presenta la variante. Se evalúa si ese sistema que proponen es adecuado y normalmente suelen bajar el precio, bastante… Nada que vos digas hacen lo que quieren, ¡no! Inclusive en una obra privada también la empresa constructora hace ajustes. Digamos que nosotros lo que hacemos es un anteproyecto que tiene una escala como la del plano municipal, es decir no te sirve para construir técnicamente, te da medidas que vos tenés, la cáscara, estructura, cómo son los niveles, el filo que hay que respetar donde van las columnas, cuáles son las medidas que hay que respetar…, pero no te sirve para construir, eso se va adecuando a medida que lo vas estudiando más, como empresa constructora. Cuanto más te vas acercando al problema más cosas vas solucionando. Esas adecuaciones a nosotros no nos molestan para nada, porque entendemos que siempre es para bien (Entrevista E. CABA. Agosto 2013).

Los distintos entrevistados destinatarios de viviendas sociales llave en mano también dieron cuenta de los nulos espacios de decisión que tuvieron en relación al diseño de sus futuras viviendas. Si bien en algunos casos existieron reuniones informativas en las que funcionarios del IVC relataban cómo serían las viviendas, la mayoría de las veces estos espacios ni siquiera existieron. Por ejemplo, las cooperativas de consumo que descentralizaron la demanda del

Programa Viví en Casa solían efectuar reuniones en las que relataban a sus socios el avance de las obras, pero se trataba de encuentros que revestían un formato netamente informativo de lo noticiado por el IVC sobre las características que tendrían las viviendas (De la Mora, 1992; 2002). Algo similar ocurrió con la Unidad Ejecutora de la Traza de la ExAu3 y el PRHLB, cuando funcionarios públicos organizaron encuentros para mostrar a los destinatarios de las viviendas fotos de los complejos en obra, pero con el agravante de que al ser poca la cantidad de viviendas a repartir, gran parte de ellos no serían destinatarios:

> En algún momento nos trajeron fotos o maquetas de lo que se pensaba hacer…, no se podía cambiar nada. Una vez en una reunión un integrante de la cooperativa dijo que quería piso de parquet, y la respuesta fue que los pisos se entregan como se entregan, no se puede cambiar nada (Entrevista E13. Viví en tu Casa. CABA. Agosto 2013).

> No se nos respetó ni se nos consultó en nada. Hicieron lo que ellos quisieron y todavía se sigue haciendo porque hace poco adjudicaron las cocheras (Entrevista E14. PRHLB. CABA. Agosto 2013).

> Quiero reforzar esta idea, entonces… ¿Ni desde el IVC ni desde la empresa constructora en ningún momento les consultaron sobre cómo diseñar o cómo les gustaría que fuera? / No, eso seguro que no, no, no, no. […] porque, en realidad, vos pensá que ellos como que no te llegan a conocer hasta que no llegan a la instancia, por lo menos, de la presentación de la primera carpeta [que se presenta tras el proceso de adjudicación] y no sé tampoco si eso es determinante para la construcción. Yo creo que diseñan algo de dos, tres ambientes…, bueno depende de la guita y eso (Entrevista E2. Viví en tu Casa. CABA. Julio 2013).

> ¿En algún momento les mostraron los planos de cómo iba a ser? / Si, tenían planos colgados en la pared, estaba todo muy organizado. / ¿Si querían plantear alguna modificación podían hacerlo? / Modificación al plano no podíamos hacer, porque no sabíamos cuál le iba a tocar a cada uno [refiere a las viviendas sociales que en ese momento estaban en construcción] (Entrevista E6. PRTExAu3. CABA. Julio 2013).

Otro factor importante recuperado por Ostuni (2010) en relación a los destinatarios de los programas tradicionales llave en mano para demanda general (en nuestro caso, el Viví en tu Casa) es que ni en la letra ni en el diseño del programa hubo una definición clara de la población destinataria de las obras construidas. Si bien se hizo referencia a población con problemas de vivienda en términos de "población en situación de déficit habitacional", no hubo una específica caracterización del destinatario del programa ni de sus necesidades[141], generando una expectativa de demanda insatisfecha en todos los sectores sociales con problemas habitacionales. Pero además de esto, la gestión de la política pública convencional solía reemplazar el conocimiento empírico de las necesidades de las familias destinatarias de una vivienda por conjeturas o hipótesis de perfiles abstractos de la necesidad basados en aproximaciones estadísticas (muchas veces bastante distantes de las necesidades de las familias) (Pelli V. S., 2010). Esta ausencia de una mirada integral del destinatario final de las unidades de vivienda y de sus necesidades condujo a la desatención respecto de dos elementos básicos de suma importancia: la tipología de las viviendas construidas (que por lo general tiende a la homogeneización) y la localización de la población en el territorio (que por lo general tiende a procesos de relocalización), muchas veces en zonas poco abastecidas de infraestructura socio-urbana y lejana de la centralidad (esto se analizará en profundidad en los próximos capítulos). La ausencia de la perspectiva de los destinatarios y de sus necesidades generó una variedad de problemáticas que fueron desde sucesivos conflictos o dificultades para enraizarse y apropiarse del bien transferido (o sea, la vivienda) hasta la venta informal y abandono de las viviendas recibidas. Indefectiblemente, esta ausencia de consideración del destinatario en el diseño e implementación del programa

---

[141] En el capítulo siguiente se profundiza sobre esta cuestión de la necesidad habitacional y su satisfactor.

remite directamente a cuestionar/reflexionar sobre el proceso implícito en esta decisión: la relocalización de población de escasos recursos en el territorio; y por ende sobre el tipo de ciudad que se produce a partir de este tipo de políticas.

Ahora bien, de los relatos recolectados entre los destinatarios de estos programas surgió una cierta justificación de la ausencia de espacios de participación en el diseño de las viviendas:

> Bueno, me están dando una vivienda, yo no tenía nada…, no voy a pretender elegirla. / ¿Pero a ustedes les hubiera gustado participar del diseño? / ¡Sí! / ¿De la casa, del departamento? / Sí, ¿no? Sí, hubiera estado bueno. Por ahí, vos lo querías abierto y yo lo quiero cerrado, ¿no? Pero, como dice el viejo dicho, caballo medio acomodado…, no regalado porque lo pagamos. Bah… A caballo hecho, dámelo como está y punto (Entrevista E4. PRTExAu3. CABA. Julio 2013).

Este tipo de comentarios fue recurrente, visibilizando en los destinatarios de los programas cierta falta de apropiación del sentido y alcance de los derechos que les concedió la Constitución Nacional y Local al acceso a una vivienda digna (desde una lógica de derecho y bien de uso y no desde una conceptualización mercantil de la misma), pues ellos no se conciben a sí mismos como derecho-habitantes (Villavicencio, Esquivel, Durán, & Giglia, 2000). A su vez, se pierde de vista que las viviendas construidas no fueron un regalo del Estado, sino que luego tendrán que ser abonadas durante treinta años.

> Al principio lo que hacían era mostrarte tipo un…, era una imagen que te mostraban más o menos cómo iban a ser los departamentos, pero no la zona, no había barrio, no te decían nada. Había como un planito de cómo podían llegar a ser los departamentos […] Y en realidad, la gente, sinceramente, que iban a las reuniones, de grupos familiares como nosotros, por ejemplo, ya con la idea de tener un techo es como que uno lo miraba y claro…, te entusiasmaba lo que estabas viviendo.

/ ¿Por más que no te gustara te amoldabas a eso? / Y sí, era como que por más chiquito que sea, vos decías "bueno, pero va a ser mío". Y qué sé yo, de última lo refaccionarás después, no sé... (Entrevista E3. PRTExAu3. CABA. Julio 2013).

Funcionarios del PRHLB y de la propia Gerencia de Proyectos del IVC certificaron también en situación de entrevista que las familias no tuvieron ninguna instancia de toma de decisión o intercambio con los arquitectos de dicha Gerencia, pero ellos, según relataron, suelen tener en cuenta el perfil de las familias que van a habitar las unidades y también desde las unidades ejecutoras de los programas se los orientó acerca del perfil de las familias que ocuparían las viviendas:

A mí me dicen desde la Gerencia de Crédito "mire señor ustedes tienen este terreno y tienen que resolver un proyecto con tales características". ¿Cuáles son las características? No la morfología, sino para quién va el proyecto. Si es para relocalización de villa es un tipo de edificación, no peor, sino que vos ya estás pensando de otra manera. Tenés que ver dónde queda ubicada, como vas a hacer para que el señor de la villa no viva en una torre de veinte pisos. Nosotros tenemos poca tierra en la ciudad y tratamos de hacer edificios de PB y dos o tres pisos. Si estamos trabajando en La Boca para relocalizar a la gente de los conventillos que se le están cayendo en la cabeza... Buscamos hacer proyectos que respeten la forma de vida del conventillo, que es la vida comunitaria, respetar el patio donde se establecen las relaciones sociales internas..., digamos esa vida de relación que se da en esa especie de comunidad que se arma, a la cual están acostumbrados. También, si a un habitante de conventillo lo ponés en una torre, esa torre no va a funcionar bien. [...] También están las viviendas que nosotros llamamos de demanda general que apuntan a clase media de bajo ingreso que no califica por ejemplo en un crédito bancario, ese es un poco el target o el perfil que se apunta por ejemplo en Parque Avellaneda, lo mismo que estamos construyendo en Casa Amarilla, un caso muy similar [...] Si vienen y nos dicen por ejemplo, de un conventillo, "este conventillo va a estar destinado a esta

gente y estoy necesitando tantas viviendas de un dormitorio, tantas de dos…", o sea a veces vienen con esa pauta y a
veces no. Entonces, nosotros tratamos de hacer una variedad
tipológica tratando que haya vivienda de dos dormitorios, un
dormitorio, que sea más común, alguna de tres y muy poca
de ambiente único (Entrevista E. CABA. Agosto 2013).

Y en la etapa de diseño de los proyectos desde la Gerencia
de Proyecto del IVC, ¿se tiene en cuenta al destinatario? /
Para la demanda general no, claro que no. Para el de La
Boca, nosotros [el programa] sí interveníamos en el diseño,
ya cuando estaba la gestión de Jozami, siempre hubo una
relación muy estrecha con la gerencia y nosotros íbamos y
le decíamos tenemos tantas familias, con tantos integrantes,
tantas mujeres y así… Por ejemplo la licitación de Salvadores
829 se paró, porque la técnica había hecho deicisiete unidades
monoambientes y nosotros le dijimos: "pero no", es para este
tipo de población, esto tiene que ser para estas familias que
viven acá, imaginate, todas familias numerosas… / ¿Y esas
familias participaron? / No, las familias no, pero nosotros los
orientamos (Entrevista H. CABA. Julio 2013).

Es decir que las viviendas ofrecidas desde el IVC fueron
concebidas, diseñadas y producidas desde la perspectiva y
percepción que los propios funcionarios tuvieron (desde sus
escalas de valores) de las necesidades habitacionales de los
destinatarios de las viviendas (Pelli V. S., 2010; Giglia, 2012)
y desde una concepción de homogeneización generalista de
los usuarios de vivienda social, pues no existieron espacios
de consulta sobre estas necesidades ni se tuvo en cuenta la
posible variabilidad de patrones culturales entre las poblaciones destinatarias (Giglia, 2012). Resulta habitual en las
políticas públicas convencionales caer en el equívoco de
que las necesidades habitacionales responden a un patrón
único e indiferenciado para todos los grupos sociales, con
su correlato en un tipo único de satisfactor genérico a partir
del cual se da por supuesto que se pueden satisfacer todas
las necesidades habitacionales de cualquier tipo de familia,
y se suele confundir y tomar indebidamente, como se verá
en el próximo capítulo, el concepto de la "vivienda digna.

Retomando a Pelli (2010) la mayor o menor participación de cada uno de los actores sociales que intervienen
en los procesos de producción de la vivienda y sus respectivos paradigmas culturales inciden fuertemente en la
concepción, desarrollo y resultado de la vivienda construida. Pues algo que resultó casi habitual en las respuestas
habitacionales desarrolladas por la estatidad mediante los
programas llave en mano fue que las pautas (culturales en
lo general y habitacionales en lo particular) a partir de las
cuales los sectores a cargo tomaron decisiones (por ejemplo,
los arquitectos de la Gerencia de Proyectos del IVC) fueron
transferidas a los destinatarios de los programas a través
de las viviendas físicamente construidas. Los moradores de
las viviendas debían adaptar sus propias pautas culturales
y habitacionales a las versiones que le imponía el nuevo
hábitat, posiblemente diseñado desde otros patrones culturales (con las dificultades que esto implica). Este modo de
producción, dice Pelli (2010), carece de canales que permitan a los destinatarios introducir sus criterios de hábitat en
la gestación y/o diseño de las nuevas viviendas en la que
van a vivir. Se produce entonces lo que Giglia (2012) llama
"fracturas e hibridaciones" culturales entre, por un lado,
las concepciones del habitar incorporadas en los modelos
arquitectónicos construidos por técnicos o profesionales
(en este caso los funcionarios del IVC), y por el otro las
prácticas de los usuarios de las viviendas para producir su
propio orden y su propia concepción de habitabilidad en lo
físicamente construido por otro (sobre esto se profundizará
en los próximos capítulos).

Sumada a esta negación de los patrones culturales y
habitacionales de los destinatarios de las viviendas, también
se filtró una privación del derecho a elegir el diseño de
sus viviendas, conceptualizando lo físicamente construido
como una donación que realiza el Estado a estas familias,
y como tal debe ser aceptada en las condiciones que sea.
Por tanto, al ser un regalo en una situación de necesidad no necesariamente la vivienda debe ser bella; negando

radicalmente el derecho a la belleza que tienen también las personas de menores recursos. Uno de los funcionarios entrevistados así lo explicaba para justificar la falta de espacios de participación de los usuarios de las viviendas en sus diseños (este discurso también se escuchó de manera reiterada por parte de los propios destinatarios de la vivienda):

> En general no hay participación de los beneficiarios. Te explico por qué. Ponele el caso que tengo que proyectar un conventillo para doce familias. Si yo tengo que hacer participar a las doce familias voy a tener que diseñar doce unidades distintas, uno para cada familia. Entonces a mí me parece que es mucho más justo –y sobre todo teniendo en cuenta que se trata de obra pública– que todos reciban lo mismo. Yo [hablando por el Estado] ya te estoy satisfaciendo la necesidad que estas planteando, si vos tenés una familia de tantos habitantes vos necesitas una vivienda de tantos dormitorios y listo, les entregamos las viviendas con todas las reglamentaciones aprobadas, ¿qué más? Porque es muy difícil sentarse y decir miren muchachos, tenemos que resolver el Código de Planeamiento, el Código de Edificación, esto que vos me decís no se puede hacer porque el Código dice… Sería una discusión interminable, ¡interminable!, complejizaría demasiado el proceso y sobre todo porque les estamos dando viviendas de muy buena ventilación, muy buena superficie, muy buena terminación, estamos hablando de viviendas en la que viviríamos cualquiera de todos nosotros, la verdad que con lo que les entregamos alcanza… (Entrevista E. CABA. Agosto 2013).

Como se verá más adelante con el análisis de los casos de la Ley 341, este discurso dio cuenta de una falsa concepción de diseño participativo. Pelli (2010) plantea que, a pesar de la buena disposición que tengan los representantes del Estado para brindar soluciones habitacionales a quienes lo necesitan, suelen identificar las formas de vida de las familias "ayudadas" como situaciones de degradación y al "resolver" las carencias de los "ayudados" con soluciones de hábitat propias de su cultura se cree estar brindando una "ayuda", cuando muchas veces termina sumando un nuevo problema para las familias de escasos recursos. En numerosas ocasiones, lo físicamente construido no se adapta a las necesidades culturales y habitacionales de los usuarios de las viviendas, trayendo como consecuencia situaciones de hacinamiento y cohabitación, alteraciones de lo construido y procesos de desapropiación de la vivienda, entre otra cantidad de problemas:

> Sin la debida actitud de apertura hacia diferentes escalas de valores, y la debida tarea de diálogo y negociación entre las dos culturas que entran en contacto a través de –entre otras cosas– la donación, muchas veces inconsulta, de piezas de hábitat, la vivienda, pensada quizá como solución, termina sumándose a la lista de problemas (Pelli V. S., 2010, pág. 46).

Por ende, los modos de producción del hábitat en sí mismos tienen la capacidad de introducir diversos patrones de relación social entre los actores involucrados, ya que según el modo de producción por el que se opte se pueden desarrollar procesos productivos que estimulen una experiencia educativa basada en la equidad entre los actores intervinientes o, por el contrario, una experiencia de re-afirmación de un patrón cultural de subordinación y/o sometimiento.

Retomando las categorías de participación de Cabrero (2004) e Ilari (2003) para analizar los casos de llave en mano bajo estudio, la *intensidad* de la participación de los destinatarios de los programa es *nula*, pues los adjudicatarios de las viviendas asumieron un rol de receptores pasivos de las prestaciones que ofreció el Estado, sin espacio alguno en la práctica de concebir y diseñar las viviendas de las que luego fueron sus usuarios. Pero no sólo eso, cuando se dieron instancias de participación del destinatario fueron de tipo *consultiva*, desempeñando un rol *omitido* (De la Mora, 1992; 2002) por los funcionarios, desde una perspectiva de homogeneización del perfil de las poblaciones destinatarias ("si son población en villa hay que hacerles tal vivienda, si viven en conventillos hay que hacerles tal otra" se escuchó decir en las entrevistas) desde patrones culturales que suelen ser muy distantes a los vividos por la población destinataria.

Ahora bien, el diseño de las viviendas en las experiencias desarrolladas por autogestión en el marco de la Ley 341 y el PAV también asumió características particulares, pues se verificó que si no existió una real participación de los adjudicatarios en el diseño y concepción de sus viviendas, no fu simplemente por tratarse de procesos autogestionarios, sino que dependió de las características particulares de cada cooperativa y del modo en que cada una de ellas decidió llevar adelante el proceso autogestionario; pero también, y fundamentalmente, del modo de trabajo del arquitecto (o de él en el marco del ETI). Nuevamente en estas experiencias se verificó el rol fundamental que desempeñan los profesionales en la instancia de diseño de las viviendas.

Profundizando en los casos de estudio, dentro de las experiencias autogestivas también se verificaron casos de participación *omitida* (De la Mora, 1992) en el diseño de las viviendas. Esta situación, por ejemplo, se registró en dos cooperativas que constructiva y estéticamente son muy similares. Al indagar en las entrevistas realizadas sobre el proceso de diseño de las viviendas, se reveló que ambas cooperativas compartían ETI y, fundamentalmente, arquitecto. Los espacios de participación habilitados en relación al diseño de las viviendas en ambas cooperativas se limitaron a ser de carácter informativo de las características del proyecto constructivo y las posibilidades de modificaciones se redujeron a las terminaciones (imposibilitando cambios de carácter estructural mediante la justificación técnica de poca disponibilidad de espacio y/o reducido presupuesto para realizar modificaciones sustantivas –desde la imposición de una dominación guiada por una lógica de un saber específico–).

Esperen, voy a hacer un alto ahí con esto de la maqueta, ¿Cómo fue? ¿Les trajeron una maqueta de esta obra? / Sí. / ¿El arquitecto les trajo una maqueta? / Sí, nos dijo cómo iba a construir y nos explicó cómo iba a ser el departamento una vez terminado. Y si no estábamos de acuerdo con algo se lo podíamos decir. / ¿El arquitecto ya había diseñado el proyecto? / Es un plano, él ya lo había preparado. / ¿Y si ustedes no estaban de acuerdo con algo? / Se lo podíamos decir. La presentación en maqueta sirvió para explicarnos. En el IVC nos preguntaban si sabemos cómo va a ser la casa y nosotros dijimos que no nos habían explicado, y no es que uno lo dice para contrariar al arquitecto, sino que no nos había explicado hasta ese momento. Entonces por eso [el arquitecto] presentó la maqueta, y nos explicó todo después de eso, como eran los diseños y las dimensiones. Cuando se presentó era al otro lado la construcción, pero para abaratar costos, se cambió de este lado, o sea la puerta principal era al otro lado, pero por el desnivel del terreno se tuvo que cambiar para este. Era más fácil hacer la sub-muración de un metro en este lado que en el otro. En otra oportunidad, después de la maqueta, nos trajo impresos los planos, cuando ya el proyecto estaba presentado. / ¿Le pidieron cambiar algo del diseño que había hecho? / No, no se podía porque él decía que era una sábana justa, "te querés tapar la cara con la sabana, te quedan los pies destapados". O sea, desde el principio ya sabíamos que era un presupuesto ajustado…, y bueno, el arquitecto es el que sabe, ¿no? (Entrevista A10. Coop. 28 de Junio-PAV. CABA. Mayo 2013).

Tal como se puede ver en las fotos de ambas cooperativas a continuación, se trató de dos diseños casi mellizos con nada que impidiese diseños distintos por parte del profesional arquitecto:

Imagen 8: Foto de fachada externa Coop. Luz y Progreso (doce familias)
y Coop. 28 de Junio (diez familias). CABA. 2013

Fuente: Relevamiento fotográfico elaborado por Kaya Lazarini y Cecilia
Zapata.

Estos proyectos llave en mano operaron con una
homogeneización del perfil del destinatario y la omisión de
la participación de los usuarios de las viviendas por parte
del profesional del ETI. Un entrevistado de la cooperativa
Luz y Progreso dio su parecer sobre esta cuestión:

El primer arquitecto nos hizo una maqueta y nos informó
todo, pero algunas cosas no nos decía. Además se peleó con
el IVC. Pasa que es muy amplio el tema de los arquitectos
[...] La 341 estaba empezando a florecer, y ellos pensaban
"no tengo trabajo, me anoto como un equipo técnico de IVC
y tengo plata". Nos vieron como gente analfabeta, fácil de
manejar, eso sentimos nosotros que ellos pensaron "a estos
tipos los manejamos a nuestro antojo y hacemos negocio" [...]

las cooperativas somos una changa para los arquitectos [...] muchos se metieron para ganar plata con nosotros (Entrevista A2. Coop. Luz y Progreso-PAV. Abril 2013).

No obstante estas experiencias aisladas, la mayoría de las cooperativas de vivienda participaron en el diseño de sus unidades habitacionales de manera *consultiva*, a partir de instancias que fueron desde prácticas *de opinión* hasta prácticas *de decisión* (De la Mora, 1992; 2002), registrándose grados (Ilari, 2003), intensidades (Cabrero, 2004) y calidades (De la Mora, 1992; 2002) participativas muy variables. En este sentido, en la mayoría de las experiencias consultadas, el procedimiento de diseño de las viviendas no nació de los cooperativistas que llevaron adelante los procesos autogestionarios mediante talleres de diseño colectivo (más adelante se profundizará en este concepto), sino que fueron los propios arquitectos de sus ETIs los que definieron –a priori– el diseño constructivo de sus viviendas y de los complejos habitacionales (en base al censo de familias que previamente construye el área social del ETI). Luego, estos diseños preliminares, fueron presentados a los integrantes de las cooperativas para obtener sus opiniones e impresiones. Es decir que la consulta a los usuarios de las viviendas se dio, en la mayoría de los casos, en base a un trabajo previo de diseño de los arquitectos. Hubo situaciones en donde las intervenciones de las cooperativas plantearon modificaciones sustantivas a los proyectos de los arquitectos, e incluso hubo rechazos y adecuaciones a sus gustos y necesidades, que a veces chocaron con limitaciones presupuestarias o de normativa:

> ¿Cómo fue la relación con los arquitectos? ¿Cómo empezaron a diseñar el edificio? / Bastante buena, ellos empezaron a diseñar y nosotros les dijimos algunas cosas que queríamos, por ejemplo, que nosotros queríamos tener terrazas y eso lo hicieron ellos. Y después siempre está el diseño hecho bajo las ordenanzas municipales, como dice que se tiene que hacer el diseño en la municipalidad. En ese momento hace diez años

atrás algunos tenían un hijo y hoy por hoy tienen 3. Pero qué
vamos a hacer, ya peleamos por el techo […] / ¿Y el arquitecto les mostraba los planos? ¿Podían decidir, participar? /
Siempre. El arquitecto mostraba los planos y nos preguntaba
si nos gustaba, nos contaba cómo iba a ser y cuando estaba en
la computadora nos mostró, nos gustó y le dijimos que sí. / O
sea, ¿él venía con su propuesta y ustedes decidían si les gustaba o no? / Claro. Él [el arquitecto] tiene una oficina bastante
amplia y ahí tiene las computadoras, nosotros íbamos ahí. Y
a veces venía con el dibujito impreso y era una maravilla. Así
que sí, decidimos nosotros (Entrevista A4. Coop. Madres 27
de Mayo-PAV. CABA. Abril 2013).

**Imagen 9: Foto de terraza Coop. Madres 27 de Mayo (doce familias).
CABA. 2013**

Fuente: Relevamiento fotográfico elaborado por Kaya Lazarini y Cecilia
Zapata.

Los arquitectos nos decían cómo convenía hacer y nos manejaban un poco, pero algunas cosas sí peleamos nosotros, por
ejemplo, ellos querían conservar los mismos cerámicos y
reciclar todo, para mí algunas cosas no servían, o sirven hasta
cierto punto, pero si las laburas bien, ese es el tema. / ¿Ellos
hicieron un diseño de cómo reciclar todo y se los trajeron a
ustedes? / Sí. / ¿Y ahí participaron todos los integrantes de la
cooperativa? / Sí. Lo único que pedíamos era que hagan bien
el tema pluvial y el pasillo. Eso funciona ahora. Las primeras
veces no funcionó porque como había quedado material, tierra, se inundaba, pero en las últimas inundaciones que fueron
las más fuertes, no entro agua ni nada. […] / ¿Hay espacios
colectivos? / La oficina de la cooperativa que actualmente

no está funcionando. / ¿Ese espacio se diseñó desde el proyecto? / Sí. / ¿Fue una idea de ustedes o del arquitecto? / Fue nuestra idea, figura como altillo y como tal no lo consideran vivienda. Es un lugar mucho más chico que este, acá hay 5 metros de alto, paredes altas, como eso no se podía considerar vivienda lo tomamos como administración o para guardar cosas de limpieza (Entrevista A6. Coop. La Ribera-PAV. CABA. Abril 2013).

¿Quién diseño del edificio? / El arquitecto lo diseñó, es un proyecto de él. / ¿Pudieron hacer alguna modificación? / Sí, modificamos. Cada quince o veinte días nos juntábamos con él y le decíamos todo lo que queríamos cambiar. / ¿Él les iba mostrando cómo iban a quedar las modificaciones? / Sí claro, a mí se me ocurrió poner ese detallecito de los tres vidrios, el vecino del fondo no quería esta pared porque quería un living comedor grande y detalles de ese estilo si pudimos modificar [...] / ¿Cada uno iba pidiendo una modificación en su departamento una vez que lo tenía asignado? / Se hizo todo lo bruto y después en el interior corría por cuenta de cada uno, las modificaciones que quisieran hacer. Yo no hice casi nada, el único detalle fue el vidrio, no pedí nada más, pero algunas familias si hicieron bastantes modificaciones, cada uno de acuerdo a su necesidad, o quien puede más o menos. Cada familia ha decidido que hacer dentro de su casa, quedó por cuenta de cada uno (Entrevista A8. Coop. Sembrar Conciencia-PAV. CABA. Mayo 2013).

También se dieron situaciones en las que los cooperativistas, a pesar de tener esas instancias de participación para realizar modificaciones en los diseños constructivos de sus futuras viviendas, no las utilizaron, aceptando la propuesta de los arquitectos:

Nosotros siempre creímos mucho en él [el arquitecto], que era nuestro director de obra, porque después había otro arquitecto acá adentro. Pero él era el que siempre armaba los diseños y esas cosas, y nosotros lo que discutimos por ahí fue la altura de acá, que quisimos subir más el techo, pero prácticamente con sus diseños estuvimos de acuerdo, él es el que sabe, fue participativo porque se nos mostró y nos dijo cómo iba a ser la vivienda. Actualmente también se procede de esa forma. Esta es la tercera o cuarta etapa y esto ya se presentó, están los planos pegados en la cocina. Es bastante comunicativa la cosa, y si no lo es, la cooperativa siempre llama y grita (Entrevista A1. Coop. El Molino-PAV. CABA. Marzo 2013).

¿Pero ustedes participaron de los proyectos? / Yo sí. / ¿Y cómo fue esa participación? / Cuando íbamos a empezar a construir nos mostraron maquetas de cómo iban a ser las casas, nos explicaron cómo era el tema del hormigón, de todo. [El arquitecto] nos explicaba y nos hacía llevar a todos los socios y nos contaban cómo iban a ser las casas. Nos enseñaban todo. / ¿Y ustedes si querían cambiar algo podían modificarlo? / Si. / ¿Hicieron modificaciones del proyecto original? / No, nos pareció re lindo. / Pero el arquitecto venía, mostraba un dibujo y ustedes opinaban si estaba bien / Claro (Entrevista A5. Coop. Alto Corrientes-PAV. CABA. Abril 2013).

¿El diseño del edificio lo hizo el primer arquitecto? / No, el segundo, porque el primero todo lo que hacía se lo rebotaban. / ¿El segundo arquitecto cambió todo el proyecto del primero? / Claro, hizo dúplex y le salieron más departamentos, porque ganó altura y nos dieron más dinero para el préstamo, era más viable… / ¿Ustedes participaron en algo de ese proyecto? ¿Se los mostró? ¿Estaban de acuerdo? / Sí, por supuesto. / ¿Plantearon algún tipo de modificación? / En algunos departamentos sí. De entrada ya sabíamos a quién le iba a tocar dúplex, eso era fácil, había cuatro en primer piso y dos en el último. Cuando ya más o menos estaba armado algunas cosas modificábamos como por ejemplo espacios de heladera acá, que lo cambiábamos allá, la mesada más grande, los que quisieron, los que se pusieron a mirar el plano y se tomaron el tiempo, había otros que así que como vino, quedó, pero bueno el arquitecto XX[142] es joven, tiene muchas ideas y como habíamos llegado al cuarto piso me propuso hacer cocinas tipo isla, trajo un dibujito, nos gustó y del cuarto para arriba las cocinas son distintas, ahora con los planos de Almirante Brown ya nos trajo como cuatro o cinco diseños, vamos cambiando, porque también hay que ver

---

[142] Se tomó la decisión de borrar el nombre del arquitecto para resguardar su identidad y cumplir con el acuerdo previo de entrevista.

las necesidades habitacionales viste, por ejemplo nos había hecho uno con cinco dúplex pero mínimo necesitamos ocho y ahí si cambió un poco (Entrevista A15. Coop. COFAVI-PAV. CABA. Junio 2013).

Al rastrear los motivos de estas actitudes de aceptación surgieron distintas justificaciones entre los entrevistados. Una de ellas –y más común– relacionada con que al momento de comenzar con el diseño de sus viviendas aún existía entre los destinatarios cierta desconfianza en que efectivamente esos diseños se concretaran en la práctica. Gran parte de la población destinataria del PAV, al vivir desde hace muchos años en situación de vulnerabilidad habitacional, fueron ilusionados en numerosas oportunidades con planes o promesas estatales que nunca se concretaron en la práctica, por lo que muchos de ellos, aún con terreno y en instancia de diseño de sus futuras viviendas, participaban de los espacios con cierto recelo y desconfianza, aceptando sin cuestionar lo que les ofrecieran –sea cual fuere el diseño– con tal de lograr su objetivo tan preciado: acceder a una vivienda digna. Por otro lado, en relación a esto último, se notó una falta de apropiación del derecho que ellos poseían a poder elegir sus viviendas, pues con tal que sea una vivienda para ellos era suficiente.

También surgió que la falta de cuestionamiento a los diseños realizados por los arquitectos se debió a que los consideraban basados en un saber técnico del cual ellos carecían, pues se autoevaluaban sin herramientas para poder cuestionar a un profesional en su trabajo (denotando claramente el rol de poder simbólico con que cuentan los profesionales en estas instancias participativas):

Volvamos al tema del proyecto, ¿lo trabajaron con el arquitecto, él trajo el proyecto? ¿Cómo fue? / Sí, el arquitecto trajo el proyecto, nosotros en esa época no teníamos mucha idea de lo que se hablaba, como la mayoría se vino a vivir acá a Capital para vivir dentro de una habitación, pocos vivieron en departamentos y cuando nos hablaban de dimensiones no lo podíamos relacionar, teníamos que verlo en concreto para saber de qué se estaba hablando. Cuando se empieza a construir y se empieza a ver el armazón, el hormigón, ahí empezamos a dimensionar. / ¿Y él les mostró los planos? / Sí, nos mostró los planos, nos explicó, todo. Los que entendían algo de construcción habrán entendido el proyecto. Hoy cuestionan que las casas son muy pequeñas, pero en ese momento lo aprobamos, porque también pensábamos que ante nada, esto algún día iba a ser nuestro e íbamos a tener la solución de la vivienda. / ¿El arquitecto no hizo talleres para que puedan tomar noción de las medidas? / No. / Cuando vino el arquitecto a mostrarles el plano ¿alguien planteo algún cambio al arquitecto? / No planteamos muchos cambios porque no podíamos dimensionar. / ¿Eso se les presento como un impedimento? / Sí, él nos presentó los planos y estábamos todos porque era obligación –ese día había que estar todos porque había que aprobarlos–, se habían hecho algunas modificaciones ese día, pero básicamente el arquitecto planteo: es tanto, somos tanto, las divisiones serían tantas viviendas y dentro de lo reglamentado estamos justos, ni un centímetro más ni uno menos, dentro de lo reglamentado no podemos hacer más nada (Entrevista A12. Coop. El Palomar-PAV. CABA. Junio 2013).

Algo significativo para este análisis fue que en relación a los profesionales también se pudo verificar cierta falta de capacitación de su parte para poder trabajar, de manera participativa y sin una sensación de deslegitimación de su rol profesional, con las preferencias y gustos de los moradores de las viviendas. Basados en ese saber técnico, normativo, legal y legítimo en numerosas oportunidades se registró de parte de ellos el cierre a toda posibilidad de participación, sin consideración y/o evaluación de alternativas más adecuadas para los moradores. Ante esto, la cuestión de la capacitación de los profesionales surgió como un vector fundamental de cara al éxito de los proyectos de autogestión de hábitat popular. Pues como planteaba Pelli (2010) anteriormente, estos profesionales se deben capacitar en la utilización de herramientas e instrumentos que habiliten

canales que permitan a los destinatarios introducir sus criterios de hábitat en la gestación y/o diseño de las viviendas
en la que van a vivir y que, además, estimulen las prácticas
autogestionarias y cooperativas de los mismos. Se ha visto
que en gran parte de las experiencias los cooperativistas
lograron colar pautas culturales y criterios de hábitat a través de su participación, produciendo modificaciones en sus
viviendas que si bien no fueron estructurales sí tuvieron
importancia. Sin embargo, se introdujeron desde los parámetros de los profesionales, es decir que estas viviendas
fueron concebidas por los arquitectos y esa concepción fue
modificada por sus usuarios mediante un proceso de re-
apropiación de los proyectos, pero no fueron concebidas
por los usuarios con acompañamiento de los profesionales.
De cualquier manera, se verá en los próximos capítulos el
impacto de estas re-apropiaciones.

Ahora bien, vale la pena consignar que también existieron experiencias autogestionarias en las que el proceso
de diseño fue *deliberativo* (De la Mora, 1992; 2002) y con
altos niveles de participación (Ilari, 2003), en donde se desarrollaron incipientes prácticas de diseño participativo[143]

---

143 El *diseño participativo* refiere a una nueva metodología proyectual, en donde
el arquitecto cumple un papel social y su *expertise* se pone al servicio de destinatarios activos de las unidades de viviendas construidas. La función de los
arquitectos es posibilitar la utilización de su experiencia en la organización
de la población, tratando de actuar de una manera cualificada en la producción de viviendas y sus espacios a través del diálogo y la comprensión de las
necesidades de cada comunidad. El diseño de las viviendas, equipamientos y
espacios colectivos se logra, entonces, a través de actividades participativas
de taller en las que se despliegan actividades dinámicas de diseño, dibujos,
modelos físicos y virtuales, así como también debates conceptuales acerca
de la función social de la propiedad, la vivienda e incluso la lucha por el
derecho al hábitat y a la ciudad. En este sentido, el procedimiento para la
participación en el proyecto invierte la lógica de la producción arquitectónica convencional, pues en la arquitectura de la participación los deseos y
necesidades de los destinatarios son considerados de manera prioritaria y
son ordenadores del proceso. Por lo tanto, las fases del proceso de producción (intelectual y manual) no se encuentran jerarquizadas entre sí, ni escin-
didas, ni tienen por objetivo una producción mercantil, sino la búsqueda de
una forma dedicada al uso del objeto producido. Con este enfoque partici-

mediante talleres colectivos y los usuarios definieron sus viviendas desde pautas culturales propias con el acompañamiento (desde un rol técnico) de los profesionales:

> El arquitecto traía lo que era el proyecto y lo debatíamos entre todos. Este edificio no iba a ser así, primero porque al principio tuvimos otro arquitecto que fue el que hizo un primer proyecto, pero la gente no quería el primer proyecto, era feo. Después con el segundo [arquitecto], hacíamos reuniones, y él nos llevaba en maqueta el proyecto del edificio desarmado. / ¿Llevaba una maqueta desarmada? / Sí. Él venía y empezaba a poner en la pared cómo iba a ser el proyecto en sí y explicaba cómo iba a ser el edificio, las medidas de los departamentos, si iba a tener más o menos luz si lo poníamos de una manera o de otra, que tenía que quedar el pulmón del edificio y así sucesivamente y nosotros íbamos definiendo. / ¿El venía con un proyecto en miniatura y se los mostraba o en conjunto iban armando el proyecto? / Sí claro, en conjunto y la gente participaba sobre el diseño, los balcones, las ventanas. / ¿Ustedes plantearon alguna modificación? / Sí claro, ¡todo!, no me acuerdo cuantos departamentos iba a tener, pero es totalmente distinto a esto y era muy cerrado, ese proyecto [en referencia al primer proyecto del primer arquitecto] no nos gustó y quedó afuera, después el nuevo arquitecto trabajó un poco más con nosotros y apareció este proyecto que se ve ahora construido. / En base a todas las cosas que ustedes le dijeron que querían… / Sí, la idea del primer presidente fue aprovechar la luz solar, cosa que el primer proyecto no tenía, que se aproveche bien la iluminación natural. / ¿Este patio estaba en la idea original? / No, o si estaba tenía otra forma, más chico, más forma de un cajón tenía el otro proyecto. El original tenía departamentos alrededor del patio. Después vino un cambio y ahora este tiene dos cuerpos, son departamentos muy luminosos (Entrevista A9 Coop. Uspallata-PAV. CABA. Mayo 2013).

---

pativo desde el inicio del proyecto, las familias tienen otro grado de apropiación del entorno construido, su relación con él es orgánica e impacta en sus deseos y posibilidades de trabajo y de vida (Usina, Centro de trabalhos para o ambiente habitado, 2012).

El diseño de esta cooperativa fue trabajado sobre la mesa, en cada reunión, cada modificación consultando "chicos qué les parece, les parece bien o mal, saquemos esto o lo otro", todo acordado, nada de tomarnos atribuciones tanto presidente como arquitecto para hacer lo que quisiéramos, nada que ver, acá participo toda la gente. / ¿Y cómo fue el proyecto antes con la anterior arquitecta? / De la misma manera. / ¿Cómo la arquitecta empezó a trabajar con ustedes? / Ella nos trajo la maqueta. / ¿Les traía maquetas, no los planos? / Hizo primero un estudio entre todos de lo que queríamos, hizo varios planos, anteproyectos, nos consultó metro por metro, la capacidad de las habitaciones para cada uno. Vos fíjate que yo tengo un departamento acorde más o menos para mí [...] Tuvimos muchas discusiones por eso. / ¿Y les explicaban por qué cada cosa iba en cada lugar? / Si, él nos traía una propuesta y sobre lo que traía él nosotros sugeríamos modificaciones. Muy democrático todo. 7 ¿Cuánto tiempo duró eso? / Fue rápido, no fue tan difícil, porque en muchos casos hay muchas peleas por eso. En nuestro caso fue elegir el lugar cada uno, sobre el plano, algo insólito, en otros casos se toman por puntos y cuando terminan de construir se dice que el socio que tiene mejor punto puede elegir el mejor lugar, el que no participó nada se le da el peor lugar. Acá no, porque todos participamos iguales, siempre tratamos de hacer la igualdad en general para todo (Entrevista A7. Coop. Caminito-PAV. CABA. Mayo 2013).

Una profesional de uno de los equipos técnicos del PAV también comentó en situación de entrevista del trabajo de diseño participativo que estaba realizando con una cooperativa que al momento de cierre de este trabajo aún estaba en obra:

También los cooperativistas podían decidir sobre el diseño de las obras y las terminaciones de obra, por ejemplo. Se hacían talleres para trabajar eso entre todos... Una vez armamos un taller para trabajar las dimensiones de los departamentos que estuvo excelente. El arquitecto trajo dibujado un departamento en una escala trabajable y el dibujo de los muebles, y los cooperativistas tenían que ir llenando o decorando sus casas. Fue muy bueno porque vivenciaron sus propias casas y además se dieron cuenta de las dimensiones que tendría cada departamento, qué entraría y qué no, y en base a eso empezaron a tomar decisiones (Socióloga, ETI de Coop. Independencia. CABA; agosto 2010).

En estos casos, la participación social de los moradores se dio como un proceso de apropiación del ejercicio del derecho a una vivienda digna y a un hábitat adecuado (Rolnik, 2011; Fernandes, 2006; Bordón, 2003). Según cooperativistas entrevistados, una de las potencialidades que ofreció el programa fue la posibilidad de diseñar proyectos en función del tamaño y características de las familias (teniendo en cuenta la composición de las familias por cantidad, sexo y edad, previendo constructivamente impedimentos físicos de algún integrante, preferencias de diseño y posibilidades de crecimiento interno de las viviendas, entre otros) y de sus gustos y preferencias. Un referente de una organización social que nuclea cooperativas del PAV decía:

> Lo bueno que tiene esta ley es que el dinero que baja el Estado va a las organizaciones y estas son las que lo gestionan, la autogestionan. Esa es la parte rica del programa. Esto no es por licitaciones ni va al ministro, ni nada. Y ellos a través de las certificaciones controlan qué es lo que hacemos con la plata que ellos nos dan. Y nosotros elegimos, elegimos la casa que queremos y la diseñamos como queremos y la construimos como queremos, con controles obvio, como debe ser, pero como queremos (Entrevista O. CABA. Julio 2010).

6.1.2 La producción de las unidades habitacionales

La instancia de producción de las viviendas diseñadas también habilita y/o obstruye instancias de participación para distintos tipos de actores que participan del proceso. Por ello a continuación se examinan los actores que intervienen en esta instancia y se realiza un análisis minucioso de los costos de cada modo de producción.

6.1.2.1 Grandes empresas constructoras versus empresas cuasi-familiares y cooperativas

En todos los casos de estudio llave en mano, sea cual fuere la operatoria, el modo de producción de las viviendas estuvo bajo control empresarial, es decir, la producción de las unidades habitacionales fue ejercida por empresas constructoras que accedieron a la producción vía procesos licitatorios emprendidos por el IVC. No obstante, en las entrevistas fue posible rastrear diferencias vinculadas a la escala de las empresas que participaron en estas licitaciones. La escala de las obras se presentó como uno de los factores determinantes del tamaño de la empresa a licitar, ya que en función de las características que asumían las obras se requirieron empresas con determinadas condiciones de infraestructura física, técnica y financiera, convirtiéndose esto en un filtro de acceso a los procesos licitatorios. En este sentido, los grandes complejos habitacionales construidos por el Programa Viví en tu Casa, por sus escalas y los niveles de complejidad de sus construcciones (no es lo mismo construir un edificio de diez viviendas que uno de doscientas), requirieron de empresas que contaran con maquinarias constructivas también de escala y de alta sofisticación técnica y con un significativo capital financiero que funcione de respaldo económico de las obras a lo largo de su ciclo de construcción (para el pago de honorarios a profesionales y mano de obra, el acopio de materiales de construcción, gastos de servicios, seguros de vida, etc. y también prevenir cualquier imprevisto con la fluidez de fondos por parte del IVC). No ocurre lo mismo con los Programas de La Boca y ExAu3, en donde los complejos fueron de más pequeños, con promedios de viviendas de veinticinco unidades; por lo que las empresas que participaron en estos procesos licitatorios también fueron más chicas y no requirieron de un capital económico tan voluminoso para el respaldo de la obra (pues se requiere menor cantidad de mano de obra, menos seguros de vida, un inferior acopio de materiales y también se reducen los gastos de servicios). No obstante ello, al analizar el listado de las empresas que participaron en estas licitaciones (ver tabla de los casos de estudio en el capítulo 4) se pudo verificar que fueron las mismas tres o cuatro empresas las que monopolizaron la obra pública a pequeña escala, en parte porque, al igual que las grandes, son conocedoras de los procesos licitatorios y la burocracia estatal y también porque vieron en la obra pública un nicho a explotar en tiempos de crisis en el sector. Funcionarios del PRHLB y de la Gerencia de Proyecto del IVC así lo explicaban:

> En general las empresas que participan son grandes, en La Boca construye mucho la empresa Ajimez, del arquitecto XX[144], que no es tan grande y ha ganado varias licitaciones…, pero sí, son muy grandes y tienen un pool, que conocen la obra pública, cómo es la presentación de los pliegos, las demoras y pueden bancar en tiempo y plata la obra hasta que le bajen la plata… Hay otras empresas a las que no les interesa el trabajo con la obra pública. Y las empresas bien chicas, al tener tantos requisitos, con seguros, no entran […] sí se contratan empresas más chicas o cooperativas para obras de emergencia, por ejemplo en el programa de La Boca, la dilatación de las obras es tal que hubo que ir haciendo obras menores, de apuntalamientos y ahí si intervienen empresas más chicas (Entrevista H. CABA. Julio 2013).

> Hay empresas constructoras grandes, chicas. Las empresas constructoras grandes no se presentan para la construcción de diez viviendas, no les conviene. Hay empresas más chicas, que prefieren hacer uno o dos conjuntitos de viviendas así, como el que citaste vos recién de la 341 o el de Alvar Núñez y hay otras empresas que están más preparadas para hacer viviendas en torres, más grandes. Ninguna de las empresas que están hoy trabajando en Casa Amarilla nunca se han presentado a hacer un conventillo de diez o doce viviendas, para ellas se presentan otras empresas que tienen otras escalas de trabajo, otras escalas de valores generales. Cuando el

---

144 Aquí se tomó la decisión de borrar el nombre del arquitecto para reservar su identidad y velar por el acuerdo de anonimato acordado con el entrevistado.

proyecto es más grande necesita de empresas que desplieguen toda su infraestructura. Es como que se descartan naturalmente entre los oferentes y está abierto a todo el mundo. / ¿Y no se presentan a licitar cooperativas de trabajo? Por ejemplo, en un momento estaba el MTL que construyó por 341... / No, no lo tengo presente, por lo menos nosotros no lo hemos visto acá. Puede ser que quizás trabajen como subcontratadas, yo no lo conozco. Una cooperativa no tiene el capital económico y social para presentarse seguramente. No al menos en forma directa (Entrevista E. CABA. Agosto 2013).

Imagen 10: Foto de fachada externa en obra. Complejo Parque Avellaneda y Casa Amarilla. Viví en tu Casa. CABA. 2013

Fuente: Relevamiento fotográfico elaborado por Kaya Lazarini y Cecilia Zapata.

Pero además se verificó que existió un manejo implícito por parte de las empresas constructoras –de cualquier tamaño– de la presentación en los procesos de licitación. De las entrevistas realizadas con funcionarios del IVC, conocedores de los procesos licitatorios, y arquitectos participantes de la Ley 341, que intentaron ser partícipes de las licitaciones, se evidenció que las empresas que habitualmente participan de estos concursos, al ser siempre las mismas, acuerdan de antemano los costos que van a presentar al IVC para salir ganadoras –o viceversa– en las licitaciones. Mediante esta estrategia las tres o cuatro empresas monopólicas del sistema ponen en práctica un sistema de turnos que les garantiza a los integrantes de este pool acaparar toda la obra pública disponible y asegurarse trabajo continuado –para todos– en el mediano-largo plazo.

Ahora bien, es importante mencionar que uno de los proyectos ejecutados en el marco del Programa Viví en tu Casa, el de Parque Avellaneda, presentó una particularidad que lo diferenció del resto. La obra se dividió en cuatro parcelas licitadas a distintas empresas: una a la empresa Performar (aún por iniciarse), otra a la empresa Regam (con algún grado de avance) y otras dos parcelas a la empresa Green S.A. No obstante, en el proceso licitatorio, el presupuesto más bajo presentado para la ejecución de las obras fue el del Movimiento Territorial de Liberación (MTL) a través de su cooperativa de trabajo EMETELE Ltda. (integrada fundamentalmente por población desocupada y puesta en marcha para la ejecución de su propio complejo habitacional a través de la Ley 341). Por no reunir los requisitos de respaldo financiero y físico exigidos por los pliegos de licitación para llevar adelante una obra de semejante envergadura, la cooperativa fue descalificada en el momento adjudicatario y finalmente la empresa Green S.A. resultó la ganadora del concurso. Sin embrago, dicha empresa contaba con toda su infraestructura en la Provincia de San Luis, con lo cual le convino reducir costos sub-contratando a la cooperativa EMETELE Ltda. en lugar de trasladar parte de su empresa a la CABA. En este sentido, entonces, la cooperativa EMETELE Ltda. se convirtió en subcontratista principal de la obra, mientras que la empresa Green S.A. conservó su lugar de contratista principal ante el IVC. En la distribución de funciones entre los dos actores, Green S.A. se encargó de las adaptaciones del proyecto de obra, de la dirección de la misma y la provisión de los materiales necesarios para la construcción –acopio–, y la cooperativa Emetele S.R.L. asumió bajo su responsabilidad el proceso de ejecución de la obra (desde las fundaciones de cada edificio hasta su terminación). La cooperativa, a su vez, empleó subcontratistas para ciertos puntos específicos de la obra, como la elaboración de la playa de estacionamiento y la instalación de cerámicos. Más allá de las características que asumió este proceso de construcción con la empresa Green S.A., para el MTL significó la posibilidad de consolidar un espacio de organización colectivo y recuperar la cultura del trabajo en sus integrantes a partir de la construcción de su propio complejo, considerando que esta formación específica podía promover –posteriormente– el acceso a un trabajo estable entre los integrantes del movimiento (Ostuni, 2010).

En cambio, en los procesos productivos autogestionarios de las cooperativas del PAV, fueron otros los actores intervinientes, ya que al ser proyectos de corto alcance en términos de escala de los edificios (el promedio de viviendas por edificio del programa fue de diez a veinte unidades) las empresas fueron de un tamaño más pequeño, sin la necesidad de gran capital e infraestructura de soporte, dado que fueron las mismas cooperativas las que realizaron la contratación y no hubo especificaciones al respecto (tampoco pasaron por un proceso licitatorio). No obstante, las variantes por cooperativa fueron significativas según las características de cada una de ellas y las decisiones que tomaron de manera autónoma los integrantes de las organizaciones. Pues si bien hubo cooperativas que optaron por autogestionar los recursos recibidos por el Estado mediante la tercerización de sus obras a empresas constructoras –tal cual programa llave en mano–, hubo otras cooperativas que contrataron a la cooperativa del MTL, otras que emprendieron sus obras combinando prácticas de autoconstrucción con ayuda mutua y otras que mixturaron ambos procedimientos (construyendo mediante empresa constructora las estructuras y autoconstruyendo el resto mediante contratación de mano de obra y dirección del ETI).

La Cooperativa El Palomar fue parte del primero grupo y contrató para la construcción de su edificio de 55 unidades habitacionales a una empresa constructora mediana mediante un proceso licitatorio propio:

> Nosotros después que nos aprobaron los planos en el IVC hicimos una licitación por la web, porque el arquitecto usaba esto de las licitaciones, lo puso en la web para que el que le interesara hacer la construcción de este edificio se presentara, incluso dejó los pliegos en el IVC. Vinieron un par de cooperativas y empresas… / ¿Grandes constructoras? / No, la única grande fue Wairo Sab srl, que había trabajado con construcción gubernamental. Las otras eran chicas, familiares… Cuestión que licitaron, presentaron los precios, los estudiamos con el arquitecto, una de las dos o tres cooperativas que se presentaron tenían por las nubes los precios. Al final nos quedamos con dos empresas, con Wairo y una chiquita, familiar. Los dos se reunieron con el arquitecto y con nosotros, él le hizo un par de preguntas, les pidió un par de cosas que presentaran, una presentó y la otra no. / ¿Cuál presentó? / Wairo (Entrevista A12. Coop. El Palomar-PAV. CABA. Junio 2013).

Con este escenario entonces, dicha cooperativa preparó el terreno (mediante una jornada de limpieza entre los cooperativistas) para entregárselo a la empresa contratada. Se desentendieron del proceso de obra por completo y sólo transferían los fondos a la empresa tras la certificación de los avances de obra realizada por los inspectores del IVC y esperaban la entrega de la llave. Es decir que los cooperativistas se desentendieron de la compra de los materiales de construcción, de la contratación de la mano de obra, de la definición de las instalaciones, de la elección de las terminaciones, entre otras cuestiones que fueron realizadas directamente por la empresa:

> Las demoliciones las hicimos los socios para no pagar… Nosotros demolíamos, vendíamos las cosas que sacábamos y nos pagábamos a nosotros mismos, por hora tomamos como

hora jornal de construcción tanto y así. De lo que se vendía el resto quedaba para la cooperativa, tierra, chatarra, chapas…, Todo vendimos. (¿Y quién hacia las compras de los materiales?) Estaba encargada Wairo, la empresa constructora, nosotros entregábamos el terreno y ella nos entregaba llave en mano, pero siempre en control y a la par con nosotros. / ¿Ellos manejaban la plata? / No. Nosotros le dimos la construcción el primero de mayo, hicimos una celebración, decidimos laburar con la empresa casi con llave en mano, ellos iban a trabajar el hormigón armado, divisiones, sanitarios, gas y electricidad. Nosotros pagábamos a fin de mes sobre mes vencido, con el certificado […] Ellos tenían la posesión de la obra, nosotros igual controlábamos, les habíamos dicho que los socios podíamos controlar la obra, no sabíamos mucho pero mínimamente venir a ver cómo estaban las cosas (Entrevista A12. Coop. El Palomar-PAV. CABA. Junio 2013).

Imagen 11: Foto de fachada externa y agujero de luz interior. Coop. El Palomar (55 familias). CABA. 2013

Fuente: Relevamiento fotográfico elaborado por Kaya Lazarini y Cecilia Zapata.

Ahora bien, este caso no fue el común denominador de las experiencias del PAV. En la mayoría de las cooperativas autogestionadas intervinieron empresas pequeñas y/o familiares y en muchos casos, en alguna etapa de los procesos de producción, involucraron tareas de autoconstrucción guiados por los arquitectos de los ETI y experiencias de ayuda mutua. La Cooperativa COFAVI, por ejemplo, contrató a una pequeña empresa familiar para la realización de la obra y algunos de los integrantes de la cooperativa se integraron como mano de obra en la construcción:

> Cuando empezamos esta obra justo mi hijo que trabaja en el tema de la construcción se hizo muy amigo de un arquitecto y entre los dos empezaron a hacer la obra, porque era el director de obra y él nos ofreció su empresa constructora […] Nosotros lo pusimos como monotributista, le pagábamos los seguros, todo. Le dábamos la planilla y le decíamos, "esto es lo que te podemos pagar por esto" y después siempre le dábamos un poquito más porque nos reactualizaban desde el IVC. Así fue como hicimos toda la obra, porque yo pedí presupuesto en muchos lados, pero hasta en dólares nos pasaron los precios. / ¿O sea que no contrataron a una empresa constructora de gran tamaño, autogestionaron la construcción con esta empresa más chica? / ¡Claro! Era él y su familia. Entonces este arquitecto tenía un obrero que era santiagueño y se trajo a toda la familia de Santiago y se pusieron a trabajar. Es que si vos contratas a una empresa constructora, no te alcanza la plata para cubrir. Hicimos todo por autogestión, algunos que sabían de construcción fueron contratados por un jornal, pero ayudados por este arquitecto amigo de mi hijo (Entrevista A15. Coop. COFAVI-PAV. CABA. Junio 2013).

Del mismo modo autogestionaron la compra de los materiales de construcción a lo largo de todo el proceso de construcción de la obra:

> ¿Los materiales los compraban ustedes? / Sí. / ¿Salían a regatear precios? / Sí. Algunas veces yo y otras mi hijo salíamos a buscar precios, a pelear los precios, al corralón de acá a

la vuelta estuvimos bastante tiempo comprándoles, y después guardamos las facturas para darle al tesorero (este, el vecino de arriba [señalando el techo]) para hacer el balance. Y después bueno, con los vocales en general siempre para las reuniones de consejos de administración, el síndico igual… (Entrevista A15. Coop. COFAVI-PAV. CABA. Junio 2013).

Imagen 12: Foto de fachada interna. Coop. Familias Para La Vivienda –COFAVI– (veintidós familias). CABA. 2013

Fuente: Relevamiento fotográfico elaborado por Kaya Lazarini y Cecilia Zapata.

Este fue el caso también de cooperativas Caminito, Uspallata, Madres 27 de Mayo y Luz y Progreso, las cuales si bien contrataron empresas constructoras pequeñas o familiares para llevar adelante gran parte de la obra, muchos de sus cooperativistas se integraron como mano de obra o serenos de las obras, llevaron un control minucioso de los gastos, reservándose para ellos las tareas de menor dificultad de obra y la compra y acopio de materiales:

¿Quién compraba los materiales? / Nosotros mismos. / ¿No los arquitectos? / No. Nosotros manejábamos el dinero, las cooperativas. Cada sábado veíamos los presupuestos de lo que salían las cosas y al mejor postor íbamos y comprábamos. Nosotros manejamos el dinero completamente y ahí está la clave también de todo esto. Porque si el dinero lo manejan otros no va, lo tiene que manejar la cooperativa, con los socios, con todos. No darle más atribuciones al presidente de la cooperativa de las que tiene que tener, porque hay muchas cooperativas, donde los socios, estúpidos, le dan toda la atribución al presidente y este hace lo que se le canta. [...] Las cooperativas tienen que tomarse el tiempo de en cada reunión o cada mes hacer un tipo de balance, a donde está el dinero y cuánto dinero hay. Todos preguntamos acá eso, y es muy valioso que aportemos dinero y que se gaste realmente en lo que se tiene que gastar, no en cualquier cosa, y que se haga una reunión o una convocatoria donde se diga "che, necesitamos esto y esto, ¿qué dicen?, ¿qué opinan? ¿Gastamos el dinero o no?" Y ahí a mano levantada hay votación o se discute o se ven diferentes formas. No le podés delegar eso a otro de afuera o el presidente... (Entrevista A7. Coop. Caminito-PAV.CABA. Mayo 2013).

Es como un monstruo que te va absorbiendo todos los días y el estar, venir, comprometerte desde los materiales, hablar con la empresa, con el arquitecto, manejarnos con el tema de buscar la parte de la herrería, la máquina que haga un estudio de suelo, hacer las cosas porque el arquitecto nos daba tareas. / ¿Ustedes iban al corralón a comprar materiales? / Sí, íbamos, buscábamos precios. / ¿Ustedes manejaban la plata? / Sí claro, venía para una cuenta de la cooperativa en el Banco Ciudad, ahí el IVC iba bajando la plata con el avance de obra. Nosotros hacíamos todo. / ¿Consiguieron buenos precios para materiales? Porque la calidad constructiva de la cooperativa es buena... / Sí, se buscaron precios y siempre con el ok del arquitecto hacíamos acopios de materiales a veces [...] / ¿Cómo fue la contratación de la mano de obra? / Para conseguir la primera empresa fuimos con el arquitecto a ver empresas, otros emprendimientos hechos y la calificación de esas empresas ante el IVC, en el caso muy puntual Arco y después Riquelme, algunas otras. / ¿Son medianas, chicas o grandes empresas constructoras? / Esta es chica-mediana, nosotros buscamos varios presupuestos y ahí el arquitecto nos llevó en su camioneta a recorrer. / ¿Ustedes hicieron ayuda mutua? / En algo sí, como por ejemplo levantar piedras y tirarlas a otro lado, limpiar la obra, pintar marcos para que no se oxiden. Después la obra se paralizó como un año y veníamos a cuidar, a limpiar (Entrevista A9. Coop. Uspallata-PAV. CABA. Mayo 2013).

Y XX [el presidente de la cooperativa] iba a los corralones a buscar material y precios… En realidad, buscábamos dos o tres presupuestos y se hacía una reunión a ver que convenía, por qué era más caro o más barato tal o cual material, y después se votaba. Se elegía el que más nos convenía, teníamos que ahorrar. Nosotros preferíamos pagarle a él [al presidente de la cooperativa], valorarle su tiempo entre todos, para que sea una misma persona que dirija la obra y compre los materiales, la idea era no pagarle a otra persona o no contratar a la empresa [constructora] también para eso, que nos salía mucho más caro, entonces elegimos eso (Entrevista A3. Coop. Luz y Progreso-PAV. CABA. Abril 2013).

Imagen 13: Foto de fachada interna. Coop. Uspallata (veintisiete familias), Coop. Caminito (10 familias) y Coop. Madres 27 de Mayo (12 familias). CABA. 2013

Fuente: Relevamiento fotográfico elaborado por Kaya Lazarini y Cecilia Zapata.

Otras cooperativas, como la 28 de Junio o Crecer, contrataron a la cooperativa de trabajo del MTL para la realización de la obra en base a un criterio de abaratamiento de costos de producción, y también delegaron en ellos la compra de los materiales de construcción:

> Nosotros elegimos por un tema de costos, además eran conocidos. Cuando López y Asociados se retira de la obra en construcción había cuatro presupuestos para hacer la estructura del edificio, uno era por $240.000, otro por $210.000 y otro por $170.000 y el MTL envió el mismo presupuesto por $86.000. / ¿Los otros tres eran pequeñas empresas constructoras? / Sí, medianas o chicas. La cooperativa decidió contratar al MTL, después tuvimos unas charlas previas en donde nos decían que en cuatro meses teníamos la loza, en seis meses ya íbamos a estar viviendo, que en un año nos íbamos a mudar, y bueno, la cooperativa decidió firmar el contrato con ellos. [...] Y el contrato con el MTL fue que ellos trajeran todos los materiales... Lo único que hizo la cooperativa fue decir "vos me construís la casa, yo lo único que voy a hacer es pagarte" no te voy a comprar hierro ni ningún material..., porque el MTL no compraba sólo para esta cooperativa, sino que compraba para todas las cooperativas que estaba construyendo en ese momento, entonces seguramente conseguía más precio (Entrevista A10. Coop. 28 de Junio-PAV. CABA. Mayo 2013).

Por su parte, para la producción de la obra de la cooperativa EMETELE, el MTL fundó su propia empresa (Empresa Constructora EMETELE Ltda.)[145]. Para su

---

[145] Apaolaza (2009) explica esta decisión de conformarse en empresa a partir de tres razones básicas: en primer lugar por la imposibilidad de emprender la obra por la cooperativa dado que no todas las familias que iban a trabajar en la misma resultarían adjudicatarias de las viviendas; en segundo lugar por la intención que tenía el movimiento de asegurar un salario acorde a los medios del mercado para sus trabajadores (si se conformaban como cooperativa éstos no podían asumir la figura de asalariados, sino de monotributistas) y, por último, la intención de participar en licitaciones del IVC para emprender obras de terceros y así poder asegurar una fuente de empleo a sus trabajadores (como efectivamente se vio más arriba que ocurrió hacién-

conformación, en un primer momento la cooperativa priorizó a trabajadores militantes del movimiento que se encon-
traran en una situación económica crítica, no permitiendo
el ingreso de más de un miembro por núcleo familiar. El
número inicial total de trabajadores fue de entre cuarenta
y cincuenta personas. No obstante, a medida que se fue
desarrollando la obra y se fueron logrando las certificaciones, fue posible contratar más mano de obra y se decidió
incorporar a familiares de los que ya eran trabajadores y
trabajadores desocupados del barrio del MTL. El grueso de
estos trabajadores tenían nula o poca experiencia previa en
tareas de construcción, por lo que debieron aprender en
la práctica laboral misma. Para esto, el trabajo efectivo se
organizó de manera tal que los más experimentados desarrollaron sus tareas al lado de otros menos experimentados.
Los otros aspectos formales de la obra fueron muy similares
a los de cualquier empresa: todos los trabajadores fueron
contratados en blanco, tanto en el ingreso como en la salida
de la jornada de trabajo debían marcar tarjeta, los salarios
se escalonaron de acuerdo con la tarea desarrollada y la
jerarquía, considerándose también ausentismos y premios,
y los ingresos se fijaron acordes a los diferentes ajustes
conseguidos por la UOCRA frente al proceso inflacionario.
La cantidad de trabajadores promedio de la obra se estimó
en trescientos obreros, llegando hacia el final del proyecto
a ser unos cuatrocientos. Todas las decisiones de la obra
(relacionadas a la técnica, a los tiempos de realización del
trabajo voluntario, y/o a las interrupciones de la obra, a
la compra de materiales, entre otras) se desarrollaron de
manera asamblearia, aproximadamente cada quince días,

---

dose cargo de obras del IVC para el programa Viví en tu Casa y obras para
cooperativas de la Ley 341 –como Coop. Construyéndonos, Crecer, 1° de
Mayo, entre otras–). Desde este punto de vista, dice el autor, el emprendimiento terminó teniendo una doble función: por un lado, generar un
ingreso para sostener la familia; por otro, producir una vivienda para salir
de la situación de precariedad habitacional extrema.

permitiendo así mantener un diálogo permanente entre los miembros de la cooperativa a lo largo de todo el proceso de obra

> En ese momento la discusión en las asambleas era sobre cómo se iba a implementar el proyecto, quienes iban a trabajar [...] Todos los que trabajaban eran del movimiento, pero también contratamos compañeros de afuera (porque nosotros de albañilería no sabíamos nada). Entonces buscamos gente dentro de la experiencia popular, albañiles, para que cada oficial, cada uno que sabía levantar una pared tuviera cinco ayudantes nuestros, y así iban aprendiendo. En esa experiencia también trabajaron las mujeres. Para nosotros la autogestión era el hacerlo nosotros mismos, el estar todo el tiempo ensayando, significa gestionar, trabajar. / ¿Gestionaban los fondos? Es decir, ¿cada partida presupuestaria que bajaba del IVC la gestionaban directamente ustedes o se lo pasaban a Pfeifer & Zurdo [estudio de arquitectura que formaba parte del ETI]? / No. Ellos sólo se encargaron del proyecto. Nosotros hicimos la cooperativa, administramos la empresa como cooperativa, administramos el proyecto, contratamos a los arquitectos que nos parecía que nos iban a dar una mano, al maestro mayor de obras y todos los días había una discusión diferente por el tema de los sueldos en blanco. En ese momento nuestro sueño era trabajo en blanco para los compañeros, una jornada de ocho horas de trabajo, buena paga, obra social... / ¿Ustedes compraban también los materiales de construcción? / Todo. Nos encargábamos desde el departamento de compras, teníamos el pañol, todo. / ¿Todos los que hacían esto eran los dirigentes del movimiento o también participaban las familias que iban a vivir? / Todos, los dirigentes y las familias, integrantes del movimiento, por ejemplo, yo en ese momento trabajaba acá y no era parte de la dirección del movimiento, hoy sí. El movimiento decidía, iba ensayando (Entrevista A13. Coop. EMETELE-PAV. CABA. Junio 2013).

Imagen 14: Fotos de fachadas internas y externas. Coop. EMETELE-MTL
(326 familias). CABA. 2013

Fuente: Relevamiento fotográfico elaborado por Kaya Lazarini y Cecilia
Zapata.

Otras cooperativas, entre ellas las integradas al Movimiento de Ocupantes e Inquilinos (MOI) –de nuestros casos de estudio la Cooperativa El Molino, que contaba con veintiuna viviendas inauguradas al cierre del trabajo de campo–, involucraron la ayuda mutua[146] como uno de los pilares valorativos fundamentales de la organización. En este sentido, la construcción física de los edificios de viviendas y la construcción política de la organización y de las cooperativas que agrupó se basan en tres ejes fundamentales: autogestión, ayuda mutua y propiedad colectiva, siendo la participación una práctica que atravesó al conjunto de la estructura del movimiento. Para la construcción de las obras, se constituyó un dispositivo tri-actoral, integrado por la cooperativa de vivienda, la cooperativa de trabajo y el ETI. La cooperativa de vivienda fue la que tuvo la función de administrar el crédito, tuvo la responsabilidad sobre la compra de los materiales y la realización de aporte de horas de ayuda mutua por parte de las familias integrantes. Para esto, creó *comisiones de seguimiento de obra* y de *ayuda mutua*,

---

[146] La *ayuda mutua* es concebida como un sistema de trabajo que proporciona ganancias socio-económicas tanto para el asociado/a como para la cooperativa. Por una parte abarata el costo de la vivienda y por otra se convierte en un capital social del asociado/a (Fundasal, 2004).

las cuales se reunieron semanalmente para evaluar el avance de obra y planificar las tareas de obra de los residentes de las viviendas. La cooperativa de trabajo, es la que aportó las máquinas y herramientas y mano de obra calificada para la ejecución de las obras. Y el ETI, en etapa de obra, llevó la dirección de la misma. El arquitecto del ETI –en el marco articulado de la comisión de seguimiento de obra– es quien definió las tareas a realizar mediante ayuda mutua, a partir de las cuales se desarrolló una programación mensual. Los cooperativistas acordaron una cantidad de horas en función del avance de la obra. La ayuda mutua se desarrolló en tres turnos nocturnos (con mayor concurrencia de socios) y un turno matutino que funcionaba durante los días hábiles. Además, se utilizaron los fines de semana (jornada completa tanto sábados como domingos):

Los tres ejes del MOI son: participación, ayuda mutua y aporte. Entonces más que nada íbamos aprendiendo todo, íbamos haciendo las horas de ayuda mutua, vos venías a trabajar y así ibas tomando la pertenencia de la cooperativa, eso pasa, vos venís a estar todos los días y eso logra formar un vínculo con otros compañeros, como que te afianzas. Fue un gran cambio. [...] Tenemos la planificación de trabajo interna nuestra, y dentro de lo que es el cuidado del edificio hay un sereno a la noche, que entra a las diez y se va a las siete de la mañana, después otro compañero de siete a doce, y de doce a diez de la noche hay otras compañeras que están haciendo ayuda mutua, que reciben a la gente que viene a trabajar, así más o menos nos vamos organizando (Entrevista A1. Coop. El Molino-PAV. CABA. Abril 2013).

Imagen 15: Foto de fachada interna y patio común de Coop. El Molino-MOI (21 familias) y Jornada de Ayuda Mutua en Coop. La Fábrica. MOI. CABA. 2013

Fuente: Fotografías tomadas por Cecilia Zapata.

Ahora bien, es importante remarcar que en todas las cooperativas de vivienda enmarcadas en el PAV se verificó la realización de algún tipo de tarea de obra por parte de las cooperativas que podían ser actividades de limpieza del terreno, de demolición o de terminaciones de la obra (pinturas, instalaciones sencillas).

Nosotros después que escrituramos vinimos, hicimos una jornada acá para cortar yuyos… / ¿Esto era un terreno baldío? / No, acá eran dos terrenos, el de la farmacia y el de la casa. Nosotros vinimos, hicimos una jornada, un domingo acá, recorrimos el terreno, trajimos la gente a trabajar, a desmalezar. A mí se me ocurrió, por ejemplo, que como tenían los pisos de venecitas, podíamos tratar de salvarlas. Estuvimos un domingo todos sacando las venecitas, para hacer un mural cuando se termine el edificio, un delirio. Las venecitas las tuvimos hasta hace un año atrás, pero guardadas en bolsas porque no se puede sacar el cemento, era la venecita finita y tenían abajo un coso de cemento pegoteado, que no se podía sacar. Aparte tenían como 100 años, una locura. Pero fue algo que nos unió también, que sirvió para unirnos (Entrevista A14. Coop. Crecer-PAV.CABA. Junio 2013).

¿Hicieron una jornada de demolición y lo tiraron abajo [en referencia a construcción en ruinas que había en el terreno al momento de la compra]? / Si nosotros trabajamos, y familiares de los socios. Sí, veníamos todos los fines de semana. Tardamos unos seis o nueve meses en limpiar el terreno. Según los vecinos el terreno estuvo veinte años abandonado y los arboles crecían por todos lados. Después de la primera semana pudimos cortar un poco los árboles y hacer un pasillo para llegar hasta el fondo (Entrevista A10. Coop. 28 de Junio-PAV. CABA. Mayo 2013).

Nunca terminamos [la obra] con empresa la constructora. Terminamos con albañiles profesionales que contratamos nosotros junto con la arquitecta y nosotros trabajamos con nuestra mano de obra que no es paga (Entrevista A4. Coop. 27 de Mayo-PAV. CABA. Abril 2013).

Imagen 16: Foto de Jornada de Ayuda Mutua y Limpieza. Coop. Madres 27 de Mayo. CABA. 2006

Fuente: Tomada por cooperativista de Cooperativa Madres 27 de Mayo.

Por ende, en la etapa de producción de las viviendas –al igual que en el diseño–, la participación de los destinatarios en los programas llave en mano fue *nula* (Rofman, 2007; Ilari, 2003), sólo fueron receptores de la vivienda una vez terminada (sí tuvieron un *alto nivel de participación* las empresas constructoras, pero con un criterio de obtención de ganancia). Retomando los conceptos de De la Mora (1992; 2002), los adjudicatarios de las viviendas desarrollaron una práctica de participación *omitida*, es decir, las personas no participaron porque no les interesó o porque no les permitieron participar (del análisis se desprende que esta última opción tuvo más peso). En cambio, en las experiencias autogestionarias se verificaron diferencias en cuanto a la intensidad (Cabrero, 2004) y el grado (Ilari, 2003) de la participación social en función del modo de organización interno de cada cooperativa. Como se puedo ver, los lineamentos participativos del PAV no necesariamente se expresaron en todas las cooperativas de la misma manera, sino que las decisiones tomadas en los procesos autogestionarios encontraron estrecha relación con las capacidades desarrolladas hacia el interior de las organizaciones, las cuales habilitaron y/o obstruyeron procesos más o menos participativos en la etapa de la producción de las unidades. A mayor involucramiento de los cooperativistas en el proceso autogestionario, mayor fue la participación desplegada por sus cooperativistas. Y esta mayor participación también se hizo explícita en las conversaciones que se tuvieron en el marco del trabajo de campo de esta investigación, pues aquellos que fueron participes en los procesos de autogestión de sus obras (es decir que no delegaron en los representantes de las cooperativas su espacio de toma de decisiones) mostraron un mayor nivel de reflexión y conciencia democrática de la experiencia de la que fueron parte y se constituyeron en reivindicadores de la práctica de la autogestión como herramienta de construcción de ciudadanos activos defensores y conscientes de sus derechos; mientras que quienes no desarrollaron este rol activo reprodujeron un discurso similar al escuchado en las experiencias llave en mano. Así, mientras en algunas cooperativas la participación fue *consultiva* y *de presencia pasiva* (ya sea en cooperativas que delegaron las decisiones en una empresa o en el presidente de la cooperativa), en otras fue *altamente deliberativa*, donde la calidad de la participación fue de *decisión* (De la Mora, 1992; 2002).

6.1.2.2 Eficientizando el gasto público

El sentido común diría que un tratamiento especial en el diseño constructivo de las obras repercutiría en un mayor costo final de los proyectos, produciendo edificios a un mayor costo que los construidos por las tradicionales empresas constructoras habituadas a levantar grandes complejos habitacionales para el Estado (los cuales no suelen caracterizarse por ser atractivos en sus diseños). Sin embargo, los que se verificó con este trabajo de investigación, es que en el marco de la ley 341 se construyeron edificios a un menor costo constructivo que los complejos construidos por el modo llave en mano, con mejores diseños constructivos (habilitando en muchos casos el acceso al derecho a la belleza para sus moradores) y mejor adaptados a las necesidades culturales y habitacionales (Giglia, 2012) de sus usuarios.

Al tratar desentrañar esta ecuación inversa, lo que se verificó es que las cooperativas, al tener un crédito por un monto fijo para la construcción de sus viviendas, debieron abaratar de la manera que sea posible los costos de obra y de los materiales de construcción para poder cubrir con el crédito el mayor gasto posible de la obra. Por tanto, de manera premeditada, gran parte del grupo de cooperativas empleó estrategias de ayuda mutua y autoconstrucción y de búsqueda, rastreo y regateo de precios en el

mercado de la construcción[147] (en los casos más organizados hasta realizaron acopio de materiales para contrarrestar los aumentos por inflación), logrando construir a un
costo menor por metro cuadrado que los complejos llave en mano construidos por el estado-mercado: "es muy
interesante…, si vos tomás los costos de construcción de
las obras que hizo el MTL eran mucho menores que las
obras que en ese momento eran en la 1-11-14 y por metro
cuadrado había una diferencia significativa" (Entrevista H.
CABA. Julio 2013).

Apaolaza (2009) reconstruyó los costos de obra del
complejo del MTL, y lo que pudo verificar es que el costo
promedio inicial por unidad de vivienda fue de $40.000,
incluyendo la reapertura de una calle y otras construcciones no destinadas a vivienda (plazoleta, locales, guardería,
salón de usos múltiples, entre otros). Al comparar esta cifra
con los costos presentados por las empresas licitadoras de
los tradicionales programas llave en mano, se puso en evidencia que la diferencia es sustancialmente mayor: el costo
promedio de una unidad de vivienda en estas obras estuvo
por encima de los $70.000 (vale recordar que el PFCV sólo
cubrió metrajes mínimos, es decir que este monto no tiene
en cuenta costos de infraestructura). Se presenta a continuación un cuadro comparativo de los costos promedio de
los programas analizados en esta investigación:

---

[147] Vale remarcar que esta práctica no debería ser naturalizada tan fácilmente
por el programa. No encuentra lógica que los usuarios de una vivienda, que
reciben un crédito para construir vivienda a un valor social, deban recurrir
al mercado a comprar sus materiales de construcción (a los precios corrientes del mercado). Dicha operatoria debería ir acompañada por la generación
de un banco de materiales y herramientas de construcción promovido desde
el IVC que no sólo abastezca a las obras de la Ley 341, sino también al resto
de operatorias de obra pública.

Tabla 18: Costo promedio por unidad de vivienda construida según programa bajo análisis. CABA. 2007

Programa	Costo de unidad de vivienda -en $-	Costo de unidad de vivienda -en U$S[148]-
Producción estatal llave en mano		
Recuperación de la Traza de la ExAu3	61.228,98	19.314,82
PFCV a través del Viví en tu Casa	78.476,31	24.755,83
Rehabilitación del Hábitat en el Barrio de La Boca	76.670,70	24.186,11
Producción autogestionaria		
Cooperativa EMETELE – Programa de Autogestión para la Vivienda	40.484,92*	12.770,97

*Este costo cubrió también infraestructura socio-urbana y gastos extras.
Fuente: Apaolaza (2009).

Las viviendas construidas por el MTL tuvieron un ahorro de casi $21.000 en relación a las construidas por el PRTExAu3; de casi $38.000 en relación a las viviendas producidas por el Programa Viví en tu Casa y de casi $36.200 respecto a las construidas por el PRHLaBoca. Las diferencias son sustantivas si se tiene en cuenta que el PAV habilita instancias de participación en la toma de decisiones sobre la futura vivienda que luego quizás redunden en una mayor apropiación de las viviendas (esto se verificará en el próximo capítulo). De hecho, un funcionario de alto rango que actualmente desempeña su función en el IVC reconocía la diferencia de costos:

---

[148] Se tomó la cotización al 31/12/2007, que fue de $1= U$S3.17.

Nosotros calculamos que aproximadamente por cooperativas están construyendo entre 600/700 dólares el metro cuadrado y hoy en la ciudad se construye aproximadamente a 1.000 dólares el metro cuadrado [...] nosotros queremos que sea una ley que funcione para muchas cooperativas. Pero por sobre todo a nosotros nos gusta porque dentro de lo que son las soluciones habitaciones, ofrece el metro cuadrado más barato que conseguimos dentro del IVC, porque la autogestión lo que consigue es que las cooperativas construyen muy barato. Entonces, es un modelo que si lo podemos mejorar es un modelo muy bueno (Entrevista A. CABA, Julio 2013).

En función de estos valores consignados, entonces, el costo inicial total de la obra ejecutada por la Cooperativa EMETELE fue de un poco más de $13 millones, representando un ahorro de casi el 50% en relación a una vivienda construida por el Programa Viví en tu Casa. No obstante, con el trascurrir de la obra, el monto por vivienda y el global asignado por el IVC fue creciendo al ritmo del proceso inflacionario, lo que sumado a las diferentes enmiendas y ajustes, hizo que los costos finales de la obra fueran de $25 millones. Pero los mismos sistemas de ajustes y enmiendas se aplicaron a todos los programas de construcción de viviendas del IVC, por lo que la diferencia debería mantenerse.

Las únicas obras que equiparan su costo a las del complejo construido por la Cooperativa EMETELE son las del resto de los emprendimientos llevados a cabo en el marco de la Ley 341 (incluso algunas lograron construir a un costo inferior por tratarse de obras tecnológicamente más sencillas).

En consecuencia, este tipo de programas autogestivos generó un proceso de eficientización del gasto de los recursos del Estado, logrando resultados de mejor calidad y, en principio, de mayor adaptabilidad a las necesidades habitacionales de los adjudicatarios (cuestión que se pondrá a prueba en el próximo capítulo). Pero más allá de esto, lo que resulta interesante es que la minimización de costos realizada por el MTL en el marco del PAV se logró con un 100% más de trabajadores que una obra corriente del IVC, pagando la totalidad de los salarios en blanco (con montos establecidos y ajustado al ritmo de la inflación por la UOCRA), invirtiendo en infraestructura socio-urbana (como la apertura de una calle) y adquiriendo la totalidad de las herramientas y maquinarias utilizadas para capitalizar a la cooperativa constructora del movimiento. Al igual que el resto de las cooperativas, gran parte de ellas utilizaron terminaciones de primera calidad y además debieron abonar los honorarios de los cuatro profesionales del ETI:

> como el recurso que tienen [hablando en relación a los cooperativistas] es un financiamiento finito [...] la guita es como si fuese de ellos, entonces peleaban hasta el último centavo. Vos pensá que van al corralón a comprar material y te pelean hasta el centavo porque de eso va a depender que terminen la obra. De esta manera podés eficientizar la gestión del Estado a través de la autogestión, pero esto precisa aceitar muchos mecanismos, el instituto no estaba –ni aún hoy está– preparado para eso, el instituto tenía cuando nosotros llegamos cerca de 1.000 personas acostumbradas a las políticas habitacionales llave en mano, y no entienden que la autogestión es totalmente otra lógica (Entrevista A. CABA, septiembre 2010).

Al tratar de explicar esta efectividad en términos económicos de los proyectos del PAV, esto pareciera depender de la finalidad no económica –de bien de uso– que tienen las viviendas construidas (Apaolaza, 2009). Al tratarse de un capital desvalorizado, lo que se evita es la generación de una plusvalía económica (que exacerba los costos), y además tiene la particularidad de que los fondos son administrados por organizaciones sociales cuyo objetivo es que el crédito recibido les alcance para finalizar la obra. Pero también, retomando palabras de Carlos Chile –referente del MTL citado en Vales (2005)–, se evita una "plusvalía política" que deriva de los costos generados por la burocracia estatal y los altos niveles de corrupción del Estado. Por otro lado, al tratarse de recursos del Estado en mano de organizaciones sociales, los mecanismos estatales de control sobre el manejo de los fondos que hacen las organizaciones sociales fueron sumamente estrictos en términos de transparencia so pena de rescindir el crédito. De hecho, pocos emprendimientos de vivienda encarados por organizaciones sociales se encontraron bajo un seguimiento tan estricto como el de las cooperativas de vivienda del PAV. Mientras que para iniciar obra a otras obras públicas hechas por el Estado u obras privadas los organismos de control del Estado –específicamente a la Dirección General de Fiscalización de Obras y Catastro (DGFOC)– sólo les exigen el anteproyecto, a las cooperativas de viviendas del PAV se les exige: "¡Ocho planos! / ¿Cómo les piden ocho planos, cuáles? / Sí, ocho planos nos exigen, el de incendio, demolición, estructura, obra nueva, eléctrico, sanitario…, yyy…, dos más que ahora se me pasan. Nos controlan todo, todo esto que te digo es sólo para iniciar obra… ¡Imaginate después!" (Entrevista A2. Coop. Luz y Progreso-PAV. CABA. Abril 2013).

Es decir que el halo de sospechas de corrupción que tradicionalmente existe desde las arcas del Estado hacia las organizaciones sociales, por un lado, y la clara convicción de estar construyendo vivienda desde una lógica de la necesidad (y no desde una lógica mercantil), por otro, tuvieron por resultado una eficientización en el manejo social de los recursos del Estado, que repercutió en mejor calidad de vida para los sectores de menores recursos.

6.2 Modalidades de acceso –adjudicación– a la vivienda

La adjudicación de las viviendas construidas también se constituyó en un momento clave de la implementación de los programas, pues la toma de decisión de las familias destinatarias en este proceso definitivamente tuvo impactos en las posibilidades de apropiación que luego existieron en la etapa del habitar (como se verá en el próximo capítulo). En este sentido, se registraron diferencias significativas entre la adjudicación de las viviendas construidas por la modalidad llave en mano y las construidas por autogestión. Pues, en general, las unidades habitacionales llave en mano al no tener ningún tipo de referencia de los destinatarios de la vivienda, se adjudicaron mediante distintos procedimientos de sorteos, por una asignación anónima y el actor fundamental de este proceso fueron los funcionarios de la Gerencia de Adjudicaciones del IVC (en lugar de ser los usuarios destinatarios de las viviendas). Mientras que las viviendas autogestionadas, al ser producidas por sus destinatarios "a medida", prácticamente desde finalizado el proceso de diseño de las viviendas ya sabían cuáles serían sus futuras viviendas y el actor principal de este proceso fueron los propios cooperativistas.

Analizando en detalle las experiencias llave en mano –Viví en tu Casa y PRTExAu3–, los postulantes a este tipo de viviendas nuevas tuvieron que inscribirse en un Registro de Postulantes a los proyectos de obra. Mediante la asignación de puntajes y el empleo de un sistema de ponderación para la pre-adjudicación, se efectivizó la selección de dichas familias resultando elegidas aquellas que obtuvieron mayor puntaje. Una vez seleccionadas las mismas para cada complejo (y la obra en estado avanzado o casi finalizada), se procedió a la adjudicación de las unidades habitacionales. Para ello, se recurrió a la realización de otro sorteo ante escribano público. Por lo general, en función de la composición familiar se realizaron sorteos para los departamentos de uno, dos y tres ambientes y los departamentos para personas con movilidad reducida se entregaron en función de las particularidades de las familias.

Ahora bien, en el marco del Programa Viví en tu Casa, estos procedimientos fueron definidos por las cooperativas de consumo intermedias, administradoras de la demanda según criterios establecidos de manera poco transparente para con los destinatarios de las viviendas. Los entrevistados de las torres asignadas por el Programa Viví en tu Casa así lo contaban:

> Te lo asignan por sorteo según la cantidad de ambientes que necesitas. De hecho, sé de gente que estaba intentando cambiar departamentos o pisos y era un trámite que tampoco se podía hacer. Te asignaban el piso y no podías cambiarlo. / ¿No podías elegir piso alto o bajo? / Para los departamentos de PB tenían prioridad personas que presentaran certificados de discapacidad, porque los baños están adaptados. En mi cooperativa el grupo familiar tenía que justificar los ambientes que pedía, había departamentos de dos o tres ambientes, y para tener uno de tres había que justificarlo. Por lo que vi después, esta fue una disposición de mi cooperativa, no del resto, porque tengo un amigo de otra cooperativa que vive en un departamento de tres ambientes y es él sólo. / ¿Y consultaste por esta diferencia de criterio? / No te sabían responder… No sabían nada (Entrevista E13. Viví en tu Casa. CABA. Agosto 2013).
>
> Cuando fui me designaron ellos el piso y el departamento… / ¿Vos no pudiste elegir? / No, lo hicieron por sorteo. Al principio en la legislatura [en referencia a la Cooperativa de Trabajadores de la Legislatura Porteña] cuando pagaba la cuota me habían preguntado más o menos que piso quería, yo dije que quería uno alto, para que me diera luz, el sol de la mañana, me acuerdo que pensaba en las plantas. Al final me dieron el piso alto, yo no pedí el último, y cuando vi que era mucho más luminoso este que el de afuera [los que dan al Parque Indoamericano], preferí quedarme con este. Igual no sé si hubiese podido cambiar, me parece que a los departamentos de afuera se los dieron a gente con contactos. La de al lado dice que tuvo que pagar un extra, el otro trabaja en el IVC, no sé la verdad, me da la sensación […] No sé, yo fui al IVC y me dijeron su departamento y su piso va a ser este y me hicieron un planteo de las cuotas que voy a tener que pagar de acá a treinta años (Entrevista E12. Viví en tu Casa. CABA. Agosto 2013).

Cuando te anotabas tenías que declarar quienes iban a vivir ahí, obviamente porque depende cuanta gente va a vivir la cantidad de ambientes que necesitas. Uno de los criterios era la cantidad de gente, otro criterio para la prioridad era si es gente de la tercera edad o gente con discapacidades. Los departamentos de PB, uno por cada piso, están preparados para gente con problemas motrices. [...] La idea era esa, distribuir por prioridades. Primero tercera edad o discapacidad, después familias y últimos los que estaban en parejas jóvenes. No me acuerdo muy bien como elegían el departamento, creo ellos hacían un sorteo por estos criterios que te digo y después te decían cuál te tocaba y si no decías nada te quedabas con ese. Es como te decía antes, a ninguno le importaba mucho, mientras te den el departamento y la llave, ya está (Entrevista E11. Viví en tu Casa. CABA. Agosto 2013).

En el Programa de Recuperación de la Traza de la ex Au3 los puntajes se asignaron en función de los objetivos del programa (de liberalización de la traza de la ExAu3). Así lo demostraba la normativa del programa que determinaba el sistema de ponderación para la pre-adjudicación de las viviendas:

Tabla 19: Sistema de ponderación para la pre-adjudicación de destinatarios del PRTExAu3

Utilidad del inmueble	
Habitar vivienda en el tramo comprendido entre Avda. Congreso y Avda. De los Incas (sector 5).	5 puntos
Habitar en lote o vivienda en el sector 4 tipificado como apto para la construcción de 10 o más unidades de vivienda Nueva Llave en Mano (Alternativa 3).	5 puntos
Habitar en lote o vivienda en el sector 4 tipificado como apto para la construcción de menos de 10 unidades de vivienda Nueva Llave en Mano (Alternativa 3).	2 puntos
Habitar vivienda en sector 4 apta para funcionar como núcleo habitacional transitorio.	4 puntos
Habitar una unidad funcional –en un edificio o PH– apta para la reubicación de una familia.	1 punto
Habitar en alguno de los dos edificios en proceso de reciclado (Lacroze 3636 – Giribone 850).	2 puntos
Complejidad de liberación del inmueble	
Se libera con 1 solución habitacional (100%)	5 puntos
Se libera con 2 soluciones habitacionales (50%)	4 puntos
Se libera con 3 soluciones habitacionales (33%)	3 puntos
Se libera con 4 o más soluciones habitacionales (25% o –)	2 puntos

Fuente: Actuación n°1149/13, fs. 7.

Tal como puede verse, los indicadores de asignación de puntaje priorizaron variables que respondieron a las necesidades de implementación del programa por sobre las necesidades habitacionales de las familias. La normativa (Actuación n°1149/13, fs. 7) previó que las unidades a construirse sean pre-adjudicadas a los destinatarios que obtuvieran el mayor puntaje, y en caso de supuesto empate en el puntaje de dos o más familias, debía realizarse un sorteo en Asamblea con presencia del Coordinador del programa, de al menos dos miembros de la Unidad Ejecutora[149], de los destinatarios interesados, y de dos veedores que formen parte de la Comisión de Seguimiento del Programa[150]. Definido el listado de destinatarios a los que se les pre-adjudicó las viviendas, se procedió a la notificación de los postulantes del registro, mediante cédula oficial que emite el Coordinador de la Unidad Ejecutora, sobre los resultados de la pre-adjudicación. Los pre-adjudicatarios aceptaban o rechazaban las viviendas otorgadas. Los entrevistados de los complejos de este programa también dieron cuenta de esta modalidad de adjudicación de las viviendas:

> Un día me llaman de la unidad de gestión y me dicen que me tenía que ir, que ya había llegado el día. Yo dije que no, que me quería quedar un tiempo más. Ellos me decían que no, que me tenía que anotar para el sorteo del edificio. Se iba a sorteo porque no se sabía qué unidad tocaba. Se fue a sorteo en la Unidad Ejecutora, vinieron funcionarios del gobierno [...] Ya estábamos próximos a mudarnos. Entonces se hizo un sorteo ante escribano, vino gente del Instituto y se sorteó la gente que no entraba directamente, porque había una planilla de puntajes. Entonces según el puntaje, según el núcleo familiar que tenías y las necesidades del grupo familiar te daban un puntaje y te asignaban la vivienda. También creo que tenían en cuenta en que parte de la traza estabas ocupando..., viste que tiene que sacar a los del sector 5... (Entrevista E6. PRTExAu3. CABA. Julio 2013).
>
> ¿La asignación de los departamentos como se decidía? / Todo por sorteo. Yo tengo la suerte de que me tocó este departamento que tiene balcón grande, porque tengo una perra muy grande y de otra manera era imposible mantenerla (Entrevista E10. PRTExAu3. CABA. Julio 2013).

---

[149] Creada por el Decreto nº 7/2001 y el art. 27 de la Ley 3.396.
[150] Creada por el art. 3º de la Ley 324.

En relación al Programa de Rehabilitación del Hábitat de La Boca, se verificaron ciertas particularidades en el proceso de adjudicación, ya que gran parte de las unidades habitacionales de los conjuntos bajo estudio no fueron adjudicadas a las familias iniciales (las que vivían en los conventillos que fueron demolidos para la construcción de estos complejos y fueron a vivir a hogares de tránsito). Los entrevistados consultados comentaron que, por ejemplo, de las 25 familias originales del complejo de Brandsen 660 sólo una resultó adjudicataria por ser la única que cumplía con los pre-requisitos de ingreso mínimo para acceder a una vivienda nueva (en aquel momento ingreso mínimo de $2.000). Al resto de las familias se les prometió la implementación de un programa piloto de créditos para la vivienda, pero al cierre del trabajo de campo, aún no tuvieron ninguna información al respecto. Un funcionario del IVC también dio cuenta de este problema del programa:

> Se hicieron cuatro obras nuevas y la adjudicación de esas obras –yo no estaba justo en ese momento en el programa de La Boca–, pero la adjudicación fue compleja porque imaginate que enviamos a las familias de Brandsen a un hogar de tránsito y después resulta que por la tipología del complejo no entran la cantidad de familias que vivían y la selección tenía que ver con los ingresos de las familias y también hubo tres o cuatro familias que no eran del programa y que fueron adjudicatarias por esto de los vicios del instituto los favores políticos, etc (Entrevista H. PRHLB. CABA. Julio 2013).

De hecho, todos los entrevistados del PRHLB resultaron no vivir en el conventillo previo a la demolición de los complejos en los que viven actualmente. Hay muchas familias de los conventillos previos que no fueron adjudicadas, y si bien fueron adjudicadas algunas familias del grupo del Recup-Boca, también muchas familias por fuera de este grupo, que los mismos entrevistados identifican como "arreglados" del IVC:

> El problema es que había una discusión sobre a quién se los daban [los departamentos]. Había un grupo formado de los que estábamos en los conventillos, pero había otro grupo que se lo quería adjudicar a cualquiera, como paso acá. Acá creo que son ocho o nueve [familias] que no son del grupo [del Recup-Boca]. / ¿De dónde vienen si no son de ese grupo del RECUP? / Fue por conocimiento. / ¿Son conocidos en el IVC? / Sí. Tengo noticias de uno que no lo voy a identificar que vivía en Florencio Varela, en la casa tenía una hermana, no sé bien como es, que era la amante de uno de los del RECUP. Se adjudicaron por vínculos, vos entendés... (Entrevista E14. PRHLB. CABA. Agosto 2013).

Otro de los entrevistados, según surgió de las entrevistas realizadas, consiguió la asignación de la vivienda a través de su participación en una organización social estrechamente vinculada al IVC:

> Había un área en el instituto de vivienda que se encargaba de la zona de La Boca, que calculo que por medio de ellos y la asociación civil [en la que trabaja] se pusieron en contacto y nos consiguieron este lugar. / ¿Hay alguien más de la asociación que haya entrado a vivir en algún complejito de La Boca que vos conozcas? / Sí, acá no, se de otros que están más para el barrio chino. En ese entré yo sola, a otros se les consiguieron subsidios. La asociación civil se encargó de los socios, de ubicarnos a todos y ayudarnos en lo que pudieron [...]. / ¿Qué tramites tuviste que hacer para poder ingresar a este departamento de Brandsen? / Yo no hice nada, hizo todo la asociación civil. Esta posibilidad me sirvió en ese momento. / ¿Esto que me estás contando entonces te lo consiguió la asociación civil?) / Claro, sólo la asociación civil [...] Por medio de la asociación civil algunos conseguimos vivir ahí en Brandsen como yo, otros obtuvieron subsidios para alquilar en algún otro lugar (Entrevista E15. PRHLB. CABA. Septiembre 2013).

Esta situación tuvo como consecuencia la pérdida –por parte de los grupos familiares afectados que vivían en los conventillos– de la posibilidad de tener "preferencia" en la adjudicación de una vivienda definitiva, lo cual implicó un grado de incertidumbre aún mayor respecto de la consecución de una solución habitacional. Los organismos de control del GCBA registraron numerosas denuncias por irregularidades de parte de las familias que deberían haber sido pre-adjudicatarias de las viviendas nuevas y finalmente no lo fueron. La funcionaria del programa entrevistada comentó de las nuevas medidas que se están tomando para transparentar estos procesos adjudicatarios:

> A partir de la nueva gestión de gobierno armamos una operatoria de adjudicación y las familias tienen que inscribirse a las obras a las que quieran ir y hay un *scoring* en función del estado de los inmuebles en los que están viviendo (hay algunos conventillos que están muy deteriorados y necesitan ya ser desalojados, esos tienen mayor puntaje), las familias más viejas, las que están hace más tiempo en el programa tienen más puntaje, o las titulares también tienen mayor puntaje por desgloses, las que vivieron pasando de un hogar de tránsito a otro tienen más puntajes, los que cumplieron los reglamentos de convivencia tienen más puntajes, pero la idea es ser más transparentes. Esto lo hicimos para que la gente pudiera saber a quién se le adjudicaba y por qué. En las adjudicaciones anteriores pasaba que las familias venían a cuestionar porque estaban anotadas y no les salía la adjudicación (Entrevista H. PRHLB. CABA. Julio 2013).

> Nuevamente entonces, en los programas llave en mano la participación de los usuarios de las viviendas en el proceso de adjudicación fue *nulo* (Ilari, 2003) y con una *intensidad baja* (Cabrero, 2004), ya que los destinatarios participaron como *meros receptores* de la vivienda que les tocó y con una *presencia pasiva* en el proceso (De la Mora, 1992; 2002).

El proceso de adjudicación de las viviendas en el marco del PAV asumió características distintas por el hecho de que la mayoría de proyectos de viviendas fueron diseñados en función de la cantidad y características de los grupos familiares, por lo que desde la etapa de proyecto de los complejos las cooperativas ya imaginaban (o directamente conocían con certeza) cuáles serían sus futuras viviendas, por lo que no transitaron una instancia de adjudicación:

> De acuerdo al grupo familiar repartimos, las familias más grandes tenían departamentos más grandes, igual ya todos sabíamos más o menos cuál te tocaba (Entrevista A6. Coop. La Ribera. PAV. CABA. Abril 2013).
>
> Lo único difícil era definir dónde iba a vivir cada uno… Pero creo que esa fue la sorpresa grande de todos, la socióloga tenía miedo que empezásemos a discutir por la ubicación, donde íbamos a ir cada uno. Ella nos dio un papel para que pongamos qué queríamos, opción uno y dos y más o menos se fue dando, porque ella tenía un sólo nene con Sonia, y ahí ya ubicamos a ellos dos… Igual del plano ya más o menos sabíamos a dónde íbamos a ir… Yo soy la más joven y yo sabía que iba a ir arriba, a mí más o menos me salió el que yo quería. Una vecina eligió el seis y mi mamá también entonces entre ellas arreglaron entre ellas, ella se quedó con el seis y mi mama con el de al lado mío (Entrevista A10. Coop. 28 de Junio-PAV. CABA. Mayo 2013).

En otras cooperativas implementaron la estrategia del sorteo para las familias que tenían aproximadamente la misma cantidad de integrantes y debían ocupar departamentos de la misma cantidad de ambientes (si es que no lograban un consenso previamente):

> En su momento, cuando hicimos la designación de los departamentos, siempre hubo menos cantidad de familias numerosas que la cantidad de departamentos grandes, porque esta cooperativa tiene muchos jóvenes. En el momento que hicimos la designación que fue por sorteo para los que elegían la misma cantidad de ambientes, lo único que priorizamos fue que a una familia de matrimonio le toquen los de tres ambientes y a los jóvenes los de dos. Después, por ejemplo, XX que es uno sólo tiene un departamento grande, porque una vez que todos los que éramos familias numerosas tuvimos departamentos grandes asignados, los que quedaban se sortearon entre los jóvenes que quisieran, porque en ese

momento había jóvenes que decían no, yo no quiero pagar más de crédito, porque si tenés más metros cuadrados pagas más crédito, pero por otro lado Matías fue el primero que dijo "yo sí quiero un departamento grande, no me importa pagar más". Después a él lo siguió Mariano, que al final en ese momento entró solo y terminó casado con una nena, como que hubo mucho movimiento en el transcurso de estos nueve años (Entrevista A14. Coop. Crecer-PAV. CABA. Junio 2013).

Y otras cooperativas implementaron un sistema de puntajes para designar las distintas familias a las viviendas con los ambientes que les correspondían:

La mudanza no sería tan importante como fue cuando llego la adjudicación, porque acá tenés un proceso para eso, con todas las evaluaciones de todos los años, se toma mes por mes hasta el año, cuánto participaste, cuánto pagaste y cuanta ayuda mutua hiciste. Vos tenías un piso de 75% para poder entrar a la cooperativa, para ser adjudicataria. Entonces se tenía que poner cada uno y después se evaluaba el total. Y mi grupo familiar tuvo la suerte de pasar el 100% en los tres ejes: participación, aporte y ayuda mutua… / Pero, ¿cómo fue ese proceso? / Nos armábamos en grupos y empezamos a trabajar, a juntar cosas, y el piso para ser adjudicataria era 75% de cada eje, no el 75% global. El 75% de ayuda mutua eran 2.750 horas para poder entrar, el aporte era todo, cero, no podías deber ni 10 centavos, y la participación podía ser un 75%. En esta familia llegamos al logro, y el que llegaba al 100% podía elegir que vivienda quería y también por tu tipología de familia, por ejemplo, si tu familia se integra de cuatro miembros, y tenés un departamento disponible de cuatro habitaciones, entrás ahí, si no, no (Entrevista A1. Coop. El Molino-PAV. CABA. Abril 2013).

Entonces, los cooperativistas del PAV no pasaron por una instancia de adjudicación externa de sus viviendas, pues el IVC no tuvo ningún tipo de participación e injerencia en la designación de las viviendas (echando por tierra sospechas de actos de corrupción por parte del IVC en las adjudicaciones). Al ser un programa totalmente autogestionado por las organizaciones sociales, el criterio para la toma de decisiones de las designaciones de las viviendas también les correspondió a ellos, adoptando distintos criterios y formas según las características y decisiones de cada cooperativa de vivienda. En este sentido, retomando las variables de análisis iniciales, la participación de los usuarios de las viviendas en la designación fue *muy alta* (Ilari, 2003), de carácter claramente *deliberativo* (De la Mora, 1992; 2002).

En suma, entonces, la participación de los adjudicatarios de los programas llave en mano, cuando existió, fue de tipo *clientelista* (retomando los conceptos de De la Mora (1992; 2002)), de un grado de desarrollo *muy bajo* (Ilari, 2003), con una *calidad participativa reducida* (que fue desde un tipo de *participación omitida* hasta una de *carácter informativo*) y en donde el posicionamiento cultural de los funcionarios técnicos primó a la hora del diseño de las unidades habitacionales, redundando en altos costos constructivos. A la inversa, en las experiencias autogestionarias, la variabilidad de la participación en los proyectos dependió de las características intrínsecas de cada organización social. Aquellos que lograron un mayor nivel de organicidad interna, de formación y concientización cooperativista lograron muy *altos niveles de participación* (Ilari, 2003), de una *intensidad alta* (Cabrero, 2004) y de fuerte carácter *deliberativo* donde la calidad de la intervención varió desde la *propuesta* hasta la *decisión* (De la Mora, 1992; 2002). En detrimento de estas experiencias exitosas en términos de autogestión, hubo otras con menor grado de organicidad interna o que simplemente no estaban interesadas en consolidar su espacio cooperativo como tal, por lo que asumieron características participativas similares a las experiencias llave en mano. Adicionalmente, los arquitectos integrantes de los ETI desempeñaron un rol fundamental en el desarrollo de la capacidad participativa de las cooperativas en el diseño de las viviendas, habilitando u obstruyendo estos procesos (denotando la falta de capacitación de los mismos en estos procesos, y requiriendo en consecuencia instancias de formación específica para ser parte de procesos autogestionarios de producción de vivienda). En el medio de estos dos extremos, existió un crisol de experiencias autogestivas.

Se examinará en el próximo capítulo si las instancias de participación social en los distintos programas analizados –o la falta de participación en los mismos– tuvieron algún tipo de incidencia y/o impacto en el momento del habitar de las familias adjudicatarias en las viviendas nuevas.

7

El "habitar"
desde la perspectiva de sus usuarios

Este capítulo se propone abordar la otra etapa de la investigación: la *etapa del habitar* de las viviendas por parte de sus moradores.

Para ello comienza con una presentación del abordaje de los conceptos de vivienda y habitar y se reconstruye un conjunto de condiciones de habitabilidad (a partir de la definición de subsistemas de habitabilidad (Barreto, 2008)) consideradas necesarias para la configuración de una vivienda digna. Esto implicó el desarrollo de un abordaje construido desde una perspectiva de integralidad, que permitió tomar distancia de definiciones estrictamente sectoriales o, dicho coloquialmente, "techistas", de la misma.

A continuación, se problematiza conceptualmente el "habitar" y los modos de apropiación y uso de las viviendas por parte de sus usuarios y se presenta una operacionalización con indicadores que permiten un abordaje empírico de estos procesos en los casos de estudio.

Luego, se inicia el análisis de los conjuntos habitacionales producidos llave en mano y autogestionarios bajo estudio indagando las perspectivas de los usuarios referidas a las modalidades del habitar y poniendo el foco en tres subsistemas de análisis: el habitacional, cultural y territorial/ambiental (Barreto, 2008). Este análisis incluye las características de las viviendas construidas y su adecuación a las necesidades habitacionales tal como son percibidas por las familias usuarias, la tenencia de servicios de infraestructuras en el interior del hogar y la adaptación de los diseños constructivos a los patrones culturales de sus usuarios (tal como se definió esta congruencia en el capítulo 2 de este libro retomando conceptualmente a Pelli (2010) y Giglia (2012) y se la abordó con mayor profundidad en los casos de estudio en el capítulo anterior).

Luego se analizan las condiciones de habitabilidad hacia el interior de las viviendas tomando en consideración las particularidades de cada operatoria. Para ello se analizan las percepciones de los entrevistados en relación a lo físicamente construido y la calidad constructiva de las viviendas. Se abordan, también, los procesos de adaptación física que debieron realizar las familias para lograr las condiciones de comodidad que identifican como necesarias.

Por último, se analiza la consolidación del uso, goce y apropiación de las viviendas por parte de los entrevistados a partir de las percepciones que los mismos tienen en relación a la seguridad de la tenencia, a su vez se aborda el cumplimiento de las obligaciones formales que contrajeron con el Estado y con las empresas prestatarias de servicios públicos y el arraigo/apego en términos de la valorización que ellos sienten de las mismas.

En base a este análisis, se interpretan y comparan las viviendas construidas bajo modalidad llave en mano y autogestionaria desde las posibilidades de acceso a una vivienda adecuada, en términos de derecho, desde una perspectiva de integralidad y como facilitadoras de procesos de integración socio-urbana.

7.1 La vivienda desde una perspectiva de integralidad: ¿de qué hablamos cuando hablamos de vivienda?

Definir qué se entiende por *vivienda* no es una tarea sencilla, pues conceptualizarla de determinada manera da cuenta de un posicionamiento teórico –e ideológico– que define el enfoque de la investigación que aquí se realiza, sus resultados y la evaluación de las propuestas de política emprendidas por el Estado.

Por lo tanto, tomando posición, se considera que la vivienda es más que el espacio donde se desarrolla la privacidad del hogar y donde se desenvuelve una parte importante de las actividades básicas del quehacer cotidiano. Desde una perspectiva clásica, Turner (1977) critica la conceptualización de la vivienda como una unidad de habitación aislada y propone comprenderla como una serie de relaciones entre los elementos que intervienen en ella: los actores, sus actividades y sus logros. En este sentido, el autor aborda la cuestión de la vivienda recuperando y combinando aspectos físicos o infraestructurales con aspectos sociales y culturales. En esta misma línea, Yujnovsky (1984) incorpora a este concepto de la vivienda una serie de servicios que el autor denomina "habitacionales" y que considera satisfactores de las necesidades primordiales de las personas, como es el albergue, el refugio, la protección ambiental, el espacio, la vida de relación, la seguridad, la privacidad, la identidad, la ubicación geográfica y la accesibilidad física. Las *necesidades habitacionales*, dice Pelli (2007), suelen asimilarse a una necesidad universal, genérica, de vivienda, caracterizada por componentes tales como la necesidad de un lugar e instalaciones para comer, dormir, para guardar los alimentos o para higienizarse, entre otras necesidades tangibles que revisten un carácter incuestionable, pero también existen componentes intangibles de las necesidades habitacionales que hacen a la vivienda: la necesidad de identificación del usuario con las formas internas y externas de la vivienda, con los modos de funcionamiento y con el significado simbólico de estas formas, o con su ubicación en el barrio o en la ciudad, necesidades de satisfacción estética de los habitantes con su casa, la necesidad de habitar en un barrio o en un conjunto habitacional donde haya vecinos con los que la convivencia sea tolerable, la necesidad de opinar a priori sobre los componentes indispensables de su futura vivienda. Todas estas necesidades intangibles suelen ser, en cambio, necesidades ignoradas (más aún por el Estado proveedor de vivienda) o, en el mejor de los casos, admitidas como válidas bajo las interpretaciones muchas veces clasistas del funcionario público –arquitecto o técnico– a cargo de resolver el problema habitacional.

Además, las necesidades de los destinatarios de una vivienda varían de un sistema socio-cultural-económico a otro, de una sociedad a otra, de un grupo social a otro (Pelli V. S., 2010; 2007), por lo que Yujnovsky (1984) sostiene que el concepto de vivienda debe referirse a los servicios habitacionales proporcionados en un cierto período histórico y en una configuración espacial urbana específica, en un medio ambiente de una sociedad determinada y, agrega Giglia (2012), en un paradigma cultural concreto. Yujnovsky (1984) da cuenta, entonces, de la vivienda como una construcción social, en un tiempo y lugar determinado; y también dependiente de las condiciones socio-urbanas en las que se inserta:

> Los servicios habitacionales no dependen solamente de cada unidad física (tamaño, distribución del espacio interno, forma de utilización del terreno, equipamiento interno, características técnicas, etc.). Los servicios dependen también de las demás unidades físicas y de todo el conjunto de actividades urbanas en su disposición espacial. Importa entonces la accesibilidad relativa a otras unidades físicas de vivienda, a los empleos, a lugares de compra, a los establecimientos en donde se brindan servicios educacionales, de salud, etc., en la que influyen las distancias geográficas y los servicios de transportes (Yujnovsky, 1984, pág. 19).

Esta definición vincula indisolublemente el concepto de vivienda al de desarrollo urbano y al de ciudad –y las estructuras de oportunidad asociadas a ella (Kaztman, 1999; 2001)– en el que se enclava la vivienda, concibiéndola como *hábitat* o *medio ambiente*. Este abordaje complejo e integral de la vivienda se distancia de nociones sectoriales –vulgarmente denominadas "techistas"– que la restringen a una unidad física individual –unidad edificio-lote de terreno–, despojada del hábitat y de las relaciones sociales y culturales de la cual forma parte. Esta limitación "techista" fortalece una noción de vivienda sectorial como objeto-mercancía, desmereciendo su carácter de bien de uso y su sentido inminentemente social de dos maneras: ocultando su inserción en un objeto colectivo concreto (la ciudad) y negando la función social de la vivienda como satisfactor de necesidades humanas.

Este abordaje integral desde la perspectiva de la complejidad[151] (Barreto, 2008) presenta al menos dos virtudes: una referida al análisis que Yujnovsky (1984) realiza del desarrollo urbano como problema más general de la vivienda, haciendo ya referencia no sólo a la habitación sino también a su entorno –medio ambiente– y a las estructuras de oportunidad asociadas (Kaztman, 1999; 2001); y otra referida a que interpretar la vivienda como parte del desarrollo de articulaciones complejas y conflictivas con y entre actores (entre ellos el Estado) obliga a integrar el estudio de la política habitacional a un marco más general.

La vivienda es concebida como la satisfacción de una necesidad y en términos de derecho humano por sobre su carácter mercantil inherente, puesto que está inserta en un modo de organización social en el que predominan relaciones capitalistas de producción. De este modo, se configura en expresión del acto de *habitar* de sus usuarios por sobre su concepción de objeto ligado a la inversión. Se trata más de un *proceso* que de un *producto terminado*, y como un bien potencialmente abundante que se continúa produciendo aún en contextos precarios marcados por la pobreza (Ortiz Flores, 2004):

---

151 Concebir la vivienda desde la complejidad, implica que los elementos que la componen no pueden ser descompuestos en aspectos aislados para abordarlos de forma independiente, sino que deben ser considerados a partir de las interrelaciones que los definen, concibiéndolas como dimensiones de un mismo problema (Barreto M. A., 2008; 2006).

considerar la vivienda como proceso permite dar respuesta a las necesidades y posibilidades de sus habitantes y, para ello, es imprescindible incorporar a las personas usuarias en el propio proceso. Desde esta óptica la vivienda, más que un objeto acabado, consistiría en una infraestructura básica conectada a espacios y servicios que va transformándose a lo largo del tiempo en función de las necesidades vitales y las posibilidades económicas de las personas usuarias. Esto implica que el proceso debe ser abierto, que recupere y actualice formas de participación y trabajo colaborativo entre todos los agentes implicados. […] La vivienda, así entendida, es capaz de satisfacer su función principal, la de proporcionar habitabilidad, siendo flexible y adaptándose a las demandas reales de la sociedad y a sus modos de vida, desde su pluralidad y desde sus necesidades cambiantes. En definitiva, considerar la vivienda como proceso implica entenderla como algo más que un espacio físico, como un acto que se desarrolla en el tiempo y no en un momento determinado, es decir, que entiende el acto de habitar (Morales Soler, Alonso Mallén, & Moreno Cruz, 2012).

Desde esta perspectiva, considerar una vivienda *adecuada o inadecuada* no se limita a verificar si reúne o no determinadas condiciones, sino que hay que prestar atención a aquellos elementos que hacen a las condiciones de vida de los hogares y a las características de las relaciones que se establecen con el hábitat o medio ambiente, pero desde la perspectiva de los propios usuarios de las viviendas y desde sus necesidades a partir de un enfoque integral. Una *vivienda adecuada* combina aspectos estructurales con cuestiones sociales y coyunturales. Retomando a Pelli (2010), responde a un hábitat que es socialmente construido a partir de una estructura coherente con los paradigmas culturales de una determinada sociedad o de un determinado grupo social y, además, funcional a su propia versión de las necesidades humanas.

A partir de un abordaje integral, entonces, una vivienda es *adecuada* cuando la totalidad de los aspectos que hacen a la vivienda entendidos en conjunto (como un sistema compuesto por subsistemas: el habitacional, el económico, el territorial, el socio-urbano, el cultural, etc.) se encuentran a un nivel digno para el desenvolvimiento de la vida en el hogar y habilitan la práctica del acceso al derecho a una vivienda digna y a la ciudad –como se lo definió en el capítulo 1 de este libro (Rolnik, 2011; Fernandes, 2006; Lefrebvre, 1968; Sánchez, s/d)– y promueve dinámicas de integración social (por sobre dinámicas de segregación social) (Carman, Vieira da Cunha, & Segura, 2013; Kaztman, 2001; Segura, 2014). Es decir, que no sólo los aspectos considerados por el cálculo oficial (tipología de vivienda, hacinamiento, régimen de tenencia, entre otros indicadores) hacen a una vivienda adecuada, sino que a ellos hay que adicionarles la adecuación del resto de los elementos que hacen a la condición de vida en la vivienda. Por el contrario, una vivienda es *inadecuada* cuando no sólo alguno de los elementos del cálculo del déficit oficial es negativo, sino también lo es cuando algunos de los aspectos del resto de los subsistemas también lo sea (Barreto M. A., 2008). Pero además, dice este autor, hay que prestar atención a las características de las relaciones establecidas entre estos elementos que hacen a las condiciones de vida de los hogares desde dos enfoques: uno, desde la contribución o afectación que se produce entre estos subsistemas para que las condiciones de vivienda de los hogares resulten adecuadas o no; y el otro, desde la perspectiva de los propios usuarios de las viviendas sobre sus propias condiciones de vida, sus intereses y posibilidades de solucionar lo que ven como un problema.

En este sentido, los elementos que abonan a que una vivienda sea adecuada no pueden ser descompuestos en aspectos aislados, sino que deben ser abordados desde las relaciones que los interdefine, considerándolos como dimensiones de una misma problemática y desde la perspectiva de los propios integrantes del hogar. A diferencia de la habitual *perspectiva sectorial* que trata la carencia de vivienda adecuada, la situación de pobreza y las malas localizaciones en zonas altamente deterioradas como problemáticas aisladas y son tradicionalmente abordadas desde políticas sectoriales en donde las necesidades son definidas por las interpretaciones ad hoc de los funcionarios, la *perspectiva integral* que aquí se propone considera estas problemáticas subsistemas relacionados entre sí que se interdeterminan y afectan mutuamente impactando en las condiciones de vida de los hogares y supone que son las propias personas afectadas quienes definen las necesidades habitacionales, estableciendo el punto de partida para la producción de soluciones habitacionales adecuadas. Por lo que su abordaje también debe darse en un marco de integralidad que persiga el mejoramiento de todos los componentes del hábitat y no que mejore algunos, pero empeore otros. Entonces, aquí se proponen seis subsistemas/elementos (Barreto M. A., 2008) o condiciones de habitabilidad (De la Mora, 2002) que hacen a una vivienda un hábitat digno desde una perspectiva de integralidad:

Gráfico 6: Subsistemas/elementos/condiciones de habitabilidad
para una vivienda digna y un hábitat adecuado

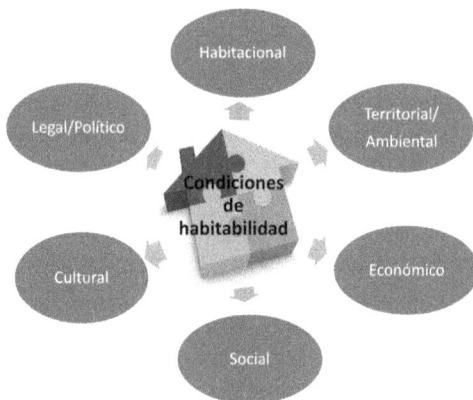

Fuente: Elaboración propia en base a Barreto (2008) y De la Mora (2002).

El *subsistema habitacional* remite a las condiciones físico-materiales que deben tener las viviendas: espacios necesarios para el desarrollo de la vida doméstica (superficie adecuada, número de cuartos adecuados a los integrantes del hogar), estabilidad y calidad constructiva de los materiales, confort, requisitos de iluminación, ventilación y calefacción, dotación de servicios domiciliarios e instalaciones.

El *subsistema territorial/ambiental* refiere a la articulación de las unidades de vivienda con la trama urbana de inserción y su estructura territorial: localización de las unidades, situación de higiene y salubridad, calidad ambiental de la zona de residencia, facilidades de circulación barrial, acceso –en calidad y cantidad– a medios de transporte y locomoción.

El subsistema *económico* de la vivienda trata sobre: articulación de la misma con áreas potenciales de empleo y a fuentes de ingreso monetario y de recursos generales para el aprovisionamiento de necesidades básicas (locales de vestimenta, alimentos, pago y mantenimiento de la unidad habitacional –créditos y expensas–, impuestos, etc.).

El *subsistema social*, refiere al acceso de los hogares a los medios de bienestar y reproducción: equipamiento social (guarderías, escuelas), de salud (hospitales, centros de salud especializados o para personas con capacidades diferentes), seguridad (policía, bomberos, etc.) y esparcimiento y ocio (plazas, parques, cines, campos de deporte, etc.).

El *subsistema cultural* remite a condiciones relacionadas a las personas: de edad, género y nacionalidad, respecto a su identidad, diferencias sociales, preferencias, modos y estilos de vida, relaciones vecinales y posibilidades de acceso a los bienes culturales de la sociedad, etc.

Y el *subsistema legal/político* se relaciona a la seguridad en la tenencia y de los bienes del hogar, acceso a servicios de justicia y a la participación social y política (necesaria para alcanzar la integración social en un marco de ciudadanía)[152].

El abordaje particular de cada problemática debe contribuir a los demás elementos que integran las condiciones de vida de los hogares según las incidencias e interdefiniciones existentes entre los mismos. Pues el mejoramiento de la situación habitacional mediante la construcción de una nueva unidad de vivienda debe contribuir a un mejoramiento de todos los elementos interdependientes de las condiciones de vida. No tener en cuenta la infraestructura urbana y social contribuye a exacerbar cánones de segregación socio-urbana por sobre objetivos de integración social, habilitando el acceso al derecho a un techo, pero no a una vivienda-hábitat como se la definió aquí, y menos aún al derecho a la ciudad.

7.1.1 Problematizando el "habitar"

Ahora bien, cada uno de los subsistemas o elementos descriptos en el reciente apartado que condicionan la calidad de la habitabilidad de las viviendas impactan en los modos de habitar, la apropiación y los usos cotidianos que los destinatarios hacen de sus viviendas; y más aun teniendo en cuenta que, como se vio en el capítulo anterior, no siempre quienes planificaron la vivienda fueron quienes luego la habitaron (generando en muchas ocasiones una contradicción latente entre el hábitat planificado y el hábitat habitado).

Lefebvre (1971, pág. 210) define al habitar como "apropiarse de algo. Apropiarse no es tener en propiedad, sino hacer su obra, modelarla, formarla, poner el sello pro-

---

[152] En este capítulo se analizan los subsistemas habitacional, cultural y legal/político por estar en mayor vinculación con el espacio de la vivienda. Los demás subsistemas, relacionados con la escala del complejo habitacional y el entorno barrial, se analizan en el próximo capítulo.

pio. Habitar es apropiarse un espacio". Es por ello que aquí se define al "habitar" como la necesidad que tiene el ser humano de transformar su entorno para apropiárselo, transformándolo en un lugar moldeado a partir de su intervención cultural y de sus propias necesidades de uso para hacer posible su existencia en relación a ese entorno (Heidegger, 2001; Giglia, 2012). Esta última autora completa esta definición planteando que el habitar es:

> un conjunto de prácticas y representaciones que permiten al sujeto colocarse dentro de un determinado orden espacio-temporal, al mismo tiempo reconociéndolo y estableciéndolo. Se trata de reconocer un orden, situarse dentro de él, y establecer un orden propio. Es el proceso mediante el cual el sujeto se sitúa en el centro de unas coordenadas espacio-temporales, mediante su percepción y su relación con el entorno que lo rodea (Giglia, 2012, pág. 13).

Este proceso de reconocer y establecer un orden en el espacio se encuentra mediado por un fenómeno netamente cultural, debido a que la relación con el espacio de alrededor es un proceso continuo de interpretación, modificación y simbolización, el sujeto humaniza el espacio transformándolo a su semejanza. Pero este orden no sólo se rige por las reglas de la lógica, sino que también es un orden regulatorio, los lazos sociales entre las personas y el modo de estar juntos en los distintos lugares están guiados por normas (de uso y de regularidades) que conforman un determinado orden espacial. Pues los espacios no están ordenados de la misma manera, y el proceso de habitar consiste en entender y reconocer esos órdenes y actuar en consecuencia con su marco de coherencia.

¿Pero cómo se produce y reproduce el orden que habitamos? Pues Giglia (2012), retomando a Bourdieu (2001), explica que un orden se produce y reproduce a partir del *habitus socio-espacial*, es decir, a partir de un conjunto de prácticas no reflexivas, más bien mecánicas o semi-mecanizadas, que funcionan como un saber incorporado implícito ("en el cuerpo") que se hace presente en las prácticas desarrolladas en el espacio. Esta experiencia de prácticas repetitivas y automáticas, la autora la identifica con un proceso de domesticación del espacio, en el que al usar el espacio lo convertimos en algo único para nosotros, que tiene un nombre y un sentido espacial. El *habitus* es el que le permite al sujeto habitar, apropiar y usar el espacio mediante prácticas de domesticación. Es decir que el sujeto ordena al espacio y lo domestica; pero no obstante ello, el espacio también ordena al sujeto domesticándolo, pues le enseña al sujeto su lugar y los gestos apropiados para estar en él y, fundamentalmente, le indica su posición respecto a la posición de los demás. Entre el sujeto y el espacio existe entonces una relación dialéctica en donde, por un lado, los sujetos domestican el espacio con una dosis variable de modificaciones y re-asignación de usos, pero por el otro, el espacio también modifica a los sujetos (o al menos puede condicionar el proceso de domesticación).

Ahora bien, el lugar por excelencia del habitar es la *vivienda*, en cuanto espacio asociado a la propia identidad cultural de su usuario, como referente y ordenador del mundo del sujeto, pero también como espacio en el que se desarrollan las actividades más importantes de la reproducción humana (como se dijo más arriba). Pues generalmente se suele asociar la vivienda a un espacio de amparo, de abrigo; pero no siempre la casa le ofrece al sujeto un amparo adecuado con respecto a sus necesidades (y más aún si se hace referencia a vivienda pública destinada a sectores populares), ya que existen diferentes maneras de que el sujeto se relacione con el espacio habitable. Giglia (2012) plantea esquemáticamente dos posibles modos de relación del sujeto con la vivienda que son de importancia para este análisis. Uno de ellos, retomando nuevamente a Heidegger (2001), consistente en ir habitando (y ordenando) la vivienda conforme se la va construyendo, es decir, para este autor, el proceso de construcción de la vivienda es en sí mismo habitar la vivienda, pues cuando los sujetos emprenden el proceso de construcción de una vivienda (mediante diversas posibilidades de participación en toma de decisiones), el mismo va ordenando/domesticando el espacio según su propio gusto y necesidades habitacionales, y cada toma de decisión que se plasma en el espacio es expresión de sus patrones habitacionales y de su identidad cultural, es una forma de verse reflejado en el espacio[153]. Otro modo de relacionarse con la vivienda consiste en ir a habitar (y ordenar) la vivienda una vez ya construida, ya diseñada u concebida por otros, con base en principios de orden y uso de los espacios que quizás no resulten inmediatamente inteligibles y convenientes para el sujeto y su familia por no responder directamente a sus necesidades habitacionales[154]. En este caso, la posibilidad-capacidad de domesticación del espacio por parte del sujeto se ajusta a características de un espacio habitable que ellos no diseñaron (de aquí que la forma de la vivienda condicione inevitablemente –aunque no completamente– la relación de sus usuarios con el espacio habitable). Por tanto, el orden habitable puede irse estableciendo en paralelo con la edificación de la propia vivienda, o bien, puede establecerse de una sola vez –ya sea mediante un acto inaugural– en una vivienda previamente construida (esta última es la situación más habitual en nuestro país). Estas dos situaciones planteadas por la autora son las que se ponen bajo estudio en este trabajo.

Por ende, el habitar puede ser abordado como un proceso a partir del cual se pueden analizar los contrastes y las hibridaciones entre el orden incorporado en la etapa de diseño al espacio construido (en general del o los arquitectos-técnicos que diseñaron la vivienda) y el orden y uso producidos por los propios usuarios de la vivienda. Esto último remite directamente a lo planteado en el

---

153 Como se verá más adelante en el análisis de los casos, esta es la forma de relación habilitada en los procesos autogestionarios de vivienda.

154 Como se verá más adelante en el análisis de los casos, esta es la forma de relación desarrollada en los procesos llave en mano de producción de vivienda.

capítulo anterior en relación al proceso de diseño de las viviendas (tomando como referentes a autores como Pelli (2010; 2007) y Giglia (2012)), a las posibilidades o no de participación de la población destinataria de las mismas en esta etapa y al rol de los técnicos/profesionales en este proceso. En consecuencia, los distintos tipos de espacios habitados pueden ser expresión de patrones habitacionales diferentes, que tienen por base matriz paradigmas de satisfacción habitacional también diferentes. El espacio construido suele expresar en su forma y su funcionamiento las intenciones de los actores que lo diseñaron, sus visiones del mundo y los proyectos de sociedad y de vida cotidiana que se esperan para la etapa del habitar, asociados a determinada ideas de orden social –ideológico– y cultural; por lo que también tienen por intención la transmisión de un mensaje acerca de una forma de vida posible y sugieren una manera de habitar.

Pues lo que aquí se sostiene es que los desencuentros entre técnicos/profesionales y usuarios de las viviendas se expresan en los conflictos entre órdenes opuestos e intenciones distintas acerca de las maneras de habitar, que se pueden expresar según Pelli (2007, pág. 128) en al menos cuatro vías: la alteración, autorizada o no, de las características formales y funcionales de la vivienda (que puede ser un sector de un edificio colectivo); el uso indebido y destructivo de espacios, componentes e instalaciones propios y comunes; la generación o padecimiento de problemas de salud física o mental; y el conflicto social (situaciones de violencia y agresión recíproca y hacia extraños). Los principales perjudicados de este desencuentro entre los actores fundamentales del proceso productivo son los propios usuarios de las viviendas, y sólo circunstancialmente o secundariamente suelen serlo el especialista (en su prestigio) o las instituciones estatales o sus administradores circunstanciales.

Pero no sólo se limita a una inadecuación de lo físicamente construido a los modos de habitar de los usuarios, sino que la vivienda también es expresión de un determinado tipo de hábitat. Los habitantes de una ciudad (por ese *habitus* socio-espacial incorporado que tienen los sujetos) reconocen los distintos tipos de espacios posibles y perciben y reconocen con precisión cuáles tipos de hábitat son mejores –socialmente hablando– que otros, las reglas que los gobiernan y la correspondencia entre ciertos espacios habitables y determinados sectores sociales. En el imaginario de los habitantes de una ciudad es posible encontrar una jerarquía de espacios habitables que poseen distintos grados de habitabilidad y, por ende, un distinto prestigio social frente a los otros (reproduciendo prácticas de integración social o, por lo contrario, de segregación socio-urbana). Cada quien reconoce su lugar en la ciudad y también identifica el lugar del otro, colocándose en relación a los demás a partir del tipo de espacio en el cual habita. Con lo cual, la experiencia de habitar la ciudad es distinta en función del tipo de hábitat urbano en el que se habita y a partir del cual se establecen relaciones con el resto del territorio.

Por ende, el conjunto de dimensiones que permiten evaluar las condiciones de habitabilidad de las viviendas construidas y los modos de uso, apropiación y habitar que las familias construyeron en sus viviendas puede ser variado y de una multiplicidad infinita, para poder hacer un abordaje empírico de los casos de estudio aquí se tomó la decisión de enfocar el análisis en tres escalas (vivienda, complejos habitacionales y entorno barrial) y en las siguientes dimensiones:

Gráfico 7: Operacionalización empírica de la práctica del habitar, uso y apropiación de viviendas según tres escalas de análisis

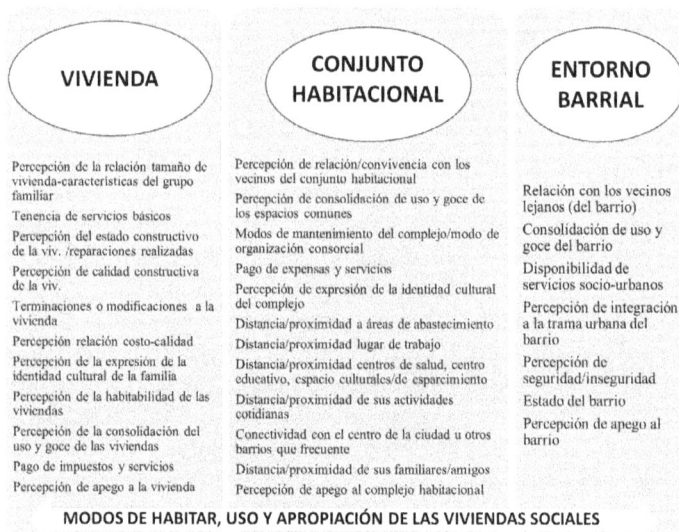

VIVIENDA	CONJUNTO HABITACIONAL	ENTORNO BARRIAL
Percepción de la relación tamaño de vivienda-características del grupo familiar	Percepción de relación/convivencia con los vecinos del conjunto habitacional	Relación con los vecinos lejanos (del barrio)
Tenencia de servicios básicos	Percepción de consolidación de uso y goce de los espacios comunes	Consolidación de uso y goce del barrio
Percepción del estado constructivo de la viv. /reparaciones realizadas	Modos de mantenimiento del complejo/modo de organización consorcial	Disponibilidad de servicios socio-urbanos
Percepción de calidad constructiva de la viv.	Pago de expensas y servicios	Percepción de integración a la trama urbana del barrio
Terminaciones o modificaciones a la vivienda	Percepción de expresión de la identidad cultural del complejo	Percepción de seguridad/inseguridad
Percepción relación costo-calidad	Distancia/proximidad a áreas de abastecimiento	Estado del barrio
Percepción de la expresión de la identidad cultural de la familia	Distancia/proximidad lugar de trabajo	Percepción de apego al barrio
Percepción de la habitabilidad de las viviendas	Distancia/proximidad centros de salud, centro educativo, espacio culturales/de esparcimiento	
Percepción de la consolidación del uso y goce de las viviendas	Distancia/proximidad de sus actividades cotidianas	
Pago de impuestos y servicios	Conectividad con el centro de la ciudad u otros barrios que frecuente	
Percepción de apego a la vivienda	Distancia/proximidad de sus familiares/amigos	
	Percepción de apego al complejo habitacional	

MODOS DE HABITAR, USO Y APROPIACIÓN DE LAS VIVIENDAS SOCIALES

Fuente: Elaboración propia.

Entonces, en este libro no se cuestiona solamente la relación entre las necesidades de habitabilidad y el producto material habitable desde una perspectiva sectorial –techista–, sino que también se interroga la relación –mediada por la participación social– entre el habitar (como se lo definió aquí) y el hábitat (desde una concepción de integralidad). Para ello, en este capítulo y en el siguiente, se evalúa si las viviendas bajo análisis habilitaron prácticas de acceso al derecho al hábitat y a la ciudad y si abonaron a procesos de integración urbana (o, en su detrimento, de segregación urbana).

7.2 Viviendas lindas o feas y sus efectos en el habitar[155]

En función de analizar el *subsistema habitacional y cultural* (descripto anteriormente, Barreto (2008)) en los programas llave en mano bajo estudio, la construcción de sus proyectos debe encuadrarse en los estándares mínimos de calidad establecidos para la vivienda social por el Ministerio Nacional de Infraestructura y Vivienda, el cual es homologado por el IVC a través de su participación en el Consejo Nacional de la Vivienda. Por lo que las características físicas de los departamentos mostraron mayor adaptación a estos estándares que a las necesidades de las familias destinatarias. En este sentido, en todos los casos analizados se verificó que son muy pocas las viviendas que superan los mínimos establecidos por la reglamentación, pues fueron concebidas desde la estandarización propia de una lógica empresarial que simplificó proyectos para reducir costos y complejidad y, fundamentalmente, para maximizar ganancias. En el Programa Viví en tu Casa, las viviendas fueron en su mayoría departamentos de dos ambientes (45 mts2) –25% de las unidades– y de tres ambientes (55 mts2) –65%–, aunque también contó con unos pocos monoambientes –10% de las unidades–. El 5% de las viviendas estuvieron acondicionadas para personas con discapacidad y se localizaron en la planta baja de las torres. Todas las unidades de vivienda fueron entregadas con instalaciones de calefacción, cocina y baño, aunque sin placares ni espacio para los mismos en las habitaciones (esto último señalado por varios de los entrevistados): "¡Vos podés creer que te lo entregan sin placard! / ¿Pero con el espacio para que vos lo agregues después? / No, es una habitación rectangular común y corriente, ¿Dónde

---

155 En la introducción se hace referencia a las características que asumió el trabajo de campo que sustenta la investigación de este trabajo y las entrevistas en profundidad realizadas.

quieren que guarde mi ropa?" (Entrevista E11. Complejo Parque Avellaneda. Programa Viví en tu Casa . CABA. Agosto 2013).

**Imagen 17: Fotos de interior cocina, living-comedor y baño.
Complejo Parque Avellaneda. CABA. 2011**

Fuente: Fotografías cedidas por la Gerencia de Proyecto del IVC.

En el Programa de La Boca, en general, los departamentos también respetaron las medidas de los estándares de calidad. Por ejemplo, en el Complejo de Brandsen 660, de las veintinueve unidades, diez son departamentos de dos ambientes y el resto de tres (Entrevista E14. PRHLB. Complejo Branden 660. CABA. Agosto 2013). Pero también se registraron casos excepcionales con variantes en la distribución porcentual de ambientes (aunque siempre respetando las medidas estandarizadas), pues el complejo Alvar Núñez 245 no contó con departamentos de dos ambientes, la mayoría fueron de uno y tres ambientes y contó con un dúplex de cuatro (Entrevista E5. PRHLB. Complejo Alvar Núñez 245. CABA. Julio 2013). Este caso en particular se constituyó en un ejemplo de las incongruencias existentes entre lo físicamente construido y las necesidades de las familias que deberían haber ido a vivir a este complejo, pues las familias originarias (es decir, las que vivían en el conventillo que fue demolido para la construcción de este complejo), según comentó una de las entrevistadas, eran todas numerosas, por lo que no fueron finalmente reubicadas en las viviendas nuevas por falta de espacio. Las familias originarias aún viven en los hogares de tránsito (tras numerosas quejas presentadas ante la justicia y los organismos de control –remitidas en el capítulo anterior–) y las viviendas fueron asignadas a grupos familiares menos numerosos de otros conventillos o familias referenciadas directamente por el IVC (generando un halo de sospecha sobre las adjudicaciones realizadas en maniobras poco transparentes –como también se vio en el capítulo anterior–). Con lo cual, este caso no sólo manifestó el conflicto existente entre lo planificado y las necesidades habitacionales existente (que podría haber sido salvado con la participación de los usuarios en la definición de las necesidades habitacionales puesto que existía de antemano dicha población específica), sino también una clara restricción de acceso al derecho a la vivienda (Rolnik, 2011; Fernandes, 2006) a las familias de deberían haber sido destinatarias de las mismas, probando, en caso de darles alguna solución habitacional a posteriori a estas familias en tránsito, un proceso de relocalización de las mismas.

En relación al PRTExAu3, los cuatro proyectos bajo análisis constaron de edificios que rondaron entre las siete y las cuarenta viviendas, con departamentos de dos (de 44 mts2), tres (de 48 mts2) y cuatro ambientes (de 55 mts2) –al menos dos viviendas de este último tamaño en cada complejo–. Al igual que en el resto de las operatorias, todos los edificios contaron en planta baja con departamentos preparados para personas con capacidades diferentes y con espacios comunes decorados por sus propios usuarios donde balconearon los distintos departamentos. Además, los departamentos de planta alta al frente contaron con balcones aterrazados de 8 mt2 y los departamentos ubicados en la planta baja –además de los patios/lavaderos con los que contaron todas las unidades– también tuvieron amplios patios privados traseros (de 18 metro de largo en el caso de Estomba 1140) que tomaron toda la dimensión del terreno (Entrevista E1. PRTExAu3. Complejo Estomba 1148. CABA. Junio 2013).

Imagen 18: Imagen de pasillos y patios internos de las viviendas de Estomba 1140, patio interno de vivienda de planta baja del Complejo Giribone 1330. CABA. 2013

Fuente: Relevamiento fotográfico elaborado por Cecilia Zapata.

Entonces, en los proyectos de estos dos últimos programas de demanda específica (PRHLaBoca y PRTExAu3) se encontraron, durante el trabajo de campo y las observaciones realizadas en los departamentos, mayor variedad en la disposición de los ambientes construidos entre un proyecto y otro, mientras que en los dos proyectos de demanda general (Parque Avellaneda y Torres de Lugano) se verificaron proyectos constructivos casi mellizos dando cuenta del proceso de estandarización de sus etapas de diseño. Esta observación dio cuenta de la *nula participación* (Ilari, 2003) y el *poco registro* (Pelli V. S., 2010), por parte de los profesionales de la Gerencia de Proyectos del IVC, de las necesidades habitacionales de los destinatarios, las cuales fueron definidas a partir de una lógica de maximización de ganancia mediante reducción de costos y complejidad constructiva por sobre sus condiciones de bien de uso. No obstante, vale notar que en los proyectos de La Boca y la ExAu3 se reconoció una mayor consideración respecto del perfil de la población destinataria (tomando en cuenta la trayectoria de conventillos de los receptores del PRHLB y la trayectoria de habitación en edificaciones de pequeñas escalas de los receptores del PRTExAu3). Ahora bien, en este reconocimiento de ciertos patrones habitacionales, los usuarios de las viviendas tampoco desempeñaron algún rol, sino que esta contemplación fue motorizada por los funcionarios de las unidades ejecutoras de estos programas que reclamaron a los profesionales de la Gerencia de Proyectos que se respeten las características del hábitat barrial (como se vio en el capítulo anterior). Pero este reclamo de adecuación no fue estimulado desde una lógica de respeto hacia los patrones habitacionales y/o identidad cultural de los usuarios de las viviendas (Giglia, 2012), ni de sus necesidades de habitación (Pelli V. S., 2007), ni desde las interpretaciones que los funcionarios pudieron haber hecho de ellas, ni desde la obligación que tiene el Estado de satisfacer el derecho a la vivienda (Rolnik, 2011; Fernandes, 2006), sino que estuvo orientado por una lógica de adecuación al contexto barrial (barrios que desde hace unos años son objeto de procesos de renovación urbana, como se explicó al inicio de este libro).

En las experiencias del Programa de Autogestión de la Vivienda, la variabilidad en el diseño de las viviendas de un proyecto a otro fue muy alta. Si bien, estas viviendas también deben cumplir con los estándares mínimos de calidad para la vivienda social, la gran mayoría de los proyectos superaron ampliamente estas condiciones mínimas y se verificó una mayor adopción de lo físicamente construido a las necesidades habitacionales de los destinatarios de las viviendas y en mayor consonancia con sus patrones habitacionales e identidad cultural (Giglia, 2012; Pelli V. S., 2007). Del relevamiento de experiencias realizado para este trabajo, en este grupo se comprobó que de las cooperativas que ya están siendo habitadas por sus usuarios, sólo dos tuvieron unos pocos departamentos de un ambiente de entre 38 y 42 mt2 (Cooperativa Corralito y Uspallata) y la mayoría de ellas tuvieron departamentos de dos y tres ambientes que fueron de 50 a 75 mt2 y varias cooperativas tuvieron departamentos de cuatro y cinco ambientes que llegaron hasta los 98 mt2.

> ¿Los departamentos de cuantos ambientes son? / Hay distintos tipos, hay monoambientes divididos con durlock, hay de dos y tres ambientes. El monoambiente, que es uno solo, lo podés dividir en dos. / ¿Qué metraje tienen? / El más chico 38,5 m2, después las medidas son de 45 m2, 46,5 m2, 73 m2 y 76 m2. XX[156] es el que tiene el departamento más grande porque tiene mucha familia. / ¿El departamento más grande tiene 3 ambientes? / De cuatro ambientes y con balcón terraza que da a la calle y si ahí ponés una pared de durlock sería dormitorio y comedor (Entrevista A9. PAV. Coop. Uspallata. CABA. Mayo 2013).

> ¿Cuánto miden las viviendas? / La más chica tiene tres ambientes (baño, cocina y dos habitaciones), las del costado tienen cuatro ambientes (baño, cocina y tres habitaciones). / ¿Y cuántos metros cuadrados tienen? / La más chica tiene 48 m2. ¿Y la vivienda más grande? ¿Es esta? / No, hay otra más grande que tiene casi 98 m2, es bastante amplio (Entrevista A6. PAV. Coop. La Ribera. CABA. Abril 2013).

También se registraron departamentos que contaron con espacios de crecimiento interno, como las cooperativas Luz y Progreso, Alto Corrientes, 28 de Junio, El Palomar, es decir que se trató de dúplex con un espacio libre para futuras ampliaciones que desee hacer la familia, mediante la prolongación de la habitación del piso superior hacia arriba del living-comedor localizado en la planta baja (el cual, por ejemplo, en la Cooperativa Luz y Progreso tiene una dimensión de 4 x 4.5 metros):

> Hay dos tipos de departamento: mediano y grande, depende. Nosotros queríamos primero que todos sean iguales, pero después nos dimos cuenta que no servía y empezaron los

---

[156] Se ocultó su nombre para resguardar su identidad y cumplir con el contrato de entrevista.

reclamos, y después el arquitecto hizo cuatro tipos de medidas / ¿Y son cómodos los departamentos? / Sí son comodísimos los departamentos. La gente que está viviendo incomoda es porque no hizo los pisos de arriba [en relación al espacio de crecimiento con que cuenta el departamento]. Mi comedor es como de 4 x 4,5 mts., grande, ventanales grandes. Han explotado al máximo el terreno (Entrevista A2. PAV. Coop. Luz y Progreso. CABA. Abril 2013).

Igual el modelo fue hecho a imagen nuestra, había dos familias nada más que tenían un solo hijo, entonces los departamentos de abajo son distintos a los de arriba, que tienen el espacio de crecimiento para los que tienen más hijos / ¿Él hizo un relevamiento de la conformación de cada familia? / ¡Sí, claro! (Entrevista A10. PAV. Coop. 28 de Junio. CABA. Mayo 2013).

Imagen 19: Foto de cocina y living de Coop. Crecer. CABA. 2013

Fuente: Relevamiento fotográfico elaborado por la Kaya Lazarini y Cecilia Zapata.

La explicación a esta mayor congruencia que se verificó en los casos autogestionarios (en relación a los casos llave en mano) entre lo diseñado y construido y las necesidades y gustos de los usuarios de las viviendas remite a que estos fueron partícipes de la definición de sus necesidades habitacionales (como se vio en los capítulos anteriores, a partir de distintos tipos y calidades de participación) y también fueron actores activos (mediante tomas de decisiones e inclusive, en muchos casos, mediante la práctica misma) en el proceso de construcción de sus viviendas y del habitar (retomando la idea anterior de que desde la producción de la vivienda se domestica el hábitat (Giglia, 2012; Lefrebvre, 1972; Heidegger, 2001)). Por ende, lo que se concluyó con el análisis de estos casos es que el trabajo de interpretación de las necesidades y gustos habitacionales de los destinatarios de la política realizado por parte de los profesionales/técnicos estuvo mediada por distintos niveles y tipos de participación de los mismos (Cabrero, 2004; Ilari, 2003; Rofman, 2007; De la Mora, 2002), por lo que a mayor participación, mayor adecuación y, por ende, mayor apropiación de la vivienda en la etapa del habitar.

Por otra parte, al indagar entre los entrevistados de los proyectos llave en mano sobre la adecuación que existe entre el tamaño de la vivienda y la cantidad y características (por edad y sexo) de los integrantes de la familia, se verificó que en general fue percibida por ellos como adecuada. Sin embargo, al contrastar estas percepciones con las observaciones no participantes que se estaban realizando y al indagar con mayor detalle, se percibió que para realizar la evaluación los usuarios tomaron como parámetro de comparación la situación habitacional previa, que en la mayoría de los casos era de hacinamiento y de suma precariedad en las condiciones de vida diaria. Con lo cual, ante aquella penosa situación, todos realizaban una evaluación positiva de esta adecuación porque aprecian en la vivienda nueva una mejoría en sus condiciones de vida; sin embargo se verificó que las condiciones de hacinamiento y vulnerabilidad aún se mantuvieron en la mayoría de los casos (aunque sin ser reconocidas por sus propios usuarios). Frente a aquel *habitus* (Bourdieu, 2001) al que estaban acostumbrados, percibieron una mejora en la calidad de vida expresada en un mayor confort y mejores condiciones de habitabilidad en las viviendas nuevas a pesar de, por ejemplo, mantener condiciones de hacinamiento y co-habitación[157]:

---

[157] Dos o más hogares compartiendo una misma vivienda.

[La familia cuenta con dos integrantes (madre e hijo) en un departamento de dos ambientes] No, yo cuando entré, yo empecé a llorar, una emoción… Abrir la canilla y que te salga agua caliente, ¡mi hija! / ¿No tenían agua caliente? / No. En Darwin…, bue, en Billinghurst menos… Yo tenía unos problemas de agua, tuve una garrafa por doce años, una garrafita, pero bueno. Con mi hijo calentamos agua para bañarnos… Y cuando voy a Billinghurst digo "¡hay agua caliente!", y pum se me rompió el calefón. Abrí la canilla y a los dos días, pin… garrafa otra vez. Así que dije un día voy a tener agua caliente, y llegó, fue muy fuerte, estar acá abrir la canilla y que salga agua caliente […] Pero bueno, este es el departamento más chico, o sea un dormitorio, o sea, esto sería un dos ambientes…, qué sé yo, yo por ahí haría otra pieza, porque yo, ¿ves?, duermo acá, en el living está mi cama, este es mi dormitorio. En el dormitorio duerme mi hijo, pero bueno, yo no entro… Pero esto está perfecto, estamos mucho mejor (Entrevista E4. PRTExAu3. Complejo Giribone 1330. CABA. Julio 2013).

[La familia se compone de cuatro integrantes: un matrimonio, una hija adolescente y una hija en edad de escolaridad primaria. El departamento es de tres ambientes y la hija menor tiene su cama en el pasillo de distribución] ¿Se sienten cómodos en la casa? / Sí, estamos cómodos…, a mí me gustó, te imaginás… Venimos de tener que compartir la cocina, que no es poco… Tenemos atrás calefón nuevo, cocina, mesada, bañera, todas las cosas… Estamos muy bien (Entrevista E5. PRHLB. Complejo Alvar Núñez 245. CABA. Julio 2013).

¿Cómo se decidió que ibas a uno de tres y no a uno de dos? ¿Fue por la cantidad de integrantes de la familia? / Sí, cuando me anoté no había, después aparecieron con el avance del proyecto y la cooperativa me llamó para preguntarme si quería poner unos pesos más y pasar a uno de tres. Yo dije que sí inmediatamente, a mí no me importaba que fuese de dos, era una forma de empezar, de hecho, la necesidad era de tres porque nosotras somos tres, a veces cuatro. Mi fantasía es que cuando mi hija se vaya yo recupere mi dormitorio sola, estoy durmiendo con mi mamá ahora en el cuarto grande y mi hija sola o con el novio en el otro… Nos queda chico, pero está bien, uno de dos hubiera estado bien también (Entrevista E8. Programa Viví en tu Casa. Complejo Parque Avellaneda. CABA. Julio 2013).

[Se trata de un departamento de tres ambientes para dos hogares. Uno de ellos un matrimonio y dos hijos varones en edad escolar, la suegra y la cuñada del entrevistado. Las familias vienen de compartir una habitación de 4×3.5 mt2 en una casa tomada a la vera del puente de Av. Juan B. Justo] ¿O sea están cómodos en el departamento? / Sí, sí. / ¿Y sienten un cambio en cuanto a calidad de vida? / Sí, sí, es como te digo. De venir de allá, de un ambiente, de una casa grande con ladrillos que parecían esponja por la humedad que chupaban, que entraba agua, de no tener calefacción adecuada, de no tener agua caliente, gas natural. Te digo que es un cambio bastante grande, bastante grande para mejor […] / ¿Y la cantidad de ambientes alcanza para la cantidad de integrantes de la familia de ustedes? / Sí. / ¿O quedó medio chico o grande? / Ahora quedó medio chico, porque creció la familia…, los chicos están más grandes, y como que los espacios nos van quedando más reducidos, pero no es que estamos mal tampoco… O sea, ¿cómo explicarte?, el único ambiente más pequeño que nos queda es el nuestro, que es el dormitorio que compartimos con los chicos [una pareja con dos hijos varones] pero por un tema que está mi cuñada en la habitación más chiquita, mi suegra y nosotros, somos seis personas en total. Entonces nos queda ese lugar, pero como vamos simplemente a dormir ahí, porque después los chicos no están en todo el día, están en la escuela… Sí estamos nosotros un rato hablando en el día, a veces no, pero simplemente se utiliza para dormir ahí. Pero, después, los ambientes de la casa son cómodos. Por el tema baño, hay un sólo baño, pero hasta el día de hoy no surgió inconveniente de decir, apurar al resto para que salga porque somos bastantes (Entrevista E3. PRTExAu3. Complejo Giribone 1330. CABA. Julio, 2013).

Ante la inconformidad de las respuestas por la inadecuación existente (y percibiendo en la realización del trabajo de campo que esta situación se repetía en varios casos de distintas operatorias), se trató de escarbar en los motivos que hacen a la justificación de esta conformidad. Se verificó que los entrevistados no sólo remitieron a los aspectos estructurales de la vivienda –que remiten al subsistema habitacional–, sino que también se refirieron a cómo esto impactó en el resto de los subsistemas que conforman un hábitat, haciendo específica referencia a los *subsistemas cultural* y *territorial/ambiental* (Barreto M. A., 2008), dando cuenta de que para los entrevistados la vivienda no sólo es un espacio de habitación sino que también remite a las condiciones de habitabilidad (De la Mora, 2002) que la misma potencia. En este sentido, se retoma aquí el relato de uno de los entrevistados (representativo del resto, pero con un nivel de claridad que vale reproducir) que explica cómo repercutieron las malas condiciones de su vivienda anterior en su abandono escolar cuando era chico y cómo la nueva vivienda afectó en la salud de sus hijos, haciendo un paralelismo en lo que a él le tocó vivir y las mejoras que viven sus hijos (como justificación de la mejora que perciben –a pesar de no existir una satisfacción de sus necesidades habitacionales–):

Y bueno no sé, ahora, digamos, allá [en referencia a su vieja vivienda en una casa tomada] se complicaba ponele a veces llevar a gente por el hecho de no tener las comodidades básicas, por así decirte. Llevar a conocidos, amigos, no sé, gente a estudiar. A mí, a veces, me daba vergüenza llevar a los chicos del colegio cuando yo estudiaba. Y hasta me daba a veces vergüenza porque no tenía para ofrecerles, por ahí, lo que ellos me ofrecían. Porque, ponele, yo iba a la casa de algún compañero mío y el padre o era escultor, pintor, o era arquitecto o era músico, eran la mayoría de clase media, de una situación media de una clase media a media alta. Entonces vos decías "che, ¿a dónde vamos? Vamos para tu casa. No, pero no sé..., mi abuela o mi vieja", se me complicaba. Y te digo que, o sea, después bueno, dejé el colegio por cabeza dura, por querer trabajar, por querer... Pero, o sea, hoy pienso que todo era relacionado a algo, muchas veces..., qué sé yo, mi vergüenza, boluda, porque en definitiva era mi casa... Pero bue, dejé el estudio. Y hoy en día, digamos, a esta edad, me doy cuenta de que si no tengo un estudio no puedo progresar más, entonces me tengo que poner a estudiar... / ¿Sentís que la condición habitacional actual aporta a que en este momento puedas estudiar [desde hacía unos años había retomado el secundario en una escuela nocturna]? / Por lo menos en mi caso, sí, en el caso de ella [en referencia a su esposa] no sé, pero yo calculo que sí. O sea, como que no estamos tan preocupados, ponele, de traer, por así decirte, de traer plata para arreglar no sé, el techo, las paredes que pasan humedad, o algo por el estilo [...] Y lo bueno también la diferencia que podés llegar a notar es el tema de la salud. Eso es impresionante en los chicos. El más grande mío cuando nació ya empezó a los 3 casi 4 meses con nebulizaciones por el tema de la humedad que había. Al venir acá, ya nada. Y el más chiquito, gracias a Dios, todas esas cosas nada, porque nació acá, pero ese cambio también es muy importante porque allá era frío constantemente. Y eso nos hacía mal generalmente a todos. Por ahí, constantemente en invierno si cae uno, caían dos, tres, todos así engripados. Y más allá de estar en distintas habitaciones, la humedad es la misma, es como que los bronquios estaban afectados. Afectaba muchísimo... Que por suerte eso acá no se ve, acá podemos pasar inviernos que no se enferma nadie, ¿entendés? Allá el invierno era seguro que alguien se enfermaba, eso es un cambio muy positivo a lo que era allá (Entrevista E3. PRTExAu3. Complejo Giribone 1330. CABA. Julio, 2013).

Este relato legitima el abordaje del problema de la vivienda desde la perspectiva de complejidad e integralidad propuesta más arriba, pues la inadecuación en uno de los subsistemas de habitabilidad tiene sus efectos en los otros subsistemas por la inter-determinación que existe entre los mismos, impactando en las posibilidades de una vivienda digna y un hábitat adecuado (Barreto M. A., 2008) y las posibilidades de acceso a este derecho (Rolnik, 2011; Fernandes, 2006).

Ahora bien, también hubo algunos casos que plantearon directamente que la vivienda no se adaptó a las necesidades de habitación que tenía la familia restringiendo toda posibilidad de acceso a una vivienda adecuada:

A mí no me sirve, es muy chiquito, yo sigo a ver si algún día por medio de la asociación civil [de la que participa] o de un crédito de la 341 puedo obtener una vivienda más cómoda. Yo tengo tres nenes y mi marido, somos cinco personas viviendo en un departamento de dos ambientes, no entramos (Entrevista E15. PRHLB. Complejo Brandsen 660. CABA. Septiembre 2013).

En todos los casos entrevistados se verificó una alta adaptación de lo físicamente construido a las necesidades de habitación de las familias en los proyectos del PAV. Salvo excepciones ya comentadas que se ejecutaron como casos llave en mano, fueron proyectos autogestionados con prácticas de participación en la etapa de diseño. A través de un relevamiento familiar realizado por el área social del ETI las viviendas sociales se concibieron en base a la composición familiar de los hogares integrantes de las cooperativas y las decisiones fueron tomadas por ellos; esta instancia de participación en el diseño redujo las posibilidades de incongruencias entre las construcciones terminadas y las necesidades de habitación de las familias destinatarias, pues tal como planteaba Lefebvre (1971), Heidegger (2001) y Giglia (2012), el proceso de habitar se inició en la etapa de concepción de las viviendas:

> [Este hogar está integrado por un sólo integrante y vive en un departamento de dos ambientes] Y este departamentito no es muy grande, pero es muy cómodo, es de 50 metros más o menos ponele y soy yo sólo. Tiene una ventilación muy buena, la puerta es de hierro, se puso todo lo mejor, porque el instituto de repente capaz te pone cosas de inferior calidad y te cobra lo que sale este (Entrevista A7. PAV. Coop. Caminito. CABA. Mayo 2013).
>
> [Esta familia está integrada por cinco personas: madre viuda con tres hijos, la pareja de uno de ellos también vive en la vivienda. Ellos ocupan un departamento de cuatro ambientes de 98 mt2] De acuerdo al grupo familiar repartimos, las familias más grandes tenían departamentos más grandes y las menos numerosas los más chicos (Entrevista A6. PAV. Coop. La Ribera. CABA. Abril 201

Imagen 20: Imagen de living-comedor de Coop. Madres 27 de Mayo y baño
y living-comedor de Coop. Octubre. CABA. 2013

Fuente: Foto cedida por la Coop. Madres 27 de Mayo y relevamiento
fotográfico elaborado por la Kaya Lazarini y Cecilia Zapata.

La participación de los usuarios en la etapa de concepción de las viviendas también permitió en el marco del PAV
ciertas previsiones relacionadas con el posible crecimiento
de la composición familiar de los hogares. En muchos proyectos este factor de crecimiento se tuvo en cuenta en la
etapa de diseño y previeron un espacio para futuras ampliaciones y, en consecuencia, modificaciones constructivas:

> como hay mucha gente joven en esta cooperativa que puede
> que tenga más familia, acá hay un medio ambiente que vos
> ahí podés poner una cuna o si tenés una tercera persona en
> la familia un espacio para ella. Decidimos hacerlo así porque
> la cooperativa tiene muchos jóvenes que seguramente se van
> casar, tener familia y sino la casa les va a quedar chica...
> (Entrevista A11. PAV. Coop. Octubre. CABA. Mayo 2013).
>
> Nosotros estamos cómodos porque somos dos nomás y
> tenemos comedor, cocinita, un baño, una habitación arriba y
> también si quisiéramos podríamos hacer ampliaciones sobre
> el mismo comedor / ¿En el espacio de crecimiento que tiene
> el departamento? / Sí, a futuro... Pero hay otros integrantes
> que capaz tienen hijos, uno o dos o algún pariente y se le
> reducen los espacios. Nosotros estamos cómodos, pero hay
> algunos que se sienten un poco apretados porque tuvieron

más familia y bueno…, pueden ampliar si quisieran…, lo que presentaron en un primer momento se agrandó con el paso del tiempo (Entrevista A3. PAV. Coop. Luz y Progreso. CABA. Abril 2013).

Integrantes de la cooperativa El Palomar hicieron un análisis interesante de la participación de los cooperativistas en el proceso constructivo de su edificio (comparando viejos integrantes que transitaron todo el proceso de participación con nuevos integrantes que no) y el impacto que según ellos tuvo en la calidad de habitabilidad de las viviendas en términos de apropiación y en el resto de los subsistemas que hacen a una vivienda adecuada (Barreto M. A., 2008; De la Mora, 2002). Percibieron no sólo mejoras en la calidad de vida, sino también que poder acceder a una vivienda mediante instancias participativas de decisión (como expresión de autonomía) les posibilitó un sostén para un mejor desenvolvimiento de las familias en otros aspectos de sus vidas (pues como se decía anteriormente, la vivienda debe ser abordada desde un enfoque de integralidad (Barreto M. A., 2008) porque sus propios moradores así la perciben). Además, plantearon que el hecho de ir domesticando (usando los términos de Giglia (2012)) el espacio desde la etapa de la construcción habilitó mayor satisfacción y, por ende, mayor apropiación de las viviendas:

¿El poder acceder a una vivienda propia les facilitó una mejora en la calidad de vida? / Sí, y esa participación que tuvimos acá siempre se planteó de manera democrática. Todo eso fue haciendo una evolución de cada uno a nivel personal, retomaron los estudios, van por estudios terciarios, otro tipo de trabajos, se compraron coches, mandan chicos al colegio privado… […] Fue difícil…; cuesta que nos apropiemos del espacio, que podamos comprenderlo como nuestro, porque estaba todavía hasta hace poco esto de que "es una vivienda social, nos la dio el estado". Y el Estado no nos dio nada, es nuestro, es un crédito que otorgaron a la cooperativa y tenemos que devolverlo a treinta años. Lo que vamos a devolver van a ser monedas en treinta años, pero lo importarte es nuestro esfuerzo, nuestro trabajo, hemos invertido tiempo y esfuerzo en las reuniones. Y aquellos que han entrado casi a lo último y que no tuvieron todo ese proceso que son los que no entienden mucho esto, siempre les estamos recalcando que son parte de un grupo, las decisiones son grupales y esta es su casa, no es para alquilar ni vender, hay que pagar, es diferente a la apropiación de un espacio donde construyen tu casa y vos vas y vivís, ellos pudieron ver el proceso de construcción, estar cuando había que ir a comprar tal bañera o cocina, ir a comprar los pisos, los colores, que tipo de escaleras, estos escalones cada uno lo compró, los lijó y los barnizó, todas esas cosas hacen a la apropiación diferente (Entrevista A12. PAV. Coop. El Palomar. CABA. Junio 2013).

Ahora bien, algo que también se registró con recurrencia en el discurso de los cooperativistas (que no surgió de los destinatarios llave en mano) fue una valorización positiva de la dimensión estética de lo construido. Algunos de los entrevistados mostraron a través de sus testimonios un cierto sentimiento de encantamiento y atracción por la belleza de sus nuevas viviendas. Pues la participación que los destinatarios pudieron desarrollar en la etapa de diseño y las posibilidades de elección que tuvieron permitió la expresión de la identidad cultural y de los patrones de belleza de los destinatarios de las viviendas, habilitando la satisfacción de las necesidades estéticas de los mismos.

Es una belleza, te caes de trasero. Son preciosas, y tienen todo el diseño de la bovedilla, que aquellas no tienen ni los ventanales que tienen estas. En los ventanales también hay problemas porque te entra un poco de agua por arriba, porque le faltan algunas terminaciones, pero son hermosas, no sé qué decirte, son hermosas (Entrevista A1. PAV. Coop. El Molino-MOI. CABA. Marzo 2013).

Hoy tengo mi espacio, es mi cocina, es mi comedor, puedo estar ahí y tomarme un té, nadie me dice que me tengo que ir, es hermosa esta casa, yo la miro y la miro y la miro… Y me cambió la calidad de vida (Entrevista A9. PAV. Coop. Uspallata. CABA. Mayo 2013).

Este acceso al derecho a la belleza por parte de los destinatarios de una vivienda, es decir, por parte de sectores populares, no es un dato menor. Pues como se ha visto a lo largo de este trabajo, las políticas habitacionales destinadas a estos sectores se caracterizaron –tradicionalmente– por negar los patrones culturales y habitacionales (Giglia, 2012) de los destinatarios de las viviendas por conceptualizar a lo físicamente construido por el Estado como una donación, es decir un "regalo" que debe ser aceptado en las condiciones que sea (Pelli V. S., 2010). Por ende, políticas que habilitan espacio de participación social en el diseño de las viviendas permiten la producción de un satisfactor (la vivienda) que también da respuesta a las necesidades de satisfacción estética que tienen estos sectores de la población, aportándole mayor contenido al derecho a la vivienda (Rolnik, 2011; Fernandes, 2006).

Continuando con el análisis del subsistema habitacional, todos los departamentos entregados por llave en mano y los autogestionados contaron con la infraestructura de acceso a agua, luz y gas, factores claves para la promoción de integración social (Carman, Vieira da Cunha, & Segura, 2013; Kaztman, 2001). No obstante, el acceso inicial a los mismos tuvo sus particularidades, pues en los casos llave en mano se registró –en muchos casos– que la conexión a los servicios llegó a tardar días, e incluso meses, una vez entregadas las viviendas, lo que dificultó la llegada de las familias al nuevo hogar. Por su parte, en los casos de autogestión, los usuarios no recibieron las viviendas mediante un acto de entrega, sino que ellos mismos fueron parte de todo el proceso constructivo y tuvieron libre acceso al terreno y a la obra. Por lo que ante distintas situaciones de emergencia habitacional que tuvieron que vivir sus familias –desalojos, vencimiento de alquileres, etc.–, sumadas a la dilación de los tiempos administrativos del programa, en algunos casos se tomó la decisión de mudarse a las viviendas antes de la finalización de las mismas, cuando medianamente estaban en condiciones de ser habitadas. Cuando se presentaron estas situaciones, las mudanzas se hicieron en situaciones complejas de habitabilidad, con servicios aún deshabilitados y obreros aún en instancia de trabajo. No obstante, todos los casos de ambos modos de producción regularizaron sus situaciones en el corto plazo.

Por ende, al analizar las experiencias de los distintos modos de producción, surge que aquellas construidas por autogestión, a partir de procesos de participación en la toma de decisiones por parte de los destinatarios en los diseños de las viviendas, mostraron un mayor respeto hacia las necesidades y patrones habitacionales de sus destinatarios que los casos llave en mano, y habilitan mayores canales para el acceso a una vivienda digna en términos de derecho (Rolnik, 2011; Fernandes, 2006) y promoviendo mayores posibilidades de integración social (Carman, Vieira da Cunha, & Segura, 2013; Kaztman, 2001).

7.3 Condiciones de habitabilidad de las viviendas

En cuanto a las condiciones de habitabilidad de las viviendas entregadas llave en mano, se le consultó a los entrevistados cómo evaluaban el estado constructivo de las viviendas y los testimonios emitidos por los usuarios fueron variados. Entre los adjudicatarios de todos los programas (PRTExAu3, PRHLB y Viví en tu Casa) se registró una cierta disconformidad generalizada con algunas cuestiones estructurales de las obras y comentaron los problemas de terminación que tuvieron una vez habitadas las viviendas. Las problemáticas más mencionadas fueron: malas terminaciones en la colocación de cerámicos, filtraciones de agua, manchas de humedad y rajaduras:

> Ha tenido sus problemas, de repente la colocación de azulejos que revientan o se despegan… Hubo filtraciones de agua, pero son mínimas (Entrevista E6. PRTExAu3. Giribone 1330. CABA. Julio 2013).

Vos entrabas y era algo maravilloso, pero después cuando lo empezás a usar aparecen los problemas [...] hubo que hacer bastantes modificaciones en cuanto a la construcción que aparentemente fue muy rápida y no estuvo del todo bien hecha (Entrevista E10. PRTxAu3. Complejo Estomba 840. CABA. Julio 2013).

¿Tuviste problemas de filtraciones? / Gracias a Dios yo no, pero los vecinos tuvieron y varios de ellos. El edificio tuvo en planta baja una obstrucción de un caño y a raíz de eso se dieron cuenta que en vez de poner caños nuevos fueron acoplando caños para abaratar los costos. Algunos vecinos tuvieron filtraciones. / ¿Rajaduras o fisuras? / Yo no, pero en el noveno piso sí filtra los dos que dan al contrafrente. Les filtra un tema de impermeabilización de la membrana, habría que volverla a hacer, y hay una pequeña fisura de una de las ventanas, como que se ve una rajadura, otra cosa no. Con el tema de los asesores algunos fallan, no sé si la constructora o la empresa de ascensores aluden que fueron los que usaron de montacargas cuando se hizo el edificio y que así se deterioraron bastante. Tienen *service*, pero siempre algo les pasa, si no es la botonera es la puerta o el sensor. Las personas que conocen de construcción y vieron el departamento dicen que es muy bueno, que conocen otros complejos del IVC que son más feos. Uno tiene un criterio y yo me lo imaginaba así, pero me esperaba algo peor. Los pisos son de cerámica muy lindos... Algunos los revistieron de piso flotante que tal vez más adelante lo haga (Entrevista E7. Viví en tu Casa. Complejo Parque Avellaneda. CABA. Julio 2013).

En general, los testimonios recogidos revalorizaron la calidad de las terminaciones que se encuentran a la vista (de artefactos exteriores de cocina y baño, marca de cerámicos como Ferrum, etc.), pero se remitieron en varias oportunidades a un recorte de costos en los materiales utilizados para las instalaciones, las colocaciones y la calidad de los materiales estructurales de las obras:

Es hermosa la casa, pero está hecha con materiales muy económicos. A mucha gente se les cayó azulejos de la cocina, a mí se me cayeron hace un par de días los del baño, recién ahora, pero es como que…, por ahí se tapan un poco las cañerías… O sea, cosa que vos metés mano y sacás escombro. La verdad que para el tiempo que estamos supuestamente no tendría que estar pasando (Entrevista E4. PRTExAu3. Giribone 1330. CABA. Julio 2013).

Lo único que tenía era como un huevo que se hacía en el comedor, una filtración que era por un tema con la membrana, vino un plomero y la pintaron. […] las paredes no sé con qué están hechas que se siente todo el ruido, porque el vecino de al lado que tiene voz fuerte a la noche se siente como habla o canta con la guitarra, pusieron unos ladrillos muy finos, las paredes parecen de papel (Entrevista E12. Viví en tu Casa. Complejo Parque Avellaneda. CABA. Agosto 2013).

¿Es buena la calidad de la construcción? / No son las construcciones de antes con los ladrillos de 15. Es muy buena por ser una vivienda del IVC y social. Yo de construcción mucho no entiendo, pero muchos familiares que vinieron me dicen que es buena la construcción, tiene detalles, el baño está muy bien terminado, las cocinas nos entregaron con cocina de muy buena calidad, calefón Orbis con sistema balanceado, mueble bajo, una estufa tiro balanceado también, todo lo que está a la vista está muy bien pero bueno, son estas viviendas modernas (Entrevista E7. Viví en tu Casa. Complejo Parque Avellaneda. CABA. Julio 2013).

Hubo problemas estructurales, yo estoy justo en la medianera y tengo manchas de humedad… En el piso se nota que las baldosas no están bien puestas, están en desnivel. Las partes eléctricas son un desastre. Quisieron ahorrar en material. Cuando se pasan los cables en las casas por lo general se tienen que dejar 20 o 30 cm para una reparación posterior, acá dejaron todo justo. La instalación eléctrica está bien diseñada, porque las tomas están por un lado y la iluminación por el otro, cuando se me corta la iluminación me quedan los toma o viceversa, yo como soy profesional lo fui corrigiendo. En el patio también tuve que hacer muchísimas modificaciones, fui al instituto y me encontré que había muchos planos eléctricos sobre este edificio, y yo hablé con uno de los que lo diseñó y me dijo que nunca se podían poner de acuerdo con lo que se iba a hacer, y está mal hecho, la distribución general del patio común va por bajo tierra y hay conexiones que por efectos del agua producen cortos. Acá quisieron ahorrar mucho material. O sea, ¿qué quiero decirte?, para nosotros mejoró la calidad de vida porque tenemos nuestro departamento con todas las comodidades, pero nos damos cuenta que está construido con calidad precaria. Tiene una arquitectura precaria y una vez que nos lo entregaron olvidate de los reclamos (Entrevista E14. PRHLB. Complejo Brandsen 660. CABA. Agosto 2013).

Como se decía en el apartado anterior, de los testimonios recogidos se desprende que evidentemente existió una mejora de las condiciones de vida de las familias destinatarias de las viviendas, pero no por ello se pueden ignorar las deficiencias de calidad de lo físicamente construido. Si bien es cierto que los revestimientos de los departamentos estaban compuestos por artefactos de marcas reconocidas, detrás de estas carcasas visibles, las instalaciones redujeron notablemente la calidad. Este hecho se hizo evidente para los usuarios con el simple uso de las viviendas y las diversas problemáticas que debieron enfrentar (de envergadura para ser instalaciones nuevas sin estrenar). Este contraste entre la calidad de lo visible y lo "invisible", además de responder a una lógica de minimización de gastos y complejidad —referida más arriba— en post de maximizar ganancias por parte de las empresas constructoras, también plasmó en las viviendas una lógica política proselitista donde los esfuerzos estuvieron orientados hacia las fachadas —hacia lo visible— por sobre lo estructural[158]. Este enmascaramiento reproduce la lógica de la prioridad de la imagen[159] por sobre el acceso al derecho a una vivienda adecuada (Rolnik, 2011;

---

[158] Esta lógica proselitista de la política pública no sólo se limita a la provisión de viviendas de baja calidad para los sectores populares, sino que también se expresa, por ejemplo, en el embellecimiento de villas en vez de en la realización de obras de infraestructura urbana o en el tendido de pavimento sobre infraestructura obsoleta.

[159] Giovanni Sartori (1998), plantea que la cultura de la imagen, de lo visible, que se implantó de la mano de una marketización de la política, no sólo modificó los procesos políticos, sino que también transformó el modo de gestionar la política pública. Pues la cultura de la imagen creada por la pri-

Fernandes, 2006). Pues los excesivos descensos de los niveles de calidad constructiva y la acumulación de problemas estructurales trajo como consecuencia no deseada un deterioro prematuro de los complejos construidos y una fuerte degradación de la calidad de vida de sus pobladores, expresada en estigmantización y desapropiación de las viviendas por parte de sus usuarios (Dunowicz & Boselli, 2009), vulnerando las posibilidades de acceso a una vivienda digna y el desarrollo de procesos satisfactorios de integración social (Carman, Vieira da Cunha, & Segura, 2013). Si bien es cierto que por un corto plazo los usuarios percibieron las viviendas como mejoradoras de su calidad de vida, resta ver la evolución de las patologías existentes para analizar si finalmente con estas políticas continuaron abonando a la convencional reproducción estatal del déficit habitacional.

Por su parte, las experiencias del PAV mostraron una realidad distinta, pues para empezar las viviendas no fueron "entregadas" por el IVC, pues los propios destinatarios participaron de los procesos de construcción, por lo que hubo un control permanente del proceso de producción de las obras por parte de los usuarios (muchos, además, se dedican a la construcción[160]). Debido a esto último, casi no se registraron problemas vinculados con lo constructivo como los hallados en los proyectos llave en mano, pues fueron pocos los problemas de filtraciones, rajaduras u otras imperfecciones que tuvieron las cooperativas. Sólo dos cooperativas se enfrentaron a situaciones de este tipo: la Cooperativa Luz y Progreso (que fue obra nueva) y la Cooperativa La Ribera (que fue una remodelación):

---

macía de lo visible es portadora de mensajes candentes que agitan nuestras emociones, pero también, solivian y agravan los problemas de fondo sin proporcionar absolutamente ninguna solución.

[160] Se consultó en todas las cooperativas si había integrantes de la misma que se dediquen a la construcción o a algún oficio similar y en todas se registró al menos una persona.

Al principio tuvimos una gotera, la terraza tenía membrana, pero justo en el dormitorio de nosotros, en el medio, había una gotera, justo encima de donde estaba la caja de luz, peor. Así que tuvimos que llamar a la empresa constructora [aún la obra estaba en garantía] y vino, despegó toda la membrana y volvió a hacer el trabajo de vuelta. Fue automático (Entrevista A3. PAV. Coop. Luz y Progreso. CABA. Abril 2013).

En mi departamento la puerta está mal puesta, abre para el otro lado y choca con una columna. Son problemas de arquitectura..., también, primero habría que arreglar la fachada, ponerle las baldosas, las cerámicas, el pasillo central, las escaleras que suban hasta el último piso. Los caños de luz que están en el lateral izquierdo del pasillo ponerles durlock o una protección para que no estén a la vista... No nos alcanzó la plata del crédito (Entrevista A2. PAV. Coop. Luz y Progreso. CABA. Abril 2013).

Es interesante también lo ocurrido en la Cooperativa La Ribera, una cooperativa que contrató a una empresa constructora y tercierizó en ellos la realización de la obra cual proceso llave en mano (incluso la compra de los materiales de construcción). Pues si bien ellos llevaban un control del proceso de obra y los gastos, a razón de una mala relación con los profesionales del ETI (que repercutió en una falta de capacitación a los cooperativistas de la situación de obra y poca circulación de información) muchas veces se sintieron manejados por los técnicos, y los entrevistados percibieron que esto repercutió en una calidad de los materiales de construcción y de las instalaciones, los cuales se hicieron notar en la etapa del habitar:

El baño que le hicieron a la mayoría vos lo ves nuevo, pero yo hace un año atrás tuve que hacerlo de vuelta y romper todo porque tenía una filtración en la parte de la bañera por caños que estaban mal unidos, en definitiva, nos gastamos $7.000 porque chorreaba abajo y se quejaban por el cielo raso los de abajo. Por eso hay muchas cosas que se hicieron al ras para que se vea bien pero no estaban bien hechos (Entrevista A6. PAV. Coop. La Ribera. CABA. Abril 2014).

La percepción de este entrevistado remite nuevamente a la lógica proselitista (Sartori, 1998) impregnada a la vivienda de la que se hablaba más arriba, pues pareciera que el involucramiento de los cooperativistas en el proceso de obra mediante estrictas prácticas de control y seguimiento (orientados por una lógica de uso) repercutió en la fijación de un límite a la lógica de maximización de la ganancia propia de cualquier empresa mercantil, evitando degradaciones en la calidad de sus viviendas. Cuando en los procesos autogestionarios no existió este seguimiento, se reprodujo la misma dinámica de maximización de ganancia a costas de minimización de calidad del modo de producción llave en mano, pues, en definitiva, no hay que perder de vista que estos procesos están insertos en un modo de reproducción capitalista.

Ahora bien, en líneas generales, entre el resto de las cooperativas existió una percepción positiva de la calidad de las viviendas construidas por autogestión. Todos los entrevistados (salvo las excepciones recién comentadas) revalorizaron la calidad de los materiales utilizados en la construcción y la calidad del resultado final de las viviendas:

> En el temporal del otro día, que fue muy fuerte, estábamos acá y no pasó nada, la mano de obra de esta cooperativa está muy bien hecha… La calidad de las terminaciones, de la mano de obra, esto no es barato, pusimos todo lo mejor que se pudo (Entrevista A11. PAV. Coop. Octubre. CABA. Mayo 2013).

> Es una construcción bastante bien hecha, los materiales de construcción son de primera calidad y hasta ahora no tuvimos problema alguno, todavía estamos pintando (Entrevista A10. PAV. Coop. 28 de Junio. CABA. Mayo 2013).

> Muchos de los entrevistados resaltaron la buena calidad constructiva en relación al bajo costo de las viviendas producidas, pues todos esperaban costos finales de obra y calidades similares a los de las obras llave en mano y, sin embargo, como se vio en el capítulo anterior, los costos de producción de las viviendas por producción autogestionaria resultaron menores que los de obras públicas y la calidad significativamente mejor:

Pensar que con nada más que siete millones pudimos levantar esta obra que esta completísima para nosotros y es de buena calidad (Entrevista A12. PAV. Coop. El Palomar. CABA. Junio 2013).

Y los compañeros no lo razonan, estas viviendas fácil valen U$S110.000 en el mercado, ¿nosotros sabes cuánto vamos a devolver? $100.000 y a treinta años. Ellos no tienen noción, te digo por cómo son todas las viviendas, todas las terminaciones que tienen, la calidad constructiva, y las familias no se dan cuenta (Entrevista A1. PAV. Coop. El Molino-MOI. CABA. Marzo 2013).

Ahora bien, algo que resulta importante analizar, en relación a la calidad de las viviendas construidas por autogestión, es que en todas las cooperativas estudiadas se registró que las familias aportaron mensualmente una cuota social para conformar un fondo para situaciones de emergencia (por ejemplo, para evitar una posible paralización de la obra por parte del IVC) o para mejorar la calidad constructiva de sus viviendas. Ante una situación económica de inflación constante, los precios de los materiales de construcción aumentaron a una rapidez mayor que la que lo hacía el monto del crédito –vía actualización– otorgado por el IVC[161], por lo que los cooperativitas entablaron distintas estrategias para contrarrestar este fenómeno. Como medida paliativa, gran parte de las cooperativas decidieron utilizar los fondos acumulados como complemento de los fondos aportados por el IVC y así mitigar el impacto de la inflación e invertir esos ahorros colectivos en mejoras de calidad de las obras. Otra de las estrategias implementadas fue incorporar trabajo de autoconstrucción y ayuda mutua de las familias en las obras, con el objetivo de no invertir fondos en tareas que podían realizar ellos mismos y así destinarlos a materiales de mejor calidad. Con la simple toma

---

161 Vale aclarar que el monto del crédito tuvo sucesivas actualizaciones, comenzó siendo de $40 mil por unidad habitacional en el año 2000 y hacia finales de 2013 el monto ya era de $230.000 por unidad.

de esta decisión, los destinatarios de las viviendas fueron domesticando su espacio (Giglia, 2012), pues con la misma práctica de autogestionar una mejora de las futuras condiciones de habitabilidad de las viviendas (De la Mora, 2002), fueron construyendo mayores niveles de apropiación, abonando desde esta temprana práctica del habitar al acceso al derecho a vivienda digna (Rolnik, 2011; Fernandes, 2006), pero también construyendo y consolidando el colectivo que sostiene a la cooperativa:

> cuando Basavilbaso [actual presidente del IVC] vio esto no lo puede creer, la obra, el diseño y la calidad de cómo está hecha. Le dije mirá, la realidad es esta, nosotros fuimos poniendo plata con el grupo de vecinos, se fijó una meta y todos los meses se iba juntando, si el instituto te daba $10 nosotros juntamos $20 y en vez de poner ladrillos huecos, usamos unos de cerámica que salen tres veces más, porque queríamos poner cosas de calidad, la cañería es la mejor, después a pulmón se hará todo lo que falte, pero la base de lo que es hormigón, cañería, todo, lo pusimos lo mejor que se podía. Poniendo guita hicimos maravilla, poniendo el lomo hicimos otro tanto. / ¿Había algún tipo de organización interna? ¿Hicieron autoconstrucción? / Sí. Todas las familias participaron, hicimos jornadas de pintura, los cerámicos que ves los pusimos nosotros… Hicimos de todo y participaron todos (Entrevista A8. PAV. Coop. Sembrar Conciencia. CABA. Mayo 2013).
>
> ¿Qué parte de la obra fue financiada con la plata de la cooperativa? / Con la plata nuestra lo que hicimos fue la compra de los muebles de cocina, de la mesada de toda la cooperativa. La cocina incluso es compra del IVC, pero todo el resto nuestro. Compramos los accesorios del baño, las cositas para poner el jabón, esas cosas […] / ¿Ustedes hicieron trabajos de autoproducción o ayuda mutua para hacer esto? / Se compró grupal y después cada uno lo decoró a su manera. Como las mesadas, por ejemplo, no todos tienen el mismo color, eso fue elección de cada uno. / ¿Pero compraron todos juntos? / Sí, todos juntos. Se pensó que cada uno pueda elegir después porque es su casa. Esa apropiación para mí es diferente a

cuando ya venís y te dicen "esta es tu casa" y no pasaste todo ese proceso de pelea, de angustia, de lucha (Entrevista A12. PAV. Coop. El Palomar. CABA. Junio 2013).

La obra no tenía cerámicas en el piso ni en el patio porque nos quedamos cortos con el crédito, así que ahorrábamos plata. Una vez terminada la obra con el IVC, lo pusimos nosotros, trabajando y usamos la plata del fondo de la cooperativa para pagarlo. Necesitábamos ahorrar y yo quería que mi casa tenga lo mejor y mis compañeras también (Entrevista A4. PAV. Cooperativa Madres 27 de Mayo. CABA. Abril 2013).

Por otra parte, por las características propias de los proyectos del PAV, es difícil evaluar si las viviendas fueron entregadas con las terminaciones correspondientes o no, pues, como se vio, las viviendas autogestionadas no fueron entregadas por el Estado. Se podría realizar este análisis en base a si las terminaciones de obra fueron financiadas o no con recursos públicos, pero los casos en que no fueron financiados por el PAV resultaron de una exclusiva decisión de las cooperativas en base a su estrategia autogestiva (pues sólo ellos tienen la potestad de decidir en qué gastar sus recursos –sean públicos o privados–), por lo que tampoco habilita este tipo de análisis.

Ahora bien, al inicio de este escrito se retomaba a Pelli (2010; 2007) para explicar que los desencuentros entre lo planificado y lo físicamente construido se expresa en el habitar a partir de la alteración de las características formales y funcionales de la vivienda. Al analizar posibles modificaciones entre las experiencias del PAV, se registraron situaciones sólo en las cooperativas que previeron espacios de crecimiento en su etapa de concepción. Gran parte de estas familias, en base a sus necesidades, una vez habitando las viviendas extendieron sus comodidades hacia este espacio vacío, algunos construyeron un dormitorio grande y otros subdividieron el espacio para obtener dos dormitorios.

¿Y vos ampliaste para hacer otra habitación más en el espacio de crecimiento? / Si, amplié. Tengo dos habitaciones más ahí, para mis hijos que una es mujer y otro varón. Esta la ventana acá que si vos cerrás se forma otra habitación más [en referencia a un espacio que cerraron también en el living-comedor], y te queda mucho espacio igual. Y el tema era pelearla, ir y venir y que te den el dinero y seguís construyendo. Yo quería construir, quería mi casa (Entrevista A5. PAV. Coop. Alto Corrientes. CABA. Abril 2013).

Salvo estos casos que ya estaban previstos de antemano, y que de hecho sus destinatarios tomaron esa decisión en los espacios participativos de diseño (como se dijo anteriormente), no se registraron en el resto de las cooperativas ampliaciones o modificaciones en la estructura de las viviendas. Nuevamente, a través de este indicador, se vuelve a verificar que la participación de los destinatarios en la definición de sus necesidades habitacionales garantiza la construcción de viviendas más satisfactorias. Al ser ellos diseñadores de sus propias viviendas (ya se vio mediante distintas formas y tipos de participación analizados en el capítulo anterior) se reducen las posibilidad de alteración de lo físicamente construido (Pelli V. S., 2007), pues el habitar desde el proceso mismo de construcción habilita que el *habitus* (Bourdieu, 2001) de los pobladores se vaya desplegando en ese proceso de domesticación del espacio, por lo que una vez habitadas las viviendas, estas satisfacen por completo las necesidades y patrones habitacionales de sus destinatarios (Giglia, 2012).

No fue así en los casos llave en mano, en donde se registraron varias alteraciones físicas a los departamentos para tratar de adaptar los espacios a las necesidades habitacionales de las familias usuarias de las viviendas. Lo que se verificó en estos casos es que hubo una mayor insatisfacción de las necesidades de identificación del usuario con las formas internas de las viviendas y los modos planificados de funcionamiento de los espacios. Es decir que el proceso de domesticación en este caso fue inverso, pues fueron los espacios los que trataron de domesticar al *habitus* de sus usuarios (Bourdieu, 2001; Giglia, 2012). No obstante, en la disputa de esta tensión muchos usuarios modificaron los espacios en un acto de genuina modificación del uso planificado de los mismos. Estas alteraciones se constituyeron en un claro indicador de la incomunicación que existió entre quienes diseñaron las viviendas y quienes luego habitaron en ellas, seguramente por poseer patrones y necesidades habitacionales diferentes y/o porque los funcionarios construyeron una errónea interpretación de las necesidades de los usuarios (por lo pronto sin una mediación consultiva) (Pelli V. S., 2007) o simplemente por producir viviendas estandarizadas.

> Yo dividí el comedor cuando nació la otra nena para hacer un cuarto. Los dos nenes más grandes duermen ahí en ese cuarto nuevo y la nena más chica tiene una cuna al lado de mi cama… El departamento es muy chico, entonces no estoy cómoda, tuve que reformar, pero así y todo no estoy cómoda (Entrevista E15. PRHLB. Complejo Branden 660. CABA. Septiembre 2013).
> El bajo mesada me lo hicieron en el taller a mí, el mueble de la cocina y del termotanque, la cocina venía pelada. / ¿La barra esta estaba? / Eso lo hice yo. / ¿Las casas vinieron con este arco? / La casa vino con el agujero y yo lo cerré e hice estantes. Estaba pelado, después en el taller los carpinteros me hicieron toda la parte de arriba. / ¿El baño vino con bañera? / No, con el escaloncito de loza. No es grande el baño y no da mucho para bañera aunque algunos vecinos pusieron. / ¿Alcanza para la cantidad de integrantes de la familia? / Sí, lo ideal serían dos baños o un baño y un toilette, pero bue… (Entrevista E6. PRTExAu3. Complejo Giribone 1330. CABA. 2013).

El complejo habitacional de Palos 460, construido por el PRHLB mostró cómo, ante la necesidad de un espacio para lavar la ropa, una de las familias modificó el uso del balcón convirtiéndolo en un lavadero. Una de las entrevistadas, vecina de esta familia, en su testimonio se quejaba del uso indebido de ese espacio, pues según ella "afea el frente del edificio y después en el barrio dicen que somos un conventillo" (Entrevista E16. PRHLB. Complejo Palos 460. CABA. Septiembre 2013). Estos procesos de alteración de lo planificado por parte de sus usuarios (Pelli V. S., 2007) lograron resolver una necesidad habitacional, pero para el resto de los vecinos, esta actitud individual puede ser objeto de una estigmatización colectiva. Por lo que estos procesos de modificación de usos de los espacios pueden tener efectos no deseados de segregación socio-barrial, impidiendo una satisfactoria integración de los usuarios en el entorno barrial (Carman, Vieira da Cunha, & Segura, 2013).

Imagen 21: Foto de alteración de uso del espacio. Balcón convertido en lavadero. Complejo Palos 460. CABA. 2013

Fuente: Relevamiento fotográfico elaborado por Cecilia Zapata.

7.4 Valorización del uso, goce y apropiación de las viviendas

Remitiendo al análisis del *subsistema legal/político* (Barreto M. A., 2008), y para continuar con el análisis de la consolidación del uso de las viviendas sociales bajo estudio, se toman aquí también como indicadores de estas variables la percepción que tienen los usuarios en relación a la seguridad de la tenencia, el cumplimiento de las obligaciones formales que tienen los usuarios para con el Estado y con las empresas prestatarias de servicios públicos, y también el arraigo/apego que sienten en relación a sus viviendas.

En relación al primer punto de análisis, todos los entrevistados, ya sean adjudicatarios de los programas llave en mano o del autogestionario, se mostraron conocedores y conscientes de las características del crédito que asumieron para acceder a las viviendas y el procedimiento administrativo vinculado al pago. No obstante, se consignaron diversos inconvenientes con este trámite, pues desde que se entregan las viviendas (para el caso de las experiencias llave en mano) o se firma la finalización de obra (para las experiencias autogestionarias) hasta que se firma la escritura suele pasar cierto tiempo que en la mayoría de los casos es considerable. Algo similar ocurre entre que escrituran sus viviendas a su nombre y les envían la primera chequera de pago. Estas demoras fueron vividas por los entrevistados de ambos modos de producción con ansiedad, y hasta en algunos casos con desesperación, pues se verificó en sus discursos que le atribuyen a la obtención de la escrituración una fuerte carga de apropiación en términos de garantía de una protección legal y simbólica contra el desamparo habitacional y el desahucio, y lo vinculan directamente con la seguridad de tenencia de la vivienda en términos de asegurarse un futuro estable. Todas las familias usuarias de estas viviendas (sea cual sea el programa) provienen de situaciones de alquiler formal o informal o de ocupación, por lo que la inestabilidad en el régimen de tenencia de sus viviendas se les presentaba como una problemática (y más aún ante situaciones de permanente inestabilidad y precariedad laboral), por lo que la escrituración es vivida por los entrevistados como un seguro de vida, un aseguro de las condiciones de habitabilidad conquistadas en términos de derecho (Rolnik, 2011; Fernandes, 2006), pero fundamentalmente para sus hijos (para evitarles tener que pasar por la inestabilidad que tuvieron que pasar ellos). Testimonios de usuarios llave en mano relataban así esta situación:

Ahora entré en contacto con el IVC, porque viste que uno no tiene la vida comprada, y quiero hacer ese trámite, cómo es, quiero ponerlo como bien de familia. Ella [en relación a una funcionaria del IVC] me dijo que no cree que yo vaya a tener ningún problema porque nunca me retrasé para nada con las cuotas... Y yo no quiero desheredar a mi hija... Ella ahora se mudó, viste, ahí a Rocha, pero ella está en pareja, no está casada legalmente y el departamento va a ir a nombre de la pareja y a ella no le va a quedar nada, queda para sus dos hijos, mis nietos, la nena y el nene... Entonces, bueno, se reparten queda para mi hijo y para ella... Por eso lo quiero poner como bien de familia, no quiero que ellos pasen por las que pasé yo y la vivienda siempre es un tema (Entrevista E16. PRHLB. Complejo Palos 460. CABA. Septiembre 2013).

> ¿Y vos tenés la escritura de este departamento? ¿Sos propietario? / Sí, sí tengo escritura. Te digo más, yo no sabía. Una persona le salió garante ya para su hija... / ¿Empezaste a pagar ahora con el macrismo? / Sí. Pero atrasado, porque ellos tuvieron como... Yo a los años que entré, voy por la cuota veintiocho, creo que veintinueve, treinta ponele. Ya hace dos años y medio que estoy pagando, y hace siete que estoy acá, estuve como cuatro y medio sin pagar. Y no porque no quisimos pagar, no nos quisieron cobrar. Y yo dije, no, si yo luché por esto. / ¿No les mandaron la chequera con la cuota mensual a pagar? / No, ¿vos podés creerlo? Nos movilizamos para poder empezar a pagar... (Entrevista E1. PRTExAu3. Complejo Estomba 1148. CABA. Junio 2013).

Antes me hablabas de las chequeras ¿Cómo es ese sistema? / Las manda el IVC, cada tanto mandan seis cuotas. Vos vas al Banco Ciudad y pagás. Vencen el día veinte... Si no las mandan hay que irlas a buscar, por lo general llegan, pero el correo es un desastre. [...] / ¿Y vos pudiste escriturar? / Sí, escrituré... No sé cómo funciona del todo, pero tengo entendido que la escrituración se da una vez saldados los treinta años de pago de cuotas. [...] Incluso estuvo el tema de que tuvimos que luchar para que nos hicieran el contrato de compra-venta y después para que nos escrituraran.... El que quería escriturar que pague entre $3000 y $3500 más o menos, y se escrituraba. Pero bue, no todos podían... De esa forma varios escrituramos acá. También en ese caso le consulté a XX[162] y él me dijo "si tenés la escritura estas seguro", entonces junté la plata como pude y pagué... Ahora estamos protegidos, no nos puede sacar nadie (Entrevista E6. PRTExAu3. Complejo Giribone 1330. CABA. Julio 2013).

En los casos de las cooperativas autogestionadas también se verificó esta asimilación entre la tenencia de la escrituración y el aseguro de ciertas condiciones de habitabilidad en términos de satisfacción de una necesidad de seguro tenencial para sus familias, pero esta dinámica presentó matices en estos casos, pues los cooperativistas pasaron por dos momentos de escrituración: uno, el de la compra del inmueble, el cual es escriturado a nombre de las organizaciones sociales, y el otro, el de la vivienda finalizada, que tuvieron impactos en términos de apropiación. Pero además, ambas instancias fueron vivenciadas y percibidas por los cooperativistas como dos momentos de conquista en términos de derecho a la vivienda (Rolnik, 2011; Fernandes, 2006).

En relación a la primera escrituración, sólo catorce organizaciones no lograron escriturar sus terrenos a nombre de la cooperativa. Como se explicó en el capítulo 3,

---

[162] El entrevistado nombra a un referente de la ExAu3. Se borró su nombre para cuidar su identidad y cumplir con el contrato de anonimato pautado en la entrevista.

a partir de un cambio de gestión en el IVC –en el año 2006– los terrenos pasaron a ser escriturados a nombre de este organismo como un modo de recuperar funciones del Estado en el programa desde una concepción de co-gestión (y ya no de autogestión). Este reducido grupo de organizaciones –a diciembre de 2013– aún reclamaba ante el IVC la transferencia de la propiedad, pues esta situación fue percibida por ellos como una clara restricción de acceso al derecho a la vivienda en el marco de la operatoria (pues las 96 cooperativas que compraron terreno con anterioridad sí tienen sus escrituras). Estas 96 organizaciones que ya tienen inmueble comprado vivieron esa primera escrituración colectiva como un primer momento de conquista de un derecho (Rolnik, 2011; Fernandes, 2006) y primer estadio de apropiación de sus viviendas, pues ellos percibieron esta instancia como el inicio de la etapa del habitar (Heidegger, 2001; Giglia, 2012):

> es un impacto muy fuerte escriturar a nombre propio el terreno, después de tanta lucha de tanta búsqueda, porque ya sabes que tenés ese terreno y de ahí nadie nos mueve, si viene un cambio de gobierno o un cambio de mentalidad... Nadie te lo puede quitar porque es tuyo, es nuestro, de la cooperativa (Entrevista A14. PAV. Cooperativa Crecer. CABA. Junio 2013).

En relación al segundo momento de escrituración, el de las viviendas finalizadas, fueron pocas las cooperativas que lograron transitar por esta situación (a pesar de que hay cooperativas que finalizaron sus obras en 2004[163]), por un lado, por la poca cantidad de cooperativas que lograron obtener el certificado de terminación de obra por parte del

---

[163] Las cooperativas que nacieron en el marco de la Operatoria 525, al ser, en gran parte, remodelaciones, fueron las primeras en finalizar obras (cuatro cooperativas entre 2004 y 2006). La primera cooperativa finalizada que partió de la construcción de viviendas nueva (Cooperativa EMETELE), finalizó en el año 2007.

IVC y, por otro lado, en relación con estos último, por las demoras burocráticas del organismo para la realización de este trámite. Este escenario contribuyó a que en los últimos años la escrituración se convirtiera en bandera de lucha de las organizaciones que ya finalizaron sus obras y están a la espera de la concreción de dicho trámite (práctica consciente y reflexiva que delata la concepción de acceso a un derecho (Rolnik, 2011; Fernandes, 2006) que le atribuyen los usuarios a esta tramitación).

> ¿Y ya escrituraron? / No tenemos todavía la escritura, la tiene retenida Macri hasta que haga un acto político. La escritura está, estamos como propietarios en el servicio de la propiedad, y los ABL vienen a nombre de cada uno. Lo que nos falta es que nos den la copia, y después el crédito que se va pagando, yo pago cuota de $250, que no es nada (Entrevista A7. PAV. Coop. Caminito. CABA. Mayo 2013).
> ¿Y ya están devolviendo el crédito? / Estamos en ese trámite (de devolver el crédito) porque nosotros queríamos ya devolver el dinero. / ¿Pero no escrituraron todavía? / No, no escrituramos. / ¿Y les conviene empezar a pagar el crédito antes de escriturar? ¿Cómo es eso? / Nosotros queremos pagar el lugar donde vivimos. Nosotros pensamos que esto va a funcionar cuando empecemos a pagar, porque hay otra gente que necesita la plata. / ¿Te referís a la ley 341? / Sí, porque hay mucha gente que tiene terrenos y les dicen que no hay plata, pero los que vivimos también tenemos que devolver la plata. Nosotros queremos pagar… Pero también quiero la escritura, porque yo también luché muchos años por tener esto (Entrevista A4. PAV. Coop. Madres 27 de Mayo. CABA. Abril 2013).

En el último año y medio, estos trámites se fueron agilizando por una orientación política de la actual gestión de escriturar la mayor cantidad de propiedad posibles (de hecho, esta intervención se impulsó desde el Programa Mi

Propiedad[164]). Ahora bien, entre el grupo de cooperativas, por parte del MTL y del MOI se registraron dos situaciones particulares en relación a la escrituración de las viviendas. La cooperativa EMETELE del MTL ya escrituró –de manera individual– gran parte de sus viviendas (gracias una fuerte autogestión de la organización), pero en las cláusulas del contrato, por decisión de la organización, se estableció que las viviendas no pueden ser vendidas por fuera del movimiento social:

> Lo mismo pasó con el tema de las escrituras, hay clausulas en ellas que no las tiene ningún otro propietario, todo eso se discute en la organización, por ejemplo, yo no puedo vender durante diez años y en todo caso si decido algún día vender, surge algo y me tengo que ir, la idea es que regrese a la cooperativa, que la cooperativa se lo pueda dar a otro compañero. Otra de las cosas muy importantes que logramos es que yo pago mi casa sin intereses, por ejemplo, en mi caso, pago $256. / ¿Eso es lo que pagas del crédito? / Sí, pagamos el crédito al Banco Ciudad, yo voy a pagar eso los treinta años. Hoy son $250 pero mañana por ahí van a significar $25, y voy a tener mi vivienda definitiva. Eso también es un logro (Entrevista A13. PAV. Coop. EMETELE-MTL. CABA. Junio 2013).

Algo similar ocurrió con las cooperativas del MOI, pues uno de los preconceptos directrices del movimiento es la propiedad colectiva de sus viviendas por parte de las cooperativas. Desde la organización consideran que un proceso de construcción que fue auténticamente colectivo se desintegra en la propiedad individual de las viviendas. En su relato, una de las entrevistadas también remite al

---

[164] Este programa tiene por objetivo promover la escrituración de inmuebles que se encuentran bajo la órbita del Instituto de Vivienda de la Ciudad Autónoma de Buenos Aires con el fin de dar respuesta a la situación irregular de miles de familias. De esta manera se procede a relevar el estado ocupacional de cada una de las unidades funcionales, poniendo en marcha un mecanismo que culmina en la escrituración de cada inmueble a favor del beneficiario correspondiente.

fuerte lazo que ella percibió entre un proceso de construcción que se realizó entre todos, mediante prácticas de ayuda mutua, con una propiedad que por naturaleza también debería ser colectiva:

> ¿Ustedes ya escrituraron estas viviendas? / No. Esto (la escritura) está en cabeza de la cooperativa porque es propiedad colectiva. Esta acordado desde el 2006 esto. / ¿Y cómo van a empezar a devolver el dinero? / Ya lo devolvemos. / ¿Cómo es eso al ser propiedad colectiva? ¿Cómo hacen para dividir cuanto le toca a cada uno? / En principio cuando entrás al MOI sabes que las viviendas son colectivas, porque es la bandera del MOI, la de ayuda mutua. En 2006 la cooperativa escritura, y este terreno queda asentado como perteneciente a la cooperativa El Molino. Cuando entramos a ser adjudicatarios acá, con el MOI ya veníamos conversando de que nosotros no queremos empezar a devolver cuando finalice toda la obra, sino tener otra forma, dejar un buen precedente como que nosotros no queremos que IVC nos regale la plata, la queremos empezar a devolver para alimentar el programa, para que sigan invirtiendo en las obras, no sólo de esta cooperativa, de todas las del MOI. Después que nos mudamos, a partir de dos o tres meses, hasta que llegaron los arreglos de la chequera, acordamos que todos íbamos a pagar $300 mensuales a IVC. Esa plata la pagamos en la comisión de aporte de la cooperativa en la tesorería y la tesorera hace la transferencia a IVC. / ¿Y es el pago de la cooperativa? ¿Nada es individual? / No, nada es individual. Son $300 por familia, por veintiún familias. Esa plata sale directo al IVC, no es que hace cien por $300 sino las veintiún que estamos viviendo, el resto de los socios no pone. Nosotros además ponemos $300 más, que es el ahorro que hace la cooperativa, en total pagamos $600 mensuales los que vivimos acá, y de ese total, $300 son para IVC (Entrevista A1. PAV. Coop. El Molino-MOI. CABA. Marzo 2013).

Otro factor que surgió y que restringe severamente la posibilidad de acceso al derecho a la vivienda para las familias (sean estas destinatarias de programas llave en mano o autogestionario) fue el alto costo a pagar para la

efectivización del trámite de escrituración de las viviendas. Según los casos, estos montos variaron entre $3.000 a
$9.000, por lo que muchas familias comenzaron a pagar la
cuota del crédito otorgado (a treinta años), pero no avan-
zaron en el trámite de escrituración de sus viviendas[165], lo
que genera una contracción entre un derecho vulnerado y
un deber a cumplir. Que los destinatarios de una vivienda
tengan que abonar la escrituración de las mismas, el costo de esta tramitación y la forma de pago demuestra que
las decisiones de instrumentación política responden a una
lógica de re-mercantilización de la política social citada en
los primeros capítulos. De este modo, el destinatario está
despojado de todo derecho y prima la lógica de ganancia
–instrumentada desde el Estado y no sólo desde el mercado– por sobre la lógica de derecho, pues los adjudicatarios
acceden a sus viviendas sólo si pueden realizar el pago del
trámite correspondiente:

> Yo no tengo la escritura todavía, yo tengo boleto de compra
> venta porque es mucha plata ¿viste?, pero es mucha plata,
> yo en este momento no puedo, porque tengo poco laburo.
> Pero en cuanto pueda hacerlo, tenga un poco más de trabajo,
> o sea, que gane un poco más… / ¿Ningún vecino escrituró
> todavía? / Sí, creo, muchos ya escrituraron, pero no sé si
> tienen escritura en mano, tienen copia. Todavía no, ningún
> vecino la escritura. / ¿Y ya están pagando el crédito? / Sí,
> sí, sí…, yo estoy al día con las cuotas ahora, medio que me
> atrasé un poco, pero ahora me puse al día. / ¿Por más que
> aún no hayas escriturado ya estás pagando? / Sí, porque ten-
> go el boleto-compra venta que dice que esto ya es mío. /
> ¿Cuántas cuotas son más o menos? / Es a treinta años…, cuo-
> tas, treinta años. Y ya estamos pagando hace cuatro o cinco
> años… Un año casi no pagamos y al año siguiente…, creo
> que voy por…, el principio de 2008 o 2009 que empezamos a
> pagar, sí, ahí están las cuotas guardadas… Pero en la situación

---

[165] Vale recordar que los destinatarios de las viviendas son población de alta
vulnerabilidad social, por lo que probablemente les sea difícil juntar semejante monto de dinero.

actual se me hace muy difícil juntar esa cantidad de plata para pagar... (Entrevista E4. PRTExAu3. Complejo Giribone 1330. CABA. Julio 2013).

En las experiencias autogestionarias se registraron estrategias que buscaron contrarrestar el gasto individual mediante la realización de actividades colectivas para juntar fondos que costeen el pago de estos trámites, pero no fue esta la situación de los casos llave en mano, en donde la familia que no pudo pagar, aún no cuenta con su escritura. La falta de organización social se presentó ante esta situación como un límite o un impedimento para la generación de estrategias que faciliten el acceso a un derecho (Rolnik, 2011; Fernandes, 2006).

Por ende, todos los entrevistados, sean estos usuarios de viviendas llave en mano o autogestionarias, percibieron la escritura como una autentica práctica de apropiación de sus viviendas que brinda seguridad de tenencia. En los cooperativistas, además, fue percibida en términos de derecho (Rolnik, 2011; Fernandes, 2006). Estos últimos, dada la carga simbólica que se le asignó a la escritura y puesto que pasaron por una situación de escrituración de sus inmuebles al inicio del proceso, identificaron desde ese instante la práctica de domesticación de sus viviendas (Giglia, 2012).

Por otro lado, todos los usuarios de las viviendas, de ambos modos de producción, están aptos para el pago de los servicios públicos (luz, agua y gas). En los casos llave en mano se registraron algunas deudas, mientras que en los casos por autogestión, como muchos aún no tenían la finalización de obra, todavía tenían servicios de obra, por lo que dividían entre los integrantes de la cooperativa el monto total a abonar:

> También está el tema de las deudas que tenemos, porque hay gente acá que está debiendo expensas, entonces le debemos al administrador, hay veces que debemos agua, es problemático.

De ABL pagamos $144 por mes, que es un disparate también (Entrevista E6. PRTExAu3. Complejo Giribone 1330. CABA. Julio 2013).

A nuestro nombre viene la factura de luz, gas y agua y ABL […] la cuota de consorcio son como $200 o $300… Si bien somos todos trabajadores nos cuesta, pero vamos cubriendo siempre la casa, los impuestos, la luz y el ABL, a veces con retraso, pero lo vamos haciendo (Entrevista A10. PAV. Coop. 28 de junio. CABA. Mayo 2013).

El agua la estamos pagando a nombre de la asociación y luz tenemos de obra, porque hasta que no se haga el final de obra no te pueden dar la luz individual. Lo que hicimos ahora es que como es muy cara la luz de obra contemplamos tres familias que son jubilados para que paguen menos, los otros cinco pagamos un porcentaje y estas tres familias un porcentaje menor (Entrevista A8. PAV. Coop. Sembrar Conciencia. CABA. Mayo 2013).

Como se verá en el próximo capítulo, la organización de los vecinos en cooperativas es mucho más aceitada que la de los vecinos de las viviendas llave en mano, por lo que la apropiación en términos de pago de impuestos y servicios individuales y comunes pareciera ser más sencilla y llevadera en colectivo. Al compartir gastos, los cooperativitas deben organizarse para realizar los pagos y el compromiso colectivo los obliga a estar al día. No ocurre así con los usuarios de las viviendas llave en mano, entre quienes se verificó una mayor cantidad de deudas.

Esto también se hizo visible en el arraigo y/o apego que expresaron los entrevistados en relación a la vivienda. Absolutamente ninguno de los cooperativitas consultados se iría de su vivienda. Todos, en sus testimonios, valorizaron el esfuerzo, el trabajo y la lucha de años que les llevó la construcción de sus viviendas en el marco del PAV y el IVC, a partir de una reivindicación de lucha desde una perspectiva de derecho (Rolnik, 2011; Fernandes, 2006).

Eso fue un shock para muchos, la emoción y las lágrimas que nos da que cada uno tenga su casa, después el sentirse propietario, poder decir "esto es mío" [los entrevistados se emocionan] (Entrevista A13. PAV. Coop. Emetele-MTL. CABA. Mayo 2013).

¿Elegirías irte a otro lugar? / ¡No! Mirá, yo te voy a contar una cosa que pasó en el año 2009, mi hijo fue a un bingo y ganó casi medio millón de pesos, y tuve la posibilidad de que él me comprara la casa, pero yo ya estaba en el proyecto, le dije que no, y él me dijo "me parece muy bien mamá que vos razones así". El me compró todas las cosas para la casa, me equipó, me regaló un auto, también compró cosas para él. Tuve la posibilidad de que me comprara la casa, pero yo apostaba acá. La cooperativa es un proyecto de vida, que no es igual a comprar algo en el mercado. Yo lo veo por mi hijo que tiene su casa, su edificio, vive acá nomas en Caseros y Dean Funes, tiene la reunión de consorcio y todo eso, todas cosas muy frías. Acá es más cálido, más caliente también cuando te enojás, pero es más nuestro… (Entrevista A1. PAV. Coop. El Molino-MOI. CABA. Marzo 2013).

Me costó tanto que no termino de digerir la importancia de lo concebido, es raro lo que me pasa, porque por ahí sí estoy feliz, el objetivo alcanzado, me encanta estar acá, pero todavía me parece que no hice ese quiebre que me va a pasar cuando terminemos escriturando, todavía no lo dimensiono. Con muchas cosas me pasa, en la vida me ha costado tanto conseguir todo lo que conseguí que cuando llega el momento no sé qué me pasa. No alcanzo a decir "¡puta! Mirá lo que conseguí", pero después pienso mirá donde vivía y donde vivo ahora… Mirá, por ejemplo, te cuento una pequeñez que me pasó cuando fuimos a comprar la cerámica para los pisos, el domingo estaba re feliz porque era todo un drama el tema de terminar los espacios comunes porque es mucho lo que cuesta y tenés que hacer malabares con la plata, y pensábamos hacer cemento alisado y a futuro poner cerámica y de repente encontramos una oferta y se compró, es más, no nos alcanzaba la plata que teníamos, yo puse la tarjeta de mi señora. Pero era un ofertón y salió, y el domingo lo disfrute, fue una cosa que disfrute muchísimo. Pero en general esto todavía no lo alcanzo a dimensionar, me cuesta caer, no sé qué me va a pasar en el momento de estampar la firma… No sé qué siento… Por eso te digo, con la autogestión se puede, es tan fuerte lo que sentís que no te lo puedo explicar, lo tenés que vivir… (Entrevista A8. PAV. Coop. Sembrar Conciencia. CABA. Mayo 2013).

Sin embargo, en el próximo capítulo se analizan factores externos a la vivienda, relacionados con la convivencia en el complejo o con entorno barrial, que, a pesar de sentir cierta apropiación por la vivienda, tuvieron mayor peso a la hora de elegir.

En relación a los casos de las operatorias llave en mano, la percepción de apego y arraigo a las viviendas fue más variable. En este sentido, se registraron casos en los que en base a su situación de habitabilidad anterior no se irían de sus viviendas y el proceso de apropiación de la misma se canalizó desde ese registro:

El cambio que te produce de vivir mal, en condiciones precarias, con mucha humedad, y que no le puedas poner dinero a tu casa para arreglarla porque sabes que no es tu casa, es enorme porque cuando sabes que es tuya, ves las cosas de otra manera, yo si pinto una pared roja sé que puedo hacerlo porque es mi casa y de acá no me voy a ir. Adentro de mi departamento lo reformo, lo adorno, hago lo que quiero, lo decoro como me gusta. Eso no lo podías hacer en otra vivienda porque una vez que te ibas se tapiaban o se demolían, hoy por hoy se demolieron todas, quedo todo cerrado (Entrevista E10. PRTExAu3. Complejo Estomba 840. CABA. Julio 2013).

No obstante, en los casos del Complejo Parque Avellaneda, donde su población provino de situaciones de hábitat formal con un poder adquisitivo mayor que el resto de las operatorias, se verificó que, en algunos casos, el apego a las viviendas se vinculó con la posibilidad de ser propietarios. Pues ante la fuerte mercantilización del acceso a la vivienda de los últimos años, antiguos sectores medios (hoy precarizados) pudieron, a través del acceso al programa, cumplir con el imaginario que vincula la noción de progreso al acceso a la vivienda en propiedad, el "sueño de la casa propia" [166].

> Yo esto lo esperé tanto. Nosotras le pusimos de nombre "casita linda" a nuestra casa… Esta propiedad fue más que esperada, pensábamos todo, la decoración, qué le íbamos a poner. ¡Somos propietarios, cada vez que lo pienso no lo puedo creer! (Entrevista E7. Viví en tu Casa. Complejo Parque Avellaneda. CABA. Julio 2013).

Sin embargo, se repitió con recurrencia entre los entrevistados llave en mano la intención de irse de las viviendas que están ocupando apenas surja la posibilidad de hacerlo, siempre y cuando sea para una situación de mejores condiciones de habitabilidad:

> Mirá, yo calculo que hablo por los dos [en referencia a su esposa], nosotros nos iríamos, o sea, esta vivienda es para nosotros y nuestros hijos. Por el hecho de bueno, ya están creciendo… El barrio es bastante lindo, es un barrio, dentro de todo tenés muchas comodidades y tenés muchas accesibilidades a todo. Pero el tema, te digo, si es algo para nosotros y nuestros hijos [el departamento es compartido con la madre del entrevistado y la hermana], yo calculo que nos iríamos…, depende a dónde, ¿no? No nos iríamos, ponele, no sé decirte una zona… / ¿No se irían del barrio? / No, del hecho de bajar de barrio, que se yo, no sé, decirte, te ofrecen hoy una

---

[166] El último Censo 2010 demostró que en las últimas décadas se modificó el patrón de régimen de tenencia histórico de la CABA, pues si bien los propietarios de la vivienda y el terreno fueron históricamente mayoría frente a los inquilinos, desde esta última década se verificó que aquella tendencia se revirtió: hoy son más los inquilinos que los propietarios en la ciudad. Pues se verificó un descenso de la cantidad de propietarios de la vivienda y el terreno en el último decenio, de 67.6% (692.210 hogares) a 56.4% (648.958 hogares y un fuerte incremento de la cantidad de inquilinos, de 22.2% (227.545 hogares) a 29.8% (343.443 hogares), es decir, 115.898 hogares nuevos que alquilan. No obstante ello, el imaginario de alcanzar la propiedad aún existe entre sectores medios pauperizados por las distintas crisis del país.

vivienda en Lugano, no, por decirte una zona, yo calculo que no. No, por el hecho de la inseguridad que hay, de la zona que es… Si tiene las comodidades que tiene este barrio, claramente nos vamos. ¿Me entendés? Más allá de la zona, o sea, más allá que tenga accesibilidad o no, la gente, el tipo de gente y el tipo de vicio que tiene esa gente… Nosotros tenemos dos hijos varones que a futuro pueden llegar a poder… ¿Me entendés? Mirá prefiero alquilar no sé…, un mono-ambiente en…, por decirte algo, no sé, en Lobos, por decirte. En Lobos yo me voy a vivir si querés, yo no tengo problema, ¿por qué? Porque es otro tipo de gente, es… Para ir a Lugano por más que me den no sé, un departamento de diez ambientes con piscina y todo, no voy (Entrevista A3. PRTExAu3. Complejo Giribone 1330. CABA. Julio 2013).

Yo creo que si fuera a una casa, capaz me iría, pero a otro lugar como este no, más vale me quedo acá, ya es conocido. / ¿Te irías entonces si fuese una casa? ¿Quizás para que sea más grande? / Sí, sí, sí. Quizás porque la casa es más privada. / Ahh, por la privacidad… / Sí, la privacidad más que nada, no por otra cosa (Entrevista E5. PRHLB. Complejo Alvar Núñez 245. CABA. Julio 2013).

Sí, me iría, me iría a una casa. Yo quería comprar esa casa donde vivía que estaba media destruida, ¿por qué me tenía que venir a vivir a este lugar con gente que no conocía? Yo allá con mis vecinos de treinta años de convivir estaba bárbaro. […] no me convence esto. Una cosa es vivir con gente que están todos pateando para el mismo lado. Acá se podría haber hecho una organización fenomenal que nos podría haber salido dos mangos. / ¿A qué te referís con organización? / A la organización del edificio. / ¿Si lo hubiesen hecho por autogestión, por ejemplo? / ¡Claro! Lo quisimos hacer durante un tiempo, pero fuimos bastardeados por alguna gente. / ¿Vos querías que entre ustedes se organizaran? / Claro, así empezó, nos organizamos y salimos adelante organizados… Pero bue… Lo más importante no es tener la vivienda sino tener el lugar propio donde trabajar, eso es fundamental, porque ahí vos podés desarrollarte y comprar la vivienda… Acá eso no lo puedo hacer… En mi casa de antes sí (Entrevista E6. PRTExAu3. Complejo Giribone 1330. CABA. Julio 2013).

¿Si tuvieras la posibilidad de irte de esta vivienda, te irías? / Lo pensamos, con mi marido siempre lo pensamos, esta es nuestra primer casa, y siempre tuvimos la idea de casita más que departamento, algo con verde, con un patio, siempre lo dije yo si me voy algún día esto va a ser para Matías [en referencia al hijo] (Entrevista E7. Viví en tu Casa. Complejo Parque Avellaneda. CABA. Julio 2013).

A modo de conclusión, de los testimonios recolectados de las entrevistas se verificó que las inadecuaciones entre lo físicamente construido y las necesidades y patrones habitacionales de las familias expresaron la falta de instancias de participación de los usuarios de las viviendas en la ejecución de las obras (a partir de la definición de sus propias necesidades). Las experiencias construidas por autogestión, a partir de los procesos de participación en la toma de decisiones en los diseños de las viviendas, mostraron un mayor respeto hacia las necesidades de sus usuarios que en los casos llave en mano, debido a las propias posibilidades de toma de decisión que implicó este proceso de construcción de viviendas. En los casos consultados, esta mejor adaptación de lo físicamente construido a las necesidades y patrones habitacionales de las familias autogestionarias se expresó en ninguna alteración de los espacios planificados (Pelli V. S., 2007) (salvo los previstos de crecimiento interno) y en cierta afinidad estética entre lo construido y la identidad cultural de sus moradores (Giglia, 2012) (lo que tuvo como consecuencia un sentimiento de arraigo para con las viviendas canalizado en el pago de los impuestos correspondientes y en un apego afectivo hacia las mismas). Estas características de los procesos de producción autogestionarios, en base a los testimonios recogidos, contribuyeron a la constitución de viviendas adecuadas para los sectores populares involucrados en este trabajo y resultaron facilitadoras de procesos de integración social (Carman, Vieira da Cunha, & Segura, 2013; Kaztman, 2001; Segura, 2014) y de acceso al derecho a una vivienda adecuada (Rolnik, 2011; Fernandes, 2006).

Se verá en el capítulo siguiente si los conjuntos habitacionales y los barrios de inserción también abonaron en este sentido y promovieron procesos de integración social.

Por otra parte, en los programas llave en mano se verificaron mayores dificultades para observar las diferentes necesidades familiares según la cantidad de integrantes del hogar, edad, sexo y relaciones de parentesco de sus miembros; dificultades que se expresaron en una falta de contemplación de las particularidades de las familias y una tendencia a la homogenización de los diseños constructivos desde una dinámica de estandarización de los proyectos. Esta inadecuación es comprendida a partir de una falta de participación de los usuarios en las instancias de definición de las necesidades habitacionales a resolver y en la instancia de construcción de las viviendas (consecuencia directa de la inexistencia de espacios de diálogo entre los técnicos especializados y los destinatarios de las políticas). No obstante, estos adjudicatarios percibieron una mejora en las condiciones de vida que se expresó en una percepción de mayor confort y mejoras en término de salud y posibilidades de acceso a educación en relación a las condiciones de vida previa de los destinatarios (que era de suma precariedad). Pero estas evaluaciones realizadas por los entrevistados se construyeron a partir de los padecimientos que tuvieron que soportar en los hábitats previos, y no desde una perspectiva de derecho (que de paso vale aclarar que el acceso a una vivienda digna es un derecho constitucional) (Rolnik, 2011). Por tanto, lo que se vio desde la distancia que permite un análisis sociológico, es que si bien desde la perspectiva de los destinatarios se registró una mejora habitacional en las condiciones de habitabilidad (Barreto M. A., 2008; De la Mora, 2002), las viviendas entregadas no habilitaron el acceso a una vivienda digna y adecuada como se la definió aquí (Barreto M. A., 2008), pero ante un contexto previo de total degradación, resultó suficiente para poner un freno a ese proceso de descomposición y proveer un soporte de mínimo apoyo al desenvolvimiento físico, psíquico y social de las familias destinatarias (que con anterioridad era inexistente y degradante). Pero esto no quita que aún se continúe prolongando la situación de vulnerabilidad social, negando el derecho que estas familias tienen al acceso a una vivienda digna (tal como se la definió aquí (Rolnik, 2011; Fernandes, 2006)) por la prolongación de situaciones de hacinamiento y co-habitación y de insatisfacción a las necesidades y características de las familias. Al mismo tiempo, con las respuesta llave en mano se mejoraron las condiciones que facilitan una integración socio-urbana de los destinatarios de la vivienda, aunque como se verá en el próximo capítulo, estas no terminan de resolver el problema de fondo, puesto que en muchos casos no les evita la prolongación de procesos de segregación socio-urbana (Carman, Vieira da Cunha, & Segura, 2013; Kaztman, 2001; Segura, 2014).

Una de las entrevistadas claves para esta investigación intervino en los primeros años del PAV, luego fue transferida al PRHLB y actualmente es funcionaria en el área consorcial y de mejoramiento de viviendas sociales construidas por el IVC. En su testimonio realiza una comparación interesante entre las experiencias autogestionarias y las llave en mano como modelo de construcción social y de vivienda para sectores de menores recursos:

Hay un teórico colombiano[167] que crítica todo esto porque dice que la autogestión es cargar sobre la espalda de las personas más vulnerables la construcción de sus propias casas; cuando otros defendían la autogestión porque la gente se apropia mucho más, las operatorias son completamente diferentes a la entrega llave en mano de la vivienda. Y yo que vengo trabajando en vivienda desde hace mucho tiempo, y conozco todos los vicios que produce la llave en mano, que la gente no se apropia, y el descuido, y los

---

[167] En referencia a Emilio Pradilla, urbanista colombiano que criticó la autoconstrucción como modalidad de acceso a la vivienda para sectores de menores recursos y que fue citado en este libro.

espacios comunes que terminan siendo espacios de nadie, o peor, espacio tomados, todo esto muy devaluado. Por ahí la idea de una participación mucho más importante, una apropiación mucho más importante desde la construcción, y pensado la vivienda como un proceso y no como un producto, era un cambio radical (Funcionaria de la ex-CMV. CABA; octubre 2010).

8

El complejo y el barrio: ¿espacios también a habitar?

Este capítulo profundiza el análisis en dos nuevas escalas de la *etapa del habitar*: los conjuntos habitacionales construidos y el entorno urbano (barrio) en que fueron localizados. En función de las definiciones que se establecieron respecto a las características de una vivienda adecuada desde una perspectiva de integralidad, es necesario analizar estas dos variables para comprender los procesos de integración o segregación socio-urbana (Carman, Vieira da Cunha, & Segura, 2013; Kaztman, 2001; Segura, 2014) y las posibilidades de acceso que habilitan estas viviendas a sus usuarios en términos de derecho (Rolnik, 2011; Fernandes, 2006).

Primero se analiza la edificación de los conjuntos habitacionales de los programas considerando tres aspectos de los *subsistemas cultural* y *territorial/ambiental* (Barreto, 2008): las características edilicias de los complejos en su carácter de expresión de los patrones habitacionales y de identidad cultural de sus moradores; los modos de mantenimiento de los edificios que emprendieron sus usuarios y las formas de organización que entablaron para ello; y la realización de pagos de expensas y servicios comunes.

Luego, se abordan los *subsistemas territorial/ambiental, económico* y *social* (Barreto, 2008) a partir del entorno barrial en el que se localizan los conjuntos habitacionales construidos, para dar cuenta de procesos de integración socio-urbana de los destinatarios de las viviendas, o, en su detrimento, si los conjuntos construidos se constituyeron en generadores de segregación socio-urbana (Carman, Vieira da Cunha, & Segura, 2013; Segura, 2014). Para ello, se parte de un análisis comparado de las localizaciones y las estructuras de oportunidad que están asociadas a las viviendas (Kaztman, 2001), y se realiza un abordaje comparativo de las siguientes dimensiones: percepción de integración a la trama urbana del barrio, conectividad con el resto de la ciudad y disponibilidad de servicios socio-urbanos (analizando distancias/proximidades de áreas de abastecimiento, centros educativos, de salud, espacio culturales/de esparcimiento y percepción de seguridad/inseguridad).

Para concluir, se analiza la relación vecinal hacia el interior de los conjuntos y para con los vecinos del barrio a fin de analizar la existencia o no de cierto apego/arraigo a la vivienda a través de los conjuntos y el entorno barrial, y si estas escalas resultaron promotoras o no de procesos de integración social (Sabatini, Cáceres, & Cerda, 2001).

8.1 Los conjuntos y sus condiciones de habitabilidad

Como se vio en el capítulo anterior, la vivienda no sólo remite a un espacio de habitación, sino que también involucra las características que asumió el complejo habitacional en el que se insertan en términos de condiciones de habitabilidad (De La Mora, 2002) desde la perspectiva de integralidad (Barreto, 2008) planteada en este trabajo. Por ello, en este aparatado se comienza con el análisis del *subsistema cultural* y *territorial/ ambiental* de los complejos construidos por los programas bajo análisis (Barreto, 2008).

En el caso del Programa Viví en tu Casa, tanto el complejo de Parque Avellaneda como el de Torres de Lugano fueron complejos integrados por grandes torres de planta baja y nueve pisos de entre 110 y 474 viviendas, con dos ascensores y dos puertas de incendio. Una particularidad a resaltar de estos complejos es que se insertaron en barrios cuyos entornos se caracterizaron por ser de casas bajas (Parque Avellaneda y Villa

Riachuelo). Por lo tanto, la construcción de estas grandes torres (al igual que el resto de las viviendas sociales de la zona) irrumpe con las características de la trama urbana en la que se insertan. En la foto que se presenta a continuación, tomada desde el balcón de una de las viviendas del Complejo Parque Avellaneda, se puede ver el fuerte contraste tipológico entre estos complejos y los barrios colindantes, lo que implicó que a estas torres se vuelvan, en la cotidianidad del entorno barrial, grandes barreras físicas en el territorio (Carman, Vieira da Cunha, & Segura, 2013), complejizando la posibilidad de integración entre los vecinos.

El diseño exterior de los edificios se caracterizó por ser de hormigón pintado, en el caso de Torres de Lugano este se combinó con ladrillo descubierto. Como se vio en los capítulos anteriores (De La Mora, 2002; Ilari, 2003; Rofman, 2007), los destinatarios de las viviendas no tuvieron ningún tipo de participación en el diseño de estas torres ni de sus espacios comunes, siendo los encargados de su diseño los arquitectos y profesionales de la Gerencia de Proyectos del IVC, es decir que la decisión por esta tipología de vivienda respondió a un estereotipo de población genérica, por lo que las características edilicias de los complejos también lo fueron, respondiendo a una lógica de estandarización.

Imagen 22: Fotos de vista desde el Complejo Parque Avellaneda del barrio lindante y frente de los Complejo Parque Avellaneda y Torres de Lugano. CABA. 2013

Fuente: Relevamiento fotográfico elaborado por Cecilia Zapata.

Las terrazas de ambos edificios fueron transitables, pero, según contaron los entrevistados, poco utilizadas por los vecinos. A su vez, los edificios no contaron con bauleras ni espacios comunes para, por ejemplo, reuniones de consorcio.

> La terraza está divina, es hermosa para tomar sol, por ahí si estuviese en el noveno me subo un piso con las cositas para colgar, tiene tres piletones, le pusieron sogas, es como para ir a tomar sol, la verdad que no se usa mucho. Alguien sugirió poner parrilla y nadie lo aceptó pensando que iba a ser un caos, porque ya es un caos la convivencia consorcial, imaginate... (Entrevista E8. Programa Viví en tu Casa. Complejo Parque Avellaneda. CABA. Julio 2013).

Imagen 23: Fotos de espacios comunes (pasillo, ascensor y terraza) del Complejo Parque Avellaneda. CABA. 2010/2013

Fuente: Relevamiento fotográfico elaborado por Cecilia Zapata (2013) y fotos aportadas por uno de los entrevistados del complejo (2010)

Tanto en una operatoria como en la otra, en la planta baja de los edificios se ubicaron las cocheras (en Parque Avellaneda fueron 39 cocheras para las 114 viviendas por parcela) y fueron repartidas en base a dos criterios: entre las familias que tuvieran auto, por un lado, y por el otro, dentro de ese grupo, entre quienes pudieran adicionar su valor al monto del crédito. Cuando la demanda excedía la cantidad de cocheras existentes, se resolvió por sorteo. En el caso de Parque Avellaneda, aquellos que contaban con automóvil pero no con cochera los parqueaban en una plazoleta ubicada al frente de las torres, sobre la Av. Castañares, o en las calles (aún sin nombre) que bordean al predio[168].

Imagen 24: Fotos de espacios de estacionamiento en las mediaciones del predio. Complejo Parque Avellaneda. CABA. 2013

Fuente: Relevamiento fotográfico elaborado por Kaya Lazarini y Cecilia Zapata.

El programa del barrio de La Boca se caracterizó por la construcción de edificios pequeños, de planta baja y uno o dos pisos, sin ascensor (según el entrevistado de Gerencia de Proyectos del IVC, para abaratar expensas). Una de las particularidades de estos complejos fue que en sus diseños se intentó de preservar el estilo de los conventillos y la estética barrial[169] para favorecer una mayor integración de sus usuarios a partir del respeto a la trama urbana de

---

[168] En las observaciones participantes que se hicieron al complejo Parque Avellaneda se verificó que, en líneas generales, los autos parqueados en las cocheras remitieron a modelos de los últimos años y una gran cantidad de autos último modelo. Este indicador dio un indicio del nivel socioeconómico de los hogares que viven en estos edificios, pues como se dijo en el capítulo 4, remiten a un sector medio-bajo con ingresos en blanco en algunas de las fuerzas armadas o en la legislatura de la Ciudad de Buenos Aires.

[169] Como se vio en el capítulo anterior, este criterio de respeto hacia la identidad barrial en el diseño de los complejos respondió a una lógica de adecuación al proceso de renovación urbana del que es objeto el barrio de La Boca.

edificios bajos del barrio (Sabatini, Cáceres, & Cerda, 2001; Carman, Vieira da Cunha, & Segura, 2013). Con esta intención, también, los complejos contaron con patios internos a donde balconearon las viviendas y se recuperaron estructuras metálicas o de aluminio, madera y chapa para recrear el estilo de los conventillos.

Imagen 25: Fotos de espacios interiores Complejo Arzobispo Espinosa 351-PRHLB. CABA. 2012

Fuente: Fotos cedidas por el Instituto de la Vivienda del GCBA.

También se rescató el estilo colorido de las viviendas de la zona mediante murales que decoraron los espacios comunes, recuperando la identidad cultural del barrio (Giglia, 2012):

Imagen 26: Fotos de espacios interiores Complejo Alvar Núñez 245-PRHLB. CABA. 2013

Fuente: Relevamiento fotográfico elaborado por Cecilia Zapata.

Al igual que en el caso anterior, estos complejos no contaron con un espacio de reunión para los vecinos y sólo los complejos de Brandsen contaron con garaje. La particularidad de la repartición de las cocheras fue que se construyeron trece cocheras en Brandsen 626, pero a los usuarios de este edificio sólo se les asignaron cuatro y el resto de las cocheras les correspondieron a vecinos del otro complejo, de Brandsen 660 (ubicado a unos cincuenta metros). Esta distribución generó conflicto entre los vecinos de ambos complejos:

> Con el tema de las cocheras acá no sé qué pensaban hacer… / ¿Acá hay cocheras? No vi la entrada de autos… / Sí, hay, pero están al lado, en el n° 626. / ¿Las cocheras de acá están allá, en el complejo de al lado? / Sí. Es un gran lío eso, los de allá patean porque hay gente viviendo arriba de las cocheras y entran y salen desconocidos… A ellos les adjudicaron cuatro cocheras y a nosotros nueve, de las trece que son en total. Es muy complicado. Yo tuve que tirarme atrás con una de las cocheras porque me empezaron a buscar mucha vuelta, llevé los papeles, me los perdieron, me dijeron que los lleve de vuelta, en total los llevé tres veces, después me cansé y no los llevé más… (Entrevista E14. PRHLB. Complejo Brandsen 660. CABA. Agosto 2013).

En relación al Programa de la Traza de la ExAu3, sus complejos también fueron de pequeña escala, de entre siete y cuarenta unidades de viviendas, en edificios de planta baja y dos o tres pisos (por lo que no contaron con ascensor). Al igual que en el PRHLB esta decisión de escala respondió a una dinámica de articulación de estos complejos con el proceso de renovación urbana de la que es objeto el barrio, pero repercutió en una mayor integración urbana (Carman, Vieira da Cunha, & Segura, 2013) y evitó rupturas con la trama urbana. Tampoco contaron con espacios de uso común para el desarrollo comunitario de los vecinos y, a diferencia de los otros complejos de este grupo, el complejo de Giribone 1330 contó con cocheras y todas las viviendas dieron a un patio común acondicionado como plazoleta.

Imagen 27: Fotos de patio interno y cocheras de PB de Complejo Giribone 1330-PRTEXAu3. CABA. 2013

Fuente: Relevamiento fotográfico elaborado por Cecilia Zapata.

El complejo de Estomba 1148 contó con pequeños patios compartidos en los pasillos que fueron acondicionados por sus vecinos con plantas, este complejo se caracterizó por el cuidado de sus espacios comunes:

Imagen 28: Fotos de patios internos de PB y pasillos de Complejo Estomba 1148-PRTEXAu3. CABA. 2013

Fuente: Relevamiento fotográfico elaborado por Cecilia Zapata.

Una de las características de todos los complejos del PRTE-xAu3 fue el revestimiento exterior de sus edificios. Todos fueron de hormigón pintado combinados con ladrillos al descubierto (en concordancia con el estilo decorativo de las viviendas de la zona en la que están enclavados –lo que favorece procesos de integración social (Carman, Vieira da Cunha, & Segura, 2013)–), y recuperan materiales metálicos o de aluminio para sus estructuras.

Imagen 29: Fotos de frente de hormigón y ladrillo descubierto en Complejos Estomba 1148, Giribone 1330 y Giribone 840. PRTEXAu3. CABA. 2013

Fuente: Relevamiento fotográfico elaborado por Cecilia Zapata.

En relación al PAV y experiencias de complejos construidos por autogestión, la variedad de situaciones fue multifacética. No obstante, se pudieron identificar algunas regularidades y/o ejes de análisis para establecer comparaciones con los casos llave en mano.

Gran parte de los complejos construidos por el programa fueron de pequeña escala. De las 2.484 viviendas construidas en los 110 proyectos con terreno en la ciudad, el tamaño promedio de los conjuntos es de poco más de veinte unidades habitacionales por proyecto. Sólo dos complejos presentaron más de cien viviendas: Cooperativa El Molino (MOI) con exactamente cien unidades y

Cooperativa EMETELE (MTL) con 326. Entre los complejos terminados, se identificaron edificios de PB y uno o dos pisos sin ascensor, como el caso de la Cooperativa Caminito, la Asociación Civil Sembrar Conciencia o la Cooperativa Madres 27 de Mayo:

Imagen 30: Fotos de altura (cantidad de pisos) de Coop. Caminito (10 flias), Asoc. Civil Sembrar Conciencia (8 flias) y Coop. Madres 27 de Mayo (12 flias). CABA. 2013

Fuente: Relevamiento fotográfico elaborado por la Kaya Lazarini y Cecilia Zapata.

Pero también se identificaron edificios altos –como se ve a continuación– con ascensor de hasta nueve pisos. Los criterios que definieron estas diferencias estuvieron en estricta relación con las características y tamaño de los terrenos y la cantidad de familias integrantes de las organizaciones y sus necesidades de habitación (como se vio en el capítulo anterior).

Imagen 31: Fotos de altura (cantidad de pisos) de Coop. Octubre (22 flias), Coop. Palomar (55 flias), Coop. Co.Fa.Vi (22 flias) y Coop. Argentina Puede (23 flias). CABA. 2013

Fuente: Relevamiento fotográfico elaborado por la Kaya Lazarini y Cecilia Zapata.

También se registraron casos que, al surgir de la operatoria –previa a la Ley 341– Resolución 525/97, se trataron de reciclajes en departamentos internos con pocas unidades, como por ejemplo las primeras cooperativas del Comedor Los Pibes de La Boca, que una de ellas constó de dos unidades y la otra de seis.

Pero lo que resulta importante resaltar de la escala en general pequeña de las operatorias del PAV (al igual que las del PRTExAu3 y PRHLB) es que no produjeron una ruptura con la trama urbana existente en la que se insertaron. Se registró que el impacto urbanístico de los complejos habitacionales construidos fue bajo y favoreció la renovación del tejido degradado de la ciudad (a diferencia de los grandes complejos habitacionales –barrios– que, construidos en zonas vacías o de casas bajas al sur de la ciudad, irrumpieron el tejido urbano, como sucedió con el Programa Viví en tu Casa)[170]. Incluso, los proyectos cuya

---

[170] EL PAV, el PRHLB y el PRTExAu3 mostraron líneas de ejecución apropiadas para predios más pequeños que implicaron un cambio de paradigma con la ejecución de viviendas propias de la primera generación de políticas habitacionales analizada.

tipología fueron edificios, se insertaron en entornos barriales similares, habilitando una mixtura de estas viviendas con el resto de la trama urbana. Las escalas y características de estos complejos favorecieron, en consecuencia, la integración social de sus adjudicatarios (Sabatini, Cáceres, & Cerda, 2001; Carman, Vieira da Cunha, & Segura, 2013) al entorno en el que se insertaron, habilitando un aprovechamiento igualitario de las ventajas comunitarias y urbanas que posibilitó una buena localización territorial (Kaztman, 2001) (como se verá en el próximo apartado de análisis del entorno barrial), pero, además, evitando o mitigando procesos de estigmatización social por parte de los habitantes de los alrededores por el simple hecho de ser edificios de vivienda destinadas a sectores populares (aspecto que también se analizará más adelante).

Por otra parte, los diseños arquitectónicos de los edificios –al igual que como ocurrió con las viviendas– variaron en función del nivel de participación (Ilari, 2003) y toma de decisión de sus usuarios (en términos de calidad participativa (De La Mora, 2002)) en la etapa de implementación del programa o, en su defecto, en los casos en los que hubo escasa participación de los destinatarios de la vivienda en la etapa de diseño, variaron en función de los criterios asumidos por el propio arquitecto integrante del ETI o la interpretación que ellos hicieron de los patrones estéticos de los usuarios de las viviendas (Pelli V. S., 2010). En relación a sus fachadas, gran parte de los edificios estuvieron recubiertos de hormigón mejorado y pintados, pero también se detectaron varios que los combinaron con ladrillo descubierto. En las entrevistas realizadas se les consultó a usuarios con qué criterio definieron esos estilos. En gran parte se basaron en gusto y presupuesto, pero también surgió que buscaron diferenciarse del estereotipo estandarizado de vivienda estatal intentando fortalecer la integración socio-urbana con el estilo de edificaciones del barrio. A través del estilo de sus complejos procuraron generar vínculos de pertenecía con el entorno barrial en el que insertaron (como forma implícita, claro está, de evitar procesos de estigmatización que estimulen posibles situaciones de segregación socio-urbana y fronteras o límites simbólicos con sus vecinos (Carman, Vieira da Cunha, & Segura, 2013)).

Imagen 32: Fotos de fachada de ladrillo descubierto en combinación con hormigón. Coop. Uspallata, Coop. Emergencia (Santa Magdalena), Coop. Emergencia (Vieytes), Coop. El Molino (MOI). CABA. 2013

Fuente: Relevamiento fotográfico elaborado por la Kaya Lazarini y Cecilia Zapata.

Es importante mencionar también que, entre las cooperativas que aún se encuentran en obra, se registraron experiencias de reciclaje de fábricas (como las cooperativas del MOI) y recuperación de fachadas, como la Cooperativa La Positiva.

Dos casos a rescatar fueron los de la Cooperativa Caminito y Alto Corrientes, ambas con familias provenientes de conventillos, y la primera de ellas radicada en el barrio de La Boca. En sus diseños se intentó recuperar el estilo de vida de sus usuarios construyendo edificios con patios comunes en los que balconean los departamentos, tratando de rescatar los patrones culturales y habitacionales de los conventillos. En la Cooperativa Caminito surgió entre sus usuarios la necesidad de conservar el estilo de patios comunes, pero procurando una mayor privacidad para cada núcleo familiar que la que tenían con anterioridad. Ante este requerimiento, el diseño arquitectónico combinó el estilo conventillo con unos cerramientos de madera construidos por los propios cooperativistas (pues decidieron construirlos mediante ayuda mutua para abaratar costos de mano de obra y mejorar la calidad de los materiales). La cooperativa Familias para la Vivienda, otro ejemplo, decidió dividir el espacio colectivo de la planta baja del edificio con grandes macetones, haciendo patios privados que repartieron entre los usuarios de las viviendas. Algunas familias construyeron parrillas en sus espacios.

Imagen 33: Fotos de patios internos de Coop. Alto Corrientes, Coop. Caminito y Coop. Familias por la Vivienda (CO.FA.VI). CABA. 2013

Fuente: Relevamiento fotográfico elaborado por la Kaya Lazarini y Cecilia Zapata.

La Cooperativa Caminito socializó este método de cerramientos con la cooperativa Uspallata, la cual también lo adoptó y, además, decidió construir una plazoleta común, con parrilla y lavadero colectivo y estacionamiento para bicicletas. Además, gran parte del patio común fue adoquinado para recuperar el espíritu del barrio de Parque Patricios, que aún conserva alguna de sus calles con adoquines.

Estas decisiones sobre los espacios colectivos dieron cuenta del proceso de domesticación que hicieron en el habitar del complejo habitacional (Giglia, 2012), procurando apropiarse de dichos espacios de una manera que satisfaga sus necesidades y patrones habitacionales, recuperando a la vez su identidad cultural (Pelli V. S., 2007).

Imagen 34: Foto de patio interno de Coop. Uspallata. CABA. 2013

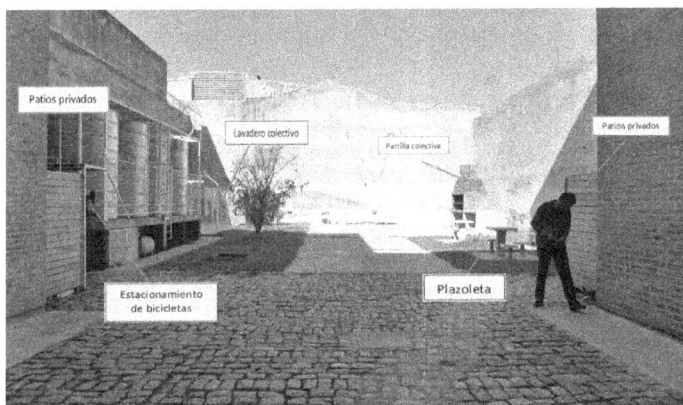

Fuente: Relevamiento fotográfico elaborado por la Kaya Lazarini y Cecilia Zapata.

También se registraron organizaciones que decidieron reservar espacios para usos educativos y culturales de la cooperativa y del barrio en el que se insertaron. Por ejemplo, el MOI, al ser un movimiento que brega por un abordaje integral de los integrantes de sus cooperativas, sus proyectos constructivos de vivienda (a través de las cooperativas de viviendas) y de trabajo (a través de la cooperativa de trabajo) fueron complementados, en el edificio de la cooperativa El Molino, con un sector educativo para su Centro Educativo Integral Autogestionario (CEIA) que desarrolla programas de educación inicial, bachilleratos populares de jóvenes y adultos y formación cooperativista, talleres de artes, oficios y teoría política y una red de bibliotecas autogestionarias. La cooperativa EMETELE, por su parte, contó, también, en la planta baja con ocho locales comerciales, un jardín materno infantil, un salón de usos múltiples y una estación de radio (FM Radio Sur) que se escucha en el barrio y sus alrededores y por internet. A fin de promover el intercambio y el contacto social con los vecinos del barrio, los locales comerciales son atendidos por integrantes del MTL y el jardín maternal está abierto al entorno barrial. Los equipamientos abiertos al entorno barrial de estas organizaciones originaron procesos de integración social entre los vecinos internos y externos a los complejos, ya que se verificó que los vecinos del barrio hacen uso de estos espacios y son participes activos de los programas de educación y cultura promovidos por las cooperativas. Esas actividades, además, se va analizar más adelante, echaron por llano prejuicios existentes en el barrio alrededor de los destinatarios de las viviendas, logrando socavar procesos iniciales de segregación socio-barrial basados en falsas estigmatizaciones (Carman, Vieira da Cunha, & Segura, 2013; Segura, 2014).

Imagen 35: Radio FM Sur (MTL), 2012 y edificio donde se construirá el CEIA (MOI), 2013. CABA

Fuente: Relevamiento fotográfico elaborado por la Kaya Lazarini y Cecilia Zapata.

Todas las cooperativas tienen un espacio común de encuentro para el desarrollo de las actividades comunes de la organización. Como la reglamentación oficial exige que todas las edificaciones para residencia destinen un departamento a la portería, todas las cooperativas utilizan este espacio como zoom o espacio común para el funcionamiento de la organización y como espacio de encuentro. Fueron pocas las cooperativas que reservaron un espacio para cocheras, las que sí lo hicieron –no para todas las viviendas sino para un porcentaje de ellas– las repartieron por sorteo. Vale resaltar que el crédito otorgado por la Ley 341 no financia espacios comunes ni equipamiento por lo que todos estos espacios y los de usos educativos y culturales se financiaron a través de fondos que ellas recolectaron.

Imagen 36: Fotos de zoom (espacio de uso común) de Coop. Crecer y Coop. El Palomar y cocheras de Coop. Crecer. CABA. 2013

Fuente: Relevamiento fotográfico elaborado por la Kaya Lazarini y Cecilia Zapata.

En cuanto al mantenimiento de los complejos, se registraron diferencias significativas entre los proyectos llave en mano y los autogestionarios por las características de gestación de los mismos, y esto impactó en las posibilidades de integración social –o no– entre los vecinos (Sabatini, Cáceres, & Cerda, 2001).

En todas las experiencias llave en mano el sostenimiento de los espacios comunes se presentó como una situación conflictiva. Llamó la atención la cantidad de complejos que aún no conformaron un consorcio a pesar de llevar varios años de inaugurados. Específicamente en el caso del Complejo Parque Avellaneda, su complejidad se remitió a que los consorcios –regidos por la Ley 13.512 de Propiedad Horizontal– debieron organizarse por parcelas, involucrando a varios edificios con sus problemas particulares. Por lo tanto, para la toma de decisión del consorcio deben ponerse de acuerdo los vecinos de las dos o tres torres de la parcela, complejizando aquellas decisiones vinculadas a cuestiones de sólo un edificio. Como se verá más adelante, esto se presentó como un problema a la hora de intentar alguna forma de organización consorcial autogestionada, ya que existieron altos niveles de desconfianza entre los vecinos desconocidos de diferentes edificios:

> ¿Están organizados en consorcio? / Si, el edificio nueve y el cinco al ser una parcela somos un sólo consorcio y de ahí vienen los problemas. Se quieren dividir [para tener un consorcio por edificio], el IVC nos dijo que podíamos, pero es un terrible problemón burocrático, así que nos vamos a tener que querer sí o sí. Logramos la administración desde octubre recién del año pasado, mientras tanto fue pasando de comisión en comisión… Empezó una de la cual yo formaba parte. / ¿Eran una comisión de administración del edificio? / Sí, éramos cinco o seis vecinos que cobrábamos, hacíamos los recibos de expensas, anotábamos qué había que hacer, todo a pulmón. Después nos empezamos a cansar porque no nos daba el cuerpo, la gente te tocaba el timbre, se pensaban que eras el dueño del edificio y que les tenés que solucionar los temas. Había reuniones donde nos peleábamos todos y no nos poníamos de acuerdo y así pasaron casi cuatro comisiones…. Al final nos reunimos las dos torres y se logró administrar. / ¿Quién administra las torres de esta parcela ahora? / Es

de afuera. [...] Mucho no podías pedir porque los vecinos no saben quién es uno, y no saben si te vas a ir con la plata. [...] El IVC nos metió acá adentro y fue como un "arréglense como puedan", eso nos dieron a entender (Entrevista A7. Programa Viví en tu Casa. Complejo Parque Avellaneda. CABA. Julio 2013).

El tema es que los consorcios están separados en parcelas y por la playa de estacionamiento. Entonces las tres torres, (la uno, dos y tres) por obligación del IVC tenían que formar un sólo consorcio, no podían manejarse de manera independiente porque tenían espacios de uso común, en este caso la cochera (los tres compartían las puertas de la cochera y desde ahí se podía ingresar a cualquiera de los edificios). Esto hace más difícil la convivencia en cuanto a ponerse de acuerdo. Hubo un tiempo también donde faltaba no me acuerdo qué era y no podíamos conformar el consorcio. En ese momento sí vino gente del IVC a explicarnos como era el reglamento de copropiedad, que nos mandaron uno y modificamos cosas y después de eso estábamos en condiciones de constituir un consorcio, pero eso demoró como dos o tres años (Entrevista E13. Programa Viví en tu Casa. Complejo Parque Avellaneda. CABA. Agosto 2013).

Esta compleja organización consorcial por parcela del Complejo Parque Avellaneda también repercutió en las decisiones vinculadas con los gastos de la recaudación de expensas, pues las expensas se juntan por edificio, pero la decisión de en qué se gastan se toma en consorcio:

Expensas empezamos a pagar desde el momento en que nos mudamos. Los cuatro primeros que éramos empezamos a juntar $50 cada uno para hacer un fondito para las pocas cosas que se podían hacer con $200. Teníamos una lista tipo almacén e íbamos anotando. Cuando fuimos más personas viviendo en el edificio de $50 pasamos a $150, después a $200 porque éramos más y teníamos más cosas para hacer, como por ejemplo contratamos a una persona monotributista para que viniera a limpiar, ahora al tomar el portero y tenerlo como monotributista lo tuvimos que indemnizar. Un porcentaje mayoritario paga las expensas, hay deudores, no son la mayoría. El que no paga, no paga desde que se mudó. / Ese fondo de expensas ¿lo usan para pagar el portero? / Sí, ahora. / ¿El que limpia ahora es el portero? / Tenemos el portero y un ayudante. / ¿Viven en el edificio? / El portero sí. Tenemos vivienda de portero, pero él no vive ahí, es un vecino nuestro. El departamento del portero está libre y eso nos tenemos que reunir todos en una asamblea para ver qué hacemos, la idea sería alquilar para achicar un poco los gastos. Pero hay que ponerse todos de acuerdo, no sólo los 57 de este edificio, somos 114, porque tenemos que contar también a los de enfrente. El ayudante del portero vive en el edificio de Susana, cada uno tiene su casa (Entrevista E7. Programa Viví en tu Casa. Complejo Parque Avellaneda. CABA. Julio 2013).

Pero las dificultades relacionadas al funcionamiento del consorcio no fueron exclusivas del Complejo Parque Avellaneda, los complejos de las demás operatorias también tuvieron ciertas complejidades:

La mayor parte del tiempo estuve en el consejo de administración y es un dolor de cabeza. Empezamos cobrando las expensas un grupo de vecinos, que en realidad eran un fondo de reserva por cualquier gasto, roturas, limpieza. Nos habían puesto una persona que cuidaba el edificio y lo querían meter como encargado, pero la persona no era adecuada, el tipo se peleaba con los vecinos, tomaba, entonces lo rajamos. / ¿La administración del consorcio la tiene alguien de afuera? / Sí, después de nosotros, la siguió un vecino que es muy ducho con la contabilidad, pero una persona del edificio empezó a decir que él robaba. A unas cuatro o cinco familias de las veinte que somos acá las convenció. Yo traté de que el tipo se quedara porque resolvía muchos problemas, de ir a rentas, de un lado para el otro, pero se le pagaba un mínimo por el trabajo, que era muy poco. La cuestión es que yo junté quince firmas para que siguiera, pero no era justo que un hombre grande tuviese que estar cuestionado y soportar todo eso. Muchos querían un administrador de afuera porque dudaban del vecino, así que se puso primero una administradora que fue un desastre y nos enchufó al empleado este que es un gasto terrible, la rajamos. Después agarró otro muchacho en

Álvarez Thomas y cuando llegó el momento de hacer algo, intimar a los vecinos por las deudas, como no le alcanzaban las expensas que cobraba para juntar su sueldo entonces renunció. Y ahora conseguimos otro que lo está llevando. Esperemos a ver qué pasa. / ¿Cómo toman la decisión de cuál administración elegir y a cuál no? / Por reunión, se plantea una propuesta y se elige entre todos (Entrevista E6. PRTExAu3. Complejo Giribone 1330. CABA. Julio 2013).

En los complejos de La Boca, se registraron las mayores irregularidades, fundamentalmente por la falta de conciencia de la necesidad de tener que organizarse para el mantenimiento de los complejos y por la poca participación de los vecinos. Fue recurrente en los testimonios recogidos las quejas por la falta de pago de las expensas y la desorganización general que existió en relación a los consorcios, al punto de generar rispideces entre los vecinos:

¿Están organizados en algún consorcio? / No, todavía no, estamos por hacer eso…, la verdad que yo no sé mucho, hay una señora que se está ocupando de eso y yo no me meto, después cuando hay reunión me cuentan… Nosotros estamos pagando $100 para la limpieza, la luz del patio, el agua… Pero somos diez nada más lo que pagamos, el resto nada…, a mí me da bronca, yo soy jubilada y lo pago y otro que trabaja bien no lo paga… / ¿Y eso tiene algún impacto en el mantenimiento del edificio? Porque ya tienen varios años… / Claro que sí, por eso ahora se va a hacer un consorcio, se va a buscar la manera, sé que estaban yendo a buscar a un escribano para ver como resolvíamos este problema… (Entrevista E16. PRHLB. Complejo Palos 460. CABA. Septiembre 2013).
Nosotros acá pagamos las expensas para mantenimiento de edificio y hay gente que igual no se hace cargo, y es la luz, el agua que usamos todos, la limpieza que compartimos todos. ¿Por qué pensás que existe eso de que hay gente que no toma consciencia? / Pareciera que están acostumbrados a vivir de arriba, cuanto más de arriba vivan, mejor… En las reuniones de consorcio nos agarramos fuerte porque a mí me da bronca que estoy al día y a mi vecina le digo que el agua que ella usa, con la que se ducha, con la que tira la

cadena, yo la estoy pagando, ¿por qué tiene que vivir gratis? Cuando vinimos acá todos asumimos la responsabilidad de vivir mejor. Porque la idea es esa, vivir mejor, no cagarnos en el vecino… En el conventillo yo estaba encargada de pagar la boleta de agua, cuando llegaba iba casa por casa y decía cuanto era por familia que había que pagar, una vez capaz uno zafaba y no pagaba, al segundo mes le cortábamos el caño, de una, porque es injusto. Acá no podés hacer esto y te la tenés que comer y ves que el vecino se mete en otros gastos y tiene una calidad de vida que puede pagar, y así nos perjudica a todos porque con esas expensas hacemos mejoras al edificio y ahora estamos haciendo las cosas con lo que ingresa, con lo que se puede… Acá todos tenemos trabajo y buen pasar, casi todos tienen autos 0km y no entendés el por qué no toman conciencia, es un techo por $170, ¡tenés que valorar lo que tenés! (Entrevista E14. PRHLB. Complejo Brandsen 660. CABA. Agosto 2013).

Fueron también varias las entrevistas en los complejos de los distintos programas llave en mano en las que se mencionó el desamparo que sintieron los entrevistados por parte del IVC una vez entregadas las viviendas, y más aún con lo referente a la conformación de los consorcios, a lo que se sumaron otras cuestiones que hicieron difícil (y en algunos casos imposible) la conformación del mismo. En el caso de Parque Avellaneda, a esta falta de apoyo, se le sumó que los vecinos no se conocían entre sí, por lo que el proceso de integración social que se dio entre ellos se desarrolló en paralelo a la construcción del consorcio. Una entrevistada lo expresaba con toda claridad:

¿Cómo se organizaron con la conformación del consorcio? / Yyy fue un tema. Esta esto de la mezcla de gente, depende mucho y más siendo tantos en el consorcio había algunos vecinos de buena voluntad que ayudaban e iban empujando las cosas que se iban haciendo, iban al IVC, se movían, pero del total de gente la mitad no pagó, en ese momento no me acuerdo si pagábamos $150 pesos mensuales. Después algún día salíamos todos a limpiar las escaleras, cada uno mantenía su palier. En un tiempo el edificio sufrió un montón de cosas que fueron pasando, como la caída de la pared que te comentaba, cosas que se rompían, había que manejarlo de alguna manera, si se rompía algo había que juntar la plata para arreglar, estábamos nosotros con nosotros mismos, con gente que no conoces (Entrevista E13. Programa Viví en tu Casa. Complejo Parque Avellaneda. CABA. Agosto 2013).

En otros de los consorcios del complejo Parque Avellaneda, tras el descubrimiento de sucesivos robos de administradores externos, tomaron la decisión en conjunto de comenzar a construir una "comunidad" (sic de una entrevistada) entre los usuarios de las viviendas y hacerse cargo de la administración de los edificios de la parcela, con una concepción implícita de autogestión y repartición de tareas:

Yo me postulé entre otros compañeros y quedamos cinco, y empezamos a aprender todo, llamamos a otra compañía de limpieza, vimos que había un montón de gastos que se habían hecho con la gestión anterior y no se sabía para qué eran, por ejemplo cerrajeros y nunca se había roto eso, y nos dimos cuenta que era un robo. Empezamos a ver que pagando $180 alcanzaba para pagar todos los gastos fijos. En abril hicieron seis meses que empezamos, después lo aumentamos a $230 y nos costó un montón [...] Yo ahora me ocupo con otro vecino de la parte de jardinería, estamos pintando también todos los palieres. Empezamos a generar una conexión con los vecinos y a conocernos, ponemos tres fechas para pagar las expensas y todos vienen a pagar. Nosotros lo hacemos gratis, ninguno cobra nada. Un vecino se encarga de la plata, de llevar cuentas, un registro de lo que sale y lo que entra, hay otro vecino que se encarga de la luz. El del primer piso se encarga de las planillas y los boletines informativos. Tenemos bastante bien dividido, aunque por supuesto hay encontronazos porque siempre hay alguno que quiere ser más cacique, pero logramos que los vecinos participen… A la gente le cuesta participar y comprometerse. Con el vecino del primer piso estamos haciendo una huerta urbana, plantamos un limonero y una palta, también logramos que los chicos se conozcan y se hagan amigos, no te digo una comunidad porque a la gente le cuesta, pero si logramos que se conecten y que todos se enteren de los precios, de cuanto sale por ejemplo el ascensor, de buscar entre nosotros quien puede arreglar lo que se rompe. Al vecino que pinta los palieres le pagamos, pero nos hace precio. Otro vecino de planta baja que trabaja en los pisos, como nosotros queremos cambiar el del ascensor trajo una goma y ese mes no pagó las expensas, cosas así […] la idea es que sea como una comunidad. Hicimos una asamblea en abril porque el acta decía que íbamos a estar seis meses y los vecinos decidieron que sigamos, hasta diciembre, otros seis meses más. La idea es que si alguien se quiere acoplar o si quieren cambiar o dejar, todo bien. También sabemos que en algún momento hay que nombrar un administrador, pero queremos a alguien que ponga la firma para hacer lo que haya que hacer de forma legal. El manejo del dinero, la contratación y todo lo vamos a tener siempre nosotros, porque ya tenemos experiencia de qué pasa con los de afuera (Entrevista E12. Programa Viví en tu Casa. Complejo Parque Avellaneda. CABA. Agosto 2013).

Ocurrió algo similar en uno de los Complejos del Programa de Recuperación de la ExAu3:

¿Cómo se organizaron, se organizaron en consorcio, cómo se organizan para cuidar el edificio? Más que nada los espacios comunes, el pasillo… / Sí, nos hemos juntado los once (de este lado del edificio) y conformamos el consorcio nosotros para no pagar. Hay una chica…, no me acuerdo de qué departamento con nivel secundario o universitario y hace los papeles y bueno, después tratamos de cuidarlo entre todos, ¿no? (Entrevista E1. PRTExAu3. Complejo Estomba 1148. CABA. Junio 2013).

En el caso del Complejo de Alvar Núñez (de La Boca), con sólo 8 unidades de vivienda, se verificó, además, un desinterés marcado por parte de los vecinos en la conformación del consorcio y, de hecho, aún no se problematiza entre ellos la necesidad de tener uno (lo que sin dudas puede impactar en el mantenimiento edilicio en el corto-mediano plazo). No obstante, una de las entrevistadas consultadas comentaba que desde que ella se mudó al complejo se hace cargo (de manera autogestionada) del cobro de una cuota mensual para gastos comunes y desempeña el rol de una suerte de administradora, pero marcó en reiteradas oportunidades lo que se mencionaba anteriormente acerca de la falta de apoyo del IVC en la conformación de alguna forma de organización y la necesidad de un apoyo en la construcción de un *habitus* (Bourdieu, 2001) que –al momento– les resulta desconocido:

¿Vos sos la primera administradora del edificio? / Sí. / O sea, ¿no hubo, antes que vos llegaras, nadie en el edificio que te pueda contar cómo se hace? / No, no. Yo soy la primera y la cabeza de la administración. / O sea, todo un proceso de aprendizaje para vos.../ Y síí, yo no entiendo nada... Pero, inclusive, mirá, tenemos reglamento, este es el libro. / Ahh, ¿entonces ya está conformado el consorcio? / Lo armé yo, como no teníamos lo armé. / ¿Ya tienen el reglamento de consorcio? / Sí, ya hecho. Pero me pasa eso, que no hay respeto, nadie lo respeta..., entonces, no sé cómo manejarme, ese es el asunto, que no sé qué hacer... Porque ella [en referencia a la secretaría del consorcio –señalando su departamento] sabe algunas cosas y ella [en referencia a la tesorera del consorcio –señalando su departamento–] otras, pero no se unen entre ellas porque están peleadas y yo soy amiga de las dos... ¿Me entendés? Entonces, por eso quería renunciar más que nada, no quiero estar entremedio de las dos, pero imagínate... Lamentablemente es el día a día, y no sé cómo manejarme, te juro, no sé qué hacer. / ¿Y recurriste al IVC en busca de ayuda? Hay un área específica que trabaja con consorcios.../ Sí, está XX[171] [nombra a una funcionaria del área de consorcios del IVC] que es una genia pero, ¿qué pasa? Al ser nosotros copropietarios, si vos no querés venir a la reunión, no asistís y yo no les puedo exigir que vengan a las reuniones, ¿me entendés cómo es? / Claro, los vecinos no participan.../ ¡Sí! es eso que vos decís, no participan, estoy sola en las reuniones / ¿Y por qué crees que no participan en las reuniones? / Y, ¡porque estoy yo! No les interesa y como yo me hago cargo...

---

[171] No se nombra a la persona citada en pos de respetar el pacto de anonimato planteado para la realización de a entrevista.

Pero acá yo creo que se trata un poco más de paciencia, de hacerle ver a la gente que esto ya no es un conventillo, tratarlo como tal, como un departamento […] Si la gente te ayudara estaríamos de diez acá… (Entrevista E5. PRHLB. Complejo Alvar Núñez 245. CABA. Julio 2013).

En dos de los casos de La Boca, también se auto-organizan para realizar el mantenimiento del edificio –al menos en las necesidades o roturas urgentes– y realizar la limpieza de los espacios comunes:

Nosotros tenemos una señora del complejo que limpia, pero lo que pasa es que la gente no cuida. Ella se levanta a las 5 de la mañana todos los días para dejar todo limpito desde temprano para no molestar a nadie, baldea, limpia y ella se va y la gente suelta los perros, ensucian el patio los perros. ¡No cuidan! […] / ¿Y cómo hacen con, por ejemplo, la limpieza de los tanques de agua…? / Hay una persona que se ocupa de juntar la plata y él se ocupa de todo, de lavar los tanques, ahora justo se voló una tapa y había que cambiarla… (Entrevista E16. PRHLB. Complejo Palos 460. CABA. Septiembre 2013).

¿Y cómo se organizan para limpiar, viene alguien, lo hacen ustedes? / Nos turnamos nosotros. Sí, dos veces por semana limpieza general, y los otros días se barre y trapea. / ¿Y todos acceden a limpiar sin problema? / No, jaja. Por ejemplo, olvidate, tres personas ancianas abajo, olvídate. [Señalando uno de los departamentos]; no limpia porque no limpia ella. [Señalando otro de los departamentos]; trabaja de noche, duerme de día. Consiguió trabajo, o sea, ¿quién limpia? *Muá.* ¿Por qué? Porque no trabajo. ¡Pero yo no tengo la culpa que conseguí una persona que me mantiene! Pero no, si era una lucha, te digo (Entrevista E5. PRHLB. Complejo Alvar Núñez 245. CABA. Julio 2013).

No ocurre esto en los casos del PRTExAu3, los cuales todos terciarizaron el servicio de limpieza mediante la contratación de alguien externo, cumpliendo con todas las exigencias legales de contratación (por sobre algún tipo de autogestión de la tarea), lo que encareció los costos de expensas en detrimento del cumplimiento de pago. No obstante, sólo en el Complejo de Giribone 1330 se registró el problema de la falta de pago de expensas como significativo:

¿Tienen algún tipo de organización? ¿Están organizados en consorcio? / Sí, ahora tenemos un consorcio, sí, que vienen por el tema de las expensas todas esas cosas. / ¿Ya pagan expensas? / Sí, las expensas están el doble de lo que está la cuota de la casa. Pero bueno, es normal, la cuota también esa baja. / ¿Y con esas expensas qué pagan? ¿Lo que es la luz común, el agua compartida, o sea, los gastos comunes? / Sí. / ¿Y por ejemplo la limpieza? / También, se saca de ahí. Viene un chico contratado, en realidad contratamos a una empresa de limpieza, que viene dos, tres veces a la semana, tres veces a la semana viene / ¿O sea que si es una empresa de limpieza lo tienen contratado en blanco? / ¡Sí, claro! (Entrevista E3. PRTExAu3. Complejo Giribone 1330. CABA. Julio 2013).

¿Se turnan para limpiar los pasillos? ¿Las escaleras? / No, eso tenemos una señora. Una persona que viene… Claro, para abaratar los costos primero teníamos una persona que nos mandaba el Suterh, pero después cambiamos… Y le hacemos el pago para que tenga la jubilación y tenga… / ¿Está contratada en blanco? / Sí, sí, está contratada en blanco. Tiene…, existe una palabra, ehh…, cuando tenés que faltar por si se llega a enfermar…, la ART. Se le paga y viene martes, jueves y sábado, de 8 a 12. / ¿Y con las expensas pagan lo que es la luz del pasillo, todas esas cosas? / Sí, sí. / ¿Y si se rompe algo, o tienen que limpiar el tanque de agua, por ejemplo, cómo lo afrontan? / Y en ese caso, proveemos. Como esto, si bien está nuevo, recién nueva y bien cuidado, pero puede llegar a ser. Un día, tuvo un problema la señora de arriba y tuvimos que poner todos, fue un gasto. Lo que queremos hacer es un pozo social para tener un resguardo por si pasa algo algún día. Porque aquella vez esa plata la pusimos, pero bueno, no es lo mismo poner de a poco… (Entrevista E1. PRTExAu3. Complejo Estomba 1148. CABA. Junio 2013).

En cuanto al modo de organización para la etapa del habitar en los casos del PAV, en ningún de los testimonios recogidos se registró la contratación de administraciones externas para la conformación de un consorcio, ni ninguno manifestó la intención de contratar alguna en el mediano-largo plazo. Todas las organizaciones mantuvieron el modo de organización de la etapa de obra previa en la etapa del habitar: el Consejo de Administración de las cooperativas (compuesto por un presidente, un secretario, un tesorero y un síndico), el cual logró un mayor o menor éxito en función del grado de participación de los cooperativistas en las actividades colectivas. Un factor que abonó a esta particularidad de las cooperativas es que los moradores de las viviendas ya se conocían con anterioridad, en la práctica cotidiana de la implementación-construcción del proyecto, lo que evitó intentos erráticos de conformación de algún tipo de organización para esta etapa (como sí ocurrió en los casos llave en mano).

Cualquiera haya sido la situación de las cooperativas, el rol del área social del ETI en esta instancia fue funda-mental, pues gran parte de las cooperativas, con orientación técnico-profesional, trabajó en taller, previo al habitar, de manera reflexiva, la necesidad de realizar tareas de man-tenimiento del edificio y la consolidación del grupo para gestar una saludable convivencia en la etapa del habitar (inclusive, en la mayoría de los casos, estos taller tuvie-ron por producto la redacción colectiva de un reglamento interno para la convivencia de las cooperativas):

> Algunos de ustedes decían que vienen de villas o de otros complejos habitacionales, Lugano, por ejemplo… ¿Notaron diferencias entre vivir en un complejo tan grande y vivir en una cooperativa? / Yo no viví en casa de villas, pero si en Lugano… Si hablas por ejemplo de Soldati y de Lugano la gran diferencia que hay con las cooperativas es el ETI, porque la socióloga en el transcurso de la construcción del edificio te hace entender que tenés que respetar al otro. Nosotros tenemos un reglamento interno que hicimos con ella que dice "no animales" y ninguno tiene. Tampoco podemos poner música fuerte, si hay cumpleaños pedimos permiso y sólo los sábados, el que viene a la madrugada trata de venir despacio,

pagamos las cuotas, esa es la gran diferencia. Es entender y educar. / O sea que este aprendizaje de normas de conducta que ustedes sienten ¿lo aprendieron con el ETI? / Sí, en Soldati el IVC les dio casas y tienen edificio, pero es la misma villa ahí que la de acá [señalando la villa de Flores que se encuentra cerca], no cuidan el edificio, no pagan, no controlan nada. Nosotros acá cuidamos, mantenemos el edificio (Entrevista A10. PAV. Cooperativa 28 de Julio. CABA Mayo 2013).

Nos falta la vuelta de rosca de si terminamos los últimos planos finales de obra, ya va a venir la escrituración a nuestro nombre y con esto se va a formar en consorcio y ahí se va a tener que pagar, pero va a tener que haber un asesoramiento porque aquel que no pague la cuota de consorcio puede perder su casa, me parece que hay que concientizar con eso, no es que hoy no te puedo pagar y te pago el mes que viene, nos falta el acompañamiento del ETI, que nos ayudó un montón, pero nos quedamos sin ETI. Tuvimos la charla sobre el consorcio, nos informaron que iba a ser como el consejo de administración que lo maneja una sola persona, pero cuesta implementar eso, porque la cuota de consorcio son como $200 o $300 para los impuestos, la luz y el ABL (Entrevista A10. PAV. Cooperativa 28 de Junio. CABA. Mayo 2013).

Las cooperativas que funcionaron de manera más orgánica durante la implementación del proyecto constructivo consolidaron aquel vínculo en la etapa del habitar y fortalecieron en la práctica los aprendizajes de organización y coordinación de actividades aprendidas en aquella instancia. Esto repercutió en el pago de expensas y en el mantenimiento de los edificios:

¿Ustedes pagan expensas? / Sí, hay expensas por metro cuadrado. Y de ahí se resta por metros el porcentaje que nos toca. Por mes juntamos entre los diez. A mí me toca algo de $150, al más grande $170 o $180. Con eso pagamos la luz de los pasillos, los gastos comunes…, y hay playa que queda, ahora hay $14.000 ahí. / ¿Y en qué lo van a gastar? / Hay bombas de agua que si se rompen son caras y tenés que contar con la plata para arreglarlas, también hemos hecho mantenimiento de pintura afuera, tenemos que hacer todavía cosas porque las escaleras se están despintando. Plata que siempre tiene que haber en un edificio. / Y con el tema de la limpieza, ¿cómo se organizan? / La limpieza la hacemos nosotros. Formamos grupos de tres. Mi hermana no porque ella lleva la administración y todos van a pagarle las expensas a ella. Entonces, formamos tres grupos, somos tres, tres y tres, para lunes, miércoles y sábados. A mí me toca el grupo sábados. Somos 3 para el grupo de los sábados, yo sé cual me toca, después a otro, y así vamos entre todos. Con una manguera larga limpiamos todo y no tenemos problemas. / ¿Todos asumen esa responsabilidad? / Sí, porque está muy bien trabajado psicológicamente, con las asistentes sociales que nos ayudaron un montón, el equipo técnico, nos abrió la cabeza y respetamos mucho eso. La limpieza, respetarnos para vivir, no andar a los gritos, el volumen de la música también… (Entrevista A7. PAV. Cooperativa Caminito. CABA. Mayo 2013).

También se registraron organizaciones que funcionaron sin una aceitada participación de sus integrantes en la etapa de implementación (como se las señaló en el capítulo 5), por lo que vivieron los vínculos del habitar de la misma manera, con las complejidades que esto trae para el mantenimiento de los edificios. No obstante, vale recalcar que en esta situación sólo se registraron dos cooperativas de las quince analizadas, dato que cobra significancia en relación a los casos llave en mano, en donde se registraron inconvenientes en todos los proyectos:

> ¿En esta nueva etapa tienen conformado algún consorcio? ¿Qué forma de organización tiene? / El consorcio lo aprobaron antes de escriturar. Tenemos el borrador. En este último proceso tiene que entrar al IVC el consorcio para que lo aprueben, pero eso tarda… / ¿Por ahora funcionan con el consejo de administración de la cooperativa? / Sí. El consejo tiene un presidente, secretaria, tesorero y la cuota social. / ¿Esa cuota social vendría a ser equivalente a las expensas del edificio? / No…, en realidad, sí, la cuota social es para todo, se usa en papelería, en documentación, movilidad, teléfono, tramites al IVC…, pero también para pagar el ABL, la luz común

de los espacios comunes, el agua de los espacios comunes… Pero es un problema con la gente que no quiere pagar. La semana anterior yo escribí una carta al IVC denunciando esta situación, porque hay gente muy morosa en la cooperativa que no quiere pagar, ni el crédito ni el ABL (Entrevista A2. PAV. Cooperativa Luz y Progreso. CABA. Abril 2013).

En verdad les gusta la casa, pero si ves de afuera al edificio parece una casa tomada y los amigos [señalando a los hijos] les dicen "vos vivís en el conventillo". Es que adentro es un departamento lindo y otra cosa es afuera, el edificio. ¡La gente no lo cuida! Hace un tiempo, por ejemplo, le pagábamos a una de las socias para limpiar, pero sólo limpiaba la escalera. Nosotros [en referencia a su familia] limpiamos ahora y nos dan $50, pero limpiamos todo el edificio, la vereda, todo. No lo limpiamos en verdad por los $50 sino porque queremos que esté limpio. Limpio yo, ella, mi marido y mi otro hijo, tardamos como cuatro horas, pero porque queremos verlo bien. Es que en serio si uno lo ve de afuera parece un conventillo, pero no sé, a la gente no le importa, mientras tenga linda su casa, lo de afuera no importa (Entrevista A5. PAV. Cooperativa Alto Corrientes. CABA. Abril 2013).

En este último relato la entrevistada dejó entrever cómo el estigma que existe en relación al mantenimiento de una vivienda para sectores populares puede generar barreras simbólicas en el proceso de integración socio-urbana (Carman, Vieira da Cunha, & Segura, 2013), pues rastrearon la necesidad de mantener el edificio para que sus hijos no sean estigmatizados como moradores de un conventillo (por la carga negativa que la sociedad le asigna a esa situación de hábitat). Por lo que, como consecuencia de esto, ella y su familia decidieron hacerse cargo de la limpieza y el mantenimiento del conjunto, desde una estrategia netamente individual, para contrarrestar esa situación de estigmatización. La particularidad de este caso es que en la etapa de implementación del proyecto los integrantes de la cooperativa tuvieron una participación de tipo *con propuesta*

(De La Mora, 2002; 1992), por lo que, en la etapa del habitar, una vez cumplido el objetivo, la poca participación que existió anteriormente se licuó en la convivencia.

Estos dos casos se constituyeron en un claro ejemplo del impacto del tipo de participación en la etapa de la implementación del programa en la etapa del habitar.

Pero también se registraron situaciones –en la mayoría de las cooperativas por más organizadas que se encontrasen– en las que una vez ocupadas las viviendas (o sea logrado el objetivo de acceder a una vivienda), la participación y el espíritu colectivo de la participación inicial se diluyó en algunos integrantes, generando preocupación en el resto:

> ¿Y cómo se organizan para el mantenimiento de los espacios comunes? ¿Conformaron un consorcio, funcionan con una organización interna? / Tenemos una especie de consorcio interno. Tenemos un dinero que depositamos cada mes, y la limpieza la hacemos una vez por semana. Somos doce, seis hacemos una semana, seis la otra. / Se los ve bien organizados, ¿es así? / Sí, porque uno ha pensado en eso cuando dijimos "queremos una casa". Entonces pensamos en que queremos vivir dignamente y creo que también eso es vivir dignamente, vivir en la limpieza, aportar sus cuotas puntualmente. / ¿Y todos cumplen? / Cumplen. Hay uno o dos, pero hay multas para ellos. / ¿Tienen un sistema de multas? / Sí, tenemos un sistema de multas, tienen que pagar un poco más. Nos da miedo en el caso de algunos que se demoran pensar qué van a hacer cuando empiecen a pagar [en referencia a la cuota del crédito]. No sabemos a quién vamos a preguntar porque en realidad una sola familia que no pague, si va a ser individual, va a ser problemático. Ya van a decir "la cooperativa 27 de mayo no pagó" no van a decir que es uno que no paga, nos van a empañar a todos, los que fuimos tan cristalinos, entonces eso es también nuestro temor (Entrevista A4. PAV. Cooperativa Madres 27 de mayo. CABA. Abril 2013).
>
> Lo hacemos nosotros, las familias que vivimos, tenemos un día destinado, por ejemplo, a mí me toca los viernes, limpio pasillo y escalera, el sábado otra compañera lo hace y así. Todos hacemos autogestión, excepto algunos pelotudos que pagan, que son los que rompieron cosas y hacen lo que no

deben. Se salen de las reglas, porque acordamos no pagarle a nadie, que lo vamos a hacer nosotros, porque creemos que lo podemos hacer como familia, tiene que participar toda la familia, eso habla de la integración. Pero bueno, pasa. Después tenemos las reuniones de los que vivimos, cada quince días, como grupo familiar, los que no vienen, no vienen, ya sabés que hay algunos que no participan, pero nosotros igual venimos porque tenemos que pintar pasillos, y todas esas cosas tienen que ser mediante reunión, para planificar las tareas, así más o menos nos vamos organizando (Entrevista A1. PAV. Coop. El Molino-MOI. CABA. Marzo 2013).

El arquitecto, cuando en 2008 nos permitió venir a vivir, hizo un modelo de porcentuales para poder pagar los gastos comunes: el mantenimiento de espacios comunes, la luz del edificio, y el agua, que es un impuesto global. Aquí también tenemos matafuegos, están asegurados los espacios comunes contra incendios, el pago de ABL, limpiezas de tanque, esas tareas se hacen porque estamos viviendo aquí. / ¿Y cómo se organizan para hacer la limpieza de los espacios comunes, el mantenimiento del edificio? / Ahí [señalando el hall de entrada al conjunto] hay una pizarra con un cronograma de limpieza, nos tocaría una vez al mes limpiar a cada uno, es un tema también, que la gente se comprometa a limpiar. El cronograma está hecho pero muchas veces dicen que se olvidaron o que está lloviendo, hasta eso les cuesta. Acá cuando vinimos a vivir no teníamos ni portero, ni jardinero, tenemos una máquina –que compramos– para mantener el jardín, si a futuro quieren contratar uno sería ideal, pero mientras tanto es compromiso entre nosotros, tenemos que respetar el cronograma de limpieza y el porcentual para dividir los gastos del edificio. / ¿Y los cooperativistas lo cumplen? / Sí, medianamente. Siempre hay debates en las reuniones, algunos cumplen de pagar, otros no, algunos no cumplen bien los pagos… Por ejemplo, a los que están atrasados les dejamos cronogramas ahí donde están las llaves y medianamente algo hacen… Pero más allá de todo eso, uno tiene que limpiar el lugar, no hay una persona que te venga a limpiar tres veces a la semana, todos nosotros transitamos las escaleras, los patios, disfrutamos del espacio que tenemos ahí atrás, tenemos parrilla, banquitos, lugares lindos para colgar la bicicleta, arboles, también cuesta esa parte de organizar con la gente, que colaboren, uno no les quiere mandar, sino recordarles que hay normas de convivencia y que las hicimos entre todos, nadie le impuso nada a nadie. Algunos van entendiendo, otros se ponen en rebeldes, y así... (Entrevista A9. PAV. Cooperativa Uspallata. CABA. Mayo 2013).

En cuanto a las formas de organización que asumieron las cooperativas, todas demostraron particularidades que se ajustaron a las decisiones autónomas de cada cooperativa y a las decisiones que se tomaron en asamblea. Gran parte de ellas decidieron el pago de una cuota mensual que vaya conformando un ahorro, pero también hubo otras que decidieron otras formas:

en un principio teníamos una cuota social hasta que después, ya acá, en la vivienda, le cambiamos el nombre a cuota de gastos. Eso cubre los gastos de mantenimiento del edificio, los últimos años subió un poco, el precio de la cuota es casi el mismo que hace seis años atrás, $50 mensuales para mantenimiento de gastos, eso va destinado a los libros y viáticos, después cada socio paga un adicional de $110 por el ABL. / ¿Cómo hacen el mantenimiento del espacio? / La limpieza un fin de semana cada uno. Lo que no tenemos es un fondo por si se rompe algo, en ese caso salimos a comprar y repartimos el gasto, pero estaría bueno tener un fondo para eso, estamos en eso... (Entrevista A10. PAV. Cooperativa 28 de Junio. CABA. Mayo 2013).

¿Y cómo se organizan? ¿Conformaron un consorcio? / Estamos trabajando, recién hablábamos de esto del ensayo, porque cuesta cuando son compañeros del campo popular [...] cuesta, pero ya estamos trabajando, nos juntamos todos los lunes a discutir temas, ahora que estamos escriturando vendrá un administrador externo a asesorarnos y veremos cómo nos organizamos. [...] Vos imaginate que vienen de vivir en una pieza, o si vienen de la villa vienen de vivir entre chapas y el baño y la cocina afuera, imaginate que entraron a vivir en un lugar donde cada uno tiene su espacio, tienen pieza, living, su propia cocina y baño que no comparten con nadie. Eso fue un shock para muchos..., y entender que existe una ley de propiedad horizontal que la estamos trabajando, que recién la están entendiendo y leyendo, que hay obligaciones, que hay que pagar impuestos, hay que cuidar el lugar dónde se vive, uno tiene exigencias, pero sabes que es tuyo… Esto del consorcio, por ejemplo, ¿qué significa? Recién ahora se están organizando porque tienen que tenerlo. Después está el tema del mantenimiento, porque había como una ilusión de que todo se llamaba a la cooperativa [en relación a la cooperativa de trabajo del movimiento] para que lo venga a arreglar, pero esa organización tiene un costo. El tema de las expensas, este movimiento votó que las expensas tenían que ser populares, se llamaron "expensas sociales" que equivalen a $1 el metro cuadrado. Mi departamento tiene 56 m2 yo pago $56, de expensas sociales y con eso se tiene que mantener. Eso se pone hoy en discusión de nuevo, pero la idea es siempre ir discutiendo unas expensas sociales, no la que tiene establecido por la ley sino la que la organización necesite y se dé y lo decidamos entre todos (Entrevista A13. PAV. Coop. EMETELE-MTL. CABA. Junio 2013).

Lo primero que parece importante señalar del análisis comparativo realizado, es que en casi todos los casos, sean llave en mano o autogestionarios, se verificó la inadecuación de la realidad organizativa que asumió cada proyecto a lo que la norma establece (Ley 13.512 de Propiedad Horizontal). Pues las rigideces de esta norma no contemplan la conformación de otros modos de administración de propiedades, los cuales podrían incorporar las trayectorias y necesidades de los habitantes de modo tal que los residentes junto con el ámbito institucional público (IVC) puedan trabajar de manera mancomunada en el modo de organización más satisfactorio para cada proyecto.

Ahora bien, más allá de las particularidades de cada caso de análisis según su modo de producción, lo que se notó con la exploración de los casos llave en mano es que los usuarios de las viviendas del Programa Viví en tu Casa, provenientes de una situación previa de alquiler formal, a pesar de señalar la falta de conocimiento de sus vecinos como un impedimento para la consolidación de un consorcio, de alguna manera todos estaban habituados a la vida en edificio en propiedad horizontal y sus implicancias: el pago de expensas, el mantenimiento colectivo de los espacios comunes, etc. Con lo cual, las complejidades de esta experiencia se vincularon, en mayor medida, a las dificultades que surgieron por tener que construir algo de manera colectiva o a las rigideces de las normativas vigentes. En cambio, en los casos de los complejos de La Boca, lo que se verificó es que los usuarios de las viviendas no contaban con ese *habitus* (Bourdieu, 2001) de la convivencia consorcial, pues todos ellos provienen de experiencias de conventillos y alquileres caracterizados por la informalidad en donde la actividad colectiva se remitía al reclamo de una vivienda digna y a las particularidades de ese tipo de organización, pero no a cuestiones de convivencia cotidiana o de mantenimiento de los edificios, por lo que estas cuestiones en la etapa del habitar se les presentaron de manera conflictiva y sin experiencia ni herramientas para enfrentarlas. En los casos autogestionados, todas las cooperativas ya contaban con ese *habitus* (Bourdieu, 2001) de organización colectiva que construyeron en la instancia de implementación-construcción de las obras y que ellos percibieron como una prolongación hacia la etapa del habitar. Gran parte de la población del PAV provino del mismo sector social el PRHLB y sin embargo se verificó en estas experiencias autogestivas un aprendizaje colectivo que constituyó a los cooperativistas en actores activos de sus proyectos, con herramientas para enfrentar la etapa del habitar. En los pocos casos en lo que esto se vio debilitado fue una debilidad en la formación colectiva durante la etapa de la implementación del programa y de la construcción de las obras.

En los casos llave en mano, la falta de acompañamiento del IVC en esta etapa de transición de un tipo/estilo de habitar (en conventillo) a otro (en propiedad horizontal y siendo ellos propietarios) fue fuertemente marcado en los testimonios y notado en las visitas a los complejos. Algo similar se verificó en el caso de las cooperativas, aunque fue fundamental el rol del área social del ETI en la construcción colectiva de normas de convivencia. Por lo que la falta de un acompañamiento técnico y social en la transición a la etapa del habitar resultó un problema

significativo de la implementación de los programas llave en
mano, que posiblemente repercuta en un inadecuado mantenimiento de los complejos, y en consecuencia, en las probabilidades de apego/apropiación de los habitantes a sus complejos.
La construcción de usuarios activos de las viviendas con sentido de apego a sus conjuntos es un factor fundamental para la
valorización que hagan de sus edificios, pero también para su
valorización por el entorno barrial. Pues surgió de los entrevistados que edificios mejores cuidados promueven una mejor
adaptación barrial e integración social de sus usuarios, mientras
que, a la inversa, pueden ser generadores de proceso de estigmatización barrial y segregación social (Sabatini, Cáceres, & Cerda, 2001; Carman, Vieira da Cunha, & Segura, 2013; Segura,
2014). El aprendizaje de prácticas de participación en la conservación edilicia hace a la consolidación de adecuadas condiciones de habitabilidad para sus usuarios (Barreto M. Á., 2008;
De La Mora, 2002).

8.2 Dinámica de localización de los conjuntos en la ciudad

Otra de las escalas de análisis de esta investigación, en función
de las condiciones de habitabilidad definidas para una vivienda digna, es el entorno barrial o el barrio en el que se insertan
los complejos habitacionales a partir de las dimensiones que
aquí se definieron como subsistemas *territorial/ambiental, económico, social y cultural* (Barreto M. Á., 2008; De La Mora, 2002).
El barrio remite a ese espacio de lo conocido-cotidiano, de las
calles de alrededor de la vivienda en la que sus moradores se
desplazan caminando y en donde a diario se advierten los cambios y las intervenciones de otros en el espacio (Giglia, 2012, p.
59). Esta autora, además, dice que el barrio es aquel espacio en
el que uno "se siente como en casa", en el que se experimenta
una sensación consciente de domesticación (como se lo definió

en el capítulo anterior). Por ende, lo que se busca analizar en este apartado son los modos de domesticación del entorno que hicieron los usuarios de las viviendas (si es que lo consiguieron).

En este sentido, haciendo un análisis comparativo del *subsistema territorial/ambiental*, de las localizaciones de los complejos llave en mano y autogestionarios, lo que se verificó en el mapa a continuación es que los programas llave en mano mostraron cierta concentración en función del programa que se trate y dispersión para los casos de las cooperativas de vivienda (ya que los que eligieron la localización fueron los propios usuarios de las viviendas de manera azarosa).

Mapa 7: Proyectos del PAV, PRHLB, PRTExAu3 y Programa Viví en tu Casa. CABA. 2014

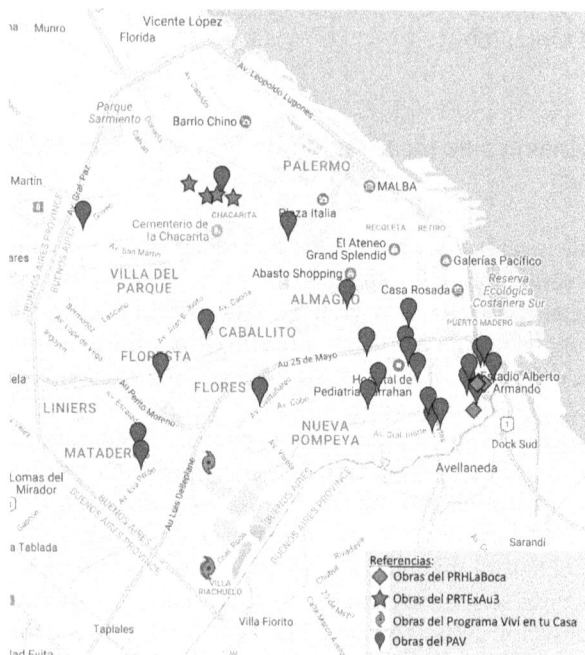

Fuente: Elaboración propia en base a Google Maps.

Los proyectos llave en mano de los programas de la ExAu3 y La Boca, por ser operatorias que tuvieron por propósito responder a la demanda de una población específica, se localizaron en sus zonas de incidencia: el barrio de La Boca y el sector 4 y 5 de la Traza de la ExAu3, en el barrio de Colegiales. En lo que respecta a las operatorias del Programa Viví en tu Casa se pudo verificar una marcada concentración en la Comuna 8 al sudoeste de la CABA, en el límite de Parque Avellaneda con Villa Soldati y Villa Riachuelo en el límite con Villa Lugano (zonas convencionales de predominante anclaje de vivienda estatal para sectores populares). Es importante recordar del capítulo anterior que los destinatarios de estas viviendas no tuvieron ningún tipo de injerencia en la definición de la localización de los complejos, de hecho, ellos conocieron su nuevo destino tras el proceso de adjudicación de las viviendas, una vez finalizadas. Ostuni (2010) asoció la localización de estos conjuntos con la particularidad de ser un programa estandarizado que atiende a una demanda anónima. El autor planteó que la ausencia de una problematización de las características de los destinatarios y la falta de una mirada integral sobre la cuestión del suelo y su relación con la vivienda confluyeron en procesos que llevaron al desplazamiento y a la "relocalización de la población" en el territorio. Recuperando una entrevista realizada por este autor a un funcionario del IVC, este decía:

> Cuando se habla de relocalización parece que está siempre vinculado a una villa. Pero estamos relocalizando gente adentro de la ciudad, porque esta vivienda nueva va a hogares que están viviendo en algún lado, con sus padres o donde fuere. Estamos relocalizando y lo hacemos en el lugar donde podemos y al que le toca. Entonces, esa falta de apropiación social de la decisión trae después una falta de apropiación del bien, del producto (Entrevista 2 en Ostuni, 2010, p. 95).

En lo que respecta a la distribución de los inmuebles autogestionarios del PAV, se verificó una concentración en la zona sur de la ciudad, especialmente en los barrios de La Boca y Barracas, que concentraron el 44,5% de los terrenos (35 y 14 respectivamente) y en Parque Patricios, Constitución, San Cristóbal, San Telmo y Balvanera –se pudieron registrar también casos aislados de obras ubicados en la zona de Chacarita, Caballito, Villa Crespo y Palermo "Soho"–. Vale remarcar que ninguna operatoria del PAV se localizó en la Comuna 8 (tradicionalmente reservada para vivienda estatal). Fueron los propios destinatarios los que, como parte del proceso autogestionario de sus viviendas, decidieron la ubicación de sus propios terrenos y salieron a buscarlos. Pues evidentemente, cuando son las familias las que eligen donde vivir, su selección no coincide con la elección que los funcionarios públicos hacen por ellos:

Yo este barrio lo conocía, porque dentro de todas las mudanzas yo había estado viviendo en Ramón Falcón, y cuando veo este terreno en el diario digo "qué bueno, frente a la placita Ramón Falcón", conocía este lugar perfectamente, sé que no hay villas, que no se inunda, entonces por teléfono lo hice, no me moví de mi casa. Así fue como me disfracé y me puse perfume de señora de plata y me fui con todas las exigencias. Después fui al IVC y les dije que lo tenía, y no le quedó otra que comprármelo y cumplieron, me lo compraron (Entrevista A11. PAV. Cooperativa Octubre. CABA. Mayo 2013).
¿Ustedes pudieron elegir la localización del terreno? ¿Cómo fue? / En las reuniones del IVC te iban informando como era el proyecto, que después había que buscar el terreno, tenías que tasarlo, llevar la escritura, una serie de detalles. Así que de la Av. San Juan para acá salimos en grupos a buscar no solamente terrenos, edificios viejos para ver si los podíamos reciclar. / ¿O sea que ustedes buscaban y ellos compraban? / Uno le llevaba todos los datos del terreno o del edificio y ellos estudiaban qué se podía hacer, si era viable o no, y así teníamos una carpeta / ¿Cuánto tiempo estuvieron buscando? / Un año más o menos, éramos un montón y nos dividíamos para buscar. Nos juntábamos entre dos o

tres y preguntábamos, llamábamos a las inmobiliarias. Acá fue un caso puntual de encontrarnos con la persona justa en el momento justo. El dueño de la inmobiliaria que tenía en venta este terreno también es un hombre que nos ayudó, más allá de las necesidades que él tenía de vender, nos acompañó y nos ayudó. Él iba a las reuniones y se ponía a la par con los funcionarios para discutir el tema de la compra o no del terreno… (Entrevista A9. PAV. Cooperativa Uspallata. CABA. Mayo 2013).

La posibilidad de compra de suelo urbano fue uno de los aspectos progresistas en este programa que, hay que agregar, lo distinguió de la gran mayoría de los programas habitacionales del país. Sin embargo, quedó supeditada a una variedad de elementos: las posibilidades y capacidades de las cooperativas de salir a comprar inmuebles en el mercado, la eventualidad de los procesos especulativos que se acentuaron en la ciudad durante los últimos años y los tiempos de gestión del IVC y el Banco Ciudad. Vale notar que gran parte de los inmuebles comprados por el programa se realizaron con anterioridad al año 2006 que, como se vio en capítulos anteriores, fueron años de recuperación de la crisis económica de 2001 y de depresión de los precios del suelo. Según los testimonios recogidos en las organizaciones sociales, después del año 2006, con la disparada de los precios en general y el boom de la especulación inmobiliaria en la ciudad, la compra de los inmuebles se tornó uno de los problemas más críticos del PAV[172]. En este punto, esta

---

[172] Para sortear estas dificultades el Espacio de Coordinación de Cooperativas Autogestionarias (ECCA) propuso, por un lado, autorizar la compra de los inmuebles contra la presentación al PAV de un anteproyecto y que esta instancia sea quien evalúe su factibilidad inicial con personal técnico propio; por el otro, para acelerar plazos se planteó que el IVC compre los inmuebles en "gestión de negocios", y que luego los transfiera a las organizaciones de base que presenten los respectivos proyectos, una vez que éstas obtienen la aprobación de los planos en DGFOC. Asimismo, mientras no existan otras medidas vinculadas a facilitar el acceso al suelo urbano, se propone que el organismo subsidie un porcentual del precio de los terrenos (acción posible en el marco de la Ley 341).

política habitacional mostró la necesidad de articularse con intervenciones de suelo urbano que propicien igualdad en las posibilidades de acceso al suelo urbano de calidad, pues sectores populares con recursos estatales no deberían quedar a la merced del mercado inmobiliario especulativo. El sentido de la intervención estatal en esta problemática pone de manifiesto el carácter que juega el Estado en relación con las condiciones de producción y acceso de la ciudad por parte de los distintos sectores sociales. Pues la no intervención estatal en la regulación de los precios del suelo se constituyó en una herramienta de segregación socio-espacial (Rodríguez Vignoli & Arriagada, 2004; Sabatini, 2003) de los sectores que no contaron con el capital suficiente para poder acceder mediante el mercado a una buena localización. En una ciudad como Buenos Aires, en la que existen significativas diferencias territoriales en términos de condiciones de habitabilidad entre el norte y el sur[173], la localización en una zona o en la otra se convirtió en determinante para la reproducción de patrones de integración o, en detrimento, de segregación socio-urbana (Rodríguez Vignoli & Arriagada, 2004; Sabatini, 2003; Kaztman, 2001). Por ende, esto no implica que los sectores populares tengan que localizarse en la zona céntrica de la ciudad, sino, lo que aquí se pone en cuestionamiento, es que mediante políticas del estado se segrega hacia zonas de la ciudad con poca intervención estatal en términos de urbanización a sectores sociales que son expulsados vía mercado de la ciudad.

---

[173] Para profundizar en este aspecto se puede ver el Informe Diagnóstico Socio-habitacional de la CABA (Consejo Económico y Social de la Ciudad de Buenos Aires, 2013) –la autora de este libro fue parte de su equipo de investigación–. De cualquier manera, para ilustrar esa fragmentación, el 1.46% del territorio porteño está ocupado por villas, existiendo mayor superficie ocupada por esta tipología habitacional en el sur que el norte, pues el Censo Nacional 2010 registró un 366% más de población en villas y asentamientos en la zona sur.

Pues la construcción a gran escala (como en el caso del Complejo Parque Avellaneda o Torres de Lugano) fue de la mano de la disponibilidad de suelo urbano existente, lo que hizo inevitable que grandes complejos habitacionales como los proyectados tuvieran que ubicarse en la zona sudoeste de la ciudad, por la existencia de grandes terrenos libres[174], creando en la zona sur de la ciudad grandes islotes de segregación socio-urbana (Rodríguez Vignoli & Arriagada, 2004; Sabatini, 2003; Kaztman, 2001), pues dicha comuna aún presenta signos de poca urbanización, que los entrevistados registraron en pocas veredas asfaltadas, falta de desarrollo de vías de acceso, falta de nombre de calles, inexistencia de semáforos, falta de luminarias y de algunos servicios públicos (como el cable, que no llegan al barrio), es decir, componentes que hacen al *subsistema territorial/ambiental* (Barreto, 2008):

> Es ridículo que te entreguen un barrio [en referencia al predio] totalmente armado, perfecto, hermoso y que no puedas entrar o salir, que no haya manera de entrar o salir a pie, porque con el auto hacés lo que querés, yo con la moto hago lo que quiero, porque las calles están hace mil años, pero la parte más sencilla, que es la urbana, pero a pie… Eso hay que planificarlo (Entrevista E11. Programa Viví en tu Casa. Complejo Parque Avellaneda. CABA. Agosto 2013).
>
> El barrio tiene tres calles nuevas que todavía hoy no tienen nombre entonces para decir donde vivís tenés que decir sobre las calles de ahí y explicas, a la altura de Castañares, torre n°X y que den la vuelta y busquen. Tampoco tenemos cable, sólo DirectTV. / ¿Por qué no llega el cable? / Porque cablevisión llega hasta la vereda de enfrente (que es otro barrio), no está el tendido. El edificio está pensado para un cable central, ya

---

[174] Los pocos terrenos libres –con las dimensiones suficientes para los emprendimientos de los que estamos dando cuenta– que quedan en la CABA se localizan en la Comuna 8; a partir de la definición de la zona como área de desarrollo de los Juegos Olímpicos 2015 y de varios emprendimientos inmobiliarios, se comienza a percibir la gestación de una especulación inmobiliaria en los valores de este suelo urbano.

no se hace más el cableado exterior, entones tiene un caño, pero el consorcio se tiene que poner de acuerdo, viene en la pared la boca por donde tiene que salir el cable. Cosas que pasan, no tenemos cable. De hecho, yo trabajo en cablevisión y es una pelea eterna (Entrevista E13. Programa Viví en tu Casa. Complejo Parque Avellaneda. CABA. Agosto 2013).

Me gusta llegar a mi casa, pero no irme, porque tengo que ir a Castañares cruzando la rotonda que es un peligro, y también está mi mamá que es mayor y es andariega como yo y a mí me da miedo, cada vez me gusta menos que cruce. / ¿Es peligroso? / Sí, por el tema del tránsito, vienen autos a muchísima velocidad. Hay un proyecto de uno de los vecinos y lo mandó al Gobierno de la Ciudad a ver si lo pueden analizar. Es un proyecto de remodelación de la rotonda. No tenemos veredas en las partes internas, yo me compré unas botas todo terreno porque cuando llueve hay mucho barro, cuando está seco te podés patinar, tenés que dar una vuelta, pero no hay buena iluminación así que andas con miedo... Yo pedí seguridad al IVC, tengo notas de IVC por mesa de entrada y me respondieron, pero todo es tema plata, llamé también al 147 para que hagan veredas, para que vengan a buscar los escombros (Entrevista E8. Programa Viví en tu Casa. Complejo Parque Avellaneda. CABA. Julio 2013).

Imagen 37: Fotos de condiciones de accesibilidad al Complejo Parque Avellaneda. CABA. 2013

Fuente: Fotos cedidas por un poblador de Parque Avellaneda entrevistado.

El PAV introdujo, en este sentido, un cuestionamiento a este patrón tradicional de política habitacional que históricamente respondió más a los intereses y a la rentabilidad de las empresas constructoras involucradas que a criterios urbanísticos o sociales de necesidad habitacional. Pues el PAV habilitó el desarrollo de un proceso de apropiación de suelo urbano por parte de los sectores de menores recursos de la ciudad (en un marco de disputa profunda por el espacio urbano de parte de todos los actores sociales que se despliegan sobre la CABA) y de las oportunidades comunitarias, sociales y urbanas ligadas a la localización (Kaztman, 2001). Las escalas pequeñas de los complejos habitacionales –analizadas en el apartado anterior– admitieron excelentes localizaciones para proyectos del PAV, la mayoría de ellas en plena centralidad urbana, rompiendo con la lógica de segmentación social y segregación urbana de las políticas habitacionales tradicionales de vivienda. Como se puede ver en el mapa, la localización de los proyectos mostró una concentración importante de familias de bajos recursos en barrios consolidados y con muy buena accesibilidad a la zona céntrica de la ciudad y a sus servicios, revelando las ventajas que habilitó el PAV en términos de ejercicio del derecho a la ciudad (Rolnik, 2011; Fernandes, 2006). Algo similar ocurrió con el Programa de Recuperación de la Traza de la ExAu3, que a partir de la lucha colectiva se logró la re-localización de sus familias en sus barrios de pertenencia. Tanto los destinatarios de un programa como del otro valoraron esta capitalización económica que implicó para ellos haber accedido a una vivienda en buena localización: "y…, sí, esta casa como la que yo tengo debe estar arriba de los U\$S120.000… Te digo que si ahora lo valúan… Este barrio debe salir una fortuna" (Entrevista E1. Complejo Estomba 1148. PRTExAu3. CABA Junio 2013); "estas viviendas fácil valen U\$S110.000, nosotros, ¿sabés cuánto vamos a devolver? \$100.000 y a 30 años" (Entrevista A1. Coop. El Molino. PAV. CABA. Marzo 2013).

Continuando con el análisis del *subsistema territorial/ ambiental* (Barreto, 2008) y los modos de apropiación de las viviendas, ante la consulta a los entrevistados acerca de la conectividad que percibieron del barrio nuevo en el que viven con el resto de la ciudad, tanto los entrevistados del PRHLB, el PRTExAu3 y el PAV dieron cuenta de una gran diversidad de medios de transporte y se mostraron satisfechos con los recorridos que realizan a diario. Todos estos complejos se localizaron en zonas de variadas opciones de transporte (colectivo, subte, tren, pre-metro y metrobus). Por ejemplo, los ubicados en el barrio de La Boca del PRHLB y el PAV contaron con las dos vías principales de ingreso y egreso del barrio, las Avenidas Almirante Brown y Regimiento de Patricios por donde circulan una gran cantidad de colectivos para diversos barrios de la urbe y en sólo 10 minutos se está en el centro de la ciudad con accesibilidad al subte. Algo similar ocurrió con los complejos del PRTExAu3 y las cooperativas de Palermo, Chacarita y zona centro, que contaron con varias avenidas de rápida circulación de colectivos y se encuentran entre las líneas B y C de subte, y las cooperativas que se localizaron en la zona céntrica de la ciudad disponen de todos los medios de transporte (inclusive tren y metrobus) y circulación (con facilidad de acceso a las autopistas). Incluso las que se ubicaron alejadas, en Mataderos y Flores:

> ¿Te resulta de fácil acceso el barrio [en relación a Mataderos]? ¿Tenés medios de transporte cerca? ¿Te resulta cómodo el barrio? / Sí. El barrio es cómodo, con las veredas y calles grandes. Está a cinco cuadras de Eva Perón. Hay mucha fábrica, colectivos tenemos varios. De Directorio y de Eva Perón hay un montón. A mi trabajo llego en 40 minutos. Pasan varias líneas que no manejaba antes de vivir acá, el 104 sale por Mitre, el 52 hasta Lugano, el 103, el 97 que va a Constitución, el 141 a Villa Crespo que son lugares a los que voy. Un montón. También está el subte, la línea A, para ganar tiempo (Entrevista A2. PAV. Cooperativa Luz y Progreso. CABA. Abril 2013).
>
> Por esta calle [en relación a la de la Cooperativa, que se ubica en el barrio de Flores] transita demasiada gente porque las paradas de colectivo están justo acá en la esquina, el 26 anda toda la noche, y cuando termina la vuelta del colectivo para acá en la puerta. / ¿Tienen opciones de líneas de colectivo? /

Sí, un montón y a toda hora. La gente ya sale a trabajar desde las cinco de la mañana y transita hasta las ocho y a la tarde, desde las siete de la tarde hasta la noche la gente que vuelve del trabajo... Y también tenemos el subte, está a ocho cuadras, la estación Emilio Mitre, Medalla Milagrosa. También está la estación del Premetro... ¡En ese sentido bárbaro! (Entrevista A6. PAV. Cooperativa 28 de Junio. CABA. Abril 2013).

No obstante, en los testimonios de Parque Avellaneda se registraron numerosos problemas en cuanto a las posibilidades de acceso a medios de transporte, dando cuenta de la sensación de segregación urbana (Carman, Vieira da Cunha, & Segura, 2013; Segura, 2014; Jirón, Lange, & Bertrand, 2010) que apreciaron de su barrio en relación al resto de la ciudad:

Yo tomo tres medios de transporte para llegar a mi trabajo todos los días: un colectivo hasta la estación Virreyes, ahí hago Virreyes-Bolívar, todo el tramo de la línea E y ahí combino con Catedral-Tribunales y salgo acá. De repente mi yerno hace tres combinaciones todo por abajo del subte porque trabaja en las Galerías Pacífico. Yo podría tomar el 7 en un sólo tramo que me deja acá en Uruguay y Bartolomé Mitre o el 101 que me deja en Santa Fe y Uruguay, pero sabes qué, se hace el mediodía y todavía estoy tratando de llegar..., [...] Si vos venís con un GPS la mayoría te dice "entrando a zona peligrosa", no con los remiseros porque ellos son baqueanos del barrio, pero si quiero que venga alguna amiga mía de otro barrio yo les mando el remís. A mí me ha llegado a pasar que me han bajado antes de llegar. El tachero que maneja la calle no tiene problema, yo me tomo un taxi en Virreyes y voy, pero al principio era una angustia..., [...] si tengo una reunión en la casa de una amiga a veces me quedo a dormir y vuelvo al otro día, y si no arreglo con la remisería que sé que trabaja a la noche el fin de semana y ya sé que por ejemplo no tiene que venir por Castañares porque arriba de ese puente no me gusta, tengo noticias de que han pasado cosas (Entrevista E8. Programa Viví en tu Casa. Complejo Parque Avellaneda. CABA. Julio 2013).

Algo similar ocurrió en cuanto a la consulta de los componentes que hacen al *subsistema económico* (Barreto, 2008), en relación a las distancias y/o proximidades a establecimientos de abastecimiento. Los testimonios de los complejos de demanda específica y de las experiencias autogestionarias dieron cuenta de la variabilidad de opciones para auto-abastecerse de los productos de necesidad básica, percibiendo integración al barrio en el que se insertaron (Sabatini, Cáceres, & Cerda, 2001):

> Está el Coto, Jumbo a tres cuadras, Carrefour chiquito, tenemos de todo... Kiosco, Iglesia. Tenemos de todo, una plaza a una cuadra, yo que sé..., no me falta nada de nada / ¿El barrio te queda cómodo? / Sí, sí, estoy re contento, no me falta nada (Entrevista A1. PTExAu3. Complejo Estomba 1148. CABA. Junio 2013).
>
> ¿Para autoabastecerte tenés supermercados, farmacias, tiendas cerca de tu casa? / ¡Sí! Supermercados está el Coto, almacenes acá en la esquina, enfrente de la plaza... Enfrente de la plaza tenés tres almacenes, carnicería, verdulería, ferretería dando la vuelta, todo a mano (Entrevista E5. PRHLB. Complejo Alvar Núñez 245. CABA. Julio 2013).
>
> ¿Hay supermercados, farmacias por la zona para tu autoabastecimiento? / Tenés de todo, chinos, Carrefour, Supermercado Día, el que quieras. / ¿Te queda cómodo el barrio [en referencia a Floresta]? / Sí, lo adoro (Entrevista A11. PAV. Cooperativa Octubre. CABA. Mayo 2013).

No así en el caso de demanda general del Complejo Parque Avellaneda, que si bien existen opciones al igual que en los otros casos, las hay en menor cantidad y todos los entrevistados marcaron las distancias que deben recorrer para saciar sus necesidades básicas de abastecimiento y los distintos impedimentos (físicos) que debieron afrontar para autoabastecerse, percibiendo estas distancias en términos de segregación socio-residencial (Jirón, Lange, & Bertrand, 2010; Segura, 2014). Incluso, una entrevistada comentó que le resulta más cómodo realizar las compras en el centro de la ciudad donde desempeña su tarea laboral y transportar las compras en colectivo que transitar por el barrio:

¿Y para autoabastecerte de tus necesidades básicas, como comida, ropa, remedios, a dónde vas? / Acá en Eva Perón, a siete cuadras más o menos hay negocios. Es tipo pueblo acá, yo ahora tengo que ir al Banco Ciudad y me tengo que ir hasta Alberdi, no está el Banco Nación tampoco. Hay algunos bancos privados, pero pocos. / ¿Y del otro lado de la rotonda? / No, ahí son sólo negocios de comida, carnicerías, verdulerías, supermercados. Hay alguna zapatería, ahora pusieron un negocio de ropa, pero nada más. No hay consumo tampoco, yo creo que porque acá es una zona pobre, después del Indoamericano está la villa entonces sólo hay cosas de primera necesidad, como la comida. / ¿Y cuando tenés que comprar ropa, a dónde vas? / Yo compro por otras partes, Belgrano, Palermo, Paternal. Acá si querés algo hay un pago fácil que antes no había, pero todo eso está sin desarrollo, es muy pobre [...] Como yo trabajo en la calle a veces compro allá en Belgrano y me vengo con las bolsas en el colectivo, porque si después de todo ese viaje me tengo que ir hasta allá a comprar, prefiero no comer (Entrevista E12. Programa Viví en tu Casa. Complejo Parque Avellaneda. CABA. Agosto 2013).

Yo ya conocía que iba a ser más desolado, porque para comprar tenemos que cruzar la rotonda e ir al frente del Samoré. / ¿Ahí hay centro comercial? / Sí, es centro comercial y tenés de todo, supermercados, un chino, Carrefour, Día, farmacias, de todo, pero los días de lluvia cruzar esa rotonda es un asco, no se puede. Del otro lado está el Jumbo grande... Uno de los chicos que vive en el edificio tres presentó un proyecto de hacer en la rotonda una vereda de asfalto, pero nunca le dieron bolilla. [...] Me imaginaba que me iba a costar un poco porque yo vivía en San Cristóbal y era todo más transitado, tenías más colectivos y más accesibilidad, tenías todo cerca. Acá las cosas las tenés, pero todo lejos, no están a la mano (Entrevista E7. Viví en tu Casa. Complejo Parque Avellaneda. CABA. Julio 2013).

Sí o sí tenemos que cruzar la rotonda para el otro lado. Tenés dos chinos que te arrancan la cabeza. Sale más caro comprar ahí que irte a Recoleta, te juro, como son los únicos que hay… / ¿Por qué, son pocos? / Exactamente, ese es el tema, yo cuando me mudé me quería morir. Acá me van a fundir… Porque, o sea, la oferta que yo tenía donde vivía, que tenía uno en cada esquina, uno en cada cuadra… Había competencia de precios. Entonces, claro, uno podía comprar… Ahora pusieron un Carrefour Express y hay un supermercado Día, pero para todo esto me tengo que caminar siete, seis cuadras y si no te tenés que ir hasta Eva Perón que tenés un Coto… Tenés kiosco, hay una farmacia, o sea, todo cruzando. / ¿Siempre cruzando la rotonda? / Cruzado la rotonda, o sea, nosotros tenemos que cruzar sí o sí, los chicos cruzan y es un peligro… Faltan negocios… (Entrevista E9. Programa Viví en tu Casa. Complejo Parque Avellaneda. CABA. Julio 2013).

En relación a la disponibilidad de servicios de salud, educativos (*subsistema social* (Barreto, 2008)) y espacios culturales y de esparcimiento (*subsistema cultural* (Barreto, 2008)) no se verificaron diferencias sustanciales, pues los complejos ubicados en La Boca del PRHLB, en Colegiales del PRTExAu3 y las cooperativas del PAV mostraron gran diversidad de alternativas. En cuanto a la oferta de escuelas primarias y secundarias, todos los testimonios dieron cuenta de que sus hijos concurren a instituciones próximas a sus nuevas viviendas y hacen uso de los hospitales o salas de salud de sus nuevos barrios y cuentan con cines o espacios de recreación.

Nosotros tenemos Constitución a cinco cuadras, estamos frente a una plaza, tenemos centros de salud, tenemos hospital, tenemos todo acá… Yo me atendía en el centro 15, pero hay uno de salud acá cerquita […] La escuela de los chicos me queda cerca también… (Entrevista A5. PAV. Cooperativa Alto Corrientes. CABA. Abril 2013).

Hospitales, como cerca, tenemos el Tornú o el Pirovano. […] Mis hijos van a once cuadras de acá, pero porque de doble jornada hay muy poquitos… Tenemos uno acá, a dos cuadras a la vuelta, pero por comentarios de gente del barrio decidí no anotarlos ahí. Lo que sí hay es muchos colegios privados (Entrevista E3. PRTExAu3. Complejo Giribone 1330. CABA. Julio 2013).

> Mirá, una cuadra el colegio de mi hija, dos cuadras la salita, diez cuadras el hospital Argerich…, todo a mano […] y en el barrio [en referencia a La Boca] hay un montón de actividades culturales…, como está de moda…, una zona de museos por allá… (Entrevista E5. PRHLB. Complejo Alvear Núñez 245. CABA. Julio 2013).

No así para los casos llave en mano de demanda general, donde además de las dificultades vinculadas con las distancias, se adicionó la poca oferta de establecimientos en una zona. Se registraron varios relatos de entrevistados que envían a sus hijos a escuelas de otras zonas aledañas (algunos conservaron las escuelas de la anterior vivienda) con transporte escolar (engrosando aún más los gastos mensuales) o directamente al centro de la ciudad vía transporte público. Tampoco hay espacios de desarrollo cultural (como cines o teatros/centros culturales), por lo que los pobladores deben dirigirse al centro de la ciudad o, muchos de ellos, recurren a las ofertas culturales del barrio de Flores (como opción más cercana) o a otros barrios de la zona sur más céntricos:

> ¿Colegios hay? / Mi hijo tiene quince, pero cuando me mudé terminaba séptimo, él iba a Parque Patricios y siguió yendo por ahí… Acá no hay muchos colegios, hicieron nuevo este terciario que la gente estaba contenta pensando que iba a ser un primario para los chicos, pero no. Hay un colegio que está adentro de Samoré, y también uno que está al costado del Nájera, pero es secundario y creo que tiene tarde y noche, y la UTN que ya es universidad. Escuché que mucha gente la padece. También tenés cruzando Dellepiane, por Escalada, dos municipales y dos privados, pero ya es un tema. Muchos vecinos optaron por el micro escolar y eso los salva bastante. / ¿Hay centros de salud, hospitales? / Inauguraron uno hace un año más o menos entre el colegio y nosotros, creo que es el nº 44, que está muy lindo…, cubre bastantes aéreas, el tema es que es el único (Entrevista E7. Programa Viví en tu Casa. Complejo Parque Avellaneda. CABA. Julio 2013).

¿Y para salir y tomar algo, ir al cine? / Menos, no. / ¿Tenés actividades de recreación en el barrio? / No, nada. Tenés lo que es Parque Brown, sí tenés casas de comida rápida, todas esas cosas ahí adentro pero no hay cine ni teatro. Yo creo que si hubiera un cine, viviría superpoblado también (Entrevista E9. Programa Viví en tu Casa. Complejo Parque Avellaneda. CABA. Julio 2013).

Pero además, en estos casos, de población proveniente de sectores medios (y que fue desplazada y relocalizada mediante el programa[175]), estas barreras físicas fueron complementadas por barreras de tipo simbólica (Carman, Vieira da Cunha, & Segura, 2013) que impidieron una adecuada integración socio-urbana de los destinatarios de las viviendas, complejizando el proceso de apropiación de los usuarios al barrio en el que se insertan sus casas. Para tomar un ejemplo radical de una de las entrevistadas, en un relato intenso, contaba cómo sus hijos eran discriminados-estigmatizados en la escuela (que llegaron a episodios de hostigamiento y violencia) y esto llevó a que todos los días se trasladaran más de una hora/hora y media a los colegios de su antigua vivienda (donde no eran discriminados ni estigmatizados):

A los chicos les cambié de escuela cuando nos mudamos. No aguantaron, mis hijos siguen viajando, viniendo al Abasto, a la escuela. Ella ya está en el secundario. Pero los que están en la primaria, siguen en el Abasto, no se adaptaron a la zona. El ambiente no es el mismo, es diferente, se nota. / ¿En qué cosas se diferencia? / En el nivel de violencia, de agresión, de discriminación pero a la inversa, ¿Entendés? / Claro, y, ¿era un colegio público de la zona? ¿Hay muchos colegios públicos? ¿Tenías posibilidad de cambiarla? / No, no tenés

---

[175] El escenario generado por el programa permite hipotetizar un fuerte proceso de suburbanización impulsado por las políticas de atención a la demanda mediante vivienda estatal para sectores populares. Este aspecto de la política habitacional es abordado por la autora en su instancia de formación posdoctoral.

y no hay vacantes en ningún lado, están súper poblados, o sea…, encima es una Comuna súper poblada…, están súper poblados y no tenés opciones. Iban jornada completa y cuando los cambié allá [en relación a Parque Avellaneda], tuve que cambiarlos jornada simple. Mi nena, la del medio, duró dos meses en la escuela, me suplicaba, todos los días lloraba para que la cambie de escuela… Así que volvieron al centro… / ¿Al centro? / Sí, sigue viniendo acá al centro […] le regalé eso para el cumpleaños. La emoción y la alegría, no te puedo explicar… Mi hija viene contenta todos los días al colegio, viaja una hora y pico y no le importa nada. ¿Entendés? Va a jornada completa, sale 6.50hs de mi casa y vuelven a las 18hs, 18hs y pico de la tarde. Bueno, dos meses después siguió el nene… Hay mucha diferencia en el nivel educativo en las escuelas […] y lo que le pasó al nene es que estaba en segundo grado y se aburría. Y así volvieron tres de mis cuatro hijos. Y ella [en relación a la hija mayor que estaba sentada al lado] con todas las situaciones que viví, ella emperrada. Porque ella tiene otro carácter, "yo no me voy a cambiar, yo no me voy a cambiar porque eso es lo que quieren conseguir". Hizo sexto y séptimo grado, terminó la escuela. / ¿No tenía secundario aquella escuela? / No, y hasta último momento con todos los problemas habidos y por haber, el último año, antes de mitad de año, tuve que hacer denuncias en comisarías, tuve que ir a declarar, llevar a ella que la revise el médico forense, que constaten las lesiones, le tuve que comprar un gas pimienta para que tuviera encima. / ¿Y en el secundario la cambiaron de colegio? / Sí / ¿A dónde? / A Almagro, Caballito. / ¿Cómo hacés para venir de allá todos los días y repartir a cada uno? / No, ella viaja sola. Los otros dos que van al Abasto viajan solos. Y la chiquita, mi marido va a trabajar al centro y la retira él o la retiro yo del jardín (Entrevista E9. Programa Viví en tu Casa. Complejo Parque Avellaneda. CABA. Julio 2013).

Pero este testimonio no sólo dio cuenta de una fuerte problemática social en el proceso de integración social de los recién llegados, sino que evidenció las fuertes restricciones que existen para la generación de condiciones que posibiliten algún tipo de sociabilidad y de convivencia entre los distintos sectores sociales, sacando a luz el nivel de segregación socio-urbana que existe en el barrio (Kaztman, Seducidos y abandonados: el aislamiento social de los pobres urbanos, 2001). Al punto de imposibilitar el contacto entre sectores sociales diferentes, las enormes distancias sociales se tradujeron en contactos de hostigamiento y violencia.

En cuanto a la percepción que los entrevistados tuvieron en relación a la seguridad/inseguridad de los barrios en los que viven, se registró un discurso uniforme y generalizado en todos los casos (llave en mano y autogestionario, en todos los barrios) vinculado a que se sienten inseguros. En este sentido, se verificó la reproducción de un discurso que superó al ámbito barrial y se remitió a la sensación extendida de inseguridad que se siente en la ciudad en general (tema que sobrepasa los objetivos de investigación de este trabajo[176]). Pero sí se consultó sobre la permanencia de vigilancia pública (policía federal y metropolitana, gendarmería) en los barrios y se rastrearon las mismas tendencias que en las variables de análisis anteriores. Los casos radicados en la Comuna 8, a pesar de tener presencia de la gendarmería en zona, dieron cuenta de sentirse desprotegidos y de haber en la zona pocas comisarias. De hecho, al consultar la radicación de comisarias en la zona, como se ve en el mapa a continuación, hay una concentración de estos establecimientos en las zonas norte y centro de la ciudad y en el sur de la ciudad se reducen notoriamente (es más, no se registran comisarías de la Policía Metropolitana).

---

[176] Durante las entrevistas realizadas se consultó sobre percepciones de seguridad/inseguridad en los barrios, pero la complejidad y profundidad que actualmente tiene esta problemática en la Ciudad de Buenos Aires rebasó los límites de este trabajo de investigación. A fin de no pecar de un análisis simplista de un tema tan complejo, se tomó la decisión de abordarlo sólo en términos de distancia/proximidad a establecimientos policiales y/o de protección social de las personas en los barrios, y dejar abierta esta línea de investigación para futuros abordajes.

Mapa 8: Comisarías Policía Federal y Policía Metropolitana y Cuarteles de bomberos. CABA. 2013

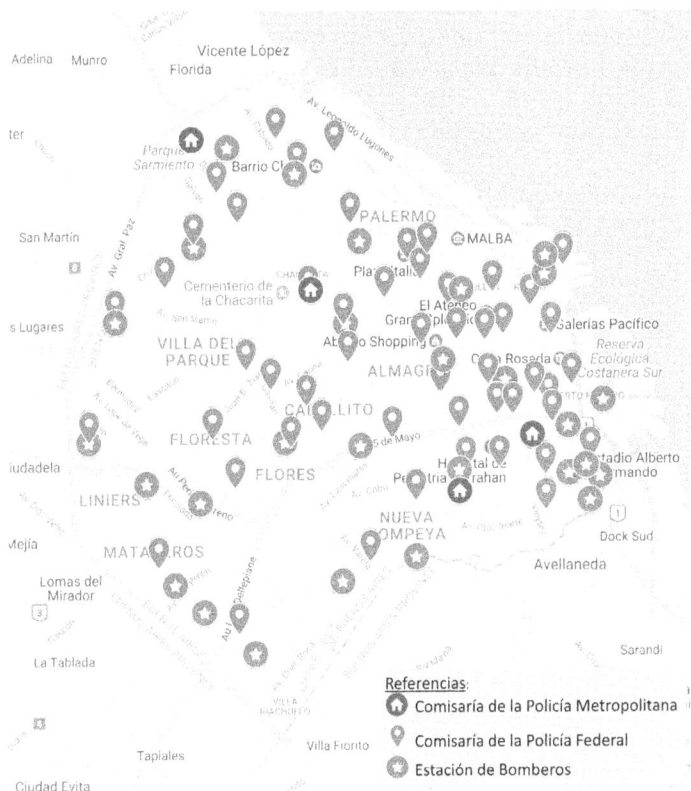

Referencias:
🏠 Comisaría de la Policía Metropolitana
📍 Comisaría de la Policía Federal
⚙️ Estación de Bomberos

Fuente: Elaboración propia en base a Google Maps.

Ahora bien, las largas distancias que deben recorrer todos días los usuarios del complejo Parque Avellaneda y la falta de infraestructura socio-urbana de su barrio de emplazamiento, repercutió en las posibilidades de apropiación de la vivienda por parte de los destinatarios del Programa Viví en tu Casa. Pues alguno entrevistados, si bien se mostraron satisfechos con la vivienda, se irían de ella a causa del barrio.

Esta desapropiación que generó el entorno barrial sobre la vivienda dio cuenta de que una vivienda no es sólo un espacio de habitación como lo planta una conceptualización techista de la misma–, sino que supone un conjunto de condiciones de habitabilidad (Barreto M. Á., 2008; De La Mora, 2002) ya citadas en este trabajo y estructuras de oportunidad asociadas a ellas (Kaztman, 1999):

> Del barrio me iría..., no es que me gustaría irme de la zona, me gustaría vivir siempre en esta zona, acá nací y me crie, y siempre quiero volver al barrio, pero hay carencia de muchas cosas a nivel social... Para salir, para ir al cine o lo que quieras hacer te tenés que ir del barrio, no tenés ofertas de entretenimiento o cultura cerca. Deporte tenés hasta ahí, tengo una liga al lado, pero es la de Flores, no es que voy a ver un partido si quiero, por ese lado es complicado. Por el tema laboral también, el 90% de los laburos está por esta zona, de la franja Barracas-Palermo, y si vivo más cerca del laburo viajo menos, es mi sueño, hace doce años que estoy viajando a todos lados. Si me tuviese que ir me iría por esos beneficios, estar más cerca del laburo, la facultad (Entrevista E11. Programa Viví en tu Casa. Complejo Parque Avellaneda. CABA. Agosto 2013).
>
> Si tuvieras la posibilidad, ¿Te irías del departamento? ¿Te irías del barrio? / De la vivienda no porque yo quiero que esto les quede a mis hijos, pero sí me iría del barrio. / ¿Sí, por qué? / Del barrio sí me iría, la verdad que no me gusta. Si tengo que elegir no elegiría el barrio. Me hubiese gustado que este lugar estuviera más accesible a la ciudad, no tanto en la periferia... Esto de tener tan lejos el centro es un problema. Acá hay gente que trabaja y hace todo por donde trabaja, pero ponele, yo trabajo en la calle, pero si tuviese que trabajar acá adentro hay muchas cosas que me tendría que trasladar para comprar porque acá no hay, está bastante desabastecido. Yo conozco otros barrios donde hay un montón de opciones, marcas incuso de alimentos, en este barrio no tenés para elegir. El departamento me gusta, es tranquilo, hay mucho sol y mucho verde..., pero el barrio no (Entrevista E12. Programa Viví en tu Casa. Complejo Parque Avellaneda. CABA. Agosto 2013).

Por ende, el desigual desarrollo urbanístico de la CABA generó desiguales posibilidades de apropiación del espacio urbano (y de sus condiciones de oportunidad (Kaztman, 1999)) para los sectores trabajadores que no pudieron acceder a la vivienda de manera privada. Una ciudad polarizada en un norte con desarrolladas condiciones de habitabilidad y un sur con poco desarrollo urbanístico (aunque a partir de un proceso de renovación urbana expandido en los últimos años sobre la zona con mayor construcción de ciudad en el sudeste que en el suroeste), propició diferentes formas de integración a la trama urbana.

La posibilidad de elegir la localización de las viviendas por parte de sus destinatarios se constituyó en un factor clave para el desarrollo de procesos que habilitaron el acceso a una vivienda digna en términos de derecho (como se la definió en este trabajo (Rolnik, 2011; Fernandes, 2006; Barreto M. Á., 2008; De La Mora, 2002)) e integración socio-urbana (Carman, Vieira da Cunha, & Segura, 2013; Kaztman, 2001; Sabatini, Cáceres, & Cerda, 2001; Segura, 2014). Pues se verificó que en las operatorias en las que sus usuarios tuvieron algún tipo de participación en la elección de la localización existió una mayor domesticación (Giglia, 2012) del espacio barrial. Esa apropiación de la toma de decisión trajo aparejada una mayor apropiación barrial que redundó, en consecuencia, en un mayor apego habitacional. Además, esta capacidad de elección demostró que los destinatarios de vivienda estatal no eligieron la zona predominantemente destinada por la estatalidad a los sectores populares, lo cual les permitió una apropiación de suelo urbano de excelente localización y la posibilidad de acceso a sus condiciones de oportunidad asociadas (Kaztman, 2001). En los casos analizados, esta posibilidad de elección dejó al descubierto la disputa por el espacio urbano en términos de derecho (Rolnik, 2011; Fernandes, 2006) que existe hoy en la CABA.

Ahora bien, la capacidad de apropiación de suelo urbano de calidad por parte de sectores populares estuvo asociada a una reducción de las escalas de los complejos habitacionales, lo cual habilitó un proceso de mixtura de las viviendas estatales con el entramado barrial en el que se insertaron. Esto diluyó la posibilidad de identificación de estos edificios como "vivienda social" y consecuentes procesos de estigmatización, provocando un instantáneo fenómeno de inclusión (Castel, 1995; Enriquez, 2007).

Las condiciones de habitabilidad que ofrece la ciudad segmentada territorialmente impactaron en las posibilidades de apropiación habitacional de los usuarios de las viviendas, pues la proximidad a espacios de abastecimiento socio-urbano (educación, salud, recreación, seguridad) efectivamente representó, según los entrevistados, un factor relevante para una mayor apropiación barrial y de las viviendas. De este modo, el entorno barrial en el que se localizaron las viviendas resultó ser un elemento fundamental para comprender los procesos de integración/segregación social (Carman, Vieira da Cunha, & Segura, 2013; Kaztman, 2001; Sabatini, Cáceres, & Cerda, 2001; Segura, 2014) y el acceso al derecho a la vivienda y a la ciudad (Rolnik, 2011; Fernandes, 2006).

8.3 Nuevos vecinos: vínculos complejos en la etapa del habitar

Según numerosos estudios, el plano de la vida cotidiana vecinal fue uno de los principales problemas de la vivienda (Giglia, 2012; Girola, 2007).

El habitar de los espacios comunes, como se vio anteriormente, implicó un complejo entramado de mediaciones entre lo privado, lo común y lo público, en el que la gestión de las diferencias, sumada a la problemática de cómo hacer un adecuado uso de los espacios y servicios comunes, repercutió en las relaciones que se construyeron entre los vecinos. Por lo que el solapamiento continuo de los distintos *habitus* (Bourdieu, 2001) y la relación vecinal (propia del *subsistema cultural* (Barreto, 2008)) en el espacio compartido se constituyó en un fenómeno que debió ser abordado para comprender los procesos de apropiación de los usuarios de las viviendas estatales.

Del análisis realizado, lo que se pudo comprobar fue que en las experiencias de vivienda donde hubo un trabajo previo en torno a la convivencia consorcial (en relación a los vecinos del complejo), la relación vecinal y las actitudes valoradas positivamente entre vecinos (la tolerancia, la cordialidad, la flexibilidad, el respeto por el otro, el no meterse en los asuntos ajenos[177]), los resultados en la etapa del habitar fueron más satisfactorios.

En este sentido, en los casos llave en mano se registraron con mayor frecuencia situaciones generadoras de rispideces a la hora de administrar y convivir en espacios y servicios comunes:

> Me cambió mucho vivir acá, pero a veces depende también de los vecinos que te toquen. Hay gente que todavía no se adapta a las reglas, no entienden que esto es un departamento, ya no es más un conventillo y que tienen que aprender a convivir... Pero bueno, creo que como cualquier edificio porque no creo que sea acá solo, siempre hay uno en el edificio siempre hay uno que es..., como los hermanos, está la oveja negra (Entrevista E5. PRHLB. Complejo Alvar Núñez 245. CABA. Julio 2013).
>
> Yo en mi edificio reniego y me hago mala sangre si no cuidan, pero hay que estarles atrás, pero ya te digo, les cuesta un poco vivir en propiedad horizontal, capaz están acostumbrados a su casa, a su fondo. Me enteré que los chicos salen y juegan en los palieres de los edificios, en otros edificios capaz no quieren tener los perros en la casa y los largan al edificio. Pero podría haber sido mucho peor. / ¿Tuviste problemas con algún vecino por la música fuerte? / Hubo en un tiempo que sí... Yo arriba tengo chicos adolescentes que se ve que el papá está separado y están mucho tiempo solos y me tocó

---

[177] Todas estas actitudes fueron señaladas por los distintos entrevistados como actitudes que hacen a una buena convivencia.

algún descontrol de ir a la madrugada a tocar timbre, pero bastante educados. Yo siempre digo que uno educa con el ejemplo, hablando bien fui unas veces y se portaron bien. Generalmente cuidan, no son mucho de escribir las paredes, por ahí lo que más cuesta es la limpieza, chorrear la basura y no limpiar, o el pis de los perros… (Entrevista E7. Viví en tu Casa. Complejo Parque Avellaneda. CABA. Julio 2013).

¿Cómo se llevan entre los vecinos del complejo? / De adentro del complejo, bien. Algún que otro es medio cascarrabias, pero nada. En sí, en general, tratamos de llevarnos bien con todos. Podemos llegar a tener alguna diferencia o algo por el estilo, pero o sea…, […] hay personas como muy especiales con el tema de los ruidos, que los chicos no corran por abajo, ojo con la escalera. O sea, es entendible también ¿no? Pero en el edificio hay varios chicos, o sea, no te estoy hablando de los míos simplemente. Igualmente hay un tema con eso de la basura, ponele, porque hay vecinos que no entienden que los sábados no se puede sacar basura y la sacan igual. Hasta que se coman una multa… / ¿Cuánta gente saca la basura los sábados o en horario que no se puede? / […] Y ese es el problema también, que hay muchos que te dicen que no hagas esto y aquello, o traten que los chicos no hagan esto y aquello o lo otro, pero ellos también hacen cosas, o infracciones que sí pueden perjudicar a todo el edificio, porque llega una multa a todo el edificio, no dice fue el departamento tanto…, se va a pagar entre todos… Pero bueno, en sí, en general, tratamos de llevarnos bien con todos (Entrevista E3. PRTExAu3. Complejo Giribone 1330. CABA. Julio 2013).

Por otro lado, en las experiencias autogestionarias, la convivencia en la etapa del habitar fue una temática problematizada por gran parte de las cooperativas y trabajada colectivamente con el área social de sus ETIs, por lo que las cuestiones conflictivas identificadas en los casos llave en mano se verificaron más aceitadas entre los cooperativistas. Además, las cooperativas presentaron la particularidad de que al momento de comenzar la convivencia los futuros vecinos ya se conocían por haber compartido la lucha por el acceso a una vivienda digna en la gestación de la Ley 341, por la participación en el proceso autogestionario de la construcción de sus viviendas y/o por la construcción colectiva que tuvieron que emprender para consolidar socialmente sus cooperativas (pues como se dijo en el capítulo anterior retomando a Lefebvre (1971) y Heidegger (2001), el habitar se inició para ellos desde la etapa de concepción de las viviendas). Todas estas cuestiones repercutieron en la convivencia vecinal, pues salvo excepciones, la gran mayoría de los testimonios recolectados dieron cuenta de buenas convivencias vecinales (más allá de los roces y/o rispideces de la convivencia diaria):

¿Cómo es la relación vecinal que tienen ahora que conviven? / Y, nosotros ya sabíamos cómo iba a ser, la mayoría ya nos conocíamos. Hay de todo… Con la social hablábamos acerca de la convivencia, el compromiso, cómo nos íbamos a organizar… La gente comprometida cuida y quiere que el lugar donde vive sea cada día mejor. Cuando vos no lo tuviste y no lo luchaste, te cuesta entender y te cuesta comprometerte, esa es la situación. A los que nos costó tanto, los que luchamos tantos años y sacrificamos tantas cosas por esto queremos que sea cada día mejor, porque después vienen nuestros hijos y después nuestros nietos, uno quiere dejarles algo bueno […] Acá nosotros hicimos un código de convivencia interno para asociados, no se copió de ningún lado, cada uno decíamos cómo queríamos vivir, y ese código de convivencia tiene varios puntos. Acá ya hace como cinco años que vivimos y pasaron muchas cosas, lindas y muy desagradables, dolorosas para mí, pero bueno, todos tenemos alguna pequeña diferencia, pero si lo ves en forma total, está bien. Yo veo que en todos lados las diferencias están, pero dentro de todo es positivo acá (Entrevista A9. PAV. Cooperativa Uspallata. CABA. Mayo 2013).

Ya nos conocíamos, por las reuniones… Acá el único tema es plata, después en general es buena la convivencia, van a hacer diez años. Acá hay convivencia, hay respeto y comprensión (Entrevista A10. PAV. Cooperativa 28 de Junio. CABA. Mayo 2013).

La verdad es un edificio tranquilo, trabajamos mucho en la convivencia hacia adentro y hacia afuera (Entrevista A12. PAV. Cooperativa El Palomar. CABA. Agosto 2013).

Ahora bien, los pequeños y grandes agravios, las amistades y alianzas, las simpatías y antipatías del convivir cotidiano de los usuarios de las viviendas encontraron en las relaciones vecinales la manera de manifestarse y de producir consecuencias no siempre positivas. Entre las experiencias autogestionarias, al ser experiencias de convivencia colectiva, donde la cotidianidad de la relación vecinal se hizo más fuerte en el día a día, el peso del mal vínculo llevó a que algunos prefieran irse de sus viviendas:

> Por la vivienda no [responde ante la pregunta si se iría de la casa]. Ahora si fuera por los vecinos, sí, me voy. Yo lo quiero a este edificio [...] nosotros todo ese tiempo dejamos de hacer cosas nuestras, por ejemplo de trabajar, porque no nos daba tiempo de ir a trabajar, todo el día en el instituto, inclusive un día que eran como las siete de la tarde llamo a mi casa y pregunto por los chicos, me dicen que no volvieron todavía de la escuela y me agarro una desesperación, y cuando vengo, me decían que de la escuela se iban a la plaza. Y es la sensación del chico que hoy vino a la escuela y como siempre mi mamá ya no está de vuelta. Nosotros dejamos un montón de cosas para tener lo que tenemos, pero les pasa a todos [...] esto te lleva mucho tiempo. Nosotros a las diez de la mañana ya estábamos ahí en el IVC, hacíamos marchas, yo me llevaba a mis hijos, un día fuimos y le tiramos huevos a Ibarra para que nos atendiera (risas). Uno hace un montón de cosas por esto y yo estoy orgullosa de tener mi casa. / Pero entonces, si vos tuvieras la posibilidad de irte, ¿te irías? / Sí, me iría. / ¿Por la relación con los vecinos? / Sí, por ellos. / ¿Por la vivienda no? / Por la vivienda no, yo lo quiero a este edificio. / Los vecinos influyen... / Antiguamente me afectaban mucho... No valoran lo que tienen, en serio no sé cómo es o por ahí no se dan cuenta porque todos venimos de casas tomadas, no es que salimos de un departamento y vinimos acá. La gente que vino acá viene de hotel o casa tomada y no valoran lo que tienen, yo en las reuniones les digo, "nosotros tenemos Constitución, por ejemplo, a cinco cuadras, estamos frente a una plaza, tenemos centros de salud, tenemos hospital, tenemos todo", y la gente no lo valora... (Entrevista A5. PAV. Cooperativa Alto Corrientes. CABA. Abril 2013).

Ahora te voy a plantear una situación hipotética. Supongamos que hoy vienen y te dicen "te damos la posibilidad de que te vayas de esta casa a otra en donde vos elijas", ¿te irías de acá? ¿O preferirías quedarte? / Pero ¿quién me lo diría? / Alguien con el poder suficiente como para que te diga que si te querés ir de acá te lleva donde quieras, ¿te irías o estas encariñado con tu casa? / Me iría del lugar. / ¿Por qué? ¿No te gusta la vivienda? / Son comodísimos los departamentos…, pero hoy en día, si me iría. Hicimos todo acá con tanto cariño, tanta alegría, cuando pararon la obra llorábamos todos. Íbamos a dormir ahí para que no nos roben el poco material que quedaba, dormía en la obra. / Mucho sacrificio… / [El entrevistado se emociona] Demasiado… Yo estoy muy decepcionado, sacrifiqué mi vida por esto, trabajo… Hay gente en el Consejo que me apoya y el resto no. […] Estoy muy desmoralizado por la gente. Yo pienso pagar lo más rápido que pueda, vender e irme. He llegado a esa conclusión porque vos tenés que pasar treinta años de convivencia con ellos para pagar el crédito, pero hay gente que no vale la pena, esta gente que no quiere pagar el crédito, que nunca valoro el trabajo que hice acá, lo que se hizo, ese techo que está recibiendo casi gratis. Hay una escalera principal que va a todos los pisos y yo me los cruzo todos los días ahí. Entonces uno llega a la puerta de su casa y piensa esas cosas, en estos sin vergüenza. Yo me iría (Entrevista A2. PAV. Coop. Luz y Progreso. CABA. Abril 2013).

Ahora bien, estos dos testimonios resultaron ser casos puntuales dentro del grupo de los entrevistados cooperativistas (citados anteriormente). Estas cooperativas, en la etapa de implementación del proyecto, mostraron una tendencia fuerte a la delegación de obligaciones autogestionarias en el consejo de administración de la cooperativa (incluso en las presidencias de las cooperativas, es decir, en una persona). De este modo, el resto de los integrantes se desliaban de la construcción cotidiana de la participación colectiva. Esto pareciera haber afectado las relaciones vecinales en las instancias del habitar. Empero, aun así y dentro del discurso de frustración que expresaron los entrevistados, dejaron entrever la apropiación que sienten por sus viviendas.

También se registraron casos llave en mano en los que la relación vecinal en el conjunto aparece como un generador de sentimientos de desapropiación de la vivienda:

Uno entra con muchos miedos, porque de mis vecinos de aquella zona [en referencia a donde vivía antes] solamente había una señora que conocía. Te encontrás con un montón de gente desconocida que si la viste fue esporádicamente y te da un poco de temor. Y bueno, por eso no estaba desesperado por saber cuándo terminaban para meterme. / ¿No tenías la ilusión de venir? / No, yo quería comprar esa casa donde vivía que estaba media destruida, ¿por qué me tenía que venir a vivir a este lugar con gente que no conocía? Yo allá con mis vecinos de treinta años estaba bárbaro, ya nos conocíamos. Pero hubo que hacer eso, no había más remedio. / Ahora que estás acá, ¿te pudiste adaptar? ¿Te costó mucho? / Sí, unos dolores de cabeza terribles. / ¿Por los vecinos? / Sí, por el edificio, por todo lo que implica llevar adelante este edificio. Yo la mayor parte del tiempo estuve en el consejo de administración y es un dolor de cabeza. Todos los vecinos en general son mis amigos, tenemos un trato agradable, nos saludamos todos, ojo. Pero si pudiera volver a mi casa anterior, volvería (Entrevistado E6. PRTExAu3. Giribone 1330. CABA. Julio 2013).

Ahora bien, en los casos de demanda general, en el Complejo Parque Avellaneda no se registraron situaciones de desapropiación de la vivienda a causa de una mala relación vecinal. Sin embargo, al rastrear esta situación, los testimonios dieron cuenta de relaciones más distantes, propias de complejos habitacionales más grandes, con modos de vida más individualizados y reservados hacia la esfera privada del hogar[178]. Por lo que evidentemente en complejos habitacionales más pequeños la relación vecinal se vivió por los entrevistados de manera más intensa. Pero también hay que tener en cuenta que los complejos en los que surgieron estas desapropiaciones por razones vecinales estaban vinculados a proyectos en los que la convivencia se remontaba a etapas previas al habitar, a momentos de lucha por el acceso a la vivienda, que, como toda disputa, fue conflictiva y generadora de rispideces, que luego se acentuaron en la convivencia cotidiana.

Continuando con el análisis del *subsistema cultural* (Barreto, 2008), la relación con los *vecinos externos o extramuros*, es decir, los del barrio en el que se emplazaron los complejos habitacionales, tampoco se presentó sencilla para los usuarios de las viviendas llave en mano y autogestionarias. El modo en que fueron vistos desde afuera también surgió como una preocupación en algunos de los testimonios recogidos. Pues la vivienda estatal, en el imaginario colectivo, se encuentra en las antípodas del ideal de vivienda y, además, al tratarse de una vivienda subsidiada por el Estado, contribuye a calificar a sus habitantes de manera negativa, justamente por ser *beneficiarios*[179] de un bien tan preciado como es la vivienda. El estigma creado alrededor de una vivienda estatal y de las personas que viven en ellas se resume en la idea, dice Giglia (2012, p. 174), de falta de cultura, educación, buenos modales y capacidad para relacionarse con los demás de manera pacífica y discreta, con el autocontrol suficiente como para poder comportarse en un marco de civilidad. Esta supuesta incivilidad atribuida al morador de una vivienda de estas características también

---

[178] Esto también resultó llamativo en la realización de las entrevistas en profundidad en el Complejo. La estrategia empleada para llegar a los entrevistados fue "la bola de nieve", es decir que un entrevistado va sugiriendo al siguiente. En el trabajo de campo surgió que no conocían a sus vecinos y por ende muchos de los entrevistados no tenían a otros vecinos para sugerir, pues argumentaban que no se conocían entre ellos.
[179] Palabra que niega la condición del derecho del acceso a la vivienda.

suele estar asociada, dice la autora, a la imagen de un lugar habitado por una población multitudinaria y amontonada, a la que se le atribuye la falta de mantenimiento y de *orden* a los malos hábitos de sus usuarios, por ser *sucios, groseros, incultos* y, se agrega acá, *negros* (como usualmente el sentido común dominante porteño suele describir a los habitantes de tipologías habitacionales informales o de vivienda estatal). Pero también, este estigma estuvo asociado a un temor netamente económico por parte de los vecinos, derivado de una posible depreciación de los valores de los inmuebles del barrio por la llegada de estos proyectos.

En este sentido, en algunos de los testimonios recogidos en el trabajo de campo, se verificó que muchos de los complejos fueron objeto de estigmatización por parte de los vecinos de los barrios en los que se insertaron por ser vivienda estatal (Carman, Vieira da Cunha, & Segura, 2013):

Cuando vos decís que vivís acá te dicen despectivamente "¿en frente del Indoamericano?" pero yo les digo anda a verlo y después te cuento. / ¿Sentís el prejuicio? / Sí, la gente lo tiene y muchas veces uno lo genera, yo lo he generado con compañeros que les dije "¿ahí vivís?" y por ahí después vas y es re lindo, tengo un compañero que vive en Soldati en las torres y ahí es re heavy y lo cargamos, el me cargaba a mi diciéndome que soy de Soldati. A veces uno lo nota, no te ponen cara pero te das cuenta. Pero una vez que lo ven, tan mala impresión no se deben llevar… Es porque tienen la mentalidad de que esto es una villa y después se dan cuenta que no es así… La gente tiene esas ideas, existe el prejuicio (Entrevista E7. Programa Viví en tu Casa. Complejo Parque Avellaneda. CABA. Julio 2013).

¿Cómo se llevan con los vecinos del barrio? ¿Sintieron algún tipo de resistencia por el hecho que esto es vivienda social? Más aun habiendo tenido un acto de inauguración con cámaras [de TV] y esas cosas… / No hay relación con nadie, o sea…. mirá, los primeros días, digamos, los primeros meses había un poco de rechazo porque no conocían a nadie, no conocen a nadie de los que estamos acá. / ¿Cómo sentías ese rechazo? / No siempre, ponele, yo salía o salía alguien y le decían "¡ahh estos negros!" o "¡ay estos!". Pero, después, vos te ponías a ver y vos veías que la persona esa que te decía "¡ay negro!" dejaba la bosta del animal, hacía ahí, se hacía el boludo y se iba. Entonces, vos me estás diciendo a mi negro pero vos fijate lo que estás haciendo, o sea, para primero señalarme primero fijate lo que hacés vos. Eso por decirte algo, después no sé, cuestiones de basura, cuestiones, o sea, gente sucia, porque, otra no te voy a decir. Quizás si estos van a otro país, no harían las cosas que hacen acá, ¿Entendés? Y también lo que ha pasado, que yo lo viví una vez, de venir atrás de dos señoras, ya por llegar acá y una de las señoras le dice "¡qué edificio lindo!", por este, y la otra le dice "sí, pero la gente que están acá son todos acomodados, gente que nunca la peleo, gente que…". Cosas así, como que les dieron el techo porque te lo regalaban porque sí…, y no saben cómo son las cosas, porque ellos no saben que esto se paga, más allá de que sean cuotas accesibles, son lógicas, para gente que no tenían un bienestar económico. O sea, también es entendible eso, la gente al no conocer o saber cómo era el movimiento, al no saber que hay familias con más de diez o veinte años peleando para tener un techo, dice cualquier cosa… O mucha gente también, que han dicho, "no, pero si estos vienen de villas, esto va a terminar siendo una villa, el barrio se va a deteriorar", cosas así que nada que ver (Entrevista E3. PRTExAu3. Complejo Giribone 1330. CABA. Julio 2013).

Los cooperativistas de la Ley 341, a pesar de que sus edificios son difíciles de identificar en el tejido urbano de la cuadra, del trabajo de campo se registraron relatos que daban cuenta de las estrategias empleadas por los futuros moradores para evitar ser estigmatizados (buscando invisibilizar que sus proyectos de vivienda remitieran a un programa habitacional), e incluso también se registraron vivencias de estigmatización social manifiesta por parte de los vecinos barriales:

¿Y la relación a los vecinos del barrio? ¿Tuvieron algún tipo de resistencia por ser vivienda social? / Noooo, acá no se enteró nadie, nadie se enteró… Al otro día que pusieron el cartel amarillo [en referencia al cartel IVC que señala el nombre del programa] lo hice sacar, pero no fue por maldad, sino porque no vaya a ser cosa que algún ojo audaz lo vea y después nos discriminen por eso… Lo puse allá arriba, donde nadie lo vea y ya (Entrevista A11. PAV. Cooperativa Octubre. CABA. Mayo 2013).

Por las cooperativas que hay en barrio, las de la Lechería, la mía, se puso en alerta todo el barrio de Mataderos y hubo una reunión en Miralla y Eva Perón y ahí fuimos varios cooperativistas a explicarles que no era que los cooperativistas éramos delincuentes o gente que roba, que era otra cosa, un proceso. Les explicamos a los vecinos del barrio, gente de poder económico porque estaban en autos, con micrófono, pensando cómo defenderse, como echar a las cooperativas del barrio de Mataderos. / Ahh, bueno, ¿pero la resistencia fue organizada entonces? / Sí, mucha. Y nosotros fuimos y escuchamos lo que decían. Sabían dónde quedaban las cooperativas, las tenían identificadas y sabían los presidentes. Cuando mencionaron Luz y Progreso, mencionaron mi nombre, entonces yo usé mi palabra y les dije que lo que ellos estaban diciendo era falso, la cooperativa está inaugurada en Mataderos hace ya un año y pico y ni siquiera se enteraron, porque somos gente de trabajo y no son sucuchos como ellos decían. Yo los invité a que visiten Luz y Progreso y vean que son departamentos que están aprobados por la Municipalidad como cualquier obra privada. Les dije "los invito cuando gusten a que pasen a ver y observen que no son sucuchos"… Le explicamos a la gente, algunos entendieron y otros no, y desde ese momento empezó a dispersarse esa incómoda situación (Entrevista A2. PAV. Cooperativa Luz y Progreso. CABA. Abril 2013).

Las cooperativas que formaron parte de organizaciones sociales más amplias (como El Molino y el EMETELE), por la escala de sus emprendimientos no pasaron desapercibidas en sus barrios y también fueron depositarias de estigmatización social por parte del entorno barrial (Carman, Vieira da Cunha, & Segura, 2013). No obstante, con el paso del tiempo y el desarrollo de estrategias de integración social, estas organizaciones lograron revertir tal situación. Por ejemplo, la cooperativa El Molino (del MOI), mediante su programa de jardín maternal y bachillerato popular para adultos –citados anteriormente–, generaron espacios efectivos de integración para los vecinos del barrio, quienes representaron un significativo porcentaje de los estudiantes que recurrieron a estos espacios. Además, se generaron actividades culturales y festivales de apertura de sus complejos hacia el barrio, para desbaratar este prejuicio. Estos moradores fueron estigmatizados con anterioridad a la llegada a la vivienda por el simple hecho de hacerlo en viviendas que fueron financiadas por el Estado. El discurso del estigma, basado en un prejuicio (un juicio emitido prescindiendo de cualquier cotejo empírico con la realidad) consiguió generar el efecto de aparente barrera simbólica (Giglia, 2012) entre el nosotros y el ellos, sin embargo, en muchos de los casos, fundamentalmente los proyectos integrados a la trama urbana (y al patrón habitacional y cultural de la cuadra en que se insertaron) y los que implementaron estrategias conscientes de integración, con el paso del tiempo, lograron disiparlo.

Por ende, en el plano de la vida cotidiana, la relación vecinal tanto hacia adentro de los complejos habitacionales como hacia afuera, con el entorno barrial, fue compleja tanto en los casos llave en mano como en los autogestionarios.

En relación a los vecinos cercanos, se verificó que quienes participaron durante la etapa de construcción de las viviendas experimentaron una convivencia anticipada que allanó las posibles incompatibilidades de esta relación. La construcción de un colectivo a la par de la construcción material de la vivienda abonó a una mayor apropiación de la misma a partir de relaciones saludables (expresadas en una buena convivencia vecinal). Una de las claves para el logro de esta satisfacción fue que la etapa del habitar estuvo introducida y acompañada por el asesoramiento técnico del área social de los ETIs que trabajaron para que esta integración fuera exitosa, por lo que esto redundó en un mayor apego hacia las viviendas. En las experiencias llave en mano, la relación vecinal se presentó más conflictiva tanto en términos de gestión de las diferencias como en la problemática de hacer un uso adecuado de los espacios comunes, pues el colectivo se fue construyendo a la par de la convivencia misma, complejizando las posibilidades de concreción de algún tipo de organización. Se verificó que establecer alguna modalidad organizativa para la etapa del habitar y el mantenimiento de los edificios contribuye a una mejor integración social, pues un buen cuidado de los complejos habitacionales evitó dinámicas de estigmatización social que pueden desencadenar en segregación socio-urbana (Carman, Vieira da Cunha, & Segura, 2013; Segura, 2014).

En las desapropiaciones de las viviendas que surgieron de las entrevistas, a causa de la relación vecinal, lo que se verificó fue que al haber sido procesos de habitar que se iniciaron con anterioridad a la etapa de convivencia, conflictos irresueltos del pasado se hicieron expresión en una mala convivencia vecinal, que, además, en complejos más pequeños, se vivió de manera más fuerte y abigarrada e impactó en las posibilidades de apropiación.

En cuanto al segundo plano de análisis, la relación vecinal con el entorno barrial se expresó –en muchos de los casos– en términos de estigmatización. Por el simple hecho de tratarse de complejos habitacionales de vivienda estatal fueron objeto de estigma por parte de los vecinos de alrededor (Carman, Vieira da Cunha, & Segura, 2013; Segura, 2014). No obstante, las escalas reducidas de los complejos habitacionales y la afinidad de patrones habitacionales y culturales al barrial (del PAV, el PRTExAu3 y el PRHLB) (Giglia, 2012) permitieron solapamientos en el tejido urbano en el que se enclavaron, evitando procesos de segregación social para con los usuarios de las viviendas, que redundaron en buenas relaciones vecinales con el entorno. Pues, evidentemente, la estrategia de hacer inidentificable a la vivienda estatal en el entramado de la cuadra, desarticula la dinámica estigmatizadora, habilitando canales para una más aceitada integración social.

9

Reflexiones Finales

A modo de organizar estas ideas finales, en primer lugar, se mencionarán algunas reflexiones sobre el problema del acceso a la vivienda para los sectores de menores recursos en la Ciudad de Buenos Aires. Luego, a partir de los casos de estudio, se profundizará en un balance comparativo de los modos de producción llave en mano y autogestionario como estrategias de acceso al hábitat, generadoras de procesos de integración socio-urbana y habilitantes del derecho al hábitat y a la ciudad para sus destinatarios. En ese contexto, a partir del abordaje de la vivienda estatal desde la perspectiva de los propios usuarios y en base a un enfoque de integralidad, se realiza para cerrar el libro un aporte teórico-conceptual al debate académico en torno a la problemática de la vivienda para los sectores populares.

9.1 Un balance del problema de la vivienda en Argentina

A lo largo de este libro se pudo comprobar que la ciudad no es sólo un mero escenario en el que transcurren diversos fenómenos socio-urbanos, sino también un espacio para el desarrollo de un "proceso de procesos" socialmente producidos y apropiados (Topalov, 1979), a través de los cuales se expresó la estrecha vinculación que existe entre la ciudad y la política (Rodríguez A. , 1983). Como expresión de esto, se pudo ver en las últimas décadas que grandes ciudades como Buenos Aires fueron asumiendo las características impuestas por el modelo neoliberal, transformándose en escenarios idóneos para una reestructuración del modelo social, político y económico. Pero estas reconversiones a la ciudad neoliberal dependieron de las trayectorias de cada país, y los acuerdos institucionales pre-existentes limitaron sus alcances, particularidades y puntos críticos (Theodore, Peck, & Brenner, 2009). En países capitalistas Argentina, plantea Harvey (2003), la ciudad se constituyó en medio privilegiado para la producción activa de desigualdad social, que en términos territoriales se expresó en cortes abruptos de la trama urbana, imponiendo una lógica de marcados contrastes socio-espaciales y de fragmentación socio-urbana (Torres, 2001). Por lo que la proximidad o distancia de los grupos sociales en la ciudad pasó a configurarse como un mecanismos sustancial de (re)producción de las desigualdades sociales y de la fragmentación, generando procesos de segregación socio-espacial o, en su contracara, de integración social a la ciudad (Sabatini, Cáceres y Cerda (2001), Clichevsky (2000), Rodríguez Vignoli y Arriagada (2004), Kaztman (1999; 2001), Enríquez (2007), Carman, Vieira da Cunha y Segura (2013), Segura (2014)). El aspecto arquitectónico y de circulación de lo físicamente construido se constituyó –como se pudo ver en los casos de estudio– en condicionante para la integración social, pues como decía Katzman (2001), las rupturas físicas o barreras en un barrio tienden a reforzar la fragmentación socio-urbana con una carga de estigmatización negativa sobre el otro por faltar al estilo y paisaje del barrio. Pero también se vio que la segregación socio-urbana no se limitó a esto, sino que también remitió a una distribución espacial desigual de bienes y servicios y las oportunidades que estos suponen (Kaztman, 1999) (muy marcado entre los complejos analizados del norte y sur de la ciudad). Esta distribución desigual es atravesada por imaginarios y clasificaciones sociales que se manifestaron como *fronteras o límites sociales* (desigual acceso y distribución de recursos –materiales y no materiales– y oportunidades sociales) y como *fronteras o límites simbólicos* (distinciones conceptuales efectuadas por los actores para categorizar objetos, gente, prácticas e incluso tiempo y espacio) (Carman, Vieira da Cunha, & Segura, 2013).

Ahora bien, estas transformaciones de la ciudad neoliberal produjeron también un cambio en la presencia, injerencia y responsabilidad del Estado (Brenner & Theodore, 2002; Harvey, 2007) a partir de una re-funcionalización de su papel en la sociedad (Oszlak, 1996; 2001). Se reestructuraron nuevos marcos institucionales estatales facilitadores de intervenciones privadas con fines de ganancia y se relegó en el mercado la función de actuar como el principal regulador de las relaciones sociales. Esto tuvo su impacto en la implementación de las políticas sociales ya que la re-mercantilización de los derechos sociales conllevó a que las mismas perdieran su carácter de universalidad e igualdad social de mitad de siglo y pasaran a orientarse a grupos concebidos como de alta vulnerabilidad en relación a la nueva estructura socio-económica (Ciolli, 2013; Aguiló, 2005; Molina & Salim, 2011). En términos urbanos, las políticas de suelo y de vivienda desarrollaron un rol limitado e intersticial en la definición de las condiciones de apropiación del suelo urbano, acompañando de manera marginal al mercado en su rol de productor y asignador de los recursos de la ciudad, reforzando, por parte de un Estado subsidiario, la noción mercantil de la vivienda por sobre su condición de uso.

En función de las características que asumió a lo largo del tiempo la relación estado-mercado-sociedad y el carácter estructural del problema de la vivienda en nuestro país, el Estado fue definiendo diversas opciones de políticas para dar algún tipo de respuesta a la falta de vivienda, estableciendo prácticas diferentes de gestión y modalidades de producción de la misma. estas, según se vio, se correspondieron a diferentes patrones ideológicos de relación social de cada tipo histórico de capitalismo y con diferentes proyectos de sociedad caracterizados por prácticas inductoras de diferentes pautas de relacionamiento entre los actores involucrados. Las respuestas históricas a la falta de vivienda para los sectores populares se plasmaron para su análisis en distintas generaciones de políticas habitacionales que se fueron solapando a lo largo del tiempo (Fernández Wagner, 2007; Biglia, Marsili, & Vallina, 2008; Rodulfo, s/d), con mayor peso de una sobre otra en función de las disputas de intereses y poder entre los actores sociales del sistema de vivienda estatal. No obstante, estas distintas generaciones de políticas habitacionales, por el carácter estructural del Estado capitalista ejecutor de las mismas, verificaron persistencias y continuidades que se plasmaron en la constante desarticulación existente entre la política habitacional y la política de suelo urbano (esta última limitando el alcance de la primera): la no intervención estatal en la dinámica de valorización del suelo (y sus efectos restrictivos hacia los sectores populares); la priorización del carácter económico por sobre el social de la política de vivienda (priorizando una lógica mercantil por sobre una de bien de uso de la vivienda); el privilegio del enfoque individualista en la tipificación de los beneficiarios/clientes de los programas por sobre un enfoque colectivo de acceso a un derecho; la negación sistemática de las organizaciones socio-territoriales que surgieron como resultado de procesos masivos auto-producidos en la ciudad; y la tendencia a la criminalización, por parte del Estado, de la acción socio-política resultante de estrategias auto-producidas por los sectores populares[180].

Estas características y continuidades rastreadas en la ejecución de las políticas de vivienda dieron origen, desde los años '50 hasta la actualidad, a un cúmulo de programas

---

[180] También se registraron comportamientos que fueron, por ejemplo, desde la centralización a la descentralización y a la re-centralización nuevamente de las políticas de vivienda; sucesivas modificaciones en los orígenes de los recursos; cambios de nomenclaturas de programas (sin modificaciones sustanciales de contenidos), reiterados cambios de organigramas institucionales y estructuras estatales; fragmentaciones institucionales y focalización, entre otras.

que más allá de sus distintas nomenclaturas, las adaptaciones de la tipología de hábitat al paradigma constructivo del momento y la variación de las fuentes de financiamiento abonaron a la priorización histórica de la producción de vivienda llave en mano en conjuntos de viviendas nueva, donde los actores activos de este proceso fueron los funcionarios del Estado y las grandes corporaciones de empresas constructoras dominantes del sistema de vivienda (en detrimento de la recuperación del parque habitacional deteriorado existente y la producción social del hábitat con asesoramiento técnico). De este modo, los resultados de lo físicamente construido se evaluaron desde un cálculo cuantitativo en términos de mercancía sin considerar las necesidades habitacionales de sus destinatarios (Pelli V. S., 2007). Un ejemplo de estas tipologías de hábitat –analizada en este libro– es el Programa Federal de Construcción de Viviendas ejecutado en la CABA a través del Viví en tu Casa, pero también programas como el de La Boca y la Traza de la ExAu3 –orientados a población específica–, que si bien nacieron de organizaciones sociales y con una propuesta de política habitacional alternativa, fueron canalizados –a nivel estatal– mediante tipologías llave en mano (aunque con actores sociales diferentes a los tradicionales y con fuertes cuestionamientos a las tradicionales escalas de los emprendimientos y patrones de localización).

No obstante, las resistencias socio-territoriales a las políticas excluyentes del neoliberalismo y las transformaciones del período de autonomización de la CABA a nivel institucional, produjeron la apertura de una etapa particularmente permeable a la participación social y al debate de organizaciones de base vinculadas a la problemática habitacional. La lógica re-mercantilizadora del Estado tuvo como consecuencia la aparición de nuevos movimientos sociales que reclamaron la democratización de las decisiones estatales (mediante la participación directa de organizaciones sociales en la toma de decisiones, pero también en el proceso productivo de las viviendas). En este marco, políticas promotoras de la participación social como el PAV –de atención de una población específica–, lograron cierto grado de desarrollo como parte de la institucionalidad estatal, obteniendo resultados al menos distintos a los producidos por la convencional política habitacional local, cuestionando la conceptualización sectorial –techista y mercantil– de la vivienda (es decir, priorizando su condición de bien de uso), disputando los patrones tradicionales de localización e integración social para la población destinataria de la vivienda, poniendo en el eje del debate las posibilidades de ejercicio del derecho a la vivienda y a la ciudad para los destinatarios de estas políticas (Rolnik, 2011; Lefrebvre, 1968; Fernandes, 2006) y construyendo actores sociales activos en el marco de las políticas en la que se ven involucrados, pero también actores activos en la construcción de ciudadanía. Pues en definitiva, lo que estas nuevas políticas visibilizaron es que distintos modos de producción de vivienda generan distintas formas de hacer ciudad y, por ende, distintas formas de "hacer" sociedad. Se concluye a continuación, a partir de los casos de estudio, si efectivamente es así.

9.2 ¿Producción llave en mano o autogestionaria para una hábitat adecuado?

A lo largo de este libro se analizaron de manera comparativa los dos modelos de producción de vivienda con financiamiento estatal hoy vigentes en la Ciudad de Buenos Aires: producción llave en mano y autogestionaria. Si bien es cierto que no es objetivo de este libro realizar generalizaciones a partir del objeto de estudio, los programas seleccionados y los casos analizados remitieron a toda la producción de obra nueva que actualmente está en curso en la ciudad para población de demanda general y específica en la trama consolidada[181][182]; por lo que los resultados obtenidos plantean un panorama bastante ajustado de lo producido por el GCBA en materia de vivienda para los sectores populares durante los últimos diez años.

De la comparación realizada, y retomando las hipótesis que guiaron este trabajo de investigación, lo que se pudo comprobar es que efectivamente el modo de implementación de una política habitacional (estandarizado o no; con/sin participación social, etc.) tiene efectos territoriales y sociales en la etapa del habitar del adjudicatario de la vivienda estatal, en términos de segregación/integración socio-urbana (Carman, Vieira da Cunha, & Segura, 2013; Segura, 2014; Kaztman, 2001; Rodríguez & Arriagada, 2004) y ejercicio –por parte de los usuarios de las viviendas– del derecho al hábitat y a la ciudad (Rolnik, 2011; Fernandes, 2006; Bordón, 2003). Se identificó que la participación social de los destinatarios de las viviendas desde el diseño del programa marca una diferencia en términos de apropiación de lo físicamente construido (Giglia, 2012; Lefebvre, 1972; Heidegger, 2001), es decir, del resultado de la política (las viviendas). Pero también se identificó que existen distintos tipos de participación en la política, con distintas intensidades (Cabrero, 2004), grados de participación (Ilari, 2003), diversos momentos habilitados para la participación (Cunill Grau, 1995) y variada calidad participativa (De La Mora, 2002; 1992) que dieron por resultados matices en estos procesos. A partir de la aplicación de estas

---

181 Es decir, se dejó afuera de este análisis la construcción de obra nueva en villas y asentamientos. De cualquier manera, vale aclarar que la producción en esta trama poco consolidada fue casi nula en la última década.

182 Durante el período analizado (incluso en los años previos), el GCBA y el Gobierno Nacional a escala local, mantuvieron una sistemática limitada productividad de vivienda financiada con recursos públicos. Pues en términos cuantitativos, según lo reconstruido en Rodríguez et al. (2014), se estimó que en el decenio 2000-2013 se construyeron sólo 1.359 viviendas nuevas (dejando por fuera créditos otorgados para la compra de vivienda ya construida en el mercado) para dar respuesta a un déficit –al año 2010– de 667.435 personas (Zapata, 2012b) solamente en la CABA.

dimensiones de análisis de la variable *participación social* en los casos de estudio, se pudo ver que no toda participación tuvo por resultado necesariamente la apropiación de las viviendas construidas, sino que surgió una sub-categoría de esta variable –no esperada– con un peso determinante: la toma de decisión consciente y reflexiva de los destinatarios en los procesos de participación habilitados. Pues lo que se verificó es que si la participación social no se desarrolla de la mano de un proceso de apropiación social de las tomas de decisiones vinculadas con la vivienda por parte de sus destinatarios, se reducen las posibilidades de apropiación de la vivienda, el complejo y el barrio, como también las posibilidades de integración social y ejercicio del derecho. En este sentido entonces se presentan a continuación dos fórmulas/ecuaciones que tratan de condensar –de manera abstracta y conceptual– la tendencia del impacto que tuvo la etapa de implementación de la política en la etapa del habitar (el uso cotidiano de las viviendas).

Gráfico 8: Fórmula/ecuación con y sin participación (en términos de toma de decisión) del impacto de la etapa de implementación de la política en la etapa del habitar (resultado de la política)

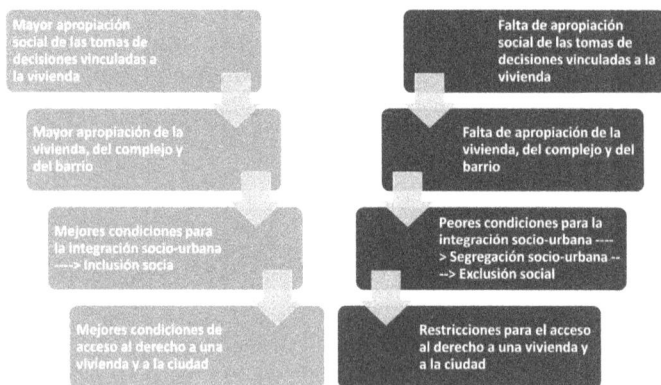

Mayor apropiación social de las tomas de decisiones vinculadas a la vivienda

Mayor apropiación de la vivienda, del complejo y del barrio

Mejores condiciones para la integración socio-urbana ----> Inclusión socia

Mejores condiciones de acceso al derecho a una vivienda y a la ciudad

Falta de apropiación social de las tomas de decisiones vinculadas a la vivienda

Falta de apropiación de la vivienda, del complejo y del barrio

Peores condiciones para la integración socio-urbana ----> Segregación socio-urbana ---> Exclusión social

Restricciones para el acceso al derecho a una vivienda y a la ciudad

Fuente: Elaboración propia.

Ahora bien, en el análisis empírico realizado de los casos de estudio llave en mano y autogestionario se pudo verificar que estas fórmulas/ecuaciones estuvieron, además, plagadas de matices que mediatizaron y/o complejizaron su concreción en la práctica. Pues no sólo las escalas de construcción, los diseños constructivos y las localizaciones (como se preveía en las hipótesis de este trabajo investigativo) establecieron diferencias en la etapa de habitar en términos de integración social y acceso a un derecho, sino que se identificaron otros tres factores que marcaron las diferencias: i– el tipo de población destinataria (población/demanda general o población/demanda específica); ii– el grado de desarrollo organizativo de la población destinataria de los programas y sus características; y iii– tipo y característica del actor social que toma las decisiones en los programas habitacionales (el rol desempeñado por los profesionales/técnicos).

En este sentido, en los casos analizados, se verificó, en primer lugar, que para el surgimiento de políticas canalizadoras de instancias de participación social debió existir un contexto histórico y una relación de fuerza entre los principales actores sociales intervinientes a nivel sectorial habilitantes y posibilitadores del desarrollo de estos procesos. El Plan Federal de Construcción de Vivienda (canalizado en CABA a través del Programa Viví en Casa) nació como una continuación de la tipología de política tradicionalmente desarrollada en el país, *aggiornada* a las necesidades económicas del momento (con el objetivo de dar una respuesta de re-activación económica a la crisis de 2001 en nuestro país mediante la generación de empleo en el sector de la construcción, priorizando el carácter económico por sobre el social de la política), en este sentido se reabrieron espacios de participación a los convencionales sectores dominantes del sistema de vivienda destinada a una población general y homogeneizada, obstruyendo los espacios de participación para los destinatarios de las viviendas. No obstante, el PAV, el PRTExAu3 y el PRHLB[183], orientados a poblaciones específicas, nacieron a partir de la movilización de actores sociales no tradicionales del sistema de vivienda vinculados a la temática del hábitat (como organizaciones sociales de base agrupadas en cooperativas, asociaciones civiles y mutuales), que encontraron una canalización de sus demandas en los años previos y posteriores al período constituyente de la ciudad. Pues esta apertura a la participación social en las cuestiones estatales se inscribió en un proceso más amplio y estructural de transformación institucional de la política pública y de la participación social como significante en disputa, que, como se vio, pasado este momento, desde las distintas gestiones de gobierno que estuvieron a cargo de IVC, se implementaron estrategias que tendieron a anular dicha participación. Sólo las organizaciones sociales del PAV lograron sostener en el tiempo, de manera errática, su participación en el programa. A partir de esto se verificó que las políticas nacidas y diseñadas sin participación social se ejecutaron de la misma manera (Ilari, 2003; De La Mora, 2002; 1992; Rofman, 2007) (posicionando a los destinatarios de la vivienda en meros receptores de lo producido en términos de mercancía), pero políticas que se diseñaron de manera participativa no necesariamente se ejecutaron también de esa forma, sino que ello dependió –en gran medida– del grado de desarrollo organizativo de los destinatarios de las viviendas y del modo en que se dirimieron las tensiones entre el poder y los intereses de los actores sociales intervinientes –entendiendo a la política social como un entramado de intereses en continua disputa (O'Donnell & Oszlak, 1981)–. Programas como el PRTExAu3 y PRHLB que surgieron de diseños altamente participativos (Ilari, 2003;

---

[183] Vale aclarar que el PRHLB es una continuación del Programa Recup-Boca surgido de la movilización de los vecinos de conventillos del barrio en los años '80, organizados en la Mutual Esperanza. Si bien la operatoria bajo análisis no nace del impuso de esta organización (por su desarticulación), la misma recupera y trata de sostener en tiempo los objetivos que la originaron y darle respuesta a la población destinataria.

De La Mora, 2002; 1992; Rofman, 2007) se implementaron mediante lógicas de ejecución y modos productivos llave en mano (que desarticularon el entramado actoral de base que les dio origen), y el PAV, sólo en base al alto nivel de resistencia emprendido por las organizaciones sociales del programa, logró una ejecución que mostró altos niveles de autonomía y participación social (en términos de tomas de decisiones) (Ilari, 2003; De La Mora, 2002; 1992) (incluso los primeros años del programa verificaron una participación asociada a la implementación (Rofman, 2007)) y una estrategia productiva de sus obras que abrió espacio para la producción autogestionaria (logrando una captación de fondos por el programa significativa para la convencional priorización presupuestaria del GCBA). El derrotero de estas políticas visibilizó las potencialidades y límites de las tensiones existentes entre derechos ganados y niveles de concreción en la práctica cotidiana, pues estas tensiones se dirimieron en función de la relación –conflictiva– entre organizaciones sociales y Estado en los marcos institucionales que las mismas produjeron.

No obstante, es importante notar que también existieron otros factores –secundarios/complementarios– que intervinieron en la implementación de los programas y que dejaron en el olvido tanto la génesis de los mismos como las características intrínsecas de surgimiento: decisiones político-ideológicas, prioridades presupuestarias, características del entramado institucional de los organismos del GCBA (lentitud de la burocracia estatal, dificultades en el funcionamiento de los organismos pertinentes, crisis políticas), y fundamentalmente, poca flexibilidad y adaptabilidad del IVC (y de su planta de personal) a nuevas orgánicas o actores sociales.

Ahora bien, en los programas llave en mano se verificó con frecuencia una falsa concepción de participación, pues instancias de reuniones de carácter informativo (participación "informativa" (De La Mora, 2002)) en torno a los avances de obra fueron entendidas por todos los actores intervinientes como prácticas participativas. No obstante, se considera que este tipo de intervención social es radicalmente opuesta a lo que aquí se entiende por "participación", pues no implica instancias en las que los destinatarios de la política desempeñen un rol activo mediante tomas de decisiones y/o de empoderamiento, ni incrementan su representación social en la ejecución de la política, sino que –por el contrario– devienen en prácticas de corporativización del aparato estatal (Cunill Grau, 1995) y de clientelismo político (De La Mora, 1992) propias del Estado capitalista.

En relación a la participación social en el marco de los proyectos constructivos se verificaron diferencias significativas en cuanto al diseño de las viviendas y las definiciones de las necesidades habitacionales de los adjudicatarios de los programas. En los casos llave en mano no sólo los destinatarios no tuvieron ningún tipo de injerencia en la concepción y diseño de sus viviendas, sino que tampoco la tuvieron las grandes empresas constructoras, ya que fueron los propios arquitectos de la Gerencia de Proyectos del IVC quienes se reservaron la tarea del diseño con anterioridad al proceso de licitación (los profesionales de las empresas constructoras sólo pudieron realizar ajustes de obra). En este marco, estas tareas de diseño se realizaron desde una estandarización de las necesidades habitacionales de los destinatarios, orientados por una lógica de maximización de ganancia mediante reducción de costos y complejidad constructiva por sobre sus condiciones de bien de uso de las viviendas. Este proceso de homogeneización de las necesidades se realizó desde la total ausencia de canales de consulta y la negación de posibles variabilidades en los patrones habitacionales y culturales de las poblaciones destinatarias (Pelli V. S., 2010; Giglia, 2012), a partir de conjeturas o supuestos de perfiles abstractos de necesidad basados en aproximaciones estadísticas y desde las interpretaciones genéricas de los funcionarios. Esta ausencia de una mirada integral del destinatario final de las unidades de vivienda y de sus necesidades y la forma convencional de concebir a las mismas desde un patrón único e indiferenciado, condujo a la desatención de dos elementos básicos de suma importancia: la tipología de las viviendas construidas (que por lo general condujo a la tipificación de los diseños concebidos –diseños de plantilla *aggiornados* a las características de los terrenos–) y la localización de la población en el territorio (que por lo general tendieron a procesos de desplazamiento y relocalización) muchas veces en zonas poco abastecidas de infraestructura socio-urbana y lejanas a la centralidad (con concentración en la Comuna 8 de la ciudad –zona sur–, espacio reservado por el Estado para los sectores populares).

Ahora bien, en los casos de demanda específica llave en mano (PRTExAu3 y PRHLB) se verificó cierta variabilidad en relación a los casos típicos de demanda general, ya que los diseños concebidos mostraron mayor adaptabilidad a las características barriales (expresados en complejos habitacionales que al menos no rompieron con la trama urbana, siendo respetuosos de las escalas constructivas barriales –en el caso de PRTExAu3– y los patrones culturales predominantes del barrio –rescatando el perfil estético de los conventillos en el PRHLB–). Pero fiel a su estilo de concepción, estas alteridades no respondieron a la apertura de canales de expresión de los patrones culturales y habitacionales de los destinatarios de las viviendas, sino que buscaron dar respuesta a la lógica de renovación urbana imperante en los barrios donde se emplazaron los proyectos (en Chacarita/Colegiales/Belgrano y La Boca, respectivamente). Con lo cual, en estas adaptaciones tampoco se verificaron canales de contemplación de los gustos, preferencias y necesidades de los adjudicatarios de las viviendas sociales.

A contracara de estos diseños burocráticos, en los casos autogestionarios se comprobó que en gran parte de las cooperativas se desarrolló un proceso de diseño participativo en el que también fue posible identificar matices, pero en los que la variabilidad estética y de confort de las viviendas de un proyecto a otro fue muy alta. Pues la mayoría de las cooperativas participaron en el diseño de sus unidades de vivienda de manera *consultiva*, a partir de instancias que fueron desde prácticas *de opinión* hasta prácticas *de decisión* (De La Mora, 1992; 2002), registrándose grados (Ilari, 2003), intensidades (Cabrero, 2004) y calidades (De La Mora, 1992; 2002) participativas muy variables de proyecto a proyecto, pero todos ajustados a las necesidades de habitación de los adjudicatarios. Por ende, no simplemente por ser procesos autogestionarios existió una participación de los adjudicatarios en el diseño y concepción de sus viviendas, sino que esto dependió de las características particulares de cada cooperativa (cantidad de integrantes, rol de las autoridades de la cooperativa y de los demás integrantes, modalidad de tomas de decisiones), del nivel de desarrollo organizativo de las organizaciones (tipos y niveles de participación), de la manera en que cada una de ellas decidió llevar adelante el proceso autogestionario (desde la práctica de ayuda mutua y compra personalizada de materiales hasta tercerizaciones llave en mano), y fundamentalmente del tipo y característica del actor social que tomó las decisiones de diseño (destinatarios y/o funcionarios y/o profesionales) y del modo de trabajo del arquitecto que intervino –o del ETI– (pues se verificaron desde tercerizaciones llave en mano en donde los profesionales interpretaron desde sus marcos de referencias las necesidades, gustos y patrones culturales de los destinatarios –aunque con instancias de consulta–, hasta reales prácticas de autogestión que involucraron auténticos procesos de diseño participativo deliberativos (De La Mora, 1992; 2002)).

Ahora bien, más allá del gradiente de situaciones detectadas en todos los programas (sean de demanda general o específica, llave en mano o por autogestión), lo que se verificó fue la falta de especial capacitación de los profesionales intervinientes en la utilización de herramientas e instrumentos que habilitaran canales para que los destinatarios introdujeran sus criterios de hábitat en la gestación y/o diseño de las viviendas en la que iban a vivir y que, además, específicamente en los casos autogestionarios, estimularan prácticas autogestionarias y cooperativas (Pelli V. S., 2010). Si bien se identificaron avances –significativos– en algunas de las experiencias por autogestión, su desarrollo fue aún incipiente y se registró como necesaria la capacitación de los profesionales arquitectos en procesos de diseño participativo deliberativos.

En cuanto a los actores intervinientes en los procesos productivos de las viviendas en los programas llave en mano de demanda general, fueron grandes empresas constructoras las que participaron en las licitaciones públicas monopolizando las obras impulsadas por el Estado desde una lógica de maximización de la ganancia y minimización de complejidad constructiva y calidad de obra (perpetuando una práctica tradicional del sistema de vivienda argentino). No obstante, los proyectos llave en mano para población específica del PRTExAu3 y del PRHLaBoca, por sus escalas y escasa complejidad técnico-proyectual de sus obras, no resultaron atractivos a las tradicionales empresas constructoras del sistema de vivienda, habilitando el ingreso al circuito de empresas de menor tamaño que diversificaron este universo de actores. Empero, por las propias características monopolizantes de la dinámica de funcionamiento del sistema de vivienda, entre estas empresas constructoras también se generó un reducido pool de empresas habitúes de las licitaciones públicas. En cambio, el PAV habilitó la participación a pequeñas empresas constructoras cuasi familiares, e incluso a cooperativas de trabajo y/o de construcción –no tradicionales y aleatorias al sistema de vivienda (por ser seleccionadas por las cooperativas desde criterios que ellos mismos establecieron)–. Además, se identificaron prácticas de autoconstrucción combinadas con ayuda mutua y otras que mixturaron todas estas prácticas. Estas, combinadas con estrategias de recolección de fondos complementarios al crédito recibido y la búsqueda intensiva de abaratamiento de costos de obra –mediante compras estratégicas de materiales por parte de las cooperativas–, generaron una reducción de costos constructivos significativos (como se vio, de alrededor de casi un 44%) en relación a las obras construidas llave en mano, redundando en una eficientización del gasto/inversión público/a. Pero esta diferencia no sólo se explicó por el ahorro realizado por los cooperativistas, sino también porque los procesos autogestivos evitaron –según los entrevistados– una "plusvalía política" que deriva de los costos generados por la burocracia estatal y los altos niveles de corrupción del Estado.

Ahora bien, en función de las características que asumieron los diseños constructivos, lo que se vio es que hubo mayores inadecuaciones entre lo físicamente construido y las necesidades habitacionales en los casos llave en mano que en los casos autogestionarios en donde las viviendas fueron diseñadas y construidas a medida de las características, gustos y necesidades de las familias destinatarias. Esto repercutió en dos factores que promovieron una mayor accesibilidad a una vivienda digna (Barreto M. Á., 2008; De La Mora, 2002) desde una perspectiva de derecho (Rolnik, 2011; Fernandes, 2006; Bordón, 2003): i) la participación de los destinatarios desde el inicio de sus proyectos permitió mejores calidades constructivas, y ii) evitó posteriores alteraciones a lo físicamente construido para adaptar los espacios a las necesidades habitacionales de las familias. En relación a lo primero, se verificó una eficientización de la calidad de los materiales utilizados y una práctica de control sobre las empresas constructoras que tuvo como efecto mejor calidad de obra y, por ende, menores problemas con el uso cotidiano de las viviendas (como rajaduras, filtraciones, etc.), pues evidentemente el involucramiento de los destinatarios en el proceso de obra (orientados por una lógica de uso) puso un límite a la lógica de maximización de la ganancia propia de cualquier empresa mercantil, evitando degradaciones en la calidad de sus viviendas y una eficientización de la inversión realizada. En relación al segundo aspecto, mientras en casos llave en mano se verificaron posteriores re-adaptaciones de lo físicamente construido por sus moradores para adecuar los espacios a sus necesidades de habitación, en los casos autogestionarios sólo se verificó esta situación en los proyectos que en el momento de diseño planificaron viviendas con espacio de crecimiento interno. Ahora bien, vale aclarar que en las viviendas autogestionadas el proceso de domesticación del espacio (Giglia, 2012; Bourdieu, 2001) se inició con anterioridad a la etapa del habitar. La elección de la ubicación del terreno, la escrituración del mismo, la participación desplegada en los diseños y en la construcción de las obras significaron prácticas concretas de domesticación y apropiación del habitar que redundó en una dinámica de acceso a una vivienda digna (Barreto M. Á., 2008; De La Mora, 2002; 1992) en términos de derecho (Rolnik, 2011; Fernandes, 2006; Bordón, 2003) y promoviendo mayores posibilidades de integración social (Carman, Vieira da Cunha, & Segura, 2013; Kaztman, 2001). En estos casos los cooperativistas ya percibieron la escrituración de sus terrenos como una instancia originaria de apropiación de sus viviendas, por lo que la domesticación del espacio (Giglia, 2012; Bourdieu, 2001) comenzó desde aquel momento. En cambio, en los casos llave en mano, el habitar recién se inicia desde el momento en que los adjudicatarios reciben las llaves de las viviendas terminadas (sin posibilidad de elección de tipología, unidad y localización) tras un proceso de adjudicación dirigido exclusivamente por el IVC.

Se verificó también, en todos los casos, que el mantenimiento y la forma de organización esgrimida para esta tarea se configuraron como condicionantes para las posibilidades de apropiación de la vivienda (Giglia, 2012) y de integración a escala barrial (Carman, Vieira da Cunha, & Segura, 2013; Kaztman, 2001; Rodríguez & Arriagada, 2004; Segura, 2014). En este sentido, los complejos autogestionarios resolvieron mejor esto que en los casos llave en mano, fundamentalmente por dos motivos: en primer lugar, por las trayectorias habitacionales previas de los destinatarios de las viviendas, pues aquellos con un *habitus* ya adquirido

(Bourdieu, 2001), es decir, que previamente vivieron en edificio en propiedad horizontal y conocen sus implicancias (el pago de expensas, el mantenimiento colectivo de los espacios comunes, etc.) resolvieron de manera más sencilla el modo de organización para el mantenimiento de los edificios (por ejemplo, la población de Viví en tu Casa, proveniente mayoritariamente de sectores medios) que aquello que vienen de experiencias de convivencia en conventillo, hoteles, pensiones (PRTExAu3 y PRHLB) que no contaban con ese *habitus* (Bourdieu, 2001) y que, además, no fueron asistidos por funcionarios del IVC (o por equipo de profesionales, como sí ocurrió en la casos del PAV). En segundo lugar, porque la construcción de modos de organización para el mantenimiento de los complejos resultó más sencilla para los proyectos que ya venían con una organización previa (la de la etapa de la política), que para aquellos en los que los vecinos se conocieron en la etapa misma del habitar; por lo que la organización para la producción autogestionaria evidentemente favoreció los procesos posteriores de mantenimiento y por ende de apropiación de la vivienda, el complejo y el barrio. Esto último también repercutió en la relación vecinal hacia el interior de los complejos, ya que la práctica de organización y participación en la etapa de construcción de las viviendas con los futuros vecinos allanó posibles incompatibilidades de esta relación, la cual además estuvo aceitada con la ayuda del ETI. En las experiencias llave en mano la relación vecinal se presentó más conflictiva tanto en términos de gestión de las diferencias como en la problemática de hacer un uso adecuado de los espacios comunes, pues el colectivo se fue construyendo a la par de la convivencia misma. Pero también se verificó que establecer algún tipo de organización para la etapa del habitar y el mantenimiento de los edificios contribuye a una mejor integración social al barrio, ya que evita dinámicas de estigmatización social –mediante el establecimiento de barreras simbólicas– hacia los destinatarios de la vivienda que pueden devenir en segregación socio-urbana (Carman,

Vieira da Cunha, & Segura, 2013; Segura, 2014). Pero además, cumplir con los parámetros socialmente establecidos del buen vivir (en términos sectoriales, en viviendas dignas, limpias y bellas –sic entrevistados–), zanja las enormes distancias sociales que existen en la actualidad entre los distintos sectores sociales (que en algún caso llegó a expresarse en situaciones de hostigamiento y violencia hacia los usuarios de las viviendas analizadas).

También se verificó que los procesos de integración social a escala barrial (Carman, Vieira da Cunha, & Segura, 2013; Kaztman, 2001; Rodríguez & Arriagada, 2004; Segura, 2014) estuvieron mediados por la posibilidad de invisibilizar en el barrio de inserción que los proyectos se correspondieron con viviendas financiadas con recursos públicos (por la estigmatización social que existe en nuestra sociedad hacia las familias que habitan en estas tipologías de hábitat) y por las escalas de los complejos construidos (las cuales también tuvieron impactos en términos de localización y acceso a infraestructura asociada (Kaztman, 2001)). En este sentido, en cuanto al primer aspecto, la posibilidad de diseñar complejos con estilos arquitectónicos similares a los de la trama urbana en la que se insertaron desencadenó vínculos de pertenecía con el entorno barrial, y por ende evitó –o al menos mitigó– procesos de estigmatización que estimularan posibles situaciones de segregación socio-urbana y fronteras o límites simbólicos con sus vecinos (Carman, Vieira da Cunha, & Segura, 2013)). Ahora bien, esta posibilidad estuvo en estrecha relación con el segundo aspecto señalado (la escala de los complejos), pues este se presentó como un posibilitador o, en su detrimento, imposibilitador de estas estrategias de invisibilización (y por ende de integración social), ya que a diferencia de los grandes complejos, escalas de obras pequeñas (como las del PAV, el PRTExAu3 o el PRLaBoca) tuvieron un impacto urbanístico bajo en términos de inserción en la trama urbana, favoreciendo la renovación del tejido degradado de la ciudad y logrando, en la mayoría de los casos, mixturas con los edificios de la cuadra en la que se insertaron. Esta línea de ejecución para los casos de demanda específica implicó un cambio significativo en el paradigma de la política habitacional en relación a la convencional política llave en mano presente, por ejemplo, en el Programa Viví en tu Casa.

Pero las escalas de los complejos también determinaron mejores o peores localizaciones y mejores o peores posibilidades de acceso a infraestructura socio-urbana. Pues la escasez de suelo vacante en la ciudad hizo inevitable que complejos habitacionales de grandes dimensiones (como los de Parque Avellaneda o Torres de Lugano) deban ubicarse en la zona sur de la ciudad. Ahora bien, una ciudad polarizada en un norte con desarrolladas condiciones de habitabilidad y un sur con poco desarrollo urbanístico, propició diferentes formas de integración a la trama urbana. Pues las condiciones de habitabilidad que ofrece una ciudad segmentada territorialmente como Buenos Aires también impactaron en las posibilidades de apropiación habitacional de sus usuarios, ya que la proximidad a espacios de abastecimiento socio-urbano (educación/salud/recreación/seguridad) inevitablemente se constituyó en un factor de peso que contribuyó a una mayor apropiación barrial y de las viviendas. Por lo que la posibilidad de que los destinatarios elijan la localización de las viviendas financiadas con fondos públicos[184] promovió una mayor domesticación (Giglia, 2012) del espacio barrial que se expresó en posibilidades de acceso a infraestructura de salud, de educación, de cultura y de recreación. Esa apropiación de la toma de decisiones trajo aparejada una mayor apropiación barrial que redundó, en consecuencia, en un mayor apego habitacional y se constituyó en un factor clave para el desarrollo de procesos que habilitaron el acceso a una vivienda digna en términos

---

[184] Entendiendo por posibilidad de elegir no sólo las elecciones que hicieron los cooperativistas del PAV, sino también las elecciones que hicieron los destinatarios del PRTExAu3 y PRHLB de quedarse en sus barrios de origen y emprender una lucha en términos de derecho para conseguirlo.

de derecho (Rolnik, 2011; Fernandes, 2006; Barreto M. Á., 2008; De La Mora, 2002) e integración socio-urbana (Carman, Vieira da Cunha, & Segura, 2013; Kaztman, 2001; Sabatini, Cáceres, & Cerda, 2001; Segura, 2014).

Pero además, esta capacidad de elección demostró que los moradores de las viviendas no eligieron la zona predominantemente destinadas a vivienda para sectores populares por la estatidad (zona sureste de la ciudad), provocando una apropiación de suelo urbano de excelente localización (y de sus condiciones de oportunidad asociadas (Kaztman, 2001)) por parte de los sectores populares, dejando al descubierto la disputa por el espacio urbano en términos de derecho (Rolnik, 2011; Fernandes, 2006) que existe hoy en la Ciudad de Buenos Aires. La forma concreta que a los largo de los años asumió la desconexión de la política de suelo y la política habitacional (impidiendo, por ejemplo, la compra de terrenos en el marco del PAV a partir de 2006) se convirtió en un indicador de esta pugna entre las diferentes clases, sectores y actores socio-políticos por la apropiación del suelo urbano, pero además, es expresión de una política que acompaña el reforzamiento de las tendencias a la segregación socio-espacial de los sectores de menores recursos, propias de una cuidad neoliberal y de un estado capitalista.

Por ende, la ausencia de la perspectiva de los destinatarios y de sus necesidades, propia de experiencias llave en mano, generó una variedad de problemáticas que fueron desde sucesivos conflictos –o dificultades– para desarrollar raíces por parte de los usuarios y para apropiarse del bien transferido (la vivienda) hasta la venta informal y abandono de las viviendas recibidas dando cuenta de fuertes procesos de desapego hacia el bien producido por el Estado de manera autista. Al contrario, la apropiación social de la toma de decisión de las cuestiones vinculadas a la vivienda, más allá de los distintos derroteros de los proyectos, generó procesos de apropiación, apego y arraigo hacia las viviendas construidas en términos de posibilidad de acceso al derecho a una vivienda digna y un hábitat adecuado (Rolnik, 2011; Fernandes, 2006; Bordón, 2003) y promovió mayores posibilidades de integración social –e inclusión– a la ciudad neoliberal (Carman, Vieira da Cunha, & Segura, 2013; Kaztman, 2001; Sabatini, Cáceres, & Cerda, 2001; Segura, 2014).

Entonces, a lo largo de este libro se pudo comprobar que las distintas modalidades de producción de vivienda impulsadas por las políticas habitacionales generaron distintas formas de hacer ciudad y sociedad, por lo que tener en cuenta este aspecto es fundamental para la construcción de una ciudad más igualitaria e inclusiva.

9.2.1 Una propuesta autogestionaria desde un enfoque de integralidad

Teniendo en cuenta el análisis realizado en este libro sobre los modos de acceso a un hábitat digno, aquí se propone avanzar en la generación de una propuesta de intervención habitacional para los sectores populares. Retomando el debate clásico analizado en el capítulo 2 de heteronomía-autonomía de los años '70-'90, aquí se propone un modo de intervención que actualice la dicotomía de dicho debate a partir de una opción superadora que permita transitar de la reivindicación de la autoconstrucción asistida de Pelli (2007; 2010) hacia la puesta en práctica de procesos autogestionarios del hábitat concebidos desde un enfoque de integralidad (recuperando las experiencias existentes a nivel latinoamericano de los últimos años). Esta propuesta se denominará *enfoque autogestionario integral del hábitat*.

Este enfoque integral encuentra sus raíces en la práctica cotidiana de organizaciones no gubernamentales con actuación regional que intervinieron –y actualmente intervienen– frente a la problemática del hábitat popular de manera organizada –como Habitat Internacional Coalition (HIC), Secretaría Latinoamericana de la Vivienda y el Hábitat Popular (SELVIHP), Federación Uruguaya de Cooperativas de Vivienda por Ayuda Mutua (FUCVAM), Movimiento de Ocupantes e Inquilinos de Argentina (MOI), Unión Nacional de Movimientos de Moradia de Brasil– y en los resultados obtenidos de la investigación que aquí se presenta, en base a las opiniones y percepciones de los propios destinatarios de la vivienda construida por el Estado en los últimos 10 años. La propuesta recupera el concepto y la praxis de la autogestión, como una práctica colectiva organizada bajo modalidades de producción social del hábitat que se configura como cuestionadora –desde una práctica transformadora– del rol del Estado en materia de asignación de vivienda-hábitat.

A diferencia de la postura turneriana (que reclama la autonomía de los destinatarios de la vivienda de manera individual) o la postura de Pelli (2007; 2010) que reclama asistencia estatal para proceso de autoproducción de vivienda, y recuperando la demanda de las organizaciones socio-territoriales regionales de hábitat de la década, el *enfoque autogestionario integral* recupera estas posturas pero reclama estrategias estatales concebidas y diseñadas de manera conjunta y concertada entre todos los actores sociales intervinientes en el fenómeno de la producción del hábitat –fundamentalmente por parte sus usuarios–. Esta modalidad de intervención reconoce a las organizaciones sociales de base territorial como actores activos y válidos con plena participación en los procesos de tomas de decisiones de políticas públicas (en la elección de la modalidad organizativa, de los equipos de trabajos –profesionales, técnicos, mano de obra–, la localización de las viviendas, el diseño constructivo de las mismas, el modo de administración de los fondos, la modalidad de ejecución de las obras, el criterio de adjudicación de las unidades, el tipo de propiedad y el modo organizativo de mantenimiento y conservación). Pues se entiende a las organizaciones sociales como sujetos con capacidad de impulsar políticas económicas, sociales y ambientales que, bajo ciertas condiciones, tienen capacidad de disputar sentidos y rumbos de la sociedad.

La producción autogestionaria es entendida como una práctica integral de transformación de la cotidianeidad de los sujetos, que no sólo involucra las condiciones de vida resultantes de una vivienda nueva, sino también implica procesos de transformación subjetiva de las personas que participan, de los funcionarios estatales que intervienen y de los profesionales involucrados con estos procesos, de las estructuras del Estado y de las condiciones de reproducción del modelo de acumulación vigente (Ortiz Flores, 2002; 2004; Jeifetz, 2011; 2002) (Rodríguez M. C., 2006; 2013). Pues la autogestión es una herramienta de transformación social habilitante de la puesta en marcha de procesos democratizantes de tomas de decisiones que favorecen al empoderamiento y la autonomía de los colectivos sociales, desde un nivel micro-social, pero con capacidades de expandirse hacia el nivel macro. Desde prácticas de micro-participación –a escala reducida en la resolución de un problema habitacional específico, por ejemplo– se abona, entre los participantes, al desarrollo de experiencias de ejercicio de una macro-participación, en el sentido que, desde prácticas democráticas en sociedades menores, se prepara al sujeto para la participación democrática en sociedades mayores –o globales– (De La Mora, 2002). Retomando a García Linera (2010), procesos autogestionarios entre el Estado y la sociedad estimulan procesos de transformación de la subjetividad de los destinatarios de la política, pero también, aunque aún incipientes, de la estructura del Estado (como gestor y administrador de lo público y no como monopolio de lo público).

Por ende, la práctica autogestionaria de la producción de vivienda necesita del Estado[185], y a la vez, el actual Estado necesita de prácticas cotidianas nuevas que le permitan la superación de sus anacronismos. La direccionalidad

---

[185] Pues desde esta conceptualización, si no existen recursos del Estado en el proceso de producción, no estaríamos refiriéndonos a una práctica autogestionaria.

dominante y cotidiana del curso de los fondos estatales hacia los mercados no hace más que alienar a los sectores subordinados, pero lo mismo sucede con las propias estructuras institucionales del Estado, por lo que aquí se reclama que mediante dinámicas autogestionarias se disputen los recursos para reorientarlos hacia el movimiento popular con capacidad de construcción de ciudades más igualitarias en términos de acceso a derechos. La autogestión no es autista en su concepción –desde la perspectiva que aquí se propone–, sino que necesita del Estado para transformar su lógica de funcionamiento y las relaciones sociales en su conjunto.

Este *enfoque integral de la práctica autogestionaria de vivienda* es intrínseco a una concepción de construcción social, pero también a una noción de construcción política y construcción de poder que busca la transformación social –como arco emancipatorio integral–. La mutación del Estado, desde la ejecución de políticas con participación social organizada y autogestionada, es un aspecto que ni el enfoque histórico-estructural ni el turneriano ni el democrático-autonomista tuvieron en cuenta.

Recuperando a García Linera (2010), la posibilidad de cambio del *status quo* se encuentra en la participación social y en la relación dialéctica entre movimientos sociales y el Estado, en su complejidad y los matices que dispersa en el campo de la política habitacional en particular, pero también, desde un abordaje de integralidad, de todos los demás sistemas que hacen a una vida digna.

En este sentido, a través de la práctica autogestionaria (ya sea en la producción de una vivienda o en cualquier otro bien o servicio), los colectivos involucrados son los verdaderos actores y decisores de sus propios destinos, lo cual supone prácticas que resultan emancipadoras de las reglas del mercado/estado subsidiario. Entonces, en base a procesos colectivos organizados y la captación de los recursos estatales, se despliega, según García Linera (2010), la lucha por la apropiación del Estado como herramienta de transformación social. Se trata de superar la praxis sectorial vinculada a la vivienda para entender a la autogestión como una actitud ante la vida, como un modo de convivencia social que quizás pueda ser puente hacia el bienestar social.

9.3 Sintetizando los aportes de esta investigación

En pos de sistematizar/sintetizar los aportes que realiza este libro al campo científico en el cual se encuadra, se identifican fundamentalmente dos tipos de aportes diferenciales: uno de *tipo teórico-conceptual* y otro de *tipo metodológico*.

En relación al primero, de *tipo teórico-conceptual*, se considera que con el trabajo de investigación realizado se construyó un bagaje de conocimiento científico suficiente –sustentado teórica y empíricamente– que aporta a la actualización de un debate clásico del campo de estudio de la vivienda como es el de la "administración centralizada versus la autoconstrucción" de los años '70-'90, interpelando a la autogestión cooperativa como una modalidad alternativa –y vigente– de producción de hábitat para los sectores populares. Las transformaciones del sistema productivo de los últimos años y su impacto en las ciudades (fundamentalmente latinoamericanas) impulsaron nuevos modos neoliberales de producción de vivienda que permitieron a sus usuarios un rol activo y fundamental y rebasaron los canales tradicionales de resolución de la problemática habitacional por parte de la estatidad. Estas nuevas experiencias de modalidades de producción de hábitat autogestionarias gestadas a nivel territorial reclamaban un profundo abordaje científico y su interpelación como un modo más de producción del sistema de vivienda. El análisis casuístico realizado aportó elementos de peso para, por un lado, postular al "enfoque autogestionario integral de hábitat" (referido en el apartado anterior) como un modo de producción de vivienda válido que promueve procesos de integración social –e inclusive, de inclusión– y habilita el acceso al derecho al hábitat y a la ciudad por parte de sus usuarios, y por otro, interpelar aquel debate clásico desde un abordaje que recolecte prácticas territoriales –regionales– actuales y fundamentalmente a los modos de producción de vivienda vigentes y hegemónicos priorizados presupuestariamente por los distintos estados. Este libro muestra que existen modos de producción de hábitat alternativos que aportan resultados más ajustados a las necesidades reales de las poblaciones con necesidades habitacionales.

Además, este trabajo investigativo aportó a saciar un vacío teórico (científico) existente en relación a las maneras de abordar una política pública –en este caso de vivienda– en todo su ciclo de vida, es decir, en términos de evaluar la relación entre el momento de diseño y ejecución de una política y sus resultados efectivos en los destinatarios de la misma (desde su óptica perceptiva). Este trabajo de investigación, analizando el "puente" existente entre estos dos momentos claves de la política de vivienda, realiza un aporte inmenso no sólo al campo de estudio específico, sino también al campo de la gestión de políticas públicas (en términos que brinda información sobre resultados de inversión realizada por el Estado y posibilidades de eficientización). En relación a esto último, aporta evidencia empírica suficiente sobre resultados comparativos de los dos modos de producción más desplegados por la estatidad en la CABA durante los últimos años para resolver el problema de la vivienda de los sectores de menores recursos: llave en mano y autogestionario. El abordaje comparativo de los mismos permitió su interpelación y/o cuestionamiento en función de optimizar las condiciones de habitabilidad de los usuarios de la vivienda financiadas con recursos públicos (desde una perspectiva de derecho e integralidad).

También se identifica como un aporte de investigación de *tipo metodológico* la construcción de un dispositivo empírico que permite abordar los modos de producción de vivienda de manera comparativa, habilitando la medición

–y/o evaluación– de variables tales como la integración socio-urbana y las posibilidades de acceso a una vivienda digna y a la ciudad para los destinatarios de las viviendas estatales. Este dispositivo metodológico surge en base a la definición teórica de conceptos definidos como claves para este trabajo (participación social, distintas condiciones de habitabilidad de las viviendas) para luego operacionalizarlos en variables empíricas e indicadores que permitan su medición en los casos de estudios –de manera comparativa–, desde una perspectiva de integralidad que supera una concepción "techista" –instalada en el campo científico específico– de la vivienda. A partir de este dispositivo metodológico y la utilización del método inductivo se arribó a conclusiones que permitieron clasificar los casos de estudios. Además, el dispositivo construido tiene el potencial, la particularidad y la flexibilidad suficiente como para permitir abordar el análisis de casos similares en otras partes del territorio argentino y del continente, permitiendo la acumulación de evidencia empírica que abone a la consolidación de la alternativa autogestionaria como un modo de producción complementario al vigente en el sistema de vivienda nacional –y, por qué no, regional–.

Por último, de sumo interés para la autora, se considera se considera esta investigación como un aporte de alcance significativo al campo popular de lucha por una vivienda digna. La evidencia empírica sistematizada proporciona información y datos a cada uno de los miles de luchadores que actualmente reclaman frente al/los Estado/s el acceso a un hábitat digno. Este libro se constituye entonces en una práctica concreta de construcción de conocimiento científico al servicio de la sociedad –y específicamente al servicio de los que más lo necesitan– para que alcancen el cumplimiento de sus derechos vulnerados.

Bibliografía

Abramovich, V., & Pautassi, L. (2009). La revisión judicial de las políticas sociales. Buenos Aires: Editores del puerto.

Acha, P., & Verón, N. (2006). El cooperativismo en la ley 314 de autogestión de vivienda en la Ciudad de Buenos Aires. IV Encuentro de Investigadores Latinoamericanos en Cooperativismo: "El Cooperativismo Latinoamericano: ¿visión integrada de lo económico y los social?". Rosario: ACI y Universidad Nacional de Rosario.

Acosta, M. C., & Raspall, T. (2008). La articulación de las cooperativas de vivienda con el Estado y otros actores sociales. V Encuentro de Investigadores Latinoamericanos en Cooperativismo. Ribeirão Preto: Universidad de San Pablo.

Aguiló, J. C. (octubre de 2005). Políticas Sociales en Argentina: de la Sociedad de Beneficencia a la focalización compulsiva. Recuperado el 2013 de noviembre de 2013, de University of Texas at Austin: http://lanic.utexas.edu/project/etext/llilas/vrp/aguilo.pdf

Amendola, G. (2000). La Ciudad Posmoderna. Magia y Miedo de la Metrópolis Contemporánea. Madrid: Celeste Ediciones.

Andreanucci, L., Neufeld, M. R., & Raggio, L. (2000). Elementos para un análisis de programas sociales desde la perspectiva de los receptores. Los Polvorines: Instituto del Conuebano – UNGS.

Andrenacci, L., Falappa, F., & Lvovich, D. (2004). Acerca del Estado de Bienestar en el Peronismo clásico (1943-1955). En J. Bertranou, J. M. Palacio, & G.

Serrano, En el país de no me acuerdo, (Des) memoria institucional e historia de la política social Argentina (págs. 83-114). Buenos Aires: Prometeo Libros.

Apaolaza, R. (2009). Autogestión de la vivienda popular y producción del espacio urbano en la ciudad de Buenos Aires –El caso del Complejo Monteagudo–. Tesis de grado. Buenos Aires: Facultad de Filosofía y Letras (UBA).

Arébalo, M., Bazoberry, G., Blanco, C., Díaz, S., Fernández Wagner, R., Florian, A.,… et, a. (2012). El camino posible. Producción Social del Hábitat en América Latina. Montevideo: Trilce y Centro Cooperativo Sueco.

Arqueros Mejica, S., Gil y de Anso, M. L., & Zapata, M. C. (2011). Complejidades de una solución integral para los asentamientos. La implementación del programa Rosario Hábitat. En M. C. Rodríguez, & M. M. Di Virgilio, Caleidoscopio de las políticas territoriales. Rompecabezas para armar. (págs. 285-306). Buenos Aires: Editorial Prometeo.

Ascher, F. (2004). Los nuevos principios del urbanismo. Madrid: Alianza Ensayos.

Barreto, M. Á. (2006). La ínterdisciplina en el abordaje académico del hábitat social "informal", fundamentos, líneas de acción y obstáculos a partir de la carrera de arquitectura. Revista INVI, XXI(56), 16-30.

Barreto, M. Á. (2008). La comprensión del problema habitacional desde una perspectiva compleja para un abordaje integral. XIV Encuentro de la Red ULACAV (Red Universitaria latinoamericana de cátedras de vivienda). Buenos Aires: Red ULACAV.

Bascuas, M., & Provenzano, I. (2013). Políticas públicas de gestión territorial. El Programa de Recuperación de la Traza de la Ex Au3 y las clases sociales. Quid 16. Revista del Área de Estudios Urbanos del Instituto de Investigaciones Gino Germani de la Facultad de Ciencias Sociales (UBA) (Especial 2013), 1-19.

Bauman, Z. (2002). Modernidad líquida. Buenos Aires: Fondo de Cultura Económico.

Bauman, Z. (2005). La globalización. Consecuencias humanas. Buenos Aires: Fondo de Cultura Económica.

Biglia, M., Marsili, I., & Vallina, L. (2008). Metodología de intervención del Área Social del Instituto de la Vivienda de la Provincia de Buenos Aires (IVBA) – Plan Federal de Vivienda, Programa Construcción de Vivienda, operatoria llave en mano. Buenos Aires: Facultad de Arquitectura y Urbanismo, Universidad de Buenos Aires.

Blanco, J., & Macagno, A. (2014). Políticas neoliberales y condicionantes estructurales: movilidad, transporte y dinámica urbana en la Región Metropolitana de Buenos Aircs. En M. Janoschka, & R. Hidalgo, La ciudad neoliberal. Gentrificación y exclusión en Santiago de Chile, Buenos Aires, Ciudad de México y Madrid (págs. 101-114). Santiago de Chile: Pontífica Universidad Católica de Chile.

Bombarolo, F. (2004). Detrás de las noticias… Construyendo democracia y equidad a través de los "espacios multiactorales en América Latina". En I. González Bombal, Fortaleciendo la relación Estado-Sociedad civil para el Desarrollo Local. Buenos Aires: Libros del Zorzal.

Bordón, A. F. (2003). De habitantes a ciudadanos: Algunas reflexiones sobre el derecho a un lugar para vivir. Revista Mundo Urbano(N°21), 21-48.

Borja, J. (1998). Ciudadanía y espacio público. Revista Reforma y Democracia(12).

Borja, J. (2004). La ciudad como derecho. Caja de Herramientas, 13(100).

Borsdorf, A. (2003). Cómo modelar el desarrollo y la dinámica de la ciudad latinoamericana. Revista EURE, XXIX (86), 37-49.

Boselli, T., & Velasco, E. (2003). Políticas de vivienda en la Ciudad de Buenos Aires (1998-2001): bases para la evaluación de desempeño del parque habitacional social.

En R. Dunowicz, B. Amarilla, T. Boselli, R. Hasse, & E. Velasco, El desempeño edilicio. La vida de los edificios en el tiempo (págs. 33-45). Buenos Aires: Ediciones FADU-UBA.

Bourdieu, P. (2001). Efectos de lugar. En P. Bourdieu, La miseria del mundo (págs. 119-124). Buenos Aires: FCE.

Brenner, N., & Theodore, N. (2002). Espacios del neoliberalismo: la reestructuración urbana en América del Norte y Europa Occidental. Londres: Blackwell Publishers.

Burgess, R. (1978). Petty commodity housing or dweller control? A critique of John Turner's views on housing policy. World Development, VI(9-10), 1105-1133.

Cabrero, E. (2004). Cogestión gobierno-ciudadanía en programas de bienestar social en el espacio municipal. Un balance preliminar. En A. Ziccardi, Participación ciudadana y políticas sociales en el ámbito local. México: UNAM.

Cardenalli, G., & Rosenfeld, M. (2002). La gestión asociada: la utopía realista. 1er Congreso Nacional de Políticas Sociales. Buenos Aires: UNQ.

Carman, M., Vieira da Cunha, N., & Segura, R. (2013). Segregación y diferencia en la ciudad. Quito: FLACSO, CLACSO y Ministerio de Desarrollo Urbano y Vivienda.

Castel, R. (1995). De la exclusión estado a la vulnerabilidad como proceso. Archipiélago(21).

Castel, R. (1997). La metamorfosis de la cuestión social. Una crónica del salariado. Buenos Aires: Editorial Paidós.

Castells, M. (1970). La cuestión urbana. México D.F.: Siglo XXI.

Castells, M. (2000). La ciudad de la nueva economía. Conferencia pronunciada en el Ayuntamiento de Barcelona. Barcelona: Universidad de Barcelona, mimeo.

Catenazzi, A., & Chiara, M. (2009). La participación en la gestión: alcances y límites en su institucionalización. En M. Chiara, & M. M. Di Virgilio, Gestión de la política social (págs. 201-214). Buenos Aires: Ed. Prometeo Libros.

Catenazzi, A., & Di Virgilio, M. (2006). Habitar la ciudad: aportes para el diseño de instrumentos y la definición de una política urbana. En L. Andrenacci, Problemas de política social en la Argentina contemporánea. Buenos Aires: UNGS/ PROMETEO.

Cavalieri, M., Gerscovich, A., & Wainstein-Krasuk, O. (2010). Gestión social de vacíos urbanos en la Ciudad Autónoma de Buenos Aires. Un caso de estudio. Revista Pampa(6), 59-87.

Ciccolella, P. (1999). Globalización y dualización en la Región Metropolitana de Buenos Aires. Globalización y dualización en la Región Metropolitana de Buenos Aires. Revista Eure, XXV(26), 5-27.

Ciccolella, P. (2011). Metrópolis latinoamericanas. Más allá de la globalización. Quito: OLACCHI.

Ciccolella, P., & Mignaqui, I. (2009). Globalización y transformaciones de la centralidad histórica en Buenos Aires. Revista Centro-h(3), 91-101.

Ciolli, V. (2013). El papel de las políticas de economía social en la matriz socio-asistencial argentina. Iberoforum. Revista de Ciencias Sociales de la Universidad Iberoamericana, VIII(15), 31-63.

Clemente, A. (1999). La relación Estado/ sociedad civil. Nuevas tendencias en América Latina. Medio Ambiente y Urbanización, XV(54).

Clemente, A. (2004). Notas sobre participación social y desarrollo en América Latina. Medio Ambiente y Urbanización(60).

Clichevsky, N. (2000). Informalidad y segregación urbana en América Latina. Una aproximación. (CEPAL-ECLAC, Ed.) Serie Medio Ambiente y Desarrollo(28).

Cohen, J., & Arato, A. (2000). Sociedad civil y teoría política. México: Fondo de Cultura Económica.

COHRE –Centro de Derechos de Vivienda y Desahucios– y ACIJ –Asociación Civil por la Igualdad y la Justicia–. (2008). Informe sobre la situación y funcionamiento del Instituto de la Vivienda de la Ciudad. Buenos Aires: S/d.

Consejo Económico y Social de la Ciudad de Buenos Aires. (2013). Diagnóstico Socio-Habitacional de la Ciudad de Buenos Aires. Buenos Aires: GCBA.

Coraggio, J. L. (1998). Economía urbana: La perspectiva popular. Quito: ABYA-YALA.

Coraggio, J. L. (1999). Política social y economía del trabajo. Buenos Aires: Universidad Nacional General Sarmiento – Miño y Dávila.

Coraggio, J. L. (2003). Las políticas públicas participativas: ¿Obstáculo o requisito para el desarrollo local? II Seminario Nacional "Fortaleciendo la relación Estado-Sociedad Civil para el Desarrollo local". Buenos Aires: CENOC-CEDES-UNGS.

Cuenya, B. (1997). Descentralización y política de vivienda en Argentina. En B. Cuenya, & A. Falú, Reestructuración del Estado y política de vivienda en Argentina. Buenos Aires: Ediciones CEA/CBC.

Cuenya, B., & Falú, A. (1997). Reestructuración del Estado y política de vivienda en Argentina. Buenos Aires: Ediciones CEA/CBC.

Cunill Grau, N. (1995). La rearticulación de las relaciones Estado-Sociedad: en búsqueda de nuevos sentidos. Revista CLAD Reforma y Democracia(4).

Cunill Grau, N. (2004). La descentralización de la descentralización de la política social. ¿Qué hemos aprendido? En R. Gomá, & J. Jordana, Descentralización y políticas sociales en América Latina. Barcelona: Fundación CIDOB.

De La Mora, L. (1992). Porvenir local. Participación popular en la conquista de ciudadanía. Evaluación de procesos de participación en el Plan de Recuperación de barrios marginales de Recife (Brasil). Tesis Doctoral. París: Universite de Paris I.

De La Mora, L. (2002). Aferição da qualidade da participação dos agentes envolvidos em mecanismos de gestão democrática do desenvolvimento local. Uma proposta metodológica. Recife: Universidade Federal de Pernambuco.

De Mattos, C. A. (2002). Transformaciones de las ciudades latinoamericanas. ¿Impactos de la globalización? Revista EURE, 28(85).

De Mattos, C. A. (2010). Globalización y metamorfosis metropolitana en América Latina. De la ciudad a los urbano generalizado. Revista de Geografía Norte Grande(47), 81-104.

Defensoría del Pueblo de la Ciudad de Buenos Aires. (2009). Resolución N°4947/09– Denuncias interpuestas por vecinos residentes en la Traza de la Ex AU3. Buenos Aires: Mimeo.

Defensoría del Pueblo de la Ciudad de Buenos Aires. (2010). Resolución 1965/10-Programa de Recuperación del Hábitat del Barrio de La Boca. Buenos Aires: Mimeo.

Defensoría del Pueblo de la Ciudad de Buenos Aires. (2013). Resolución n°3192/13-Estado de avance en la ejecución del Programa de Recuperación de la Traza de la ExAu3. Buenos Aires: Mimeo.

Denzin, N. K., & Lincoln, Y. S. (1994). Introduction: Entering the field for cualitative research. En D. N. (Comp.), Handbook of qualitative research. (págs. 1-18). California: Sage Publications.

Di Filippo, F. (2009). Buenos Aires sin techo. Informe sobre la emergencia habitacional de la Ciudad de Buenos Aires. Buenos Aires: Comisión de la Vivienda, Legislatura de la Ciudad de Buenos Aires.

Di Virgilio, M. M. (s/d). ¿Existen oportunidades para la creación de valor público durante la implementación de los programas sociales? La implementación del PROMEBA en el Conurbano Bonaerense. Washington D.C.: Instituto Interamericano para el Desarrollo Social (INDES). Recuperado el 6 de febrero de 2014, de IDEAS: http://idbdocs.iadb.org/wsdocs/getdocument.aspx?docnum=37943530

Di Virgilio, M. M., & Vio, M. (2009). La geografía del proceso de formación de la región metropolitana de Buenos Aires. Texas: Latin American Housing Network.

Di Virgilio, M., & Mendoza, M. (2003). Estrategias residenciales y redes habitacionales. El acceso a la vivienda de familias de bajos ingresos en el Área Metropolitana de Buenos Aires. Congreso de la Latin American Studies Association (págs. 1-27). Dallas: Mimeo.

Donzelot, J. (1999). La nouvelle question urbaine. Revue Esprit(258).

Donzelot, J. (2004). La ville á trois vitesses: relégation, périurbanisation, gentrification. Revue Esprit(263).

Duhau, E. (1998). Hábitat popular y política urbana. México: Universidad Autónoma Metropolitana, Unidad Azcapotzalco.

Dunowicz, R. (2003). El desempeño edilicio. La vida de los edificios en el tiempo. Buenos Aires: Ediciones FADU.

Dunowicz, R. (2007). La vivienda cooperativa: El Hogar Obrero 1905-1989. Población de Buenos Aires, IV(6), 42-44.

Dunowicz, R., & Boselli, T. (2009). Habitar en la vivienda social de Buenos Aires. En J. M. Borthagaray, Habitar Buenos Aires: Las manzanas, los lotes y las casas (pág. 288). Buenos Aires: SCA y CPAU.

Dunowicz, R., & Boselli, T. (2009). La calidad y la conservación de la vivienda social. Bases para el aseguramiento de la sustentabilidad del hábitat. V Encuentro

Nacional y III Encuentro Latinoamericano sobre Edificios y Comunidades Sustentables. Recife: Universidade Federal de Pernambuco.

Dunowicz, R., Boselli, T., Gerscovich, A., Villaveirán, F., Jones, P., & Zotelo, S. (2000). 90 años de Vivienda Social en la Ciudad de Buenos Aires. Buenos Aires: Ediciones de Arte Gaglianone.

Encuentro Latinoamericano de Construcción de Hábitat y Vivienda por Autogestión. (2011). Quito: SELVIP.

Enriquez, P. G. (2007). De la marginalidad a la exclusión social: un mapa para recorrer sus conceptos y núcleos problemáticos. Fundamentos en Humanidades, VIII(015), 57-88.

Esping-Andersen, G. (1993). Los tres mundos del Estado del Bienestar. Valencia: Edicions Alfons el Magnánim–IVEI, Trad. Begoña Arregui Luco.

Ferme, N., Raspall, T., & Zapata, M. C. (2016). Los impactos de la política de construcción de vivienda social sobre la configuración territorial de la Ciudad de Buenos Aires, 1907-2014. En M. C. Rodríguez, & M. M. Di Virgilio, Territorio, políticas habitacionales y transformaciones urbanas (págs. 75-116). Buenos Aires: Espacio.

Fernandes, E. (2006). Updating the "Declaration of the Rights of Citizens" in Latin America: constructing the right to the city in Brazil. En UNESCO, International public debates. Urban policies and the right to the city. París: UNESCO.

Fernández Wagner, R. (2003). URBARED. Recuperado el 12 de diciembre de 2012, de www.urbared.ungs.edu.ar/download/documentos/Programas%20de%20mejoramiento%20barrial%20en%20America%20Lat

Fernández Wagner, R. (2004). La construcción y deconstrucción histórica de lo social en el acceso a los bienes y servicios del hábitat. (U. d. Chile, Ed.) Boletín del Instituto de la Vivienda, 19(50), 13-22.

Fernández Wagner, R. (2007). La perspectiva de derechos en las políticas sociales y habitacionales en América Latina. XIII Encuentro de la Red ULACAV y V Jornada Internacional de Vivienda Social "El Derecho a la Ciudad y a la Vivienda: Propuestas y desafíos de la realidad actual". Valparaíso: Red ULACAV.

Fernández Wagner, R., Varela, O., & Silva, M. R. (2004). La complejidad ausente en los programas de intervención socio-espacial inscriptos en el paradigma de la reducción de la pobreza. El caso del PROMEBA en el Gan Buenos Aires. II Congreso Nacional de Políticas Sociales. Mendoza: Universidad Nacional de Cuyo y Asociación Argentina de Políticas Sociales.

Foro Social Mundial, I. (2005). World charter for the right to the city. Recuperado el 2 de febrero de 2008, de Habitat International Coalition América Latina: http://www.hic-al.org/documento.cfm?id_documento=1089

Fritzsche, F., & Vio, M. (2005). La huella del desarrollo urbano en la región metropolitana de Buenos Aires. Consideraciones acerca de las transformaciones recientes del espacio industrial. (U. d. Barcelona, Ed.) Scripta Nova – Revista electrónica de Geografía y Ciencias Sociales, 9(194).

Fundación Salvadoreña de Desarrollo y Vivienda Mínima. (2004). Cooperativismo de vivienda por ayuda mutua. El modelo uruguayo. El Salvador: FUNDASAL.

Fundasal. (2004). Carta Urbana n°120: Cooperativismo de vivienda por ayuda mutua. El modelo uruguayo. San Salvador: Fundasal.

García Delgado, D. (1994). Estado y Sociedad. La nueva relación a partir del camo estructural. Buenos Aires: Ediciones FLACSO-Sociales.

García Delgado, D., & De Piero, S. (2001). Articulación y relación Estado – organizaciones de la sociedad civil. Modelos y prácticas en la Argentina de las reformas de segunda generación. Buenos Aires: FLACSO.

García Linera, Á. (2010). La construcción del Estado. Conferencia magistral en la Facultad de Derecho. Buenos Aires: Universidad de Buenos Aires.

Giglia, Á. (2001). Una perspectiva antropológica al estudio de la vivienda. Revista Especializada en Estudios Regionales de la UATX, I.

Giglia, Á. (2012). El habitar y la cultura. Perspectivas teóricas y de investigación. Barcelona: Antropos Editorial.

Girola, M. F. (2007). Procesos de apropiación del espacio y sociabilidad vecinal en un gran conjunto urbano. Revista Anthropologica, XXV(25), 131-155.

Girola, M. F. (2008). Modernidad histórica, modernidad reciente. Procesos urbanos en el Área Metropolitana de Buenos Aires: los casos del Conjunto Soldati y Nordelta. Buenos Aires: FFyL-Univerdad de Buenos Aires.

Grassi, E. (2012). La política social y el trabajo en la Argentina contemporánea. Entre la novedad y la tradición. E-l@tina – Revista electrónica de estudios latinoamericanos, X(39), 5-34.

Guevara, T. (2012). Políticas habitacionales y procesos de producción del hábitat en la Ciudad de Buenos Aires. El caso de La Boca. Tesis para optar por título de doctorado. Buenos Aires: FSOC-UBA.

Guevara, T., Raspall, T., & Zapata, M. C. (2011). Acceso al suelo de calidad para sectores populares. Balance de la Ley Nº 341/964 y el Programa de Autogestión de la Vivienda. En M. Di Virgilio, G. Merlinsky, H. Herzer, & M. C. Rodríguez, La cuestión urbana interrogada. Transformaciones urbanas, ambientales y políticas públicas en Argentina (págs. 109-130). Buenos Aires: Ed. El café de las ciudades.

Hardoy, J. E., & Satterthwaite, D. (1987). Las ciudades del tercer mundo y el medio ambiente de pobreza. Buenos Aires: Grupo Editor Latinoamericano, IIED-América Latina.

Harvey, D. (1990). Los límites del capitalismo y la teoría marxista. Estados Unidos: Fondo de Cultura Económica.

Harvey, D. (23 de marzo de 1997). Las ciudades fragmentadas. Página 12.

Harvey, D. (2003). Espacios de esperanza. Madrid: Ed. Akal.

Harvey, D. (2004). El "nuevo" imperialismo: acumulación por desposesión. Socialist Register, 40, 63-89.

Harvey, D. (2007). Breve historia del Neoliberalismo. Madrid: Editorial Akal.

Harvey, D. (2012). Ciudades rebeldes. Del derecho a la ciudad a la revolución urbana. Madrid: Ediciones Akal.

Heidegger, M. (2001). Construir, habitar, pensar. Conferencias y artículos (2da ed.). Barcelona: Ediciones del Serbal.

Herzer, H. (2008). Acerca de la gentrificación. En H. Herzer, Con el corazón mirando al sur. Buenos Aires: Espacio Editorial.

Herzer, H. (2008). Con el corazón mirando al sur. Transformaciones en el sur de la ciudad de Buenos Aires. Buenos Aires: Espacio Editorial.

Herzer, H., & Pírez, P. (1994). Gestión urbana en ciudades de tamaño medio de América Latina. Hábitat-ONU: Nairobi. Nairobi: Hábitat-ONU.

Herzer, H., Di Virgilio, M. M., Lanzetta, M., Redondo, A., Rodríguez, M. C., & Martín, L. (2001). Transformaciones en el sur de Buenos Aires: Condiciones de los potenciales perdedores. Revista de Ciencias Sociales(19 especial Sociedad, Ciudades y Territorio), 80-94.

Herzer, H., Di Virgilio, M., Lanzetta, M., Redondo, A., & Martín, L. (2002). ¿Revalorización de áreas centrales en la ciudad de Buenos Aires? El caso de La Boca. Revista Sociedad.

Herzer, H., Rodríguez, M. C., Di Virgilio, M., Redondo, A., & Lanzetta, M. (1995). Hábitat popular, organizaciones territoriales y gobierno local en el Área Metropolitana de Buenos Aires. Buenos Aires: Instituto de Investigaciones Gino Germani, FSOC/UBA.

Ibarra, D. (1990). Los acomodos del poder entre el Estado y el mercado. Revista CEPAL(42).

Ilari, S. (2003). Construcción de viviendas y de organización social. Evaluación de los resultados de un programa de habitar popular. Buenos Aires: Ed. Universidad Nacional de Luján.

Janoschka, M. (2002). El nuevo modelo de la ciudad latinoamericana. Fragmentación y privatización. Revista EURE, XXVIII(85), 11-20.

Jaramillo, S. (1994). Hacia una teoría de la renta del espacio urbano. Bogotá: Ed. Universidad de los Andes – Instituto de Geografía Agustín Codazzi.

Jeifetz, N. (2002). Ejes autogestionarios en la producción social del hábitat. En E. Ortiz Flores, & L. Zarate, Vivitos y coleando. 40 años trabajando por el hábitat popular de América Latina. México: Universidad Autónoma de México.

Jeifetz, N. (2011). Autogestión y procesos de transformación social y política en América Latina. IX Jornadas de Sociología de la Universidad de Buenos Aires: Capitalismo del Siglo XXI – Luces y sombras en América Latina. Buenos Aires: Facultad de Ciencias Sociales, UBA.

Jirón, P. M., Lange, C. V., & Bertrand, M. S. (2010). Exclusión y desigualdad espacial. Retrato desde la movilidad cotidiana. Revista INVI, XXV(68), 15-57.

Katz, C. (27 de Julio de 2010). Los nuevos desequilibrios de la economía argentina. Recuperado el 04 de Diciembre de 2013, de Rebelión: http://www.rebelion.org/noticia.php?id=110397

Kaztman, R. (1999). Marco conceptual sobre activos, vulnerabilidad y estructuras de oportunidad. Montevideo: Comisión Económica para América Latina y el Caribe (CEPAL).

Kaztman, R. (2001). Seducidos y abandonados: el aislamiento social de los pobres urbanos. Revista CEPAL(75).

Kowarick, L. (1991). Ciudad & ciudadanía. Análisis de metrópolis del subdesarrollo industrializado. Nueva Sociedad(11), 84-93.

Kozak, D. (2005). Fragmentación urbana en la "ciudad postindustrial". Revista Café de la Ciudades(117), 2-10.

Krmpotic, C. (2002). La protección social premercantilizada. La experiencia argentina desde la sociedad colonial hasta la caída de Rosas. 1515-1852. Tesis doctoral. San Pablo: PUC-SP.

Krmpotic, C. (2004). El derecho a la asistencia y la política de protección social en la construcción de un nuevo orden local-global. En G. E. Mendicoa, Mendicoa, G. [comp.], Hacia un proyecto de institucionalidad social en el MERCOSUR. Opciones para el debate. Buenos Aires: Espacio Editorial.

Lacarrieu, M. (1995). Que los conventillos no mueran: disputas por el espacio barrial. En O. Grillo, M. Lacarrieu, & L. Raggio, Políticas Sociales y Estrategias Habitacionales. Buenos Aires: Editorial Espacio.

Lacarrieu, M. (2000). Ciudades al borde del ataque de nervios. Las ciudades de fin de siglo y la perspectiva antropológica. En M. A. Rabey, & O. Jerez, Procesos de urbanización en la Argentina: la mirada antropológica. Jujuy: UNJU-REUN.

Lefebvre, H. (1968). El derecho a la ciudad. Barcelona: Ediciones Península.

Lefebvre, H. (1971). De lo rural a lo urbano. Barcelona: Ed. Península.

Lefrebvre, H. (1972). La revolución urbana. Madrid: Editorial Alianza.

Lentini, M. (2008). Transformaciones de la cuestión social habitacional: principales enfoques y perspectivas. El caso de Argentina en el contexto latinoamericano. Revista Economía, Sociedad y Territorio, VII(27), 661-692.

Lo Vuolo, R. (1999). La pobreza de la política contra la pobreza. Buenos Aires: Miño y Dávila Editores-CIEPP.

Lorenzo, H. M. (2012). Cooperativismo y autogestión en las visiones de Marxs, Engels y Lenin. En C. Piñeiro Harnecker, Cooperativas y socialismo. Una mirada desde Cuba (págs. 71-102). La Habana: Editorial Caminos.

Marcuse, P. (2001). Enclaves yes, ghettoes, no: Segregation and the State. London: Lincoln Institute of Land Policy Conference Paper "International Seminar.

Martínez Ramírez, C. E., & Arteaga Vizuet, M. T. (1995). Notas sobre los organismos de vivienda: INFONAVIT, FOVISSSTE, FONHAPO (1970-1994). Tesis de Licenciatura. México DF: Universidad Autónoma Metropolitana.

Maxwell, J. A. (1996). Qualitative Research Design: An interactive Approach. California: Sage Publications.

Menéndez, E. (1998). Participación social en salud como realidad técnica y como imaginario social. Cuadernos Médico Sociales(73), 5-22.

Molina, E., & Salim, R. (2011). Continuidades y rupturas en la política social argentina. Asignación Universal por Hijo. Mendoza: Facultad de Ciencias Políticas y Sociales, Universidad Nacional de Cuyo.

Mongin, O. (2006). La condición urbana. La ciudad a la hora de la mundialización. Buenos Aires: Paidos.

Morales Soler, E., Alonso Mallén, R., & Moreno Cruz, E. (2012). La vivienda como proceso. Estrategias de flexibilidad. Hábitat y Sociedad(4), 33-54.

Nahoum, B. (2010). Cuatro décadas de cooperativas de vivienda en Uruguay. Cambios y permanencias. OSERA, 1-11.

O'Donnell, G. (1977). Apuntes para una teoría del Estado. Buenos Aires: CEDES/ G.E. CLACSO.

O'Donnell, G., & Oszlak, O. (1981). Estado y Políticas Estatales en América Latina: Hacia una estrategia de investigación. Buenos Aires: Doc. CEDES – G.E. CLACSO.

Offe, C. (1991). Contradicciones en el Estado de Bienestar. Madrid: Alianza.

Ortiz Flores, E. (2002). La producción social del hábitat ¿opción marginal o estrategia trasformadora? En E. Ortiz Flores, & L. Zarate, Vivitos y coleando. 40 años trabajando por el hábitat popular de América Latina. México: Universidad Autónoma de México.

Ortiz Flores, E. (2004). Notas sobre la producción social de vivienda. Elementos básicos para su conceptualización (2° Ed. ed.). México: Casa y Ciudad.

Ossorio, A. (2003). Planeamiento Estratégico. Buenos Aires: Dirección de Planeamiento y Reingeniería-Subsecretaría de la Gestión Pública.

Ostuni, F. (2010). Políticas habitacionales nacionales y escenarios locales. Aproximaciones a la implementación del Programa Federal de Construcción de Viviendas en la Ciudad de Buenos Aires. Tesis para optar por título de maestría. Buenos Aires: Universidad de Buenos Aires.

Oszlak, O. (1980). Estado, planificación y burocracia: los procesos de implementación de políticas públicas en algunas experiencias latinoamericanas. (INAP, Ed.) Revista de Administración Pública, 205-232.

Oszlak, O. (1982). Reflexiones sobre la formación del estado y la construcción de la sociedad argentina. Desarrollo Económico, 21(84), 531-548.

Oszlak, O. (1991). Merecer la ciudad. Los pobres y el derecho al espacio urbano. Buenos Aires: Estudios CEDES-Humanitas.

Oszlak, O. (1996). Estado y sociedad: las nuevas fronteras. En B. Kliksberg, El Rediseño del Estado. Una perspectiva Internacional. México: Fondo de Cultura Económica – INAP.

Oszlak, O. (1999). De menor a Mejor. El desafío de la segunda reforma del estado. Revista Nueva Sociedad(160).

Oszlak, O. (2001). Estado y Sociedad: ¿nuevas reglas de juego? (CLAD, Ed.) Revista Reforma y Democracia(9).

Pelli, V. S. (1994). Autoconstrucción: El camino hacia la gestión participativa y concertada del hábitat. En V. S. Pelli, M. Lugo, G. Romero, & T. Bolívar, Reflexiones sobre la autoconstrucción del hábitat popular en América Latina. Resistencia del Chaco: Universidad Nacional del Nordeste.

Pelli, V. S. (2007). Habitar, participar y pertenecer. Acceder a la vivienda, incluirse en la sociedad. Buenos Aires: Edit. Noduko.

Pelli, V. S. (2010). La gestión de la producción social del hábitat. Hábitat y Sociedad(1), 39-54.

Peralta, E. (31 de agosto de 2006). Unas 750 familias viven en casas expropiadas para una autopista. Recuperado el 26 de marzo de 2013, de Diario Clarín: http://edant.clarin.com/diario/2006/08/31/laciudad/h-04015.htm

Pérez Ripossio, R. (2013). El entramado conflictivo de la traza de la AU 3. X Jornadas de sociología de la UBA: "20 años para pensar y repensar la sociología. Nuevos desafíos académicos científicos y políticos para el siglo XXI". Buenos Aires: FSOC-Universidad de Buenos Aires.

Pessina, L. (2012). La experiencia brasileña en vivienda y ciudad. En M. Arébalo, G. Bazoberry, C. Blanco, S. Díaz, R. Fernández Wagner, A. Florian,… E. al., El camino posible. Producción Social del Hábitat en América Latina (pág. 258). San José de Costa Rica: Ediciones Trilce.

Pezeu-Massabuau, J. (1988). La vivienda como espacio social. México DF: FCE.

Pírez, P. (1995). Actores sociales y gestión de la ciudad. Revista Ciudades(28).

Pírez, P. (2005). Expansión territorial, privatización y fragmentación en la configuración de Buenos Aires. Revista Cadernos metrópole (13), 11-46.

Pírez, P. (s/f). Servicios urbanos en América Latina: la urbanización popular. Recuperado el 5 de diciembre de 2012, de http://www.contemporaneaugr.es/files/XI%20Congreso%20AHC/talleres/13.Transportes/PIREZ,%20Pedro.pdf

Polanyi, K. (1992). La economía como proceso instituido. En M. Granovetter, & R. Swedberg, La sociología de la vida económica. New York: Westview Press.

Pradilla, E. (1982). Autoconstrucción, explotación de la fuerza de trabajo y políticas de Estado en América Latina. En E. Pradilla, Ensayos sobre el problema de la vivienda en América Latina. México: UAM – Xochimilco.

Pradilla, E. (1987). Capital, Estado y Vivienda en América Latina. México: Editorial Fontamara.

Rifkin, J. (1985). The end of work. The decline of the global labor force and the down of the post market era. New Jork: Putnam Publishing Group.

Robirosa, M., Cardarelli, G., & Lapalma, A. (1990). Turbulencia y Planificación Social. Lineamientos metodológicos de gestión de proyectos sociales desde el estado. Buenos Aires: UNICEF y Edit. Siglo XXI.

Rodríguez Vignoli, J., & Arriagada, C. (2004). Segregación residencial en la ciudad latinoamericana. Revista EURE, 29(89), 5-24.

Rodríguez, A. (1983). Por una ciudad democrática. Santiago de Chile: Ediciones SUR.

Rodríguez, A., & Sugranyes, A. (2005). Los con techo. Un desafío para la política de vivienda social. Santiago de Chile: Ediciones SUR.

Rodríguez, J., & Arriagada, C. (2004). Segregación residencial en la ciudad latinoamericana. Revista EURE, 29(89), 5-24.

Rodríguez, M. C. (1998). Descentralización de la política habitacional: consideraciones sobre las reconfiguraciones de las relaciones estado-mercado en el nivel local a partir de dos estudios de casos. 3º Jornadas Internacionales Estado y Sociedad: La reconstrucción de la esfera pública. Buenos Aires.

Rodríguez, M. C. (2005). Como en la estrategia del caracol. Ocupaciones de edificios y políticas locales del hábitat en la Ciudad de Buenos Aires. Buenos Aires: Ediciones El cielo por asalto.

Rodríguez, M. C. (2006). Tiempo de caracoles… Autogestión, políticas de hábitat y transformación social. Tesis doctoral. Buenos Aires: Fsoc-UBA.

Rodríguez, M. C. (2007). Principales tendencias en la política habitacional argentina (1976-2006). Revista Trialog(84).

Rodríguez, M. C. (2009). Autogestión, políticas de hábitat y transformación social. Buenos Aires: Espacio Editorial.

Rodríguez, M. C. (2009). Derecho a la ciudad y autogestión cooperativa en Buenos Aires. Revista Centro H(Nº3), 27-36.

Rodríguez, M. C. (2010). Las políticas habitacionales argentinas post 2001: Entre la gestión de la emergencia y la emergencia de la producción autogestionaria. Revista OSERA(3).

Rodríguez, M. C. (2013). Producción autogestionaria del hábitat y abordaje de la "integralidad". Un análisis desde la experiencia del MOI (Argentina). Buenos Aires: Mimeo.

Rodríguez, M. C. (2014). Estado, clases y gentrificación. La política urbana como campo de disputa en tres barrios de Ciudad de Buenos Aires. Coloquio Internacional "Perspectivas del Estudio de la Gentrificación en México y Latinoamérica". México DF: IG-UNAM.

Rodríguez, M. C., & Ciolli, V. (2001). Tensiones entre el emprendedorismo y la autogestión: el papel de las políticas públicas en ese recorrido. Revista ORG & DEMO, XXI(1), 27-46.

Rodríguez, M. C., & Di Virgilio, M. M. (2011). Coordenadas para el análisis de las políticas urbanas: un enfoque territorial. En M. C. Rodríguez, & M. M. Di Virgilio, Calidoscopio de las políticas territoriales. Un rompecabezas para armar (pág. 402). Buenos Aires: Prometeo Libros.

Rodríguez, M. C., Arqueros Mejica, S., Gómez S., M., Rodríguez, F., & Zapata, M. C. (2011). La política urbana Pro: continuidades y cambios en contexto de renovación en la Ciudad de Buenos Aires. Cuadernos Urbanos – Espacio, cultura y Sociedad(N°11).

Rodríguez, M. C., Di Virgilio, M. M., Arqueros Mejica, S., Rodríguez, F., & Zapata, M. C. (2014). Documento de Trabajo. Contradiciendo la Constitución de la Ciudad. Un análisis de los programas habitacionales en la Ciudad de Buenos Aires en el período 2003-2013. Buenos Aires: IIGG-FCS-UBA [En prensa].

Rodríguez, M. C., Di Virgilio, M., Procupez, V., Vio, M., Ostuni, F., Mendoza, M., & Morales, B. (2007). Políticas del hábitat, desigualdad y segregación socio-espacial en el Área Metropolitana de Buenos Aires. Buenos Aires: AEU-IIGG/FSOC-UBA y HIC-AL.

Rodulfo, M. B. (s/d). La situación habitacional y las políticas públicas. Mimeo. Recuperado el 7 de febrero de 2014, de Urbared: http://www.urbared.ungs.edu.ar/pdf/pdf-articulos/c2.pdf

Rodulfo, M., Fuentes, J., & Sabsay, A. (1999). Líneas de acción: fondos de crédito. En L. Pérez Cosio, Mejoramiento habitacional en Argentina: estrategias de crédito y asistencia técnica para sectores populares. Buenos Aires: IIED-Secretaría de Desarrollo Social de la Nación-Ficong.

Rofman, A. (2007). Participación de la sociedad civil en políticas públicas: una tipología de mecanismos institucionales participativos. VI Conferencia Regional de ISTR para América Latina y el Caribe. Salvador de Bahía: ISTR y CIAGS/UFBA.

Rolnik, R. (2011). Relatora Especial sobre una vivienda adecuada como elemento integrante del derecho a un nivel de vida adecuado y sobre el derecho a la no discriminación en este contexto. Recuperado el 7 de abril de 2011, de Naciones Unidas: http://es.scribd.com/doc/53380527/Raquel-Rolnik-Relatora-Especial-ONU-sobre-derecho-a-la-vivienda

Romagnoli, V., & Barreto, M. A. (2006). Programa de mejoramiento de barrial. Reflexiones sobre fundamentos. Cuaderno Urbano(5), 151-176.

Sabatini, F. (2003). La segregación social del espacio en las ciudades de América Latina. Washington: Banco Interamericano de Desarrollo (BID).

Sabatini, F., Cáceres, G., & Cerda, J. (2001). Segregación residencial en las principales ciudades chilenas: tendencias de las últimas tres décadas y posibles cursos de acción. EURE, 27(82), 21-42.

Sánchez, A. (s/d). Del derecho a la vivienda al derecho a la ciudad. (S. y. Observatorio Derechos Económicos, Ed.) Recuperado el 3 de octubre de 2009, de http://www.descweb.org/

Sartori, G. (1998). Homo videns. La sociedad teledirigida. Madrid: Taurus.

Sassen, S. (1997). Las ciudades en la Economía Global. Simposio "La Ciudad Latinoamericana y del Caribe en el Nuevo Siglo". España: Banco Interamericano para el Desarrollo (BID).

Sassen, S. (1999). La ciudad global: Nueva York, Londres, Tokio. Buenos Aires: Eudeba.

Sassen, S. (2002). Global Networks, Linked Cities. Nueva York: Routledge.

Segura, R. (2014). El espacio urbano y la (re)producción de desigualdades sociales. Desacoples entre distribución del ingreso y patrones de urbanización en ciudades latinoamericanas. Berlin: International Research Network on Interdependent Inequalities in Latin America. Obtenido de desiguALdades.net.

Sepúlveda Ocampo, R. P., & Fernández Wagner, R. (2006). Análisis crítico de las políticas nacionales de vivienda en América Latina. San José de Costa Rica: Centro Cooperativo Sueco.

Soldano, D., & Andrenacci, L. (2006). Aproximaciones a las teorías de la política social a partir del caso argentino. En L. Andreanucci, Problemas de política social en la Argentina Contemporánea. Buenos Aires: Universidad Nacional General Sarmiento y Prometeo Libros.

Szajnberg, D., Mann, M., & Arias, S. (2005). Estrategias de acceso a la tierra y vivienda de movimientos sociales con acción territorial en la Ciudad de Buenos Aires. Revista THEOMAI(Número especial).

Tamargo, M. d. (2002). El rol de las alianzas público-privadas en el contexto global-local. Revista Medio Ambiente y Desarrollo, 18(57).

Theodore, N., Peck, J., & Brenner, N. (2009). Urbanismo neoliberal: la ciudad y el imperio de los mercados. Revista Temas Sociales(66).

Thuillier, G. (2005). El impacto socio-espacial de las urbanizaciones cerradas: el caso de la Región Metropolitana de Buenos Aires. Revista EURE, XXXI(93), 5-20.

Thwaites Rey, M. (2005). El estado: notas sobre su(s) significado(s). En M. Thwaites Rey, & A. M. López, Entre tecnócratas globalizados y políticos clientelistas. Buenos Aires: Prometeo.

Topalov, C. (1979). La urbanización capitalista. Algunos elementos para su análisis. México: Edit. Edicol.

Torres, H. (2001). Cambios socio-territoriales en Buenos Aires durante la década del 1990. Revista EURE, 27(80), 33-56.

Trivelli Oyarzún, P. (2004). Realidad y desafíos de la ciudad latinoamericana a principios del siglo XXI: equidad, competitividad, sustentabilidad y gobernabilidad. Material del Cuarto Curso de Gestión Urbana y Municipal para Centroamérica. Guatemala: Instituto de Desarrollo Económico del Banco Mundial.

Turner, J. (1977). Vivienda: el poder a los usuarios. Madrid: Editorial H. Blume.

Usina, Centro de trabalhos para o ambiente habitado. (2012). Projeto de reassentamento da comunidade de Pequiá de Baixo. Sao Pablo: Mimeo.

Vales, L. (25 de Julio de 2005). Escenas de una obra piquetera. Recuperado el 31 de mayo de 2014, de Diario Página 12: http://www.pagina12.com.ar/diario/elpais/1-54147-2005-07-25.html

Villavicencio, J., Esquivel, M. T., Durán, A. M., & Giglia, Á. (2000). Condiciones de vida y vivienda de interes social en Ciudad de México. México DF: UAM-A y Porrúa.

Waqcuant, L. (2008). Relocating Gentrification: The Working Class, Science and the State. International Journal of Urban and Regional Research, XXXII(1), 198–205.

Weber, M. (1993). La "objetividad" cognoscitiva de la ciencia social y de la política social. En M. Weber, Ensayos sobre metodología sociológica.. Buenos Aires: Amorrortu.

Yujnovsky, O. (1984). Claves políticas del problema habitacional argentino. 1995-1981. Buenos Aires: Grupo Editor Latinoamericano.

Zapata, M. C. (2012a). El programa de autogestión para la vivienda: ¿una política habitacional habilitante del derecho a la vivienda y a la ciudad?. Tesis de Maestría. Buenos Aires: Facultad de Ciencias Económicas, Universidad de Buenos Aires.

Zapata, M. C. (2012b). Respuesta local a un déficit habitacional local. Revista Astrolabio. Nueva Época(8), 290-322.

Zibechi, R. (15 de agosto de 2007). Uruguay. Cooperativas de vivienda: Los sin tierra urbanos. América Latina en Movimiento.

Documentos y Legislación Consultada

Acción de Amparo "Ayala Fernando Damián y Defensoría del Pueblo de la Ciudad contra GCBA y otros sobre amparo (art. 14 CCBA)" Expte. Nº 42311/10. Juzgado de 1ra Instancia en lo Contencioso Administrativo.

Actas Reglamentarias IVC nº 1647/03, 2204/06, 2242/07, 2350/08, 2387/09, 2404/10 y 2411/10.

Carta Mundial por el Derecho a la Ciudad. [En línea]. www.hic-al.org/documento.cfm?id_documento=1089

Actuación nº1149/13, fs. 7.

Código de Planeamiento Urbano-1977

Código Urbano Ambiental-2007

Constitución de la Ciudad Autónoma de Buenos Aires.

Constitución de la Nación Argentina.

Convenio Marco Programa Federal de Construcción de Viviendas Plurianual.

Convenio Marco Programa Federal de Construcción de Viviendas.

Declaración de Quito. Encuentro Latinoamericano de Construcción de Hábitat y Vivienda por Autogestión. [En línea]. http://hical.compuarte.net.mx/eventos.cfm?evento=1143&id_categoria=5

Decreto 1165/08 – Régimen especial de Prestaciones No Reintegrables para ocupantes de la Traza de la ExAu3.

Decreto 1521/05 – Creación de componente de emergencia en el marco del Programa de Recuperación de la Traza de la Ex Au3.

Decreto 359/10 – Reglamentación de la Ley 3396/10.

Decreto Municipal Nº 6.426/85 – Declaración del barrio de La Boca "área problemática".

INDEC (1998), Censo Nacional de Población y Vivienda 1991, serie D, Nº 4, El concepto de localidad: definición, estudios de caso y fundamentos teórico-metodológicos.

Ley n°324/99 – Creación del Programa de Recuperación de la Traza de la ExAu3.

Ley n°3396/09 – Derogación parcial de la traza de la Autopista AU3.

Ley n°8/98 – Creación de Comisión encargada de formular la solución definitiva para la problemática habitacional de las familias residentes en inmuebles del GCBA en la traza de la ExAU3.

Ley nº 1.251/03 – Creación del Instituto de la Vivienda de la Ciudad Autónoma de Buenos Aires.

Ley nº 341/00 – Creación del Programa de Autogestión de Vivienda.

Ley nº 964/03 – Modificatoria de la Ley nº 341 de creación del Programa de Autogestión de Vivienda.

Nota N° 5405-IVC-2012-Solicitud de información Ley N°104 por Cámara de Diputados.

Nota N° 5933-IVC-2013-Solicitud de información Ley N°104 por M. Cecilia Zapata.

Resolución nº 1142/00 – Creación del Programa de Rehabilitación del Hábitat del Barrio de La Boca.

Versiones Taquigráficas de la Legislatura Porteña de las sesiones del 2 de febrero de 2000 (Sanción de la Ley 341) y 5 de diciembre de 2002 (Sanción de la Ley 964).

Páginas web consultadas

Auditoría General de la Ciudad Autónoma de Buenos Aires. [En línea] <www.agcba.gov.ar/web/informes.php>.

Comisión de Control, Evaluación y Seguimiento Ley 341. [En línea]. <http://laviviendaesunderecho.blogspot.com/>.

Defensoría del Pueblo de la Ciudad de Buenos Aires. [En línea]. <http://www.defensoria.org.ar/>.

Instituto de la Vivienda de la Ciudad Autónoma de Buenos Aires. [En línea]. <www.buenosaires.gov.ar/areas/ivc/?menu_id=23535>.

Legislatura de la Ciudad Autónoma de Buenos Aires. [En línea]. <www.legislatura.gov.ar/?menu_id=12666>.

Mapa Interactivo de la Ciudad de Buenos Aires. [En línea]. <http://mapa.buenosaires.gov.ar/>.

Ministerio de Planeamiento. Gobierno de la Ciudad de Buenos Aires. [En línea]. <www.buenosaires.gov.ar/areas/planeamiento_obras/?menu_id=20986>.

Subsecretaría de Desarrollo Urbano y Vivienda Del Ministerio de Planificación Federal, Inversión Pública y Servicios. [En línea]. <www.vivienda.gov.ar/>.

Entrevistas en Profundidad realizadas

Cristina, Cooperativa El Molino-MOI
Juliana, Ricardo y Jaime, Cooperativa Luz y Progreso
Emiliana, Cooperativa Madres 27 de Mayo
Lourdes, Cooperativa Alto Corrientes
Franco, Cooperativa La Ribera
Mario, Cooperativa Caminito
Alberto, Cooperativa Sembrar Conciencia
Gloria, Carmen, José y Dolores, Cooperativa Uspallata
Alfredo, Teodoro, María, María Esther, Daisy y Manuel, Cooperativa 28 de Junio
Analía e Ivana, Cooperativa El Palomar
Susana, Cooperativa Octubre
Consejo MTL, Cooperativa Emetele
Cristina, Cooperativa Crecer

Marcela, Cooperativa COFAVI
Nikanor, Complejo ExAu3_Estomba
Alejandra, Complejo ExAu3_Estomba
Javier y Carolina, Complejos ExAu3_Giribone
Bacha y Fany, Complejos ExAu3_Giribone
Eduardo, Complejos ExAu3_Giribone
Irma, Complejos La Boca
Natalia, Complejos La Boca
Floreal y Luisa, Complejos La Boca
Inés, Complejos La Boca
Liliana, Complejos La Boca
Mónica, Complejo Parque Avellaneda
Marcela, Complejo Parque Avellaneda
Susana, Complejo Parque Avellaneda
Verónica, Complejo Parque Avellaneda
Démian, Complejo Parque Avellaneda
Claudia, Complejo Parque Avellaneda
María Luján, Complejo Parque Avellaneda
Rocío Sánchez Andía, Legisladora porteña con mandato cumplido
Natalia Verón, integrante del ETI Nexus
Daniel Betti, integrante del ETI Dolmen
Marcelo Cataneo, ex integrante ETI MOI
Gabriela, integrante del ETI MTL
Jaime Sorín, integrante del ETI Comedor Los Pibes
Luis Ostrej, Ex – funcionario del GCBA
Emilio Basabilbaso, Funcionario del GCBA
Marcela Grande, Funcionaria del GCBA
Javier Gentilini, Ex – Funcionario del GCBA
Mariana Muraca, Funcionaria del GCBA
Luis Mendez, Funcionario del GCBA
Miriam Rodulfo, FADU, ex Funcionaria Estado Nacional
Eduardo Jozami, Ex – funcionario del GCBA
Raúl Chávez, Referente del MVT (Movimiento por Vivienda y Trabajo)

Observaciones participantes y no participantes realizadas

Reuniones del Espacio MVT – MOI – MTL realizadas durante el 2010: 6, 27 y 31 de mayo, 26 de junio, 9, 13, 17 (Taller de Evaluación de la Ley 341), 21 de julio y 3 de agosto de 2010.

Marcha a Jefatura de Gobierno de cooperativas enmarcadas en la Ley 341 del 11 de agosto de 2010.

Marcha por una Vivienda Digna del 30 de septiembre de 2010.

Asambleas de la Cooperativa La Fábrica – MOI desarrolladas el 28 de julio y 25 de agosto de 2010.

Asambleas Plenarias del MVT desarrolladas el 30 de julio, 6, 13, 20 y 27 de agosto, 10 y 24 de septiembre, 8 y 15 de octubre y 19 de noviembre de 2010.

Marcha por una Vivienda Digna del 22 de septiembre de 2011.

Marcha por una Vivienda Digna del 2 de noviembre de 2011.

Reunión el Congreso por la Vivienda desarrollada en 10 de marzo y 21 de abril de 2012.

Taller de formación de cooperativas del Espacio MVT realizado el 21 de Julio de 2012.

Campaña por el Derecho a la Ciudad en Legislatura porteña, desarrollado el 13 y 27 de noviembre de 2012.

1° Plenario de Cooperativas de la Ley 341 (MVT – MOI – MTL), efectuado el 13 de abril, 4, 11 y 25 de mayo de 2013.

Marcha por una Vivienda Digna hacia el Instituto de la Vivienda de la Ciudad, 10 de octubre de 2013.

Marcha por el Derecho a la Ciudad, MOI. 20 de diciembre de 2013.

Índice de siglas

AMBA: Área Metropolitana de Buenos Aires

CABA: Ciudad Autónoma de Buenos Aires

CMV: Comisión de la Vivienda de la Ciudad de Buenos Aires

CTA: Central de Trabajadores Argentinos

DGFOC: Dirección General de Fiscalización de Obras y Catastro

ECCA: Espacio de Coordinación de Cooperativas Autogestionarias

ETI: Equipo Técnico Interdisciplinario

FONHAPO: Fondo Nacional de Habitaciones Populares de México

FONAVI: Fondo Nacional de Vivienda

FUCVAM: Federación Uruguaya de Cooperativas de Viviendas por Ayuda Mutua

GBA: Gran Buenos Aires

GCBA: Gobierno de la Ciudad de Buenos Aires

IPYPP: Instituto de Pensamiento y Políticas Públicas

IVC: Instituto de la Vivienda de la Ciudad de Buenos Aires

MCMV: Programa Mi casa mi Vida (Brasil)

MOI: Movimiento de Ocupantes e Inquilinos

MTL: Movimiento Territorial de Liberación

MVT: Movimiento por Vivienda y Trabajo

NBI: Necesidades Básicas Insatisfechas

PAV: Programa de Autogestión de la Vivienda

PFCV: Programa Federal de Construcción de Viviendas

PRHLB: Programa Rehabilitación del Hábitat del barrio de La Boca

PRIT: Programa de Radicación, Integración y Transformación de Villas y Núcleos Habitacionales Transitorios

PROMEBA: Programa de Mejoramiento de Barrios

PRTExAu3: Programa de Recuperación de la Traza de la ExAu3

SSDUV: Subsecretaría de Desarrollo Urbano y Vivienda

Acerca de la autora

María Cecilia Zapata es Doctora en Ciencias Sociales de la Facultad en Ciencias Sociales (FCS), Magíster en Administración Pública de la Facultad de Ciencias Económicas (FCE) y Licenciada y Profesora en Sociología de la Facultad de Ciencias Sociales de la Universidad de Buenos Aires (UBA). Actualmente es Investigadora Asistente del CONICET y del Área de Estudios Urbanos del Instituto de Investigación Gino Germani (UBA).

Además de su actividad en investigación, es profesora de la cátedra Brailovsky de la materia "Introducción al Conocimiento de la Sociedad y el Estado" del Ciclo Básico Común (UBA), profesora del Taller de Tesis de la Maestría en Hábitat y Pobreza en América Latina, cátedra Cristofani-Rodríguez (FADU/FCS-UBA) y profesora del Taller de Tesis General II del Doctorado en Ciencias Sociales, cátedra Rodríguez-Zapata (FCS-UBA).

Desde 2016 es Directora de la Revista Quid 16 del Área de Estudios Urbanos del Instituto Gino Germani (UBA).

Se especializa en el estudio de políticas habitacionales, producción social del hábitat y procesos de trasformación urbana de la Ciudad de Buenos Aires y área metropolitana, con énfasis en el análisis del impacto de la participación social en las distintas modalidades de acceso a la vivienda de interés social por parte de los sectores populares.

Su e-mail es ceciliazapata@gmail.com y se puede acceder a sus publicaciones en https://uba.academia.edu/CeciliaZapata

Este libro se terminó de imprimir en mayo de 2017 en Imprenta Dorrego (Dorrego 1102, CABA).

www.ingramcontent.com/pod-product-compliance
Lightning Source LLC
Chambersburg PA
CBHW030632270326
41929CB00007B/51